русско-английский
словарь
крылатых слов

russian-english
dictionary
of winged words

около
2000
словарных
статей

АСТ • Астрель

Москва

2002

УДК 811.111'374
ББК 81.2Англ-4
   У 63

*Компьютерный дизайн обложки
дизайн-студии «Дикобраз»*

Санитарно-эпидемиологическое заключение
№ 77.99.11.953.П.002870.10.01 от 25.10.2001 г.

Общероссийский классификатор продукции
ОК-005-93, том 2; 953005 — литература учебная

Подписано в печать с готовых диапозитивов 22.04.2002 г. Формат
70х100/32. Бумага типографская. Печать офсетная. Гарнитура
«Ньютон». Усл. печ. л. 12,90. Тираж 5100. Заказ 3660.

У 63 **Уолш И. А.**
Русско-английский словарь крылатых слов/ И.А.
Уолш, В.П. Берков. — М.: ООО «Издательство АСТ»:
ООО «Издательство Астрель», 2002.— 320 с.

ISBN 5-17-014803-8 (ООО «Издательство АСТ»)
ISBN 5-271-03960-9 (ООО «Издательство Астрель»)

Словарь включает около 2000 крылатых слов, литературных
цитат и изречений, снабженных английскими эквивалентами и
толкованиями.

Предназначается для русскоязычных читателей, занимающихся
английским языком, а также для иностранцев, изучающих русский
язык.

УДК 811.111'374
ББК 81.2 Англ-4

ISBN 5-17-014803-8
(ООО «Издательство АСТ»)
ISBN 5-271-03960-9
(ООО «Издательство Астрель»)

ВВЕДЕНИЕ

Основное назначение словаря — познакомить читателей с крылатыми словами и популярными цитатами русского и иноязычного происхождения, используемыми в русской речи — устной и письменной, помочь понять их значение и дополнительные оттенки. Поскольку эта цель достигается приведением имеющихся английских соответствий или английских переводов-эквивалентов, сопровождаемых пояснениями на английском языке, эта книга доступна также читателям, вовсе не знакомым с русским языком, но интересующимся Россией, русскими.

В английской и американской лексикографии термин «крылатые слова» не используется. Составители приняли его в качестве названия словаря не без колебаний. Разумеется, каждый лексикограф распознает в нем кальку немецкого термина geflügelte Worte и поймет, какого рода лексические единицы он найдет в этой работе. Однако для многих англоязычных читателей этот термин окажется незнакомым, и поэтому он требует пояснения.

Первый словарь крылатых слов был составлен немецким языковедом Георгом Бюхманом и выпущен в 1864 г. под названием «Geflügelte Worte», что является калькой древнегреческого epea pteroenta (Гомер. Илиада, 201 и др.). Словарь Бюхмана приобрел большую популярность (достаточно сказать, что в 1972 г. он вышел 32-м изданием) и положил начало новой лексикографической традиции во многих странах.

Георг Бюхман назвал «крылатыми словами» слова, выражения и цитаты, непосредственно взятые из литературного или исторического источника, либо восходящие к нему и получившие распространение в устной или письменной речи в качестве лексических единиц. Таким образом, крылатые слова—это и имена реальных или вымышленных лиц, употребляемые переносно *(Ксантиппа, Обломов, Дон Кихот)*, и высказывания исторических лиц *(государство — это я)*, и цитаты из самых различных произведений—литературных, научных и т. д. *(друзья познаются в беде; знание — сила)*, и выражения, восходящие к историческим или вымышленным событиям *(на Шипке всё спокойно; непобедимая армада; возрождаться как Феникс из пепла)*. Из приведенных примеров явствует, что с лингвистической точки зрения крылатые слова представляют собою неоднородную категорию. Тем не менее многие лексикографы считают, что этот класс лексических единиц следует рассматривать особо. Для этого есть два основания. Крылатые слова выполняют весьма важную и специфическую функцию. Они дают человеку возможность сжато и ярко выразить мысль, они сообщают высказыванию такую смысловую глубину, какую трудно или даже невозможно достигнуть иными средствами. Это — «готовые» формулировки жизненной мудрости, иронии, шутливого отношения и т. п., которые лишь в очень немногих случаях могут звучать банально: единицы этого типа, в общем, употребляются недостаточно часто для того, чтобы стать избитыми, и, кроме того, в них по самой их природе очень много «износоустойчивости». В основном они характерны для речи образованных людей. Другая причина состоит в том, что крылатые слова, как никакие другие единицы словаря, несут на себе отчетливый национальный отпечаток, сообщая информацию об истории данной страны, ее культуре, о характере народа.

Словари крылатых слов обычно содержат известное количество цитат, которые, в соответствии с традициями отечественной лексикографии, не относятся к данной категории. Мы сочли, однако, оправданным включить известное количество таких популярных цитат в наш словарь, ограничившись, в основном, выборкой из тех текстов, которые заучиваются наизусть в российской школе. Ввиду того, что большинство крылатых слов является цитатами, необходимо пояснить, в чем заключается различие этих двух типов единиц, хотя здесь и не всюду легко провести четкое разграничение, так как имеются многочисленные переходные случаи.

Популярные цитаты всегда сохраняют свой первоначальный смысл, и поэтому не возникает трудностей отграничения их от крылатых слов, характеризующихся смысловым сдвигом всей единицы. Обычно такой сдвиг наблюдается тогда, когда их значение восходит к их изначальному литературному или историческому контексту (см., например, *перейти Рубикон*).

Крылатые слова, сохраняющие свой первоначальный смысл, отличаются от популярных цитат только в области значения. Если первые имеют афористический характер, выражают глубокие философские истины *(человеку свойственно ошибаться; скажи мне, кто твой друг, и я скажу тебе, кто ты)*, то последние относятся к будничным ситуациям или являются описательными *(я пришёл к тебе с приветом)*.

Следует обратить внимание наших читателей на одно обстоятельство. В сущности, ни одно крылатое слово, ни одна популярная цитата русского происхождения не вошли в английский язык. Это означает, что, как правило, их переводные эквиваленты будут неизвестны говорящим по-английски. Это, естественно, не должно быть препятствием к их использованию, коль скоро они достаточно точно передают смысл оригинала. Однако читателю следует иметь в виду, что эти эквиваленты довольно часто могут быть значительно менее яркими и выразительными, нежели их русские соответствия; особенно это относится к поэзии. Надо иметь в виду еще один момент. Многие цитаты, включенные в словарь, либо используются в переносном смысле, либо их значение восходит к литературному или историческому контексту, в котором они первоначально употреблены. По этой причине в переводах их смысл в языке оригинала может быть отражен недостаточно либо вовсе не отражен. Очевидно, что такие эквиваленты использовать нельзя, и они помещены в словарь исключительно для того, чтобы читатель понял их смысл. Еще сложнее, пожалуй, положение с крылатыми словами и популярными цитатами из других языков. У некоторых из них есть английские эквиваленты, используемые в том же значении, что и русские (например, *золотой век — the golden age),* у других же английские эквиваленты, хотя и восходят к тому же источнику и совпадают по своему составу, используются в ином смысле, чем их русские соответствия (например, *фунт мяса — pound of flesh).* Дело, далее, осложняется еще и тем, что имеющийся английский эквивалент может не быть крылатым словом в английском языке (например, *башмаков она ещё не износила, в которых шла за гробом мужа — ere those shoes were old with which she followed my poor father's body).* Наконец, русские крылатые слова или популярные цитаты иностранного происхождения могут вообще не иметь эквивалентов в английском (например, *тайны мадридского двора—the secrets of the Spanish court).* Поэтому очевидно, что читатель, изучающий английский язык, и переводчик с русского на английский должны использовать материал словаря весьма осмотрительно.

* * *

Взяться за создание русско-английского словаря крылатых слов и популярных цитат нас побудил ряд соображений. Мы не только хотели дать в руки англоязычному читателю пособие для перевода важной составной части литературного языка, но и стремились познакомить его с очень важной стороной русской культуры. Действительно, эта книга может явиться для вдумчивого читателя источником самой объективной информации о русском народе. Ведь из многих тысяч источников, из необозримого количества потенциальных цитат — будь то произведения античных авторов, сочинения русских и иностранных писателей, изречения исторических лиц, Библия и т. д.— народ отобрал, в ряде случаев видоизменив и придав новое значение, лишь то, что соответствует его представлениям об истине, справедливости, добре, красоте, выражает его чаяния, совместимо с человеческим достоинством, отвечает его требованиям выразительности, емкости и, не в последнюю очередь, чувству юмора. Это правдивый рассказ о русском народе и его культуре.

Работа над этим словарем доставила нам много радости и вместе с тем немало разочарований. Вжившись в наш материал, мы стали замечать практически каждое употребление крылатого слова или популярной цитаты в устных и письменных текстах. Сколько раз мы безмолвно восхищались: «Как удачно выбрано!», «Как уместно использовано!» Мы испытывали радостное удовлетворение, когда, обследуя различные литературные источники, прежде всего произведения русских писателей, мы обнаруживали крылатые слова, не зарегистрированные нашими предшественниками, и, таким образом, спасали их от лексикографического забвения и как бы восстанавливали справедливость. В то же время нам встречалось множество цитат, обладающих всеми качествами для того, чтобы войти в язык, но по каким-то причинам оставшихся за порогом заветной двери, ведущей в сокровищницу крылатых слов (например, *У вас что ни слово, то Цицерон с языка слетел* из гоголевского «Ревизора»), и поражались тому, что в нашу речь прочно вошли цитаты, уступающие им по своей экспрессивности (например, *«Тайны мадридского двора»,* заглавие третьесортного немецкого романа, давно забытого и у себя на родине, и у нас).

Разочарование и порой даже отчаяние мы нередко испытывали при поисках подходящих эквивалентов для тех русских крылатых слов и популярных цитат, которые не имеют аналогий в английском языке. Едва ли есть необходимость говорить, что есть единицы практически непереводимые. Так обстоит дело, к примеру, с цитатами, комический или иронический эффект которых достигнут употреблением устарелых или грамматически неправильных форм. Впрочем, таких случаев не так уж много. Существеннее были препятствия иного рода. Русский язык располагает богатейшими морфологическими средствами выразительности, отсутствующими в английском языке. Нередко оказывалось, что те экспрессивные оттенки, которые в русском крылатом слове или популярной цитате изящно передаются приставками и суффиксами, можно передать на английский лишь многословными и тяжеловесными оборотами. Другая сложность состояла в том, что выразительность и глубина русской цитаты зачастую проистекали из широкого контекста,

аллюзии, даже когда понятен смысл этой цитаты, взятой изолированно. Поэтому адекватно оценить такие единицы может лишь тот, кто обладает необходимыми фоновыми знаниями.

Мы использовали все доступные нам переводы русской и советской литературы, стремясь в каждом конкретном случае выбрать наилучший. Иногда мы приводили два и даже три перевода: каждый из них был в чем-то лучше другого, в чем-то уступал ему. Однако использовать существующие переводы можно было не всегда. Сказанное относится особенно к поэзии. Прежде всего перевод в нашем случае должен более или менее точно передать смысл оригинала! Но этого недостаточно: перевод должен передать красоту, выразительность и сжатость подлинника. Поэтому потери при переводе неизбежны. Лучшие переводы поэзии могут быть только вольными, и они сами по себе произведения искусства. Таковы, например, переводы, осуществленные Пушкиным, Лермонтовым, Маршаком, Пастернаком и другими русскими поэтами. Но как бы ни был прекрасен перевод, как бы ни был гениален переводчик, он не может во многих случаях передать все коннотации, т. е. созначения, которые несет оригинал. Возможно ли, скажем, адекватно перевести пушкинские строки *Все флаги в гости будут к нам, / И запируем на просторе?* Лишь пушкинский гений был в состоянии немногими словами создать яркую картину тех радостных перспектив, которые открыло перед русским народом основание города на Неве, выразив в этих же словах характернейшие черты Петра I. В этих строках мы слышим голос Петра, видим его образ, потому что все его дела — это часть нашей истории.

Таким образом, и лучший переводчик — не только поэзии, но и прозы — зачастую не в силах преодолеть барьер, который воздвигают перед ним языковые различия, и еще менее может передать те исторические, литературные, культурные и эмоциональные ассоциации, которые вызывают у носителей языка оригинала переводимые им строки. До некоторой степени мы пытались компенсировать эти потери, снабжая переводы-эквиваленты пояснениями, раскрывающими эти моменты, но полно и последовательно сделать это было нельзя без того, чтобы значительно не увеличить объем словаря.

При всех наших разочарованиях во время работы над книгой нас поддерживала мысль о нашем будущем читателе, наша вера в этого читателя — человека мыслящего, пытливого, стремящегося узнать, понять и оценить рассказ о русском языке и русском народе. В его руки мы передаем наш словарь. Если этот рассказ дойдет до ума и сердца и тем самым будет способствовать лучшему взаимопониманию народов России и англоговорящих народов, мы сочтем, что книга наша выполнила свое основное предназначение.

В этот словарь включено около 2000 единиц. В основу словника были положены существующие русские словари крылатых слов, в первую очередь «Крылатые слова» Н.С. и М.Г. Ашукиных и «Русско-норвежский словарь крылатых слов» В. П. Беркова. Устаревшие крылатые слова и популярные цитаты, как правило, опускались. Работа над текстами и наблюдения над живой русской речью дали нам возможность включить в словарь около 700 единиц, не зарегистрированных ранее в словарях подобного типа. Мы стремились включить только более или менее употребительные крылатые слова и популярные цитаты. Определенное число крылатых слов, которые отражают коммунистическую идеологию и по сей день широко употребляются для характеристики советской эпохи, снабжено пометой *Sov.* (=Soviet) — советизм. Однако мы полностью отдаем себе отчет в том, что наши оценки, возможно, не всегда были достаточно объективными. Без сомнения, у наших читателей могут быть основания сетовать на то, что в словарь не вошло некоторое количество крылатых слов и еще большее количество популярных цитат, заслуживающих, с их точки зрения, включения, и, с другой стороны, они, видимо, сочтут, что некоторые единицы можно было смело опустить. Мы питаем надежду, что предлагаемый словарь вызовет у читателей достаточно большой интерес для того, чтобы они сообщили нам о своих соображениях. Заранее выражаем благодарность.

* * *

При совместной работе над такой книгой, разумеется, было невозможным абсолютное разделение функций составителей. В целом же можно сказать, что английская часть словаря написана И. А. Уолш, тогда как В. П. Берков осуществлял расширение словника и подготовил соответствующую справочную часть издания (значение и употребление цитаты, указание на источник и т. д.). Указатели составлены А. В. Берковой.

И. А. Уолш
В. П. Берков

О ПОЛЬЗОВАНИИ СЛОВАРЕМ

Все крылатые слова и популярные цитаты расположены строго по алфавиту (границы между словами не учитываются) и даны в наиболее употребительной форме.

Параллельная иноязычная (латинская, французская и т. д.) форма русского крылатого слова приводится в соответствующей статье. Крылатые слова, употребляемые только в иноязычной форме (например, ab ovo, par excellence и т. п.), в словарь не включались.

Структура словарной статьи такова:

1) Русские крылатые слова и популярные цитаты набраны полужирным шрифтом и снабжены знаками ударения. Границы стихотворных строк обозначены косой чертой. Если крылатое слово не является точной цитатой из источника, то приводится наиболее употребительная форма, а форма источника (как правило, часть цитаты) указывается в квадратных скобках, т. е. [...].

2) Параллельная иноязычная форма, когда она имеется, набрана прямым светлым шрифтом.

3) В круглых скобках курсивом указывается источник или происхождение цитаты. Если цитата расходится с формой источника, перед последним ставится знак <, показывающий, что данная форма в источнике не представлена. Если источник установлен не вполне точно, перед ним ставится вопросительный знак. В единичных случаях, когда цитата явно имеет книжный характер, но источник неизвестен, указывается: «источник не установлен», «происхождение спорно» и т. п. После указания письменного

источника ставится знак тире и указывается год издания (опубликования) произведения. Если год известен не вполне точно, перед ним ставится вопросительный знак. Для произведений, выходивших небольшими частями (например, для «Евгения Онегина» А. Пушкина, публиковавшегося отдельными главами), указывается год публикации последней части.

4) Английский эквивалент набран прямым светлым шрифтом. Для границ стихотворных строк используется, как и в русской части, косая черта. Когда употребительна не точная цитата, форма в источнике (в том числе часть цитаты) указывается в квадратных скобках, как в русской части. Инфинитив обычно дается без частицы «to», если с него начинается перевод-эквивалент.

Переводы, выполненные И. А. Уолш, имеют впереди знак звездочки*.

5) Если в английском языке имеется параллельная иноязычная цитата и она уже приведена в русской части (см. 2), то эта цитата не повторяется, а заменяется вертикальной стрелкой (↑), отсылающей читателя к русской части статьи, после чего сокращенно курсивом обозначается язык цитаты (напр., *L.* — латинский; см. список сокращений). Если в английской речи иноязычная форма цитаты более употребительна, нежели английская, стрелка с сокращенным названием языка помещается перед последней, и, наоборот, стрелка ставится после английской цитаты, если иноязычная форма менее употребительна. Если в русском языке иноязычная цитата не используется, то в английской части она помещается до английского эквивалента.

6) Источник цитаты, как и в русской части статьи, указывается в круглых скобках курсивом. Аналогично русской части (см. 3) используются знаки ? и <; последний знак используется также перед указанием автора перевода, если составители словаря сочли целесообразным внести в перевод некоторые изменения. В нескольких случаях, когда перевод в словаре существенно отличается от опубликованного, указывается «based on trans. by...».

7) Далее следуют определения значения цитаты и пояснения; они набраны курсивом. В отдельных случаях для большей ясности они помещаются, однако, непосредственно после перевода.

8) В конце статьи под рубрикой *Cf. (ср.)* приводятся, где это возможно, английские слова, словосочетания или цитаты, восходящие к иному источнику, но эквивалентные или близкие по смыслу русской цитате.

9) В отдельных статьях помещаются отсылочные указания.

В ряде случаев составители сочли целесообразным отступить от описанной выше структуры статьи. Это делалось, когда объяснение происхождения цитаты диктовало помещение ее в контекст, в котором она использована в источнике. Такие пояснения даются по-английски после русского указания источника и включают в себя как английский переводной эквивалент (дается прямым светлым шрифтом), так и указание на источник.

К словарю приложены следующие указатели:

1) Алфавитный указатель к русским крылатым словам (слова, с которых начинаются цитаты, в алфавитный указатель не включены).

2) Список иноязычных цитат, используемых параллельно с русскими.

3) Список авторов по-русски.

4) Список авторов по-английски.

ОСНОВНАЯ ИСПОЛЬЗОВАННАЯ ЛИТЕРАТУРА

BIBLIOGRAPHY. MAIN SOURCES

А ш у к и н Н. С., А ш у к и н а М. Г. Крылатые слова. Литературные цитаты. Образные выражения. 3-е изд., испр. и доп. М.: Художественная литература, 1966.

Б а б и ч е в Н. Т., Б о р о в с к и й Я. М. Словарь латинских крылатых слов. Под ред. Я. М. Боровского. М.: Русский язык, 1982.

Б а б к и н А. М., Ш е н д е ц о в В. В. Словарь иноязычных выражений и слов, употребляющихся в русском языке без перевода. Т. 1—2. М.— Л.: Наука, 1966. То же, 2-е изд., перераб. и доп. Т. 1. Л.: Наука, 1981.

Б е р к о в В. П. Русско-норвежский словарь крылатых слов. М.: Русский язык, 1980.

Б о т в и н н и к М. Н., К о г а н М. А., Р а б и н о в и ч М. Б., С е л е ц к и й Б. П. Мифологический словарь. Изд. 3-е, доп. М.: Просвещение, 1965.

В а р т а н ь я н Э. Из жизни слов. М.: Детгиз, 1960.

К р а т к а я л и т е р а т у р н а я э н ц и к л о п е д и я. Т. 1—9. М.: Советская Энциклопедия, 1962—1978.

К у н и н А. В. Англо-русский фразеологический словарь. Изд. 3-е, испр. и доп. М.: Советская Энциклопедия, 1967.

О в р у ц к и й Н. О. Крылатые латинские выражения в литературе. М.: Просвещение, 1969.

Ф е л и ц ы н а В. П., П р о х о р о в Ю. Е. Русские пословицы, поговорки и крылатые выражения. Лингвострановедческий словарь. Под ред. Е. М. Вереща-гина и В. Г. Костомарова. М.: Русский язык, 1979.

Шишкина И. П., Финкельштейн Р. В. Крылатые слова, их происхождение и значение. Пособие для студентов педагогических институтов (на немецком языке). Л.: Просвещение, 1972.

Böttcher K., Berger K. H., Krolop K., Zimmermann C. Geflügelte Worte. Zitate, Sentenzen und Begriffe in ihrem geschichtlichen Zusammenhang. Leipzig: VEB Bibliographisches Institut, 1981.

Brewer's Dictionary of Phrase & Fable. Revised and enlarged. L.: Cassell and Company, Ltd., 1970.

Büchmann G. Geflügelte Worte. 32. Auflage, vollständig neubearbeitet von G. Haupt und W. Hofmann. B.: Haude & Spenersche Verlagsbuchhandlung, 1972.

Chambers's Twentieth Century Dictionary. Ed. by A.M. Macdonald. New edition. Edinburgh: W. & R. Chambers, 1972.

Dalbiac P. H. A Dictionary of Quotations. L., Edinburgh, P., Melbourne, Toronto, N. Y.: Thomas Nelson and Sons, Ltd., s/a.

Encyclopaedia Britannica. Vol. 1—30. 15th ed. 1974.

Evensberget S. og Gundersen D. Bevingede ord. Oslo: Gyldendal, 1967.

Hart J. D. The Oxford Companion to American Literature. 3rd ed. N. Y.: Oxford University Press, 1956.

Heinzel E. Lexikon historischer Ereignisse und Personen in Kunst, Literatur und Musik. Wien: Verlag Brüder Hollinek, 1956.

Lexikon der Weltliteratur. Herausgegeben von G. von Wilpert. Stuttgart: Alfred Kröner Verlag, 1963.

The Concise Oxford Dictionary of Quotations. L., Oxford, N. Y.: Oxford University Press, 1975.

The Oxford Dictionary of English Etymology. Ed. by C. T. Onions. Oxford: Clarendon Press, 1978.

The Oxford Dictionary of Quotations. 2nd ed. L., N. Y., Toronto: Oxford University Press, 1966.

The Shorter Oxford English Dictionary on Historical Principles. Revised and ed. by C. T. Onions. 3rd ed. Vol. 1—2. Oxford: Clarendon Press, 1974.

СПИСОК СОКРАЩЕНИЙ И УСЛОВНЫХ ЗНАКОВ

LIST OF ABBREVIATIONS AND SIGNS

cent. — century век
ch. — chapter глава
coll. — colloquial разговорное
E. — English английский (язык)
esp. — especially особенно
fig. — figurative, -ly переносный смысл, переносно(е)
Fr. — French французский (язык)
Ger. — German немецкий (язык)
Gr. — Greek греческий (язык)
hist. — historical историческое
It. — Italian итальянский (язык)
L. — Latin латынь
lit. — literal, -ly буквальный смысл, буквально
obs. — obsolete устарелое
phr. — phrase, -s выражение, выражения
pt. — part часть
R. — Russian русский (язык)
sc. — scene сцена, картина
smb. — somebody кто-либо
smth. — something что-либо
Sov. — Soviet советизм
trans. — translated переведено, перевод

usu. — usually обычно
vol. — volume том
/ — end of line конец стихотворной строки
[...] — original wording исходная форма
(...) — optional part of a quotation факультативная часть цитаты
{...} — alternative version вариант
< — derives from; goes back to; borrowed from; based on восходит к ...; взято из ...; на основе ...
? — source not established with sufficient certainty источник установлен предположительно
↑ — used in E. as quoted above используется в английском языке в указанной выше форме
* — translated into English by the compilers of the dictionary перевод составителей словаря

A

1. **А Ва́ська слу́шает да ест** *(И. Крылов. Кот и Повар — 1813) lit.* *Vaska listens, but continues eating *(Ivan Krylov. Cat and Cook). In the fable, the cat named Vaska calmly continues eating the stolen chicken, while the cook appeals to his sense of decency:* You glutton, Cookie calls,/you rogue! Your conscience should be pricking,/to face an honest man,—to face the very walls! (But Thomas all the while is busy with the chicken) *(trans. by Bernard Pares). The quotation is used jocularly when a person reasons with an offender instead of dealing with him firmly.*

2. **А́вгиевы коню́шни** *(из греческой мифологии)* Augean stables *(the stables of Augeas, the mythological king of Elis, in Greece, in which he had kept 3 000 oxen and which had not been cleaned for 30 years). The phr. is used with reference to filthy, cluttered up premises, extreme disorder or confusion in affairs.*

3. **А [Да то́лько] воз и ны́не там** *(И. Крылов. Лебедь, Щука и Рак —* 1814) *The cart's still there *(Ivan Krylov. The Swan, the Pike and the Crayfish). In the fable, a swan, a pike and a crayfish, who are harnessed to a cart, try to pull it along. Since each of them pulls in a different direction, nothing comes of their venture (see* Ле́бедь рвётся в облака́). *The quotation is used of long and fruitless discussions.*

4. **А впро́чем, он дойдёт до степене́й изве́стных (,/ведь ны́нче лю́бят бессло́ве́сных)** *(А. Грибоедов. Горе от ума, д.* 1, *явл.* 7 — 1824) He'll rise! He'll make his way, the rogue! (/ Men who say nothing are in vogue) *(Alexander Griboedov. Wit Works Woe, act I, sc. 7. Trans. by Bernard Pares).*

5. **А всё-таки она́ ве́ртится** *(приписывается Г. Галилею)* Eppur(e) si muove, *It.:* it does move all the same *(attributed to Galileo after he had*

recanted his doctrine that the earth moves round the sun). A formula, characterising one's firm adherence to one's principles or one's unshakable confidence in the correctness of one's convictions.

6. **А вы, друзья́, как ни сади́тесь,/Всё в музыка́нты не годи́тесь** *(И. Крылов. Квартет* — 1811) However much you change positions,/My friends, you'll never make musicians *(Ivan Krylov. The Quartet. Trans. by Peter Tempest). In Ivan Krylov's fable "The Quartet", a monkey, a goat, a donkey and a bear, who resolved to play a string quartet, think that they play badly because they sit in the wrong places. After changing places several times they ask the nightingale to tell them where to sit. The nightingale replies that "Performing music calls for skill and comprehension.../And ears more sensitive than yours", concluding his answer with the words quoted above. The quotation is used with reference to persons who attribute their failure to some cause outside themselves.*

7. **Агасфе́р** *see* Ве́чный жид.

8. **А где пасту́х дура́к, там и соба́ки ду́ры** *(И. Крылов. Волк и Волчонок* — 1811) When a shepherd is a fool,/His dogs are asses *(Ivan Krylov. The Wolf and His Cub. Trans. by Henry Harrison), i. e. when the person in charge is a fool, his subordinates are fools, too.*

9. **А го́ды прохо́дят—всё лу́чшие го́ды** *(М. Лермонтов. "И скучно, и грустно"* — 1840) So year follows year — all our best years escape us *(Mikhail Lermontov. "Such Emptiness, Heartache". Trans. by Avril Pyman).*

10. **Адвока́т дья́вола** *цитируется также по-латыни:* advocatus diaboli *(из средневекового ритуала канонизации, когда устраивался диспут, в котором один из его участников — адвокат дьявола — перечислял недостатки и грехи канонизируемого)* The devil's advocate; ↑ *L. (an advocate at the papal court appointed to contest the claims of a candidate for canonization): a) a wicked person, the devil himself in a human form; b) an extremely severe critic; a person who never has a good word to say for anyone. Obs.*

11. **Администрати́вный восто́рг** *(Ф. Достоевский. Бесы, ч. 1, гл. 2, IV* — 1871) Administrative ardour *(Feodor Dostoevsky. The Possessed, pt. 1, 2, 4. Trans. by Constance Garnett): administrative ardour of one drunk with power.*

12. **Айболи́т** *see* До́ктор Айболи́т.

13. **Ай, Мо́ська! Знать, она́ сильна́,/Что ла́ет на слона́!** *(И. Крылов. Слон и Моська* — 1808). *In Ivan Krylov's fable "The Elephant and the Pug" (trans. by Bernard Pares), the pugdog Moska barked at an elephant*

which was being led on a chain through the streets. The dog knew that he was not putting himself into danger and that is why he was so bold. At the same time he hoped that his behaviour would impress the other street dogs and make them say: "That pug there surely must be strong; he barks behind an elephant!" *The quotation is used in an extended sense.*

14. **Ака́кий Ака́киевич (Башма́чкин)** *(герой повести Н. Гоголя «Шинель» —* 1842) Akaky Akakyevich (Bashmachkin), *the main character in Nikolai Gogol's tale "The Overcoat", a poor civil servant whose aspirations for a decent life become centered on a new overcoat. His story expresses Gogol's protest against "man's inhumanity to man", at the same time exposing the "suffocating atmosphere of the bureaucratic world of Russia of his day". The name of Gogol's character was used with reference to the downtrodden junior civil servants of Tsarist Russia.*

15. **А ла́рчик про́сто открыва́лся** *(И. Крылов. Ларчик —* 1808). *In Ivan Krylov's fable "A Little Box" (trans. by Bernard Pares) the main character insists that the box has got some trick. He says that he will be able to open the box, but despite assiduous attempts fails to do so. This was a box that opened of itself, but he never tried to raise the lid. The quotation is used to mean: the problem had a simple solution, there was no need to complicate matters; the explanation is self-evident.*

16. **Алгебра револю́ции** *(определение А. Герценом философии Гегеля в «Былом и думах», ч. 4, гл. 25 —* 1855) The algebra of revolution *(definition of Hegel's philosophy in Alexander Herzen's "The Past and Thoughts", pt. 4, ch. 25).*

17. **Алекса́ндр Македо́нский геро́й, но заче́м же сту́лья лома́ть?** *(Н. Гоголь. Ревизор, д.* 1, *явл.* 1 — 1836) Of course Alexander the Great was a hero, but why smash chairs over him? *The quotation comes from Nikolai Gogol's comedy "The Government Inspector", act.* 1, *sc.* 1 (<*trans. by Constance Garnett). One of the characters in the comedy, a teacher of history, speaking about Alexander the Great seizes a chair and bangs it on the floor with such force that it breaks. The quotation is used to mean: no matter how important the issue, one should not go to extremes.*

18. **Алёнушка** *фольк.* Alionushka, *heroine of a Russian folk tale, a personification of kindness and sisterly love. The name may also be used as an endearment to girls or women with long fair hair.*

19. **Аллилу́йю петь** *((Библия,* 1 *Паралипоменон,* 16, 36 *и др.)* *Sing alleluia/ hallelujah *(the exclamation* hallelujah — *praise the Lord — occurs*

in many psalms and anthems; hence, a song of praise to God). The above phrase is used to mean: surfeit with praises, extol to the skies, eulogize.

20. **Алта́рь Феми́ды** *see* Феми́да.

21. **А́лчущие и жа́ждущие** *(Библия, Матфей, 5, 6)* They which do hunger and thirst *(The Bible, Matthew, 5, 6). Used fig.*

22. **А́лые паруса́** *(название романа А. Грина — 1923)* Scarlet sails *(title of a novel by Alexander Green in which he relates the story of a young girl named Assol who dreams of seeing on the sea a ship with scarlet sails; on hearing about this, Captain Grey brings into the harbour a ship with sails of this colour). The phr. has come to be used as a symbol of the romantic dreams of young people and of their lofty aspirations.*

23. **Альфа и оме́га** *(<Библия, Откровение, 1, 8)* Alpha and Omega *(<The Bible, Revelation, 1, 8), i. e. the beginning and the end.*

24. **А мо́жет быть, так на́до** *(И. Ильф и Е. Петров. Золотой телёнок, гл. 13 — 1931)* *Perhaps it's necessary; Perhaps it needs be thus; Doubtless this was ordained *(Ilya Ilf and Yevgeny Petrov. The Golden Calf, ch. 13). These are the favourite words of Vasisualy Lokhankin, one of the characters in the novel, who looks upon his own misfortunes and sufferings as something one should naturally expect in life, since all great men had to suffer. The quotation is used jokingly with reference to the vicissitudes of life, etc.*

25. **Анте́й** *(из греческой мифологии)* Antaeus. *In Greek mythology, a gigantic wrestler whose strength was invincible as long as he touched the earth. The name is applied to persons who draw their strength from their love for their country and its people.*

26. **А он, мяте́жный, про́сит бу́ри,/Как бу́дто в бу́рях есть поко́й!** *(М. Лермонтов. Парус — 1832)* But it is storm, the rebel asks for,/As though in storm were peace *(Mikhail Lermontov. The Sail. Trans. by Babette Deutsch);* And yet for storm it begs, the rebel, / As if in storm lurked calm and peace! *(trans. by Irina Zheleznova). Used in an extended sense.*

27. **А повороти́сь-ка, сы́нку [сын]** *(Н. Гоголь. Тарас Бульба, гл. 1 — 1842)* Turn round, son! *(Nikolai Gogol. Taras Bulba, ch. 1. Trans. by Constance Garnett, revised by Leonard G. Kent). Used jokingly when one wants somebody to show his new clothes, to show how much he has grown, gained in strength, etc.*

28. **А пода́ть сюда́ Ля́пкина-Тя́пкина!** *(Н. Гоголь. Ревизор, д. 1, явл. 1 — 1836)* Let's have Lyapkin-Tyapkin here! *(Nikolai Gogol. The Government*

Inspector, act 1, sc. 1. Trans. by David Magarshack). One of the characters of the comedy, the judge Lyapkin-Tyapkin, on learning of the expected arrival of a Government Inspector imagines that the inspector will say the above quoted words when he learns who the town judge is. The words are quoted with a gallows-bird humour when one expects to be severely reprimanded by one's superiors. Quoted also in the form А пода́ть сюда́ Тя́пкина-Ля́пкина!

29. **Аполло́н** *(из греческой мифологии)* Apollo, *a major deity of ancient Greece, universally represented in art as a young, virile and beautiful youth. The name is applied to exceptionally handsome young men.*

30. **Аппети́т прихо́дит во вре́мя еды́** *цитируется также по-французски:* L'appétit vient en mangeant *(Ф. Рабле. Гаргантюа, ч. 1, гл. 5 — 1532)* Appetite comes as you eat; ↑*Fr. (Rabelais. Gargantua, pt. 1, ch. 5).*

31. **А́ргус** *(из греческой мифологии)* Argus. *According to Greek fable, Argus was a being with 100 eyes, of which only two slept at a time. The name is applied to a very vigilant, "Argus-eyed" watcher.*

32. **Ариа́днина нить** *(из греческой мифологии)* Ariadne's thread: *a clue, a guiding idea or principle helping one to find a way out of difficulties or to solve a difficult problem (in Greek mythology Ariadne helped Theseus to get out of the Minotaur's labyrinth by giving him a ball of thread the end of which she tied at the entrance. After killing the Minotaur, Theseus found his way back to the entrance by following the thread).*

33. **Аристокра́тия ду́ха** *(из заглавия памфлета С. Ашера "Über den deutschen Geistes-Aristokratismus" — 1819) lit.* *Aristocracy of the spirit *(Saul Ascher. Über den deutschen Geistes-Aristokratismus). Used of persons who consider themselves to belong to the "cultured élite" and thus assume an air of superiority with respect to others. The expression* аристокра́ты ду́ха (aristocrats of the spirit) *may also be used.*

34. **Арка́дия. Арка́дская иди́ллия** *(согласно Вергилию и европейским поэтам XVII—XVIII вв., в Аркадии, области Пелопоннеса, люди — пастухи и охотники — вели идиллическую жизнь)* Arcadia. Arcadian simplicity *(according to Virgil and 17th and 18th cent. European poets, Arcadia, a district of the Peloponnesus, was the home of pastoral simplicity and happiness). Used ironically of a happy, carefree life.*

35. **Архиме́дов рыча́г** *(по имени Архимеда, открывшего действие рычага)* Archimedean lever *(named from Archimedes whose theory of the*

lever remained for some 1,700 *years the basis of the science of statics*). Used of a very effective means of accomplishing a task. See also *Да́йте мне то́чку опо́ры, и я сдви́ну зе́млю.*

36. **Архипела́г ГУЛА́Г** *(название документальной повести А. Солженицына; впервые опубликована в России в* 1989 *г.)* The Gulag Archipelago (*title of Alexander Solzhenitsin's documentary book*). *Used of the vast network of labour camps in the Soviet Union of Stalin times.*

37. **Архитекту́ра — засты́вшая му́зыка** *(выражение Гёте, употреблённое в беседе с Эккерманом* 23.3.1829 *и являющееся парафразой изречения Симонида Кеосского; встречается в «Лекциях по философии искусства» Ф. В. Шеллинга —* 1842) Architecture is frozen music (*words used by Goethe in his conversation with Eckermann,* 23 *March* 1829; *a paraphrase of the dictum of the Greek poet Simonides of Keos; occurs in Friedrich Wilhelm von Schelling's "Vorlesungen über die Philosophie der Kunst"*).

38. **Арши́ном о́бщим не изме́рить** *see* Умом Россию не понять

39. **А сме́шивать два э́ти ремесла́/Есть тьма охо́тников [иску́сников]; я не из их числа́** *(А. Грибоедов. Горе от ума, д.* 3, *явл.* 3 — 1824) *There are many only too willing to unite these two pursuits. I am not one of them (Alexander Griboedov. The Misfortune of Being Clever, act* 3, *sc.* 3).

40. **А су́дьи кто?** *(А. Грибоедов. Горе от ума, д.* 2, *явл.* 5 — 1824) And pray who are the judges? *(Alexander Griboedov. Gore ot Ouma, act* 2, *sc.* 5. *Trans. by Nicholas Benardaky), i. e. these people are not qualified, not fit, not objective enough to voice their judgement.*

41. **А сча́стье бы́ло так возмо́жно,/Так бли́зко!** *(А. Пушкин. Евгений Онегин, гл.* 8, 47 — 1833) Yet happiness had been so possible, so near... (*Alexander Pushkin. Eugene Onegin, ch.* 8, 47. *Trans. by Vladimir Nabokov). The order of words in the quotation is often changed:* так бли́зко, так возмо́жно.

42. **Атти́ческая соль** (? *Цицерон)* Attic salt (? *Cicero): refined wit.*

43. **Афана́сий Ива́нович и Пульхе́рия Ива́новна** *see* Старосве́тские поме́щики.

44. **Ах, злы́е языки́ страшне́е пистоле́та** *(А. Грибоедов. Горе от ума, д.* 2, *явл.* 11 — 1824) Alas! Malicious tongues are worse than pistol shot! (*Alexander Griboedov. Wit Works Woe, act* 2, *sc.* 11. *Trans. by Bernard Pares).*

45. **Ахилле́сова пята́** *(из греческой мифологии)* Heel of Achilles. *According to Greek legend, Achilles' mother dipped him in the river Styx to make him invulnerable. When she did this she held him by the heel, which therefore remained vulnerable. Used to denote a single vulnerable or weak point.*

46. **Ах, како́й пасса́ж!** *(Н. Гоголь. Ревизор, д. 4, явл. 13 — 1836)* Oh! what a scene! *(Nikolai Gogol. The Government Inspector, act 4, sc. 13. Trans. by D. Campbell). The quotation is used jocularly of smb.'s blunder; an unpleasant or disagreeable experience, situation; an unseemly display of anger. Cf.* Good heavens! Well, I never! A fine kettle of fish!

47. **(Ах) попа́лась пти́чка** *(из детской песенки 19 в. А. У. Порецкого)* *Got you, birdie *(from a 19th cent. nursery rhyme by A. Poretsky). A jocular expression of satisfaction at a) seizing smb. after pursuit; b) detecting in deceit or catching red-handed.*

Б

1. **Ба́ба-Яга́** Baba-Yaga. *In Slavonic mythology, Baba-Yaga was a dreaded ogress who lived in a small hut perched on four chicken legs. She looked like a frightfully ugly old woman. Her food was people, especially children whom she captured and then cooked in a big pot. Baba-Yaga was a powerful magician and flew through the air in a large mortar steered with a pestle.*

2. **База́р жите́йской суеты́** *(первоначальное заглавие русского перевода романа У. М. Теккерея "Vanity Fair" — 1847—1848). See* Я́рмарка тщесла́вия.

3. **Ба! знако́мые всё ли́ца** *(А. Грибоедов. Горе от ума, д. 4, явл. 14 — 1824)* Bah! they're all familiar faces! *(Alexander Griboedov. The Misfortune of Being Clever, act 4, sc. 14. Trans. by S. W. Pring): a) expression of surprised recognition of people one did not expect to see; b) expression of surprise on perceiving that the work, theory, ideas, arguments, etc., offered as something new, are, in fact, old and well-known. Cf.* The same old thing.

4. **Бальза́ковский во́зраст** *(шутливое обозначение возраста женщин между 30—40 годами, возникшее после выхода романа*

Бальзака «Тридцатилетняя женщина» — 1831) *lit.* *Balzacian age. *A jocular reference to the supposedly frivolous period in the life of women between 30 and 40 years of age. Also* «бальза́ковская женщина» — "balzacian woman". *Used in literary and colloquial language since the publication in Russia of Honoré de Balzac's novel "La femme de trente ans". Cf.* The frivolous age.

5. **Ба́рина всё не́ту, ба́рин всё не е́дет** (*Н. Некрасов. Забытая деревня* — 1856) *The landlord's still away, the landlord's still not coming (*Nikolai Nekrasov. The Forgotten Village*). *Used jokingly when someone whose presence is required (for example, to settle an urgent matter) continuously fails to come.*

6. **Баро́н фон Гринва́льдус [Гринва́льюс],/Сей до́блестный ры́царь,/Всё в той же пози́цьи/На ка́мне сиди́т** (*Козьма Прутков. Немецкая баллада* — 1854) *Baron von Greenwaldus,/This chivalrous knight,/In the self-same attitude/Is still sitting on his boulder. *The quotation comes from Kozma Prutkov's poem "A German Ballad" which parodies Schiller's ballad "Ritter Toggenburg". Prutkov's poem gives a jocular description of a knight who has been rejected by the lady of his choice and who sits in gloomy silence on a stone outside her castle. The quotation is used as a comment upon a person's mental inertia or his indifference to other people and to life around him. It is also often used jokingly of someone who has been sitting in the same spot for some time. Usu. only the last two lines are quoted.*

7. **Башмако́в она́ ещё не износи́ла (,/В кото́рых шла за гро́бом му́жа)** (*Шекспир. Гамлет, д. 1, сц. 2* — 1601) ...ere those shoes were old/with which she followed my poor father's body (*Shakespeare. Hamlet, act 1, sc. 2*) *Mainly used in R. with reference to women and implies an incapacity for constancy in affection, a tendency to lightly dismiss former attachments from the mind. In E. another line from Hamlet's soliloquy is usually quoted with this meaning:* Frailty, thy name is woman! *In a less common extended sense the R. quotation is also used with reference to persons of either sex who easily change their opinions, allegiances, etc., usu. for reasons of personal gain or advantage. Cf.* Weather cock.

8. **Башма́чкин Ака́кий Ака́киевич** *see* Ака́кий Ака́киевич.

9. **Ба́шня из слоно́вой ко́сти** (*Ш. О. де Сент-Бёв. Стихотворное послание "A. F. Villemain" в сб. "Pensées d'août"* — 1837) Ivory tower

24

(Charles Augustin de Sainte-Beuve "A. F. Villemain" in "Pensées d'août"), i. e. a place of refuge from the world with its strivings and posturings. In R. also used to characterize the attitude of writers and artists who produce highly individualistic work cut off from everyday life and contemporary problems.

10. **Бди!** *(Козьма Прутков. Мысли и афоризмы — 1854)* *Be vigilant!; *Be on your guard! *(Kozma Prutkov. Thoughts and Aphorisms). Used jokingly to remind someone of the necessity to be careful.*

11. **Беда́, коль пироги́ начнёт печи́ сапо́жник,/А сапоги́ тача́ть пиро́жник** *(И. Крылов. Щука и Кот — 1813)* The pieman, that doth try to cobble shoes,/The cobbler, that doth take to pies and stews,/Will find that with them things go badly! *(Ivan Krylov. The Pike and the Cat. Trans. by Henry Harrison). Cf.* The cobbler should stick to his last.

12. **Беда́ не прихо́дит одна́** *(<Плавт. Кубышка, 5, 754; сходная мысль в Библии, Иезекииль, 7, 5)* Misfortunes never come singly *(<Plautus. Aulularia, 5, 754; a similar idea is to be found in The Bible, Ezekiel, 1, 5; also used in Shakespeare's Hamlet, 4. 5:* "When sorrows come, they come not single spies, but in battalions"). *Cf.* Misery loves company.

13. **Бе́ден, как Ла́зарь** *(<Библия, Лука, 16, 19—25)* (As) poor as Lazarus *(The Bible, Luke, 16, 19—25). Used of one reduced to dire poverty.*

14. **Бе́дный Йо́рик** *(У. Шекспир. Гамлет, д. 5, явл. 1—1601).* Alas, poor Yorick! *(Shakespeare. Hamlet, act 3, sc. 1.) Used as an expression of compassion or sympathy.*

15. **Без божества́, без вдохнове́нья (,/Без слез, без жи́зни, без любви́)** *(А. Пушкин. К*** — 1825)* Bereft of God, of inspiration (,/Bereft of life, and love and tears) *(Alexander Pushkin. To ... Trans. by Irina Zheleznova), i. e. dull and uninspired.*

16. **Без вины́ винова́тые** *(название комедии А. Островского — 1884)* More sinned against than sinning *(title of a comedy by Alexander Ostrovsky. Trans. by Margaret Wettlin; the E. title derives from Shakespeare's "King Lear").*

17. **Без гне́ва и пристра́стия** *цитируется также по-латыни:* Sine ira et studio *(Тацит. Анналы, 1, 1)* ↑ *L.:* without ill-will and without favour *(Tacitus. Annals, 1, 1).*

18. **Безгре́шные дохо́ды** *(выражение возникло в чиновничьей среде; введено в литературу Н. Некрасовым в стихотворении*

«Маша» — 1851) *Innocent earnings, i.e. income from voluntarily offered bribes. Apparently the phrase was originally used in Civil Service circles and entered literary R. with the publication of Nikolai Nekrasov's poem "Masha". Obs.*

19. **Без гуса́рства, но и не без не́которой ли́хости** (*И. Ильф и Е. Петров. Золотой телёнок, гл. 30* — 1931) *Not exactly hussarfashion but not without a certain amount of dash (Ilya Ilf and Yevgeny Petrov. The Golden Calf, ch. 30). Cited jocularly to mean: boldly enough, with breadth, but not without a certain restraint.*

20. **Без дра́ки попа́сть в больши́е забия́ки** (*И. Крылов. Слон и Моська* — 1808) *To pass for a courageous fighter/without partaking in the fight (Ivan Krylov. The Elephant and the Pug). Used figuratively. See* Ай, Мо́ська! Знать, она́ сильна́...

21. **Без ле́сти пре́дан** (*гербовый девиз А. Аракчеева*) Devoted, not servile (*motto on A. Arakcheev's coat of arms). Arakcheev was military commandant of St. Petersburg during the reign of Paul I. Later, in 1808, Alexander I appointed him inspector general and war minister. In 1799 emperor Paul I created Arakcheev a count, himself selecting the motto. The motto was ridiculed by progressive members of Russian society who despised and hated Arakcheev, "the oppressor of the whole of Russia", as Pushkin later put it. The phr. came to be applied to obsequious behaviour.*

22. **Без меня́ меня́ жени́ли** (*русская народная песня «Я на горке стою»*) *They married me off in my absence (Russian folk song "I Am Standing on a Hill"). Used to mean: the decision which directly concerns me was taken without my consent. Often used when a person is given some work without being consulted.*

23. **Без руля́ и без ветри́л** (*М. Лермонтов. Демон* — 1841) Without rudder or sail (*Mikhail Lermontov. The Demon. Trans. by A. C. Stephen), i. e. with no sense of purpose, rudderless.*

24. **Безу́мный день, и́ли Жени́тьба Фигаро́** (*название комедии Бомарше* — 1784) *A crazy day or the marriage of Figaro (title of the Russian translation of Beaumarchais' "La folle journée ou le mariage de Figaro"), i. e. a hectic day full of distracting events.*

25. **Безу́мству хра́брых поём мы пе́сню** (*М. Горький. Песня о Соколе* — 1898) We sing a song to the madness of daring! (*Maxim Gorky. Song of the Falcon. Trans. by Margaret Wettlin).*

26. **Бей, но вы́слушай!** *(согласно Плутарху, с этими словами Фемистокл обратился к командующему греческим флотом в Саламинском сражении Эврибиаду, который отдал приказ об отступлении и замахнулся на Фемистокла посохом, когда тот резко возразил против его решения)* Strike, but hear me!, *i. e. carry out your threats — if you must—but at least hear what I have to say (according to Plutarch, these words were spoken by Themistocles to Eurybiades, then in command of the Greek fleet, when the latter lifted his staff to strike Themistocles who strongly objected to his decision to withdraw from the bay of Salamis). The phr. is used when one argues against smb.'s unwise decision though aware that this may provoke anger.*

27. **Бе́лая воро́на** *(Ювенал. Сатиры, 7, 202)* White crow *(Juvenal. Satires, 7, 202), i. e. a rare, remarkable person. In R. often used of someone who opposes or disregards the practices and conventions of his time or social class. Cf.* Rara avis *(Juvenal. Satires, 6, 165), a rare bird.*

28. **Белоку́рая бе́стия** *цитируется также по-немецки:* die blonde Bestie *(не считающаяся с моральными запретами «сильная личность» в произведении Ф. Ницше «К генеалогии морали» — 1887)* ↑ *Ger.:* blonde beast *(in F. W. Nietzsche's work "Zur Genealogie der Moral", a "strong personality" uncurbed by any moral principles). Used ironically.*

29. **Бе́лый терро́р** *(возникшее во Франции в* 1815 *г. обозначение волны репрессий против сторонников революции и бонапартистов; во время Гражданской войны* 1918—20 *гг. в России о контрреволюционном терроре; о терроре противоположной стороны употреблялось выражение «красный террор»).* The white terror *(coined in France in* 1815 *to denote repressive measures against supporters of the Revolution and Bonapartists; used of the counter-revolutionary terror during the Russian Civil War of* 1918—20; *the phr. "red terror" was used of the revolutionary terror).*

30. **Бензи́н ваш — иде́и на́ши** *(И. Ильф и Е. Петров. Золотой телёнок, гл. 3. —* 1931*)* *You supply the petrol and we supply the ideas *(Ilya Ilf and Yevgeny Petrov. The Golden Calf, ch. 3). Used jocularly to mean: we shall supply the ideas, the know-how while you will be responsible for the materials, the financial side of the enterprise.*

31. **Бери́ шине́ль, пошли́ домо́й** *(название стихотворения Булата Окуджавы, положенного на музыку В. Левашовым —* 1975*)* *Take your

greatcoat and let's go home *(title of Bulat Okudzhava's poem set to music by V. Levashov). A jocular suggestion to stop some activity and go home together.*

32. **Бесплóдная смокóвница** (<*Библия, Матфей*, 21, 19) The barren fig tree (<*The Bible, Matthew*, 21, 19). *Used in R. of* a) *a barren woman;* b) *a person whose work has borne no fruit;* c) *a person who lacks creative ability, is barren of ideas.*

33. **Бúтва нарóдов** *(битва под Лейпцигом в* 1813 г.) Battle of the nations. *A name given to the battle of Leipzig* (16—19 *October*, 1813) *at which Napoleon was defeated by the allied Russian, Austrian, Prussian and Swedish forces. Hist.*

34. **Бúтва рýсских с кабардúнцами** *(заглавие лубочной повести Н. Зряхова —* 1840) *The battle of the Russians against the Kabardinians *(title of a cheap novel by Nikolai Zriakhov). Used jokingly of a noisy quarrel or scene, i. e. rumpus, squabble, uproar. Cf.* Donnybrook Fair; bear-garden.

35. **Бить себя́ в грудь** (<*Библия, Лука*, 23, 48) Smite one's breast (<*The Bible, Luke*, 23, 48). *This gesture, originally expressing grief or despair, is now in R. sometimes used when swearing to smth. on one's honour. In transferred use the phr. is applied ironically to assertions made loudly and boldly or to insincere repentance. Cf.* Swear by bell, book and candle; call Heaven to witness.

36. **Бич Бóжий** *(прозвание гуннского короля Аттилы)* The Scourge of God *(name given to Attila, king of the Huns). Applied to sources of suffering.*

37. **Благúе пожелáния** *цитируется также по-латыни:* Pia de-sideria *(заглавие книги Германа Гуго, изданной в* 1627 г. *в Антверпене)* Vain wishes *(title of a book by Hermann Hugo).*

38. **Благúми {дóбрыми} намéрениями ад вы́мощен {дорóга в ад вы́мощена}** *(приписывается С. Джонсону —* 1775) The road to hell is paved with good intentions *(a saying attributed to Dr Samuel Johnson by his biographer James Boswell in "The Life of Samuel Johnson").*

39. **Благóе пожелáние** *see* Благúе пожелáния.

40. **Блáго нарóда — вы́сший закóн {да бýдет вы́сшим закóном}** *цитируется также по-латыни:* Salus populi suprema lex {...lex esto} *(Цицерон. О законах*, 3, 3, 8) ↑ *L.:* the good of the people is the chief law {let the good of the people be the chief law} *(Cicero. De legibus*, 3, 3, 8).

28

41. **Благу́ю часть избра́ть** (<*Библия, Лука,* 10, 38—42) *lit.* Choose the good part (<*The Bible, Luke,* 10, 38—42), *i. e. to choose what is more profitable.*

42. **Блаже́н, кто ве́рует, тепло́ ему́ на све́те** (*А. Грибоедов. Горе от ума, д.* 1, *явл.* 7 — 1824) Thrice blessed who believes; believing warms the heart (*Alexander Griboedov. Wit Works Woe, act* 1, *sc.* 7. *Trans. by Bernard Pares*).

43. **Блаже́н, кто посети́л сей мир [Счастли́в, кто при́зван в э́тот мир]/ В его́ мину́ты роковы́е** (*Ф. Тютчев. Цицерон* — 1836) O blessed [happy] is the man who lives/ When earth's own fate must be decided (*F. Tyutchev. Cicero. Trans. by Peter Tempest*).

44. **Блаже́н, кто смо́лоду был мо́лод,/Блаже́н, кто во́время созре́л,/ Кто постепе́нно жи́зни хо́лод/С лета́ми вы́терпеть уме́л** (*А. Пушкин. Евгений Онегин, гл.* 8, 10—1833) Oh, blest the men whose youth was youthful, / Who ripened with a gradual ease/Through years of growth and learned to suffer/The chill of life by slow degrees (*Alexander Pushkin. Eugene Onegin, ch.* 8, 10. *Trans. by Dorothea Prallradin and George Z. Patrick*).

45. **Блесну́л моро́з. И ра́ды мы/Прока́зам ма́тушки зимы́** (*А. Пушкин. Евгений Онегин, гл.* 7, 30 — 1833) Frost gleams. We watch with gleeful thanks/Old mother winter at her pranks (*Alexander Pushkin. Eugene Onegin, ch.* 7, 30. *Trans. by Charles Johnston*).

46. **Блестя́щая изоля́ция** *цитируется также по-английски:* Splendid isolation (<*Дж. Ю. Фостер. Речь* 16.1.1896; *в данной форме впервые употреблено Дж. Дж. Гошеном в речи* 26.2.1896) ↑ (*Sir George Eulas Foster. Speech, Canadian House of Commons,* 16 *Jan.* 1896; *in the above form first used by George Joachim, First Viscount Goschen, Speech at Lewes,* 26 *Feb.* 1896). *Used of complete solitude, isolation.*

47. **Бли́зок (,бли́зок) миг побе́ды** (*А. Пушкин. Полтава, песнь* 3 — 1829) Each moment nears the happy hour (*Alexander Pushkin. Poltava, canto* 3. *Trans. by Charles Edward Turner*). *Used when success is near.*

48. **Блиста́ть свои́м отсу́тствием** (*М.-Ж. Шенье. Тиберий, д.* 1, *сц.* 1 — 1819; *восходит к «Анналам» Тацита*) Be conspicuous by its (one's) absence (*R. source: M.-J. Chénier. Tibère, act* 1, *sc.* 1; *E. source: Lord John Russell. Speech to the electors of the City of London,* 1859. *Goes back to Tacitus. Annals*).

49. **Блоху́ подкова́ть** (*Н. Лесков. Левша* — 1881) *Shoe a flea (*Nikolai Leskov. Lefty*), i. e. do smth. which requires exceptional ingenuity, skill or*

craftsmanship. Leskov's story is based on a facetious Russian saying: "The English made a flea of steel, but our Tula smiths shod it and sent it back again" (Tula, a town south of Moscow, was famous for fine metal work with superb decoration, also as a manufacturer of arms).

50. **Блудни́ца вавило́нская** (< *Библия, Открове́ние, 17, 1 и 5*) The whore of Babylon (< *The Bible, Revelation, 17, 1 and 5, where Babylon stands for Rome as the embodiment of luxury, tyranny and dissipation). An epithet bestowed on the Roman Catholic church by the early Puritans (hist.). In R. mainly used to denote an unchaste or frivolous woman. The reference is far milder than the E. word "whore" would suggest, thus "wench, hussy, minx, etc." will normally be acceptable equivalents.*

51. **Блу́дный сын** (< *Библия, Лука́, 15, 11—32*) The Prodigal Son (< *The Bible, Luke, 15, 11—32). The phr. is used: a) with reference to a dissipated man; b) of one who has recognized his errors, is repentant of the wrongs he has done; c) of one who has returned to his family, the circle of his friends, etc. Usu. jocularly.*

52. **Бога́т и сла́вен Кочубе́й** (*А. Пушкин. Полта́ва, песнь 1 — 1829*) *Rich and renowned is Kochubey (Alexander Pushkin. Poltava, Canto 1). Used jocularly of a wealthy person.*

53. **Бога́тые то́же пла́чут** (*назва́ние мексика́нского телесериа́ла, демонстри́ровавшегося в Росси́и в 1992 г.*) *The rich also weep (Russian title of the Mexican television serial "Los ricos tambien lloran", 1972, shown in Russia in 1992): rich people have their own problems; wealth alone does not make a person happy.*

54. **Бог о́бщего ме́ста** *цити́руется та́кже по-латы́ни:* Deus loci communis (*первоисто́чник не устано́влен*) *God of the commonplace (author unknown). Cited ironically of persons who indulge in platitudes. Obs.*

55. **Бо́жьей ми́лостью** (< *Библия, 1 Кор., 3, 10*) By the grace of God; Dei gratia, L. (< *The Bible, 1 Cor., 3, 10). The phr. was originally appended to the titles of sovereigns and higher ecclesiastics. In mod. literary R. it is used with reference to naturally gifted persons, esp. artists and poets:* поэ́т, худо́жник *и т. п.* Бо́жьей ми́лостью.

56. **Бойцы́ вспомина́ют [помина́ют] мину́вшие дни/И би́твы, где вме́сте руби́лись они́** (*А. Пушкин. Песнь о ве́щем Оле́ге — 1824*) The warriors... talk of old times, of the days of their pride,/And the frays where

together they struck side by side *(Alexander Pushkin. The Lay of the Wise Oleg. Trans. by Thomas B. Shaw).*

57. **Бóлдинская óсень** *(период в жизни А. Пушкина, отмеченный особым творческим подъёмом)* *Boldino autumn. *Used of an exceptionally productive period in a writer's or artist's life. Originally the phr. was used with reference to a particularly fertile period in the creative life of Alexander Pushkin, the autumn of 1830, which he spent in the village of Boldino and where he wrote a number of his masterpieces, including the famous Tales of Ivan Byelkin.*

58. **Бóльше поэ́тов,/ хорóших/ и рáзных** *(В. Маяковский. Послание пролетарским поэтам — 1926)* *Let's have more poets, good and various *(Vladimir Mayakovsky. A Letter to Proletarian Poets). The word "poets" is often substituted by some other word, e. g.* Бóльше товáров, хорóших и рáзных.

59. **Борзы́ми щенкáми брать** (< *Н. Гоголь. Ревизор, д.* 1, *явл.* 1 — 1836) *Take Borzoi puppies as bribes. *The phr. derives from Nikolai Gogol's comedy "The Inspector General". The mayor of a small provincial town receives news that an inspector is shortly to arrive in the town. The local officials are urgently summoned to discuss measures to be taken in the circumstances. Among the officials is Lyapkin-Tyapkin, the judge, whom the mayor mildly accuses of taking bribes. In his defence Lyapkin-Tyapkin says: "I admit I take bribes, but what sort of bribes"? Puppydogs, that's all"(trans. by John Anderson). Originally the quotation was used of taking bribes not in money, but in some other form. In mod. R. it is used mainly jocularly on receiving a small present from a subordinate or on making such a present. In both instances simply* «борзы́ми щенками» *may be quoted.*

60. **Борúс, ты не прав** *(слова Е. Лигачева в адрес Б. Ельцина на XIX Всесоюзной конференции КПСС — 1989)* *You are wrong, Boris *(words of Yegor Ligachev addressed to Boris Yeltsin at the Nineteenth All-Union Conference of the CPSU) . Used jocularly in an extended sense.*

61. **Борьбá за существовáние** *(заключительные слова заглавия труда Ч. Дарвина «Происхождение видов путём естественного отбора, или сохранение благоприятствуемых пород в борьбе за существование» — 1859)* Straggle for life *(the concluding words of the title of Charles Darwin's book "On the origin of species by means of natural selection, or the preservation of favoured races in the struggle for life").*

62. Бо́чка Дана́ид *(из греческой мифологии)* The work of the Danaides *(Greek mythology), i. e. futile, interminable work. The Danaides were the 50 daughters of Danaus, King of Argos. They married the 50 sons of their uncle, Aegyptus. At the bidding of their father all but one of the 50 sisters murdered their husbands on their wedding night. For this crime they were condemned in Hades to pour water for ever into pitchers with holes in them. In mod. R. the phr. is also used of smth. that requires interminable efforts, continuous investments, etc.*

63. Бра́вый солда́т Швейк *see* Швейк.

64. Бра́ки заключа́ются {устра́иваются} на небеса́х *(впервые употреблено, видимо, Джоном Лили в романе «Эвфуес и его Англия» —* 1580) Marriages are made in heaven *(first used probably by John Lyly in "Euphues and his England"), i. e. it is difficult to foresee how this or that marriage will turn out.*

65. Бра́тья на́ши ме́ньшие *(С. Есенин. Мы теперь уходим понемногу... —* 1924*) lit.* Our smaller brothers *(Sergei Yesenin. "We are now, leaving one by one..."). Used fig. of animals. Cf.* Four-footed friends.

66. Бра́тья-разбо́йники *(заглавие поэмы А. Пушкина —* 1825) The robber brothers *(title of a poem by Alexander Pushkin). Used ironically of energetic brothers unscrupulously intent on their own advancement. May also be applied to mischievous young boys, especially brothers.*

67. Бремя бе́лых {бе́лого челове́ка} *(название стихотворения Р. Киплинга —* 1899) The white man's burden *(title of a poem by Rudyard Kipling. In R. used only ironically.)*

68. Брита́нский лев *(иносказательно впервые, по-видимому, употреблено Джоном Драйденом в поэме «Лань и барс» —* 1687) The British lion, *the lion as the national emblem of Great Britain. Hence, Great Britain, the British nation (in this latter sense the phr. was probably first used by John Dryden in his poem "The Hind and the Panther")*

69. Брожу́ ли я вдоль у́лиц шу́мных (,/ Вхожу́ ль во многолю́дный храм) *(А. Пушкин. Брожу ли я вдоль улиц шумных...—* 1829) Whether the streets I roam, (or enter/ a crowded church) *(Alexander Pushkin. Whether the Streets I Roam, or Enter... Trans. by Irina Zheleznova).*

70. Брониро́ванный кула́к *(выражение стало крылатым после речи Вильгельма II в 1897 г.)* The mailed fist, *i. e. aggressive military power; militarism (from the phr. "gepanzerte Faust" used by William II* *of Germany on the occasion of the departure of Prince Henry of Prussia to China in 1897).*

71. Броса́ть ка́мень в кого-л. *(Библия, Иоанн,* 8, 7) Cast {throw} a stone {stones} at smb., *i. e. criticize, find fault (with), accuse (of) (< The Bible, John,* 8, 7).

72. Бу́дет бу́ря, мы поспо́рим,/И побо́ремся мы [помужествуем] с ней *(Н. Языков. Пловец* — 1829) Let the storm break — boldly, deftly/ We will grapple with its might! *(Nikolai Yazykov. The Mariner. Trans. by Dorian Rottenberg), i. e. we are prepared to meet the challenge.*

73. Бу́дет вам и бе́лка, бу́дет и свисто́к *see* Да́йте то́лько срок, бу́дет вам и бе́лка, бу́дет и свисто́к.

74. Будь гото́в! *(лозунг скаутского движения, предложенный его основателем лордом Р. Бейден-Пауэллом; впоследствии также лозунг пионерского движения в СССР)* Be prepared! *(slogan of the Scout movement suggested by its organizer Robert Baden-Powell; slogan of the pioneer movement in the USSR).*

75. Бу́дьте мудры́, как зми́и *(Библия, Матфей* 10, 16*)* Be ус... wise as serpents *(The Bible, Matthew* 10, 16*), i.e. be guided by reason.*

76. Бу́йну(ю) го́лову пове́сил *(выражение из русских народных сказок)* With a drooping head *(a phr. used in Russian folk tales; trans. by Dorian Rottenberg), i. e. looking despondent.*

77. Бума́га всё те́рпит {не красне́ет} *(восходит к Цицерону, сказавшему в «Письмах к близким», 5,* 12, 1: *"Epistula non erubescit"— «письмо не краснеет»)* *Paper can bear anything {does not blush} (goes back to Cicero, who in "Ad familiars", 5,* 12, 1 *said: "Epistula non erubescit" — a letter does not blush), i. e. one can write down thoughts which one would be ashamed or reluctant to say.*

78. Буреве́стник *(М. Горький. Песня о Буревестнике* — 1901) Stormy-Petrel *(Maxim Gorky. Song of the Stormy-Petrel. Trans. by M. Wettlin), a symbol of the approaching revolution.*

79. Буржуа́зные предрассу́дки *(К. Маркс и Ф. Энгельс. Манифест Коммунистической партии)* Bourgeois prejudices *(Karl Marx and Frederick Engels. Manifesto of the Communist Party. Used mainly jocularly.)*

80. Бурида́нов осёл *(приписывается французскому философу-схоласту Ж. Буридану)* Buridan's ass, *a man thrown into a state of indecision when faced with the choice between two alternatives, neither of which seems* *preferable. The phr. derives from the name of Buridan, a French scholastic philosopher of the 14th cent., and a well-known sophism, incorrectly attributed to him:* "If a hungry ass were placed exactly between two haystacks in every respect equal, it would starve to death because there would be no reason why it should go to one rather than to the other".

81. **Бу́ря в стака́не воды́** *(по свидетельству Бальзака, выражение Монтескье; видимо, восходит к латинской поговорке)* A storm in a tea-cup *(attributed by Balzac to Montesquieu; title of a farce by William Bayle Bernard — 1854; apparently goes back to an old Latin proverb), i. e. a mighty to-do, a great fuss about something trivial.*

82. **Бу́ря и на́тиск** *цитируется также по-немецки:* Sturm und Drang *(название периода немецкой литературы; первоначально заглавие драмы Фридриха Максимилиана Клингера — 1776)* ↑ *Ger.:* storm and stress *(name given to a movement in German literature; so called from a drama of that title by Friedrich Maximilian van Klinger). Used to characterize a period in the life of society, marked by cultural or intellectual upheavals.*

83. **Быва́ли ху́же времена́,/но не́ было подле́й** *(Н. Некрасов. Совре-менники, гл. 1 — 1875; восходит к рассказу И. Хвощинского «Счастливые люди» — 1874)* *There have been worse times,/ but never meaner *(Nikolai Nekrasov. Contemporaries, ch.1; the idea was earlier expressed in I. Khvo-schinsky's story "Happy People").*

84. **Бы́вшие лю́ди** *(заглавие рассказа М. Горького — 1897)* Creatures that were once men *(title of a story by Maxim Gorky. Trans. by J. M. Shirazi). Origi-nally used of degraded persons; after the October Revolution the phr. came to be applied to people who had formerly belonged to the privileged classes.*

85. **Была́ без ра́достей любо́вь,/ Разлу́ка бу́дет без печа́ли** *(М. Лермонтов. Договор — 1842)* *As our love held no joy,/ So will our parting hold no sorrow *(Mikhail Lermontov. The Agreement). The quotation is generally used in an ex-tended sense, for example, on referring to leaving a job where one was not happy or parting with people whose company one did not enjoy, etc.*

86. **Была́ та сму́тная пора́,/ Когда́ Росси́я молода́я,/ В боре́ньях си́лы напряга́я,/Муж а́ла с ге́нием Петра́** *(А. Пушкин. Полтава, песнь I —* 1829) The times were ripe with troubled broil: /In threatened struggles hard and stern/ Young Russia had to try her strength/ And slowly reach her full manhood /Beneath great Peter's rule *(Alexander Pushkin. Poltava, Canto 1. < Trans. by Charles Edward Turner). The words* Россия молодая *are used of*

the reign of Peter the Great during which Russia was transformed from a medieval state into a power on equal terms with its western neighbours.

87. Была́ ужа́сная пора́,/Об ней свежо́ воспомина́нье *(А. Пушкин. Медный всадник, ч. 1, 1 — 1833)* Fresh in our memories we keep/A time most grave and dark and baneful *(Alexander Pushkin. The Bronze Horseman, pt. 1, 1. Trans. by Irina Zheleznova).*

88. Был высоча́йшею пожа́лован улы́бкой *(А. Грибоедов. Горе от ума, д.2, явл.2 — 1824)* *He was rewarded with a high imperial smile *(Alexander Griboedov. The Misfortune of Being Clever, act 2, sc. 2). Used ironically of a superior's praise.*

89. Бы́ли когда́-то и вы рысака́ми *(А. Апухтин. Пара гнедых — 1895)* *You too were once a fine pair of horses *(Alexei Apukhtin. A Team of Bays). Apukhtin's poem describes an old lady driving in a carriage drawn by two scraggy old nags. There was a time when the lady was young and beautiful and crowds of admirers paid court to her. Her two bays were once fine horses, but they have grown old too. The quotation is used when one recollects one's youth, happiness that has passed, the good old days. Usu.* вы — you — *is replaced by* мы — we.

90. Бы́ло гла́дко на бума́ге, /Да забы́ли про овра́ги, / А по ним ходи́ть! *(сатирическая «солдатская» песня Л. Толстого — 1857)* *On paper there had seemed no hitches./ Alas! Forgotten were the ditches/Which one would have to cross *(from a satirical soldiers' song by Leo Tolstoy). The phr. is used as a comment upon a misconceived plan, policy, etc.*

91. Бы́ло де́ло под Полта́вой *(из популярной песни XIX в.)* *There was a tussle near Poltava *(from a popular 19th cent. song about the Battle of Poltava which was fought on June 26, 1709 between the Russian and the Swedish forces, and in which the Russians won a decisive victory). The quotation is used to introduce an account of events, such as a heated discussion, a noisy meeting, which the speaker intends to present in a humorous light or of which he intends to speak proudly.*

92. Быстре́е, вы́ше, сильне́е! *цитируется также по-латыни:* Citius, altius, fortius! *(лозунг олимпийского движения)* ↑ *L.:* quicker, higher, stronger *(motto of the Olympic Games).*

93. Бытие́ определя́ет созна́ние (< *К. Маркс. К критике политической экономии. Предисловие.* 1859) Social being determines consciousness (<*Karl Marx. A Contribution to the Critique of Political Economy).*

94. Быть бо́льшим като́ликом {папи́стом}, чем па́па *(Бисмарк в выступлении 21.4. 1887)* *To be a greater Catholic than the Pope *(Bismarck in an address, 21 April, 1887). See also* Быть бо́льшим рояли́стом...

95. Быть бо́льшим {бо́лее} рояли́стом, чем коро́ль *цитируется также по-французски:* Être plus royaliste que le roi *(выражение возникло в правление Людовика XVI)* *To be a greater royalist than the king *(first used during the reign of Louis XVI). Cf.* Holier than thou. *See also* Быть бо́льшим като́ликом...

96. Быть иль не быть — вот в чём вопро́с *(Шекспир. Гамлет, д. 3, явл. 1 — 1601)* To be or not to be: that is the question *(Shakespeare. Hamlet, act. 3, sc. 1). Used jocularly when an important decision is to be made or a serious step is to be taken. Usu. only the first or the second part of the phr. is quoted.*

97. Быть мо́жно де́льным челове́ком/И ду́мать о красе́ ногте́й *(А. Пушкин. Евгений Онегин, гл. 1, 25 — 1833)* A man who's active and efficient/Can yet keep nail-care much in mind *(Alexander Pushkin. Eugene Onegin. ch. 1, 25. Trans. by Charles Johnston).*

В

1. Вавило́н *(как большой город — средоточие разврата; Библия, Иеремия, 51, 6; Откровение, 14, 8; 17, 5 и др.)* Babylon *(in the book of the Revelation and other places in the Bible, Babylon stands for Rome as the embodiment of luxury, vice, splendour and tyranny). Applied to large cities viewed as an embodiment of vice and dissipation. The phr.* Но́вый Вавило́н *is used in the same sense.*

2. Вавило́нское столпотворе́ние *(< Библия, Бытие, 11, 1—9) lit.* The building of the tower of Babel *(< The Bible, Genesis, 11, 1—9). Fig.* Babel, *i.e. a noisy confusion of voices, a confused scene. Also* a perfect Babel, *i. e. a thoroughly confused scene;* a Babel of sounds, *i. e. a confused uproar, in which nothing can be heard but hubbub.*

3. Валаа́мова осли́ца *(< Библия, Числа, 22, 27—28).* Balaam's ass *(< The Bible, Numbers, 22, 27—28). An allusion to Balaam, a character in the Old Testament, and his ass, which was given the power of speech and protest-*

ed against Balaam's cruel treatment. Used ironically of timid, submissive persons unexpectedly voicing their opinion or protest.

4. **Валтаса́ров пир** (< *Библия, Даниил, 5*) Belshazzar's feast (< *The Bible, Daniel, 5*): *gay, frivolous living in time of disaster. According to the Bible, Belshazzar was the last king of Babylon. He gave profane feasts on the eve of the siege and capture of Babylon.*

5. **Вальпу́ргиева ночь** (*из немецких верований; выражение приобрело широкую известность благодаря «Фаусту», ч. n.1, Гёте — 1808, где так назван эпизод, изображающий оргию ведьм и чертей*) Walpurgis Night (*the eve of May Day, when witches, according to popular German superstition, assembled on mountains to hold revel with their master, the devil; the name came to be widely known with the publication in 1808 of Goethe's Faust, pt. 1, where he used it as title of an episode depicting a witches' sabbath). Used of a riotous, licentious or drunken revel.*

6. **Вам [Им] нужны́ вели́кие потрясе́ния, нам нужна́ Вели́кая Росси́я!** (*из речи П. Столыпина в Государственной думе 10 мая 1907 г.*) *You [They] want great upheavals, we want a great Russia (from a speech of Piotr Stolypin, the then Chairman of the Cabinet, at the State Duma on May 10, 1907).

7. **Варфоломе́евская ночь** (*массовая резня гугенотов, произведённая католиками в Париже в ночь на 24 августа 1572 г.; перен.: резня, массовое уничтожение*) The massacre of St. Bartholomew; The Parisian Wedding (*the massacre of the French Hugenots on St. Bartholomew's Day, 24 Aug. 1572). In R. the phr. is also used in an extended sense, of any massacre.*

8. **Васи́лий Тёркин** (*герой одноимённой поэмы А. Твардовского — 1941—45*) Vasili Tyorkin (*main character of Alexander Tvardovsky's poem of the same name). A personification of courage, optimism, ready wit and fervour, characteristic of Russian soldiers.*

9. **Ватерло́о** (*название селения в Бельгии, в битве при котором 18.6.1815 Наполеон потерпел сокрушительное поражение; метафорически употреблено впервые, видимо, Уэнделлом Филипсом в речи в 1859 г.*) Waterloo (*name of a village in Belgium, where on June 18, 1815 Napoleon suffered a crushing defeat; in the metaphorical sense probably used for the first time by Wendell Philips, who on Nov. 1, 1859 in a lecture at Brooklyn, New York, said: "Every man meets his Waterloo at last").*

10. **В градско́м шуму́ и наедине́** *(М. Ломоносов. Ода — 1747)* *Amid the city's noise or alone *(Mikhail Lomonosov. Ode, 1747), i. e. in company or alone.*

11. **В Гре́ции всё есть** *(А. Чехов. Свадьба — 1890). In Anton Chekhov's vaudeville "The Wedding", one of the characters, a pastry-cook who is a Greek, says boastfully that "In Greece there's everything". The quotation is used jokingly to mean: we have everything (especially on occasions when there is a particular need for something that the speaker happens to have). It may be used ironically of a person boastfully claiming to have everything.*

12. **Вдали́ от шу́мной толпы́** *(название русского перевода романа Т. Харди—1874)* Far from the madding crowd *(title of a novel by Thomas Hardy).*

13. **В дере́вню, к тётке, в глушь, в Сара́тов** *(А. Грибоедов. Горе от ума, д. 4, явл. 14 — 1824)* Off to the country, to your aunt's — a real desert near Saratov *(Alexander Griboedov. Gore ot Ouma, act 4, sc. 14. Trans. by Nicholas Benardaky). Used jokingly or ironically when smb. is sent to some remote place, usu. as a punishment.*

14. **В де́тстве я таки́х убива́л из рога́тки [таки́х, как вы, я убива́л на ме́сте. Из рога́тки]** *(И. Ильф и Е. Петров. Золотой телёнок, гл. 1 — 1931)* *When I was a boy I killed creatures like you with my catapult [I killed people like you on the spot, with my catapult] *(Ilya Ilf and Yevgeny Petrov. The Golden Calf, ch. 1). Used as a jocular disapproval of smb.'s action or words.*

15. **В до́ме пове́шенного не говоря́т о верёвке** *(Сервантес. Дон Кихот, 1, 25 — 1605)* One shouldn't talk of halters in the hanged man's house *(words of Sancho Panza, hero of Miguel de Cervantes's novel "Don Quixote" 1, 25).*

16. **В едине́нии си́ла** (?< *Саллюстий. Югуртинская война, 10, 6)* Union makes strength (?< *Sallust, Jugurtha, 10, 6). In E. texts also quoted in Fr.: l'union fait la force.*

17. **Ведь е́сли звёзды зажига́ют —/ зна́чит — э́то кому́-нибудь ну́жно** *(В. Маяковский. Послушайте! — 1913)* Surely, if the stars are lit/ there is somebody who longs for them *(Vladimir Mayakovsky. Listen! Trans. by Dorian Rottenberg). Used in an extended sense.*

18. **Ведь я червя́к в сравне́нье с ним** *(П.-Ж. Беранже. Знатный приятель — 1815. Пер. В. Курочкина)* *I am but a worm compared with him *(Pierre Jean de Béranger. Le sénateur).*

19. **Вели́кая а́рмия труда́** *(цитата из «Интернационала» Э. Потье в русском переводе А. Коца* — 1871) *The great army of toilers *(quotation from the R. translation of Eugène Pottier's poem "The Internationale" which was set to music by Pierre Degeyter* (1888) *and which became an international communist song and was the anthem of the Communist Party of the Soviet Union; the corre-ponding words in the English translation are "those who toil").*

20. **Вели́кие умы́ схо́дятся** *цитируется также по-французски:* Les beaux esprits se rencontrent *(французская поговорка, неоднократно цитируемая Вольтером в его «Переписке»)* Great minds think alike; ↑ *Fr. (a French proverb often attributed to Voltaire who cites it in his "Let-ters"). Used mainly ironically.*

21. **Вели́кий комбина́тор** *see* Оста́п Бе́ндер.

22. **Вели́кий, могу́чий, правди́вый и свобо́дный ру́сский язы́к** *(И. Тургенев. Русский язык, стихотворение в прозе* — 1882) The great, mighty, true, free Russian speech *(Ivan Turgenev. The Russian Tongue, a prose poem. Trans. by Constance Garnett).*

23. **Вели́кий писа́тель земли́ ру́сской** *(И. Тургенев о Л. Толстом в письме к нему в июне* 1883 г.) *The great writer of the land of Russia *(Ivan Turgenev of Leo Tolstoy in a letter to him, June 1883).*

24. **Великоле́пная сёмёрка** *(название американского кинофильма режиссера Д. Стерджеса* — 1960) The magnificent seven (title of an American film directed by G. Sturges). *Used of persons noted for their achievements in some field of human activity. The word* сёмёрка *is often replaced by another numeral.*

25. **Вене́ра** *(из римской мифологии)* Venus *(from Roman mythology). Used of women of alluring grace and beauty.*

26. **Ве́ра без дел мертва́** *(Библия. Послание Иакова 2,20)* Faith with-out works is dead *(The Bible. The Epistle of James 2,20).*

27. **Ве́ра гора́ми дви́гает** *(< Библия, Матфей, 17, 20)* Faith moves mountains *(< The Bible, Matthew, 17, 20).*

28. **Верёвка — ве́рвие просто́е** *(И. Хемницер. Метафизик* — опубл. 1799) *A rope...'tis but a length of twisted strands of hemp. *Ivan Khem-nitzer's fable "The Metaphysician" describes a dull young man given to use-less theorizing as a result of his education abroad. Thus when he falls into a hole in the ground and his father throws him a rope to pull him out, the young man, instead of climbing out, holds forth on the unsuitability of such an ordi-*

nary thing as a rope for the purpose. In the end, the exasperated father walks away, leaving his son where he was. The quotation is used ironically of useless theorizing. Obs.

29. **Вернёмся к на́шим бара́нам** *цитируется также по-францу́зски:* Revenons {retournons} á nos moutons *(из французского фарса «Адвокат Пьер Патлен» — ок. 1470)* Let us return to our muttons {sheep}, *i. e. to our subject;* ↑ *Fr. (from the medieval farce "Maître Pierre Pathelin").*

30. **Ве́рю, потому́ что неле́по** *цитируется также по-латы́ни:* Credo, quia absurdum (est) *(Тертуллиан. О плоти Христовой)* ↑ *L.:* I believe it because it is absurd *(Tertullian. De carne Christi). Used of a blind faith in something when a person refuses to see the absurdity of his convictions.*

31. **Весёленький пейза́жик** *(Н. Помяловский. Молотов — 1861)* *A pretty scene *(Nikolai Pomialovsky. Molotov), i. e. a cheerless, dismal situation. Cf.* A fine {pretty} kettle of fish.

32. **Весе́лие Руси́ есть пи́ти** *(согласно летописному преданию, Великий князь Владимир Святославич — 10—11вв., узнав, что магометанская религия запрещает употребление вина, сказал: «Руси веселие есть пити, не может без того и быти»).* *Merrymaking in Russ(ia) is drinking *(according to a legend recorded in a Russian chronicle, Grand Prince Vladimir Sviatoslavich, on learning that Moslem religion forbade drinking wine, said:* "Russ's merrymaking is drinking, and it cannot be otherwise"). Used ironically.

33. **Весо́мо, гру́бо, зри́мо** *(В. Маяковский. Во весь голос — 1930)* *With authority, unvarnished, visible *(Vladimir Mayakovsky. Aloud and Straight).*

34. **Весы́ Феми́ды** *see* Феми́да.

35. **Весь мир — теа́тр./В нём же́нщины, мужчи́ны — все актёры** *(Шекспир. Как вам это понравится, д. 2, явл. 7 — 1599; перевод Т. Щепкиной-Куперник)* All the world's a stage,/ And all the men and women merely players *(Shakespeare. As You Like It, act. 2, sc. 7).*

36. **Ве́чно же́нственное** *(Гёте. Фауст, ч. 2, д. 5, заключительный хор — 1832)* The eternal feminine *(Goethe. Faust, pt. 2, act 5, Chorus mysticus). In E. texts sometimes also quoted in Ger.:* das Ewigweibliche.

37. **Ве́чный го́род** *(о Риме; Тибулл. Элегии, 2, 5, 23)* The Eternal City *(of Rome; Tibullus. Carmina, 2, 5, 23).*

38. Вечный жид *(из средневековой легенды)* The wandering Jew *(the central figure of a medieval legend which tells of a Jew who cannot die but must wander over the earth as punishment for refusing to allow Christ to rest at his door on his way to Crucifixion). Applied to persons who do not seem to be able to settle down anywhere for long.*

39. Вещь в себе *цитируется также по-немецки:* Das Ding an sich *(Иммануил Кант. Критика чистого разума* — 1781) Thing-in-itself *(Immanuel Kant. Critique of Pure Reason). In Kant's work used to denote things as they exist by themselves, independently of us and beyond the grasp of the mind; essences which are supernatural, unknowable and inaccessible to experience: God, kindness, etc. In mod. R. also used, usu. ironically, of persons or things whose inner qualities are not yet manifest, they are enigmatic and we do not know what to expect of them.*

40. Взгляд и нечто *(А. Грибоедов. Горе от ума, д. 4, явл. 4* — 1824) *lit.* *A view and something *(Alexander Griboedov. The Misfortune of Being Clever, act 4, sc. 4). The phr. is used as a jocular reference to a vague discourse, a vaguely presented point of view, etc., resulting from lack of knowledge.*

41. Взгляни — и мимо! *see* Они не стоят слов: взгляни — и мимо!

42. В здравом уме и твёрдой памяти *(из свода законов гражданских Российской империи)* *Of sound mind and memory *(from the Code of Civil Laws of the Russian Empire). May be used ironically to stress the absurdity of smb.'s behaviour or action.*

43. Вздыхать и думать про себя:/Когда же чёрт возьмёт тебя! *(А. Пушкин. Евгений Онегин, гл. 1, 1* — 1833) Sigh — and think inwardly/ When will the devil take you? *(Alexander Pushkin. Eugene Onegin, ch. 1, 1. Trans. by Vladimir Nabokov).*

44. Взыскательный художник *(А. Пушкин. Поэту* — 1831) *An exacting artist *(Alexander Pushkin. To the Poet), i. e. an artist who sets himself high standards.*

45. Взявшие меч — от меча и {мечом} погибнут *(Библия, Матфей,* 26, 52) All they that take the sword shall perish with the sword *(The Bible, Matthew, 26, 52).*

46. Видеть {замечать} сучок в чужом глазу (и не видеть {не замечать} бревна в своём) *(< Библия, Матфей,* 1, 3) See a mote in thy brother's eye [Why beholdest thou the mote that is in thy brother's eye, but considerest {perceivest} not the beam that is in thine own eye] *(The Bible, Matthew, 7, 3; Luke, 6, 41), i.e. to notice minor faults in other people while disregarding one's own far more serious faults.*

47. **Вѝдит о́ко, да зуб нейме́т** *(И. Крылов. Лисица и Виноград — 1808)* *The eye sees, but the tooth cannot reach *(Ivan Krylov. The Fox and the Grapes, a free translation of La Fontaine's fable, who borrowed the motive from Aesop). Used of smth. desirable but unattainable.*

48. **Вѝнни-Пух** *(персонаж книги А. Мильна «Винни-Пух и все остальные», а затем серии мультипликационных фильмов, созданных по мотивам книги; известен русскому читателю по превосходному переводу Б. Заходера)* Winnie-the-Pooh *(character of Alan Milne's stories "Winnie-the-Pooh" — 1926; "The House at Pooh Corner" — 1928 and verses "Now We are Six"— 1927). Used of good-natured amplebodied persons who are fond of their food and like taking things easy.*

49. **Вита́ть в эмпире́ях** *(из древних космогонических представлений, согласно которым эмпирей — высшая часть неба, обитель богов)* lit. Float in (the) empyrean, *i. e.* have one's head in the clouds *(the R. phr. derives from ancient cosmology where empyrean was the highest sphere of heaven).*

50. **Вѝтязь на распу́тье** *(название картины В. Васнецова — 1882)* *A hero at the cross-roads *(name of a painting by Victor Vasnetsov).* See also Геркулес на распутье.

51. **Вѝхри враждѐбные вѐют над на́ми** *(песня «Варшавянка», слова Г. Кржижановского, музыка В. Вольского — 1883)* *Hostile winds are blowing above us *(from "Varshavianka", a song with words by G. Krzhizhanovsky and music by V. Volsky). Used ironically to mean: there is trouble brewing.*

52. **В каре́те про́шлого далеко́ [никуда́] не уе́дешь** *(М. Горький. На дне, д. 4 — 1902)* They won't get you very far, those bygone carriages *(Maxim Gorky. The Lower Depths, act 4. Trans. by Margaret Wettlin). Used fig.*

53. **В костю́ме Ада́ма; в костю́ме Е́вы** *(< Библия, Бытие, 2—3)* *Dressed like Adam; dressed like Eve, *i. e. naked (< The Bible, Genesis, 2—3). Used jocularly. Cf.* In one's birthday suit.

54. **Вкуша́ть от дре́ва позна́ния добра́ и зла** *(< Библия, Бытие, 3)* Eat of the tree of knowledge *(< The Bible, Genesis, 3), i. e. acquire knowledge or understanding of things. Often used ironically.*

55. Вла́сти предержа́щие (*церковно-славянский текст Библии, К Римлянам, 13, 1*) The higher powers (*The Bible, Romans, 13, 1*). *In R. used only ironically.*

56. Власти́тель дум (*А. Пушкин. К морю — 1825*) A genius holding the hearts of men; Lord of the souls of men (*Alexander Pushkin. To the Sea. < Trans. by Charles Edward Turner*). *Pushkin used the phr. with reference to Lord Byron, the British poet whom he held in very high esteem. "To the Sea" was written soon after Byron's death on April 19, 1824 in Greece.*

57. Власть развраща́ет, а абсолю́тная власть развраща́ет абсолю́тно (*Лорд Э́ктон. Жизнь Мэ́нделла Кре́йтона*) Power tends to corrupt and absolute power corrupts absolutely (*Lord Acton. Life of Mandell Creighton — 1904, 1, 372*).

58. Власть тьмы (*название драмы Л. Толсто́го — 1886; восходит к Библии, Лука́, 22, 53*) The power of darkness (*The Bible, Luke, 22, 53*). *In its non-biblical sense the quotation came into use in R. with the publication of Leo Tolstoy's play "The Power of Darkness" as a figurative denotation of ignorance and cultural and political backwardness (mainly of Russian peasants and village life at the beginning of the XXth century).*

59. Влече́нье, род неду́га (*А. Грибое́дов. Го́ре от ума́, д. 4, явл. 4 — 1824*) A love, a passion past control (*Alexander Griboedov. Wit Works Woe. Trans. by Bernard Pares*). *Used jocularly or ironically of ardent love, excessively enthusiastic interest in smth., a strongly expressed leaning towards smth., etc.*

60. Влива́ть молодо́е вино́ в ста́рые мехи́ *see* Не влива́ют молодо́е вино́...

61. Вложи́ть меч в но́жны (*< Библия, Иоа́нн, 18, 11*) Put one's sword into the sheath, sheathe the sword (*< The Bible, John, 18, 11*), *i. e. stop the hostilities, strife, etc.*

62. Вложи́ть персты́ в я́звы (*Библия, Иоа́нн, 20, 24—29*) Put one's fingers into the print of the nails (*The Bible, John, 20, 24—29*). *Used to mean:* a) *seek to satisfy oneself of smth. through personal experience;* b) *hurt a person where he is the most vulnerable. Cf. Touch smb. on the raw {a sore}, cut smb. to the quick.*

63. В лу́чших дома́х Филаде́льфии (*И. Ильф и Е. Петро́в. Двена́дцать сту́льев, гл. 22 — 1928*) *In the best houses of Philadelphia (*Ilya Ilf and Yevgeny Petrov. The Twelve Chairs, ch. 22*) *i. e. in the finest houses, in fashionable or aristocratic society, in the most sophisticated circles. Used ironically or jocularly.*

64. В мину́ту душе́вной невзго́ды *see* И ску́чно, и гру́стно...

65. В мину́ту жи́зни тру́дную *(М. Лермонтов. Молитва — 1839)* When sadness fills my heart, when care/ And grief upon it weigh *(Mikhail Lermontov. A Prayer. Trans. by Irina Zheleznova).*

66. В ми́ре есть царь: э́тот царь беспоща́ден,/Го́лод назва́нье ему́ *(Н. Некрасов. Железная дорога — 1864)* There is a Tsar in the world — without mercy:/ Hunger his name is, my dear *(Nikolai Nekrasov. The Railway. Trans. by Juliet M. Soskice).*

67. В мой лета́ не до́лжно сметь/Своё сужде́ние име́ть *(А. Грибоедов. Горе от ума, д. 3, явл. 3 — 1824)* At my age one doesn't presume to have opinions of one's own *(Alexander Griboedov. The Misfortune of Being Clever, act 3, sc. 3. Trans. by S. W. Pring).* Used as a jocular excuse for failure to voice one's opinion, the real reason being not one's youth, but lack of knowledge of the subject in question.

68. В Москву́, в Москву́, в Москву́! *(А. Чехов. Три сестры — 1901)* To Moscow, to Moscow, to Moscow! *(Anton Chekhov. Three Sisters).* The longing to move to Moscow constantly preoccupies the main characters of the play, the three sisters, who are pining away in the suffocating atmosphere of provincial life, but who have not the strength of mind to leave and make a fresh start. Thus the quotation is used with reference to idle dreaming.

69. В нату́ре нахо́дится мно́го веще́й, неизъясни́мых да́же для обши́рного ума́ *(Н. Гоголь. Мёртвые души, т. 1, гл. 2 — 1842)* There are many things in nature which are inexplicable even to the broadest minds *(Nikolai Gogol. Dead Souls, vol. 1, ch. 2. Trans. by George Reavey). Used jocularly.*

70. В нау́ке нет широ́кой столбово́й доро́ги *(К. Маркс. Капитал. Предисловие к французскому изданию — 1872)* There is no royal road to science *(K. Marx. Capital. Vol. 1. Preface to the French Edition).*

71. В нача́ле бы́ло де́ло *(Гёте, Фауст, ч. 1, сц. Рабочая комната — 1808; перефразировка библейского выражения «В начале было слово», Иоанн, 1, 1)* *In the beginning was the deed *(Goethe. Faust, pt. 1, Studierzimmer; paraphrase of the biblical expression "In the beginning was the word", John 1, 1).*

72. В нача́ле бы́ло сло́во *(Библия, Иоанн, 1, 1)* In the beginning was the word *(The Bible, John, 1, 1).*

73. В не́котором ца́рстве, в не́котором [не в на́шем] госуда́рстве *(зачин многих русских народных сказок)* *In a certain kingdom, in a certain [foreign] land *(a traditional beginning of Russian folk tales), i. e. some-where or other; in some godforsaken place; God knows where.*

74. **Внести́ свою́ ле́пту** (< *Библия, Марк,* 12, 42) Contribute one's mite, *i. e. contribute one's share* (< *The Bible, Mark,* 12, 42).

75. **Вну́тренняя эмигра́ция** *(впервые, вероятно, употреблено Ф. Тиссом в письме в 1933 г.)* * Internal emigration *(first used probably by F. Thieβ in a letter in 1933). The phr. is applied to persons who have withdrawn from the political, social and cultural life of the country because they are against the existing system of government.*

76. **В объя́тиях Морфе́я** *(из греческой мифологии)* In the arms of Morpheus *(from Greek mythology, where Morpheus is the god of dreams). Used jocularly to mean "asleep."*

77. **Во ве́ки веко́в** *(во многих местах в Библии: Исаия,* 45, 17; *Михей,* 4, 5 *и др.)* For ever and ever *(The Bible, Micah,* 4, 5; *Galatians,* 1, 5; *Philippians,* 4, 20 *and other places).* Отны́не и во ве́ки веко́в from this time forth, and even for evermore *(The Bible, Psalm* 121, 8). *Cf.* From here to eternity *(Rudyard Kipling. Gentlemen-Rankers, Barrack-Room Ballads; title of James Jones' novel,* 1951).

78. **Во весь го́лос** *(заглавие поэмы В. Маяковского — 1930)* Aloud and straight *(title of Vladimir Mayakovsky's poem. Trans. by Dorian Rottenberg), i. e. openly and loudly. Cf.* At the top of one's voice.

79. **Во всех ты, Ду́шенька, наря́дах хороша́** *(И. Богданович. Душенька — 1775)* *You are pretty, my dearest, in any dress you wear *(Ippolit Bogdanovich. Dushenka). The quotation is also used in an extended sense of beauty in general. Cf.* Loveliness needs not the foreign aid of ornament *(James Thomson. The Seasons,* 1, 204 — 1730).

80. **Во дни сомне́ний, во дни тя́гостных разду́мий** *(И. Тургенев. Русский язык, стихотворение в прозе — 1882)* In days of doubt, in days of dreary musings *(Ivan Turgenev. The Russian Tongue, a prose poem. Trans. by Constance Garnett).*

81. **Во дни торже́ств и бед наро́дных** *(М. Лермонтов. Поэт — 1838)* At times of triumph and calamity *(Mikhail Lermontov. The Poet. Trans. by Avril Pyman), i. e. at important times in the life of a nation, whether happy or sad.*

82. **В одну́ теле́гу впрячь не мо́жно/Коня́ и тре́петную лань** *(А. Пушкин. Полтава, песнь 2 — 1829)* The restive steed and timid deer/ Must ne'er be harnessed to one cart *(Alexander Pushkin. Poltava, canto 2.*

Trans. by Charles Edward Turner), i. e. persons (or things, rare) that are incompatible cannot be brought into accordance with each other. Often used of husbands and wives. The form не мо́жно *is obsolete; in mod. R.* нельзя́ *is used.*

83. Возвраща́ется ве́тер на кру́ги своя́ *(Библия, Екклезиаст, 1, 6;* The wind returneth again according to his circuit *(The Bible, Ecclesiastes, 1, 6), i.e. all things repeat themselves; also: we are back to what we have started from.*

84. Возвраща́ется все — кро́ме лу́чших друзе́й,/ кро́ме са́мых люби́мых и пре́данных же́нщин *(В. Высоцкий, «Корабли» — 1966)* *Everyone returns, except the best of your friends, except the best loved and most loyal of women *(Vladimir Vysotsky. Ships).*

85. Вози́ть вам — не перевози́ть, (носи́ть вам — не переноси́ть,) таска́ть вам — не перетаска́ть *(русская народная сказка «Круглый дурак»)* *You shall never be done pulling it and shoving it and carting it away. The phr. derives from a Russian folk tale called "The Complete Fool". In it the fool, who is looking for employment and who has been told by his mother to say these words to the farmer, addresses them to a funeral procession. The phr. is used to mean: you have a difficult and interminable job in front of you.*

86. Возлюби́ бли́жнего твоего́ (как самого́ себя́) *(Библия, Матфей, 22, 39; Марк, 12, 31; Лука, 10, 27; Послание Иакова, 2, 8)* (Thou shall) love thy neighbour (as thyself) *(The Bible, Matthew, 22, 39; Mark, 12, 31; Luke, 10, 27; The Epistle of James, 2, 8; Leviticus, 19, 18; Romans, 13, 9).*

87. Возмути́тель спокойствия *(название романа Л. Соловьёва о Ходже Насреддине — 1940)* *Disturber of the peace (title of Leonid Solovyov's novel about Khoja Nassreddin). The hero of numerous folk tales widely spread in Turkey, Persia and the countries of Central Asia and the North Caucasus, a wag and wit, a boon companion, a merry and kind-hearted fellow and an eternal vagabond, Khoja Nassreddin is always on the side of the poor and the downtrodden, speaking out against despotic rulers, corrupt judges, the cringing hypocritical rich. The phr. is used with reference to persons who protest against social injustice, indifference and bureaucracy.*

88. Возроди́ться {восста́ть} из пе́пла *see* Пти́ца Фе́никс.

89. Возьмёмся за́ руки, друзья́,/чтоб не пропа́сть поодино́чке *(Булат Окуджава, Старинная студенческая песня — 1967)* *Let's join hands,* friends,/ otherwise we'll perish one by one *(Bulat Okudzhava. An Old Student Song). Used as an appeal for unity.*

90. Война́ всех про́тив всех *цити́руется также по-лати́ни:* Bellum omnium contra omnes *(Т. Го́ббс. Элеме́нты пра́ва есте́ственного и гражда́нского, 1, 12 — 1642)* War of all {everyone} against all {everyone} *(Thomas Hobbes. De cive, 1, 12). Used of the hostile attitude of people towards each other in a society divided into antagonistic classes', also of antagonism between the biological species.*

91. Война́ есть продолже́ние поли́тики ины́ми сре́дствами *(Карл Клаузеви́ц. О войне́, ч. 1 — 1832)* War is a continuation of political intercourse with a mixture of other means *(Karl von Clausewitz. Vom Kriege, pt. 1).*

92. Война́ не́рвов *(? П. Ги́нденбург — 1914)* (A) war of nerves *(? Paul van Hindenburg).*

93. Во́лга впада́ет в Каспи́йское мо́ре. (Ло́шади ку́шают овёс и се́но) *(А. Че́хов. Учи́тель слове́сности — 1894)* The Volga flows into the Caspian Sea. (Horses eat oats and hay) *(Anton Chekhov. The Teacher of Literature. Trans. by Constance Garnett). Quoted as examples of platitudes.*

94. Волк в ове́чьей шку́ре *(< Библия, Матфе́й, 7, 15)* Wolf in sheep's clothing *(< The Bible, Matthew, 7, 15).*

95. Волк среди́ волко́в *(загла́вие рома́на Г. Фалла́ды — 1937)* *A wolf among wolves *(title of Hans Fallada's novel "Wolf unter Wölfen"). Used to characterize the position of a man who, living in a society which is hostile to him, is forced to fight for his rights by using the cruel methods typical of this society.*

96. Во́лосы [волоса́] вста́ли ды́бом *(Библия, Ио́в, 4, 15)* His/her hair stood on end *(The Bible, Job, 4, 15, where it says: "...the hair of my flesh stood up"). Used of a feeling of extreme fear or indignation. In the latter sense apparently used only in R.*

97. Во́ля и труд челове́ка/Ди́вные ди́вы творя́т! *(Н. Некра́сов. Де́душка —1870)* The will and labour of man / Bring wondrous wonders into being *(Nikolai Nekrasov. Granddad. Trans. by Donald Fanger).*

98. Во многоглаго́лании несть {нет} спасе́ния *(< церко́вно-славя́нский текст Библии, Матфе́й, 6, 7)* Use not vain repetition *(The Bible, Matthew, 6, 7). Used to mean: verbosity will not help you.*

99. Во мно́гой му́дрости мно́го печа́ли (Позна́ние умножа́ет скорбь) *(Библия, Екклезиа́ст, 1, 18)* In much wisdom is much grief (...knowledge increaseth sorrow) *(The Bible, Ecclesiastes, 1, 18).*

100. **Вооружённый мир** (*название сборника стихотворений Ф. Логау* — 1654) Armed peace (*title of a collection of poems by Friedrich von Logau*). *Of peace between heavily-armed countries, especially with reference to the situation in Europe between the Congress of Berlin,* 1878, *and the beginning of World War I in* 1914. *Hist.*

101. **Вооружённый нейтралите́т** (*Т. В. Вильсон. Послание Конгрессу* 26.2.1917) Armed neutrality (*Woodrow Wilson. Message to Congress,* 26 *Feb.* 1917).

102. **Воро́на в павли́ньих пе́рьях** (< *И. Крылов. Ворона* — 1825) A crow in peacock's feathers (< *Ivan Krylov. The Crow. Borrowed from La Fontaine < Aesop). The fable from which the R. phr. derives describes a crow which decks her tail out with peacock's feathers and goes for a walk among the peahens. But the peahens pluck the feathers out and when the bedraggled crow returns to her own kind, they do not accept her. Hence the phr. is used of one who assumes manners, refinement or prestige which he does not possess; one who puts on airs and graces. Cf.* In borrowed plumes.

103. **Воро́нья слобо́дка** (*И. Ильф и Е. Петров. Золотой телёнок, гл.* 13 — 1931) *lit.* A crows' settlement (*Ilya Ilf and Yevgeny Petrov. The Golden Calf, ch.* 13). *Used with reference to overcrowded houses.*

104. **Воскреше́ние {воскресе́ние} Ла́заря** (< *Библия, Иоанн,* 11, 38—44) *lit.* The raising of Lazarus from the dead (< *The Bible, John,* 11, 38—44). *Used to mean: a) recovery after a serious illness; b) revival of smth. long forgotten, old.*

105. **Воспита́ние чувств** (*заглавие русского перевода романа Г. Флобера “L' éducation sentimentale”* — 1869) *Education of the sensibilities (title of the Russian translation of Flaubert's novel “L'éducation sentimentale”). Used of the influence exerted upon young people by their social environment, mainly that of their teachers, and of the development of finer feelings.*

106. **Восто́к — де́ло то́нкое** (*слова одного из персонажей кинофильма «Белое солнце пустыни», режиссёр В. Мотыль* — 1969) *The East is subtle (words of a character in V. Motyl's film “The White Sun of the Desert”): oriental cultures have specific features which one should know and take into account.*

107. **Восто́рженных похва́л пройдёт мину́тный шум** (*А. Пушкин. Поэту. Сонет* — 1830) The sound of clapping soon will die (*Alexander Pushkin. To the Poet. Trans. by Walter Morison*); The noise of their ap-

48

plause will quickly die *(trans. by Constance Garnett);* Too soon does loud praise die *(trans. by Irina Zheleznova).*

108. **Восьмо́е чу́до све́та** *see* Семь чуде́с све́та.

109. **Вот в чём вопро́с** *see* Быть иль не быть...

110. **Вот дру́га я люблю́!/ — Зато́ уж чва́нных не терплю́** *(И. Крылов. Демьянова уха — 1813)* I like such friends as these!/ I cannot stand formalities! *(Ivan Krylov. Demyan's Fish Soup. Trans. by Peter Tempest). Addressed to a guest who does not stand on ceremony and eats heartily. Sometimes used in an extended sense.*

111. **Вот злонра́вия досто́йные плоды́!** *(Д. Фонвизин. Недоросль, д. 5, явл. 8 —1781)* Behold the just rewards of wickedness! *(Denis Fonvizin. The Young Hopeful, act 5, sc. 8. Trans. by George Z. Patrick and George Rapall Noyes). Used jokingly.*

112. **Вот и жизнь прошла́ [пройдёт],/как прошли́ Азо́рские острова́** *(В. Маяковский. Мелкая философия на глубоких местах — 1925)* *Life has passed by [will pass by],/ like the Azores *(Vladimir Mayakovsky. Shallow Philosophy in Deep Places). Cf. How the time flies! Used with sad jocularity.*

113. **Вот и ска́зочке коне́ц** *(частая концовка в русских народных сказках)* And *this* is the end of our tale *(final line in many Russian folk tales), i. e. that's the whole story.*

114. **Вот прие́дет ба́рин — ба́рин нас рассу́дит** *(Н. Некрасов. Забытая деревня — 1856)* *The landlord will turn up some day/ and settle our dispute *(Nikolai Nekrasov. The Forgotten Village). The quotation is used when instead of acting themselves, people set their hopes upon smb. else who will come and solve their problems. Cf.:* Something will {is bound to} turn up, *i. e. things will improve without much effort on one's part.*

115. **Впасть в искуше́ние** *(Библия, I Послание к Тимофею, 6, 9)* Fall into temptation *(The Bible, I Epistle to Timothy, 6, 9).*

116. **Вперёд! без стра́ха и сомне́нья (,/На по́двиг до́блестный, друзья́!)** *(А. Плещеев. «Вперёд! без страха и сомненья» — 1846)* * Forward! Without fear or doubt (let's tackle/ Great and heroic deeds, my friends!). *Used jocularly as a call to action.*

117. **Вперёд, заре́ навстре́чу,/ Това́рищи в борьбе́!** *(А. Безыменский. Молодая гвардия — 1922)* *Forward to meet the dawn, comrades-in-arms! *(Alexander Bezymensky. The Young Guard). In soviet times used as an appeal to work for a bright future.*

118. Впереди́ плане́ты всей *(Ю. Визбор) «Сижу я как-то, братцы, с африканцем...»)* *Ahead of the whole planet *(Y. Vizbor, "One day, friends, I sat talking with an African...")*. *Used ironically.*

119. В по́те лица́ своего́ *(Библия, Бытие, 3, 19)* In the sweat of thy face (shalt thou eat bread) *(The Bible, Genesis, 3, 19), i. e. working hard; earning one's living by hard toil. Cf.* By (in) the sweat of one's brow.

120. Враг ро́да челове́ческого *(Плиний Старший. Естественная история, 8, 8)* Enemy of the human race *(Pliny the Elder. Natural History, 8, 8), i. e. the devil. May also be applied in R. to persons whose activities adversely affect the lives of many people.*

121. Вра́льман *(Д. Фонвизин. Недоросль — 1782)* Vralmann. *The name of one of the characters in Denis Fonvizin's play "The Young Hopeful", a habitual liar and braggart (from R.* враль — *liar + Ger.* mann — man). *Obs.*

122. В рассужде́нии чего́ бы поку́шать *(А. Чехов. Жалобная книга — 1884) lit.* Speculating about having something to eat *(Anton Chekhov. Book of Complaints). Used jocularly.* В рассужде́нии *obs.* = about, concerning.

123. Вра́чу, исцели́ся сам *(из церковно-славянского текста Библии, Лука, 4, 23)* Physician, heal thyself *(The Bible, Luke, 4, 23), i. e. before condemning others for their faults, get rid of your own (*вра́чу *is the old form of vocative).*

124. Времена́ меня́ются (, и мы меня́емся с ни́ми) *цитируется также по-латыни:* Tempora mutantur (et nos mutamur in illis) *(приписывается Лотарю I)* ↑ *L.:* the times change (, and we change with them) *(attributed to Lothair I).*

125. Времён оча́ковских и покоре́нья Кры́ма *(А. Грибоедов. Горе от ума, д. 2, явл. 5 — 1824)* *Dating from the times when the Crimea was conquered and Ochakov fell *(Alexander Griboedov. The Misfortune of Being Clever, act 2, sc. 5), i. e. the times of the Russo-Turkish War* (1787—91). *The quotation is used with reference to outdated ideas, views, etc.; also of outdated things (rare).*

126. Вре́мя бежи́т {лети́т} *(Вергилий. Георгики, 3, 284)* Time is flying *(Virgil. Georgics, 3, 284).*

127. Вре́мя, вперёд! *(В. Маяковский. «Марш времени» в драме «Баня» — 1929—1930)* *Time! Forward! *("The March of Time" in Vladimir*

Mayakovsky's drama "The Bathhouse"). Used as an appeal to work harder, to reach the production target earlier, etc.

128. **Вре́мя врачу́ет ра́ны {Вре́мя — лу́чший врач}** (< *Менандр)* Time cures all things; time is the best healer (< *Menandros).*

129. **Вре́мя — де́ньги** *(Б. Франклин. Совет молодому купцу — 1748)* Time is money *(Benjamin Franklin. Advice to Young Tradesman).*

130. **Вре́мя рабо́тает на нас** *(В. Гладстон. Речь о законопроекте — 1866)* Time is on our side *(William Gladstone. Speech on the Reform Bill, 1866).*

131. **Вре́мя разбра́сывать ка́мни, и вре́мя собира́ть ка́мни** *(Библия. Екклезиаст 3,5)* A time to cast away stones, and a time to gather stones together *(The Bible. Ecclesiastes 3,5), i.e. a time to destroy the old and a time to create the new.*

132. **В Росси́и две напа́сти:/ Внизу́ — власть тьмы, а наверху́ — тьма вла́сти** *(экспромт В. Гиляровского после публикации пьесы Льва Толстого «Власть тьмы» — 1886)* *Russia is plagued by two evils:/ the power of darkness below, and unlimited power above *(V. Giliarovsky's impromptu after the publication of Leo Tolstoy's play "The Power of Darkness").* See Власть тьмы.

133. **Всеви́дящее о́ко** *(из христианской символики; теперь перен.)* The all-seeing eye *(one of the symbols of Christianity). Used fig.*

134. **Всё в про́шлом** *(название картины В. Максимова — 1889)* *Everything is in the past *(title of a painting by Vasily Maksimov). The painting depicts an old landowneress dozing in a chair in the garden against the background of a dilapidated mansion with the windows boarded up. The phr. is used with reference to situations when the future no longer seems to hold any promise.*

135. **Все [всё] врут календари́** *(А. Грибоедов. Горе от ума, д. 3, явл. 21 —1824)* All almanacs tell lies *(Alexander Griboedov. The Misfortune of Being Clever, act 3, sc. 21), i. e. one should not place too much trust in what reference books say. Used jocularly.*

136. **Всегда́ дово́льный сам собо́й,/Свои́м обе́дом и жено́й** *(А. Пушкин. Евгений Онегин, гл. 1, 12 — 1833)* Always contented with his life,/and with his dinner and his wife *(Alexander Pushkin. Eugene Onegin, ch. 1, 12. Trans. by Charles Johnston).*

137. **Всё гни́ло в Да́тском короле́встве** *see* Прогни́ло что́-то в Да́тском короле́встве.

138. Все доро́ги веду́т в Рим (< *Юлиан Отступник)* All roads lead to Rome (< *Julian the Apostate), i. e. there are many ways of accomplishing the same ends; also of actions or efforts of thought which converge in a common centre.*

139. Все жа́луются на свою́ па́мять, но никто́ не жа́луется на свой ра́зум *(Ф. Ларошфуко. Максимы, № 89 —* 1665) Everyone blames his memory, no one blames his judgement *(La Rochefoucauld. Réflexions ou sentences et maximes morales, № 89).*

140. Все жа́нры хороши́, кро́ме ску́чного *цитируется также по-французски:* Tous les genres sont bons hors le genre ennuyeux *(Вольтер. Блудный сын, предисловие —* 1738) All styles are good save the tiresome kind; ↑*Fr. (Voltaire. L'Enfant Prodigue, preface).*

141. Все живо́тные равны́, но не́которые живо́тные равне́е други́х *(Джордж Оруэлл. Скотный двор, гл.* 10*; опубл. в переводе на русский язык в* 1990 *г.)* All animals are equal but some are more equal than others *(George Orwell. Animal Farm, ch.* 10 — 1945). *Used to mean: some people who are formally equal with others in reality have more rights.*

142. Всё или ничего́ *(<Х. Ибсен. Бранд, д.* 2. *и др. —* 1866) All or nothing (< *Henrik Ibsen. Brand, act 2 and other places).*

143. Всё к лу́чшему в э́том лу́чшем из миро́в *цитируется также по-французски:* Tout est pour le mieux dans le meilleur des mondes possibles *(Вольтер. Кандид, гл.* 30 — 1759) All is for the best in the best of possible worlds; ↑ *Fr. (Voltaire. Candide, ch.* 30). *Used ironically.*

144. Всё куплю́, — сказа́ло зла́то; / Всё возьму́, — сказа́л була́т *(А. Пушкин. Золото и булат —* 1827) I'll buy all, the gold asserted;/ I'll take all, declared the sword *(Alexander Pushkin. The Gold and the Sword. Based on trans. by R. H. Morrison).*

145. Всеми́рный пото́п *(<Библия, Бытие,* 6—8) The Flood, Noah's flood {deluge} (< *The Bible, Genesis,* 6—8). *Used half-jocularly of a heavy and prolonged rain, an inundation, a deluge, etc.*

146. Всемогу́щий до́ллар *(В. Ирвинг. Креольская деревня —* 1837) The almighty dollar *(Washington Irving. The Creole Village). Used ironically.*

147. Всё моё {своё} ношу́ с собо́й {при себе́} *цитируется также по-латыни:* Omnia mea mecum porto *(приписывается Цицероном Бианту, одному из семи древнегреческих мудрецов)* ↑ *L.:* all I have I carry with me *(attributed by Cicero to Bias, one of the seven sages of Greece).*

148. Всем смертя́м назло́ *see* Жди меня́, и я верну́сь.

52

149. **Всему́ своё вре́мя (,и вре́мя вся́кой ве́щи под не́бом)** *(Библия, Екклезиаст, 3, 1)* To every thing there is a season, and a time to every purpose under the heaven *(The Bible, Ecclesiastes, 3, 1). Cf.* There is a time and place for everything.

150. **Все мы челове́ки** *(М. Лермонтов. Жалобы турка — 1829)* *We are all only human *(Mikhail Lermontov. The Complaints of a Turk). Used as a justification for one's weakness. Often quoted in the form* Все мы лю́ди, все мы челове́ки *(челове́ки is an obs. form; now only* лю́ди *is used).*

151. **Всё поня́ть — зна́чит всё прости́ть** *цитируется также по-французски:* Tout comprendre, c'est tout pardonner *(< де Сталь. Коринна, или Италия, кн. 4, гл. 3 — 1807) ↑ Fr.:* to understand all is to pardon all *(< M-me de Staël. Corinne, vol. 4, ch. 3, where it occurs in the following form:* tout comprendre rend très indulgent — *to understand all makes one tolerant).*

152. **Всё поте́ряно, кро́ме че́сти** *(слова Франциска I в письме матери после поражения при Павии в 1525 г.)* All is lost save honour. *In English texts usu. quoted in Fr.:* tout est perdu fors l'honneur *(Francis I in a letter to his mother after his defeat at Pavia, 1525).*

153. **Всё пройдёт, как с бе́лых я́блонь дым** *(С. Есенин. Не жалею, не зову, не плачу... — 1922)* All will pass like apple-blossom smoke *(Sergei Yesenin. I Don't Weep or Call... Trans. by Olga Shartse).*

154. **Всё пустяки́ по сравне́нию [в сравне́нии] с ве́чностью** *(Н. Помяловский. Молотов — 1861)* *Everything is trivial compared with eternity *(Nikolai Pomialovsky. Molotov). Used to mean: Cheer up! It might have been worse.*

155. **Всё смеша́лось в до́ме Обло́нских** *(Л. Толстой. Анна Каренина, ч. 1, гл. 1 —1875)* Everything was in confusion in the Oblonskys' house *(Leo Tolstoy. Anna Karenina, pt. 1, ch. 1. Trans. by Constance Garnett). Jocularly or ironically of a state of confusion or muddle.*

156. **Все счастли́вые се́мьи похо́жи друг на дру́га, ка́ждая несчастли́вая семья́ несча́стлива по-сво́ему** *(Л. Толстой. Анна Каренина, ч. 1, гл. 1 — 1875)* All happy families resemble each other, each unhappy family is unhappy in its own way *(Leo Tolstoy. Anna Karenina, pt. 1, ch. 1. Trans. by Maude).*

157. **Всё та́йное стано́вится я́вным** *see* Нет ничего́ та́йного, что не сде́лалось бы я́вным.

158. Всё течёт, всё изменяется *(Гераклит)* Panta rhei, *Gr.:* all things are in a flux *(Heraclitus)*.

159. Все флаги в гости будут к нам,/И запируем на просторе *(А. Пушкин. Медный всадник, Вступление — 1833)* The ships of every flag and nation/ Will hail our shores, their sails unfurled,/ And we shall feast in jubilation *(Alexander Pushkin. The Bronze Horseman, Introduction. Trans. by Eugene M. Kayden). In Alexander Pushkin's poem "The Bronze Horseman" these are the imagined thoughts of Peter I when he was planning to build a new city at the mouth of the Neva River. See also* Окно в Европу. *The second line is often cited ironically to mean: we shall enjoy life at last.*

160. Всё хорошо под сиянием лунным,/ Всюду родимую Русь узнаю *(Н. Некрасов. Железная дорога — 1864)* Everything beautiful lies in the moonlight,/ Everywhere Russia, my country, I hail *(Nikolai Nekrasov. The Railway. Trans. by Juliet M. Soskice).*

161. Всё хорошо, прекрасная маркиза *(французская народная песня «Всё хорошо» в переводе А. Безыменского — 1936)* *Everything is in perfect order, your ladyship. The quotation comes from a popular French folksong, trans. into Russian by Alexander Bezymensky. A marquise telephones her estate to find out how things are there. The servant assures her that everything is in perfect order except that her horse is dead. To her inquiry as to how this occurred, the servant tells her that it died during a fire in the stables. The stables caught fire when the marquise's husband shot himself and on falling knocked down two candles, which caused a fire in the house and it burned down together with the stables. Apart from this, the servant concludes cheerfully, everything is quite all right.*

162. Всё это было бы смешно,/Когда бы не было так грустно *(М. Лермонтов. А. О. Смирновой — 1840)* All of this/Could be absurd; it's not: it is/ By far too sad, by far too trying *(Mikhail Lermontov. To A. O. Smirnova. Trans. by Irina Zheleznova).*

163. Вставай, проклятьем заклеймённый/ Весь мир голодных и рабов! *(Э. Потье. Интернационал — 1871)* Arise ye toilers of all nations/ Condemned to misery and woe *(Eugène Pottier. The Internationale).*

164. Вставайте, граф. Вас ждут великие дела *(слова, которыми слуга Сен-Симона должен был будить своего хозяина)* *Time to rise, Sir. Great deeds await your pleasure (Saint-Simon gave his valet orders to wake him with these words). Used jokingly on waking smb. up.*

165. **Всяк кузнец своего счастья** (*согласно Саллюстию, изречение Аппия Клавдия*) Faber est quisque fortunae suae, *L.*: every man is a fashioner of his own fortune (*according to Sallust a maxim of Appius Claudius*).

166. **Всякое даяние благо** (< *Библия, Послание Иакова*, 1, 17) *Any gift is a blessing (< *The Bible, The Epistle of James*, 1, 17, *where it says: Every good gift and every perfect gift is from above*), i. e. one should not disdain any help, however small. Cf. Be grateful {thankful} for small mercies; Every little helps.

167. **Всякой твари по паре** (< *Библия, Бытие*, 6, 19—20; 7, 1—8) *Two of every living creature under the sun (< *The Bible, Genesis*, 6, 19—20; 7, 1—8). *The phr. is used as a humorous description of a motley crowd of people.*

168. **Вся королевская рать** (*из английской песенки о Шалтае-Болтае в переводе С. Маршака; название романа Р. П. Уоррена, опубл. в России в 1968 г.*) All the king's men (*M. S. addition to a copy of Mother Goose's Melody — c. 1809; title of a novel by Robert P. Warren — 1946*). *Used in an extended sense.*

169. **Вся рота шагает {идёт} не в ногу, один поручик Ромашов шагает {идёт} в ногу** (< *А. Куприн. Поединок* — 1905) *The whole company is marching out of step except lieutenant Romashov (< *Alexander Kuprin. The Duel*). Cf. Everybody is out of step except our John, *coll.*

170. **Второе я** *see* Другое я

171. **В тот год осенняя погода/Стояла долго на дворе,/Зимы ждала, ждала природа./Снег выпал только в январе/На третье в ночь** (*А. Пушкин. Евгений Онегин, гл. 5, 1*—1833) That year the season was belated/ and autumn lingered, long and slow;/ Expecting winter — nature waited — only in January the snow,/ Night of the second, started flaking (*Alexander Pushkin. Eugene Onegin, ch. 5, 1. Trans. by Charles Johnston*).

172. **В тридевятом {тридесятом} царстве {государстве}** *see* За тридевять земель.

173. **Входящие, оставьте упованья** *see* Оставь надежду всяк сюда входящий.

174. **В человеке должно быть всё прекрасно (: и лицо, и одежда, и душа, и мысли)** (*А. Чехов. Дядя Ваня, д. 2* — 1897) *Everything about a human being should be beautiful (: his face, his clothes, his mind and his thoughts) (*Anton Chekhov. Uncle Vanya, act 2*).

175. **В шесть часо́в ве́чера по́сле войны́** (*Я. Гашек. Похождения бравого солдата Швейка, ч. 2, гл. 4 — 1921—23*) After the war, at six o'clock in the evening (*Jaroslav Hašek. The Good Soldier Schweik, pt. 2, ch. 4. Trans. by Paul Silver), i. e. as soon as the war is over.*

176. **Вы жа́лкая, ничто́жная ли́чность** (*И. Ильф и Е. Петров. Золотой телёнок, гл. 12 — 1931*) *You are a pathetic {contemptible} and worthless person. *Favourite words of Panikovsky, one of the characters in Ilya Ilf's and Yevgeny Petrov's novel "The Golden Calf". Cited jocularly.*

177. **Вы́йти на тропу́ войны́** (*из романов Джеймса Фенимора Купера о североамериканских индейцах*) Be {do, do out} on the warpath (*from the novels of James Fenimore Cooper about North American Indians, e.g. "The Last of the Mohicans", ch. 28 — 1826). Used in an extended sense.*

178. **Вы меня́ зна́ете с хоро́шей стороны́, но тепе́рь узна́ете меня́ и с плохо́й стороны́** (*Я. Гашек. Похождения бравого солдата Швейка, ч. 3, гл. 2 — 1921—23*) You may know me from my good side, but wait till you know me from my bad side (*Jaroslav Hašek. The Good Soldier Schweik, pt. 3, ch. 2. Trans. by Paul Silver). Used as a jocular threat.*

179. **Вы мне [ко мне] писа́ли, не отпира́йтесь** (*А. Пушкин. Евгений Онегин, гл. 4, 12 — 1833*) You wrote to me, do not deny it (*Alexander Pushkin. Eugene Onegin, ch. 4, 12. Trans. by Vladimir Nabokov). Used jocularly; the word* писа́ли *may be replaced e. g.:* Вы мне звони́ли ...

180. **Вы́несет всё — и широ́кую, я́сную/Гру́дью доро́гу проло́жит себе́** (*Н.Некрасов. Железная дорога — 1864*) All they will bear. And a road, broad and shining,/They with the might of their bosom will lay (*Nikolai Nekrasov. The Railway. Trans. by Juliet M. Soskice). Used of the bright future which the Russian people will build for themselves.*

181. **Вы́пить ча́шу до дна** (< *Библия, Исаия, 51, 17*) Drain {drink} the cup of bitterness, sorrow, *etc.* to the dregs (< *The Bible, Isaiah, 51, 17*).

182. **Вы́пустить джи́нна из буты́лки** (*из мусульманских верований*) *Let the genie {jinnee} out of the bottle (*in Mohammedan mythology jinn were spirits of the lowest order, made from fire two thousand years before Adam), i. e. with one's action cause events which cannot be controlled. Cf.* To open Pandora's box; to wake a sleeping dog.

183. **Вы́пьем с го́ря; где́ же кру́жка?/Се́рдцу бу́дет веселе́й** (*А. Пушкин. Зимний вечер — 1825*) Let us fill our cups and bury/All our

woes in frothing wine! *(Alexander Pushkin. Winter Evening. Trans. by Irina Zheleznova).*

184. **Выража́ется си́льно росси́йский наро́д** (*Н. Го́голь. Мёртвые души, т. 1, гл. 5 — 1842*) The language of the Russian populace is always forcible in its phraseology *(Nikolai Gogol. Dead Souls, vol. 1, ch. 5. Trans. by D. G. Hogarth);* Russian folk like strong expressions *(trans. by George Reavey). Often used as a comment on smb.'s forcefully phrased utterance.*

185. **Вы́растет/из сы́на/свин,/е́сли сын—/свинёнок** (*В. Маяко́вский. Что такое хорошо и что такое плохо — 1925*) Boys are bound to grow up pigs/If the boys are porkers *(Vladimir Mayakovsky. What Is Good and What Is Bad. Trans. by P. Breslin).*

186. **Вы́сшее бла́го** (*Цицеро́н. О высшем благе и высшем зле, 1, 9, 29*) Summum bonum, *L.:* the highest good *(Cicero. De finibus bonorum et malorum, 1, 9, 29).*

187. **В э́той жи́зни/помере́ть/не тру́дно.—/Сде́лать жизнь/ значи́тельно трудне́й** *see* Для весе́лья плане́та на́ша ма́ло обору́дована.

188. **В э́том (вели́кая) серми́жная пра́вда** *(И. Ильф и Е. Петро́в. Золотой телёнок, гл. 13 — 1931)* *Therein lies the (great) homespun truth, *i. e. this is the true sense of it; this is absolutely true (Ilya Ilf and Yevgeny Petrov. The Golden Calf, ch. 13). One of the characters of the novel likes to hold forth on the Russian intelligentsia and the Russian people. He uses the phrase to denote truth as an embodiment of popular wisdom. The phr. is used only jocularly.* Серми́га — *coarse heavy cloth.*

Г

1. **Га́дкий утёнок** *(заглавие сказки Г.-Х. Андерсена — 1842)* (The) ugly duckling *(figure in Hans Christian Andersen's fairy tale of the same title about an ugly duckling that proves to be a cygnet and grows up into a beautiful swan). Used of an apparently unprepossessing person whose merits, gifts, etc. first passed unnoticed but are later unexpectedly revealed.*

2. **Газе́тная у́тка** *(происхождение спорно)* lit. A newspaper duck, *i. e.* a newspaper hoax, canard *(believed to have arisen from the Fr. phr. "vendre un canard à moitié"— half-sell a duck; Fr. canard = E. duck).*

3. **Галантере́йное, чёрт возьми́, обхожде́ние** *(Н. Гоголь. Ревизор, д. 2, явл. 1 — 1836)* It's all polish and manners, damn it all! *(Nikolai Gogol. The Inspector General, act 2, sc. 1. Trans. by Constance Garnett). Used ironically of excessive civility.*

4. **Гало́пом по Евро́пам** *(заглавие путевых очерков А. Жарова — 1928)* *Round Europe at a gallop *(title of A. Zharov's travelling notes). Used of superficial observations, study, etc., or when smth. is inspected too hurriedly or described too briefly and sketchily. Cf.* A whistle-stop tour.

5. **Га́мбургский счёт** *(название сборника статей В. Шкловского — 1928) lit.* *Hamburg assessment *(title of a collection of articles by Victor Shklovsky). Used of an objective assessment of a person's worth or of the merits of his work, esp. assessment which is not influenced by the person's popularity, his position in society, his rank, etc.*

6. **Га́млет** *(герой одноимённой трагедии Шекспира — 1601)* Hamlet *(hero of William Shakespeare's tragedy of the same name). Used ironically or jocularly of persons who tend to be extremely hesitant and are tormented by doubts when an important decision has to be made or a decisive step has to be taken. Often used in phr. such as* га́млетовские сомне́ния (терза́ния, колеба́ния, *etc.). See also* Быть и́ль не быть — вот в чём вопро́с.

7. **Ганниба́л {Анниба́л} у воро́т** *цитируется также по-латыни:* Hannibal ad {ante} portas *(Цицерон. Филиппики 1, 5, 11)* ↑ *L.:* Hannibal at the gates *(Cicero. Philippica 1, 5, 11). Used of impending danger.*

8. **Гарпаго́н** *(главный герой комедии Мольера «Скупой» — 1668)* Harpagon *(chief character in Molière's comedy "L'Avare"), a miser of maniacal magnitude. Cf.* Плю́шкин.

9. **Гва́рдия умира́ет, но не сдаётся** *(приписывается французскому генералу Камбронну, командовавшему наполеоновской гвардией в битве при Ватерлоо, но он отрицал этот факт; происхождение остается, таким образом, спорным)* La garde meurt et ne se rend pas, *Fr.:* the guard dies, but does not surrender *(attributed to the French general Baron de Cambronne, who was in command of the guards at the Battle of Waterloo, but he denied the saying at a banquet at Nantes, 1835). Used figuratively in an extended sense.*

10. **Где, когда́, како́й вели́кий выбира́л/путь, что́бы прото́птанней и ле́гче?** *(В. Маяковский. Сергею Есенину — 1926)* Whoever of the great ones/where and when/chose paths/that were both better-trod and

easier? *(Vladimir Mayakovsky. Sergei Esenin. Trans. by Dorian Rottenberg)*.

11. Где нача́ло того́ конца́, кото́рым ока́нчивается нача́ло? *(Козьма Прутков. Мысли и афоризмы — 1854) lit *Where is the beginning of the end that comes at the end of the beginning? (Kozma Prutkov. Thoughts and Aphorisms). Used of absurd statements which at first may seem to contain a profound truth expressed in an abstruse form.*

12. Где не́когда всё бы́ло пу́сто, го́ло,/Тепе́рь млада́я ро́ща разросла́сь *(А. Пушкин. ...Вновь я посетил — 1835)* Where once spread naked ground... a whole new grove has now sprung up *(Alexander Pushkin. ...I'm Back, I See Again. Trans. by Irina Zheleznova). Used of change for the better in the environment.*

13. Где стол был яств, там гроб стои́т *(Г. Держа́вин. На смерть князя Мещерского — 1779)* *Where on the table viands stood, now stands a coffin; The sideboard now a coffin bears,/Where guests were recently regaling (Gavriil Derzhavin. On the Death of Prince Meshchersky. Trans. by Peter Tempest). Cf. Here today and gone tomorrow; Life is but a span.*

14. Где хорошо́, там и ро́дина {оте́чество} *цитируется часто по-латыни:* Ubi bene, ibi patria *(< Аристофан. Богатство, 1151; данная формулировка, являющаяся изменённой цитатой из Пакувия, дана в «Тускуланских беседах», V, 37, 108 Цицерона)* ↑ *L.:* where it goes well with me, there is my fatherland *(< Aristophanes. Plutus, 1151; occurs in the given form in Cicero's Tusculanae disputationes, V, 37, 108; this L. form goes back to Pacuvius). Used to characterize unpatriotic behaviour. Cf.* Where I do well I dwell.

15. Гее́нна о́гненная *(Библия, Матфей, 18, 9; Марк, 9, 47)* Hell fire *(The Bible, Matthew, 18, 9; Mark, 9, 47). In R. used of a conflagration (e. g., a great fire, the eruption of a volcano, etc.).*

16. Генера́л Моро́з {Зима́} *(из лондонского сатирического листка времён отступления Наполеона из России)* General Frost {Winter} *(from "General Frost Shaving Little Boney", a satirical article, published in London 1.12.1812 at the time of Napoleon's retreat from Russia).*

17. Ге́ний и злоде́йство/ Две ве́щи несовме́стные *(А. Пушкин. Моцарт и Сальери — 1830)* Villainy and genius are two things/That never go together *(Alexander Pushkin. Mozart and Salieri. Trans. by A. F. B. Clark);* Villainy and genius/Are incompatibles *(trans. by Avril Pyman).*

18. **Ге́ний чи́стой красоты́** *(А. Пу́шкин. К*** — 1825)* A glimpse of perfect womanhood *(Alexander Pushkin. To... Trans. by Irina Zheleznova).*

19. **Ге́ний — э́то терпе́ние** *(?Бюффон)* Le génie n'est qu'une grande aptitude à la patience, *Fr.:* genius is merely a great aptitude for patience *(?Buffon). Cf.* Genius is one per cent inspiration and ninety-nine per cent perspiration *(Thomas A. Edison. Newspaper interview. Life, ch. 24).*

20. **Географи́ческое поня́тие** *(Ме́ттерних. Письмо́ 19.11.1849)* A geographical expression [< Italy is a geographical expression] *(Metternich. Letter, 19.11.1849): a patchwork country, i.e. a country that does not constitute a single state; a country which is independent only in name.*

21. **Геркуле́с** *(герой греческих мифов)* Hercules *(hero of Greek mythology of fabulous strength and courage). Used of men of great physical strength.*

22. **Геркуле́с на распу́тье** *(из греческой притчи)* lit. Hercules at the cross-roads;   Hercules' choice *(from a Greek parable in which Hercules as a youth is accosted by two women representing Virtue and Pleasure, and asked to choose between them), i. e. at a critical turning point in one's life, career, etc. Used of one who finds it difficult to choose between two courses open to him.*

23. **Геркуле́сов труд {по́двиг}** *(из греческой мифологии)* The labours of Hercules; Herculean labour, task *(from Greek mythology), i. e. a task requiring the strength of Hercules; an immense task.*

24. **Геро́й на́шего вре́мени** *(заглавие романа М. Ле́рмонтова — 1840)* A hero of our time *(title of a novel by Mikhail Lermontov. Trans. by Martin Parker), i. e. a typical representative of his time, one embodying its most characteristic features.*

25. **Геро́й не моего́ рома́на** *(А. Грибоедов. Го́ре от ума́, д. 3, явл. 1 — 1824)* A hero not of my romance *(Alexander Griboedov. Gore ot Ouma, act 3, sc. 1. Trans. by Nicholas Benardaky), i. e. not the kind of person that would appeal to me.*

26. **Геростра́това сла́ва. Ла́вры Геростра́та** *(по имени Герострата, уроженца Эфеса в Малой Азии, который, чтобы обессмертить своё имя, сжёг храм Артемиды, одно из «семи чудес света»)* *Herostratos' fame. The laurels of Herostratos *(from the name of Herostratos, a native of Ephesus in Asia Minor, who, for the sake of perpetuating his name, set on fire the temple of Artemis at Ephesus, one of the Seven Wonders of the World), i. e. infamy, ill repute.*

27. **Гига́нт мы́сли** *(И. Ильф и Е. Петров. Двенадцать стульев, гл. 14 — 1928) lit.* A titan of thought *(Ilya Ilf and Yevgeny Petrov. The Twelve Chairs, ch. 14). Used only ironically.*

28. **Ги́дра** *(из греческой мифологии; в переносном значении особенно широко распространилось во время буржуазной революции XVIII в.)* Hydra *(in Greek mythology a many-headed monster whose heads grew again if cut off; came to be widely used in the fig. sense during the French Revolution). Used of a manifold evil which is difficult to eradicate because it rises again and again.*

29. **Глаго́л времён! Мета́лла звон!/(Твой стра́шный глас меня́ смуща́ет;/ Зовёт меня́, зовёт твой стон,/Зовёт — и к гро́бу приближа́ет)** *(Г. Державин. На смерть князя Мещерского — 1779)* O singing brass that rings our knell! (/Your terrifying tones appal me;/You call me, call me with your bell/ And closer to the tomb you draw me) *(Gavriil Derzhavin. On the Death of Prince Meshchersky. Trans. by Peter Tempest). The first line of the poem may also be translated as follows:* "The voice of time, the metal's chime". *This quotation is used to mean: everything in life is transitory; no one can escape the ravaging effects of time; every minute brings us nearer death. Cf.* The tooth of time *(Shakespeare. Measure for Measure V, 1, 12 — 1604).*

30. **Глаго́лом жги сердца́ люде́й** *(А. Пушкин. Пророк — 1828)* *Sear with the word the hearts of men *(Alexander Pushkin. The Prophet. Based on trans. by Irina Zheleznova): preach ardently, teach, instruct.* Глаго́л *obs.* = сло́во.

31. **Глазоме́р, быстрота́, на́тиск** *(А. Суворов. Наука побеждать — написана в 1796 г., издана в 1806 г.)* *A sure eye, speed, energy *(in his book "The Art of Winning", field-marshal Alexander Suvorov names these three basic arts of warfare).*

32. **Глас вопию́щего {вопию́щий} в пусты́не** *(Библия, Исаия, 40, 3; Матфей, 3, 3; Марк, 1, 3; Иоанн, 1, 23)* Voice crying *(or* crying out) in the wilderness *(< The Bible, Isaiah, 40, 3; Matthew, 3, 3; Mark, 1, 3; John, 1, 23). Used of a futile appeal, an appeal to which no one pays any attention.*

33. **Глас наро́да — глас бо́жий** *цитируется также по-латыни:* Vox populi—vox Dei *(сходная мысль у ряда античных авторов; автор данной формулировки — Алкуин)* ↑ *L.:* the voice of the people is the voice of God *(the idea was expressed by a number of classical authors; the words quoted are those of Alcuin).*

34. Глу́пов *(М. Салтыков-Щедрин. История одного города* — 1869— 70) *Glupov (lit.* Sillyburgh), *a fictitious town in Mikhail Saltykov-Shchedrin's satirical novel "The History of a Town", a symbol of all the negative features of pre-revolutionary Russia: idleness, corruption, abuse of power, hostility towards anything new or foreign; etc.*

35. Гнило́й либерали́зм *(М. Салтыков-Щедрин. Господа Молчалины, гл.* 4 — 1875) *Rotten liberalism (Mikhail Saltykov-Shchedrin. The Molchalins, ch.* 4), *i. e. unjustified liberalism, lack of principles, opportunism.*

36. Гобсе́к *(герой одноимённого романа О. де Бальзака* — 1830) Gobseck *(principal character in Honoré de Balzac's novel of the same title). Used of unscrupulous, merciless persons whose main aim in life is to accumulate wealth.*

37. Говори́ть эзо́повским {эзо́повым} языко́м *see* Эзо́пов {эзо́повский} язы́к.

38. Го́лая {нага́я} и́стина *(Гораций. Оды,* 1, 24, 7) Naked truth *(Horace. Odes* 1, 24, 7), *i. e. plain, unvarnished truth; truth without trimmings.*

39. Голго́фа {Путь на Голго́фу; Кре́стный путь} *(Библия, Матфей,* 27; *Марк,* 15; *Иоанн,* 19) Calvary {The road to Calvary; The way of the Cross} *(The Bible, Matthew,* 27; *Mark,* 15; *John,* 19). *Used of suffering or unhappiness which cannot be avoided.*

40. Голиа́ф *(Библия, 1-я Царств,* 17) Goliath *(The Bible,* 1 *Samuel,* 17). *Applied to persons of unusually great stature.*

41. Го́лод лу́чший по́вар *(Цицерон. О высшем благе и высшем зле,* 2, 28, 90 — *в форме:* Cibi condimentum fames — голод — приправа для пищи; *восходит к Сократу)* Hunger is the best relish {sauce} *(Cicero. De finibus bonorum et malorum,* 2, 28, 90, *where it occurs in the form "Cibi condimentum fames"; goes back to Socrates). In E. also used in the form: The best sauce in the world is hunger (Miguel de Cervantes. Don Quixote, pt.* 2, *ch.* 5).

42. Го́луби и я́стребы *(источник не установлен)* Doves and hawks *(author unknown; came to be widely used in the press in the* 1960s). *Used of the conciliatory and aggressive parties in any political administration, or similarly opposing parties in any conditions where conflict of policy is involved, esp. on questions of war and peace.*

43. Голубо́й вори́шка *(И. Ильф и Е. Петров. Двенадцать стульев, гл.* 8 — 1928) *lit.* *The blue thief (Ilya Ilf and Yevgeny Petrov. The Twelve*

Chairs, ch. 8), *i. e. a "shy" thief with a pleasant appearance and a winning manner. Rare.*

44. **Го́лубь ми́ра** *(древний символ мира, получивший особенно широкое распространение в связи с деятельностью Всемирного Совета Мира; в 1949 г. Пабло Пикассо выполнил свою знаменитую литографию голубя для манифеста Всемирного Конгресса Мира)* Dove of peace *(the dove is an ancient symbol of peace; its representations and the phrase "the dove of peace" came to be widely used in connection with the activities of the World Peace Council; in* 1949 *Pablo Picasso produced his lithograph of the dove to be published with the manifesto of the World Peace Congress; the drawing became an international emblem of peace).*

45. **Го́лый коро́ль** *see* Коро́ль-то го́лый.

46. **Гомери́ческий смех {хо́хот}** *(выражение возникло из описания смеха богов в «Илиаде» и «Одиссее» Гомера)* Homeric laughter *(the phr. derives from the description of the laughter of the gods in Homer's "Iliad" and "Odyssey"), i. e. loud inextinguishable laughter. The word* гомери́ческий *is also used in the meaning: enormous, plentiful, as in* гомери́ческие разме́ры, гомери́ческий за́втрак, *etc.*

47. **Гони́ приро́ду в дверь, она́ влети́т в окно́** *(двустишие Н. Карамзина из очерка «Чувствительный и холодный. Два характера», являющееся вольным переводом из басни Лафонтена «Кошка, превращённая в женщину»; сходная мысль у Горация в «Посланиях» 1, 10, 24)* *If you drive nature out of the door, it will find a way back through the window *(Nikolai Karamsin. The Sensitive and the Cold. Two Types of Character; the quotation is a free translation of La Fontaine's lines in his fable "The Cat Which Was Turned into a Woman"; the same idea was earlier expressed by Horace, Epistolae,* 1, 10, 24: "Naturam expellas furca, tamen usque recurret" — if you drive nature out with a pitchfork, it will soon find a way back. *Trans. by Wickham).*

48. **Гора́ родила́ мышь** *(Эзоп)* *The mountain brought forth a mouse *(Aesop), a mighty effort which produced ridiculously insignificant results. Also used of smb. or smth. that showed great promise but came to nothing. Cf.* Parturiunt montes, nascetur ridiculus mus, *L.:* the mountains are in labour, an absurd mouse will be born *(Horace. Ars Poetica,* 139).

49. **Го́рдиев у́зел** *(из греческой легенды об Александре Македонском)* Gordian knot, *i. e. great difficulty; an intricate, involved problem,*

etc. According to Greek legend, Gordius, a peasant who became the king of Phrygia, made a knot which no one could untie. The oracle declared that whoever undid the knot would rule Asia, and Alexander the Great cut it through with his sword. Hence also the expression разруби́ть го́рдиев у́зел — to cut the Gordian knot, *i. e. to overcome a difficulty, to solve an intricate problem, to get out of an awkward situation by violent measures, by one decisive step, by a single brilliant stroke.*

50. **Го́ре от ума́** *(заглавие комедии А. Грибоедова — 1824)* Wit works woe *(title of Alexander Griboedov's comedy; it has also been translated as "The Misfortune {Mischief} of Being Clever").*

51. **Го́ре побеждённым!** *цитируется также по-латыни:* Vae victis! *(галльский вождь Бренн, согласно рассказу Тита Ливия в «Истории», 5, 48, 9)* ↑ *L.:* woe to the vanquished *(in his History, 5, 48, 9. Livy attributes these words to the Gaulish chieftain Brennus).*

52. **Городо́к Оку́ров** *(заглавие повести М. Горького — 1909)* The Town of Okurov *(title of Maxim Gorky's story describing an imaginary provincial town in pre-revolutionary Russia). The name became a symbol of philistinism, bigotry and barbarism. Obs.*

53. **Го́роду (= Ри́му) и ми́ру,** *т. е. ко всеобщему сведению; цитируется также по-латыни:* Urbi et orbi *(формула, используемая в церемониале избрания папы римского с XIII в., а также папой, когда он благословляет паству по большим церковным праздникам)* ↑ *L.:* to the city (Rome) and to the world, *i. e. to everyone (a phr. applied to the solemn blessing given by the Pope on special occasions, such as his election; the custom dates back to the 13th cent.). Used ironically.*

54. **Госуда́ри мой! Кто две ки́льки взял?** *(Козьма Прутков. Выдержки из записок моего деда. Лучше побольше, чем поменьше — 1860)* *Gentlemen! Who has taken two sprats? In the anecdote "Better More Than Less" in "Extracts from My Grandfather's Notes" Kozma Prutkov describes a meal at which five guests are served five sprats. The words quoted are spoken by the host when one of the guests instead of taking one sprat helps himself to two. The quotation is used jokingly of a very frugal meal served to guests.*

55. **Госуда́рственная маши́на** *(< Т. Гоббс. Левиафан — 1651)* The

machinery of government (< *Thomas Hobbes. Leviathan).*

56. Госуда́рство в госуда́рстве *(Т. Агриппа д'Обинье. Об обязанностях короля и подданных — 1610—20)* A state within a state *(Théodore Agrippa d'Aubigné. Du devoir des rois et des sujets). Used of a social class, a group of persons, an organization, etc. powerful or influential enough to disregard the established order of the country.*

57. Госуда́рство — э́то я *цитируется также по-французски:* L'état c'est moi *(приписывается Людовику XIV)* ↑ *Fr.:* I am the state *(attributed to Louis XIV). Used to characterize people occupying high posts and acting arbitrarily.*

58. Граждани́н вселе́нной {ми́ра} *(Диоген Лаэртий — III в. н.э. — рассказывает в биографии философа Диогена, что последний на вопрос из какой он страны ответил: «Я гражданин мира».)* *Citizen of the universe; citizen of the world *(attributed by the historian Diogenes Laërtio — 3rd cent. A. D. — to the Athenian philosopher Diogenes; occurs in the latter form in Francis Bacon's essay "Of Great Places") .*

59. Грехи́ мо́лодости (< *Библия, Псал.,* 24, 7; *Иов,* 13, 26) Sins of youth; iniquities of youth (< *The Bible, Psalm,* 25, 7; *Job,* 13, 26).

60. Грехопаде́ние (< *Библия, Бытие,* 3) The fall (< *The Bible, Genesis,* 3). *Used in an extended sense.*

61. Гро́бы пова́пленные *(Библия, Матфей,* 23, 27) Whited (*i. e. painted)* sepulchres *(The Bible, Matthew,* 23, 27). *Used of anyone or anything professedly good, righteous, etc., but inwardly corrupt and worthless.*

62. Гро́здья гне́ва (< *Библия, Откровение,* 14, 19; *заглавие романа Дж. Стейнбека)* The grapes of wrath *(title of John Steinbeck's novel. The title of the novel is a quotation from Julia Ward Howe's "Battle Hymn of the Republic", a song popular among the Union partisans during the Civil War; the phr. "grapes of wrath"derives from the Bible, Revelation,* 14, 8—19).

63. Гром побе́ды раздава́йся! (/Весели́ся, хра́брый Росс!) *(Г. Державин. Хор для кадрили — 1791)* *Let the drums of triumph thunder! (/Gallant Russians, rejoice!) *(Gavriil Derzhavin. Chorus for a Quadrille). Used ironically of one drunk with success.*

64. Гулливе́р и лилипу́ты (< *Дж. Свифт. Путешествия Гулливера,* ч. 1 — 1726) Gulliver and the Lilliputians (< *Jonathan Swift. Gulliver's Travels, pt. 1). The phr. is used to compare smb. or smth. big or significant with smb. or smth. little or trivial.*

Д

1. **Да бу́дет свет!** *цитируется иногда по-латыни:* Fiat lux! *(Библия, Бытие, 1, 3)* Let there be light! ↑*L.: (The Bible. Genesis, 1, 3): may the truth triumph. Also used jocularly on switching on the light.*

2. **Да, бы́ли лю́ди в на́ше вре́мя** *(М. Лермонтов. Бородино — 1837)* *Yes, there were real men in our time (Mikhail Lermontov. Borodino). The quotation is used jocularly when one compares the present generation with the preceding one.*

3. **Да был ли ма́льчик-то?** *(М. Горький. Жизнь Клима Самгина, ч. 1, гл. 1 — 1927). An episode in Maxim Gorky's novel "The Life of Klim Samgin" describes a fatal accident which happened while three children — Boris Varavka, Varya Somova and Klim Samgin — were skating. Boris and Varya skated into a patch of water. Klim tried to help his friends by passing Boris the end of his belt, but feeling that he was slipping into the water too, let go of the belt. The two children drowned. When the search for their bodies began, Klim was struck by someone's mistrustful question: "But was there a boy at all?" The quotation is used to express extreme doubt, esp. when one doubts the existence of smth.*

4. **Давне́нько не брал я в ру́ки ша́шек** *(Н. Гоголь. Мёртвые души, т. 1, гл. 4 — 1842)* It's a long time since I had a chessman in my hand *(Nikolai Gogol. Dead Souls, vol. 1, ch. 4. Trans. by D. J. Hogarth). Used jocularly when one sets about doing smth. that he has not done for a long time.*

5. **Даёшь изя́чную жизнь** *(название стихотворения В. Маяковского — 1927)* *Give us the gay life (title of a poem by Vladimir Mayakovsky). Used ironically of a craving for a gay life (изя́чный was used instead of* изящный *in uneducated speech, or ironically).*

6. **Да! Жа́лок тот, в ком со́весть не чиста́** *(А. Пушкин. Борис Годунов, сц. «Царские палаты» — 1825)* Yea, woe to him whose conscience is unclean *(Alexander Pushkin. Boris Godounoff, sc. A Room in the Imperial Palace. Trans. by Charles Edward Turner).*

7. **Да здра́вствует со́лнце, да скро́ется тьма!** *(А. Пушкин. Вакхическая песня — 1825)* Live, radiant day! Perish, darkness and night! *(Alexander Pushkin. Bacchanal Song. Trans. by Irina Zheleznova).*

8. **Дай же ты всем понемно́гу…;/И не забу́дь про меня́** *(песня Була́та Окуджа́вы «Моли́тва» — 1963)* *Give a little to everyone,] and do not forget about me *("A Prayer", a song by Bulat Okudzhava).*

9. **Да́йте мне то́чку опо́ры, и я сдви́ну зе́млю** *(приписывается Архиме́ду)* Dos moi pou stō kai tén gén *(or* tān gān) kinésō, *Gr.:* give me but one firm spot on which to stand, and I will move the earth *(attributed to Archimedes).*

10. **Да́йте то́лько срок,/Бу́дет вам и бе́лка, бу́дет и свисто́к** *(А. Пле́щеев. Стари́к — 1877)* *Give me time,/You'll have a squirrel, and a whistle, too *(Alexei Pleshcheev. The Old Man, where these words are spoken by a kindly old man to whom children come with their various needs). The quotation is used jokingly to mean: I shall do all that is required of me, but not at once. Have patience.*

11. **Да́ма прия́тная во всех отноше́ниях** *(Н. Го́голь. Мёртвые души, т. 1, гл. 9 — 1842)* A lady agreeable in all respects *(Nikolai Gogol. Dead Souls, vol. 1, ch. 9. Trans. by George Reavey). Used ironically or jocularly.*

12. **Да́ма с каме́лиями** *(русское загла́вие рома́на — 1848 и пье́сы — 1852 А. Дюма́-сы́на "La dame aux camélias")* The Lady with the Camelias *(title of a novel and a play by Alexandre Dumas fils). Originally applied to kept women and prostitutes. Obs.*

13. **Да мину́ет меня́ ча́ша сия́** *(Библия, Матфей, 26, 39; Лука, 22, 42; Марк, 14, 36)* Let this cup pass from me *(The Bible, Matthew, 26, 39).*

14. **Дамо́клов меч** *(из гре́ческой мифоло́гий)* The sword of Damocles, Damocles's sword. *According to Greek mythology, Damocles, a sycophant of Dionysius of Syracuse, declared that the latter was the happiest man on earth. He was taught the insecurity of happiness by being made to sit through a banquet with a sword suspended over his head by a single hair. Hence, the phr. came to be used of impending danger.*

15. **Дар Бо́жий** *(Библия, Екклезиаст, 3, 13; Иоанн, 4, 10 и др.)* Gift of God *(The Bible, Ecclesiastes, 3, 13; John, 4, 10): a) a godsend; b) talent.*

16. **Дары́ дана́йцев** *(< Гомер. Одиссея)* lit. *Gift of the Danaans = Greek gift *(< Homer. Odyssey). Used of perfidious gifts which bring disaster to those who receive them. Cf.* Timeo Danaos et dona ferentes, *L.:* I fear the Danaans, though their hands proffer gifts *(Virgil. Aeneid. Trans. by Jackson).*

17. **Да то́лько воз и ны́не там** *see* А воз и ны́не там.

18. **Два Ая́кса, Ая́ксы** *(из греческой мифологии)* lit. *Two Ajaxes, Ajaxes: two inseparable friends (in Homer and later poets Ajax the Greater and Ajax the Less are two heroes of the Trojan War who carried out their feats jointly). Used jocularly.*

19. **Два́дцать два несча́стья** *(А. Чехов. Вишнёвый* сад — 1903). *One of the characters in Anton Chekhov's play "The Cherry Orchard", a clerk named Yepikhodov, is suffering from constant misfortune and is thus nicknamed *Twenty-two misfortunes. In contemporary R. the phr. is more often applied to a series of misadventures, a long period of ill luck, etc.*

20. **Два́дцать три го́да, и ничего́ не сде́лано для бессме́ртия!** *(Ф. Шиллер. Дон Карлос, д. 2, явл. 2 — 1782)* Full three-and-twenty years/ now have I lived/And nought achieved for immortality *(Friedrich von Schiller. Don Carlos, act 2, sc. 2).*

21. **Два́жды два — стеари́новая све́чка** *(И. Тургенев. Рудин, гл. 2 —* 1856) Twice two makes a wax candle. *The words come from Ivan Turgenev's novel "Rudin". One of its characters, a man named Pigasov, speaking of the difference between male and female logic says: "...A man may, for example, say that twice two makes not four, but five, or three and a half; but a woman will say that twice two makes a wax candle" (trans. by Constance Garnett). The quotation is used with reference to extremely muddled thinking, inconsistent behaviour, etc.*

22. **Дворя́нское гнездо́** *(заглавие романа И. Тургенева — 1859).* A nobleman's nest *(title of a novel by Ivan Turgenev; trans. by E. F. Hapgood). Used of old country-seats in pre-revolutionary Russia.*

23. **Двули́кий Я́нус** *(из римской мифологии)* lit. *A double-faced Janus, Janus (ancient Roman deity): a hypocrite, a double-dealer.*

24. **Де́вушки... лю́бят молоды́х, длиннноно́гих, полити́чески гра́мотных** *(И. Ильф и Е. Петров. Золотой телёнок, гл. 14 — 1931)* *Girls like men who are young, long-legged and politically aware (Ilya Ilf and Yevgeny Petrov. The Golden Calf, ch. 14). Cited jokingly to or about older men who are no longer attractive to girls.*

25. **Дела́ давно́ мину́вших дней,/Преда́нья старины́ глубо́кой** *(А. Пушкин. Руслан и Людмила, песнь 1 — 1820)* The lore of ages long gone by,/In hoar antiquity compounded *(Alexander Pushkin. Ruslan and Liudmila, Canto 1. Trans. by Walter Arndt). These lines are a free translation*

from one of Ossian's (James Macpherson's) poems: A tale of the times of old!/ The deeds of days of other years!

26. **Дела́ и дни** *see* Труды́ и дни.

27. **Де́лать из му́хи слона́** *see* Из му́хи де́лать слона́.

28. **Дели́ть шку́ру неуби́того медве́дя** (< Эзоп)   Sell the bear's skin before one has caught the bear (< *Aesop), i. e. share the profits of an enterprise before they are made.*

29. **Де́ло по́мощи утопа́ющим — де́ло рук сами́х утопа́ющих** (*И. Ильф и Е. Петров. Двенадцать стульев, гл.* 34 — 1928) *The rescue of a drowning man is the drowning man's own job. In Ilya Ilf's and Yevgeny Petrov's satirical novel "The Twelve Chairs" the reader is told of a Life Guards Association club adorned with a poster containing this absurd motto. The quotation is used jocularly to mean: you must cope with the situation, problem, etc. yourself; do not look for help from others.*

30. **Де́ло рук свои́х** (*Библия, Иеремия,* 32, 30) The work of their hands (*The Bible, Jeremiah, 32, 30), i. e. their handiwork.*

31. **Де́лу вре́мя, а [<и] поте́хе час** (< *царь Алексей Михайлович*) *There should be time for work and time for leisure. Originally these words of Tsar Alexei Mikhailovitch, 1629—1676, meant that one should not only work, but also find time for leisure pursuits (Cf.* All work and no play makes Jack a dull boy). *Nowadays the words are usually wrongly interpreted to mean: most of one's time should be given to work, and only a small part of it to leisure. Cf.* Business first, pleasure afterwards (*W. Thackeray. Queen of Paflagonia*).

32. **Демья́нова уха́** (*заглавие басни И. Крылова* — 1813) Demyan's fish soup (*title of Ivan Krylov's fable*). *In the fable Demyan regales his neighbour Foka with fish soup so zealously that the latter runs away and never sets foot in his house again. Hence, the phr. came to be used of occasions when the host forces food on his visitors in the way Demyan did, and in a more extended sense, of situations when something is offered to somebody too insistently. Cf.* Too much of a good thing.

33. **Де́ньги не па́хнут** *цитируется также по-латыни:* Non olet (*дословно:* не па́хнет) (*согласно Светонию, слова Веспасиана*) Non olet (pecunia), *L.:* the money does not stink (*attributed by Suetonius to Vespasian). Used of revenue from an unsavoury source.*

34. Держа́ть по́рох сухи́м *(приписывается О. Кромвелю)* Keep one's powder dry *(attributed to Oliver Cromwell), i. e. to be ready for action in an emergency.*

35. Держимо́рда *(персонаж «Ревизора» Н. Гоголя)* Derzhimorda *is a coarse, brutal police constable in Nikolai Gogol's play "Inspector General", who keeps order by giving everyone a black-eye — innocent and guilty. The name is used allusively of coarse, self-willed persons, especially of government officials or other persons occupying an administrative position.*

36. Де́сять дней, кото́рые потрясли́ мир *(заглавие книги Джона Рида — 1919; употребляется как образная характеристика Октябрьской революции)* Ten days that shook the world *(title of a book by John Reed). Used figuratively of the October Revolution; the phr. is also used of other important events, in which case the word «десять» is usually replaced.*

37. Де́ти — цветы́ жи́зни [живы́е цветы́ земли́] *(М. Горький. Бывшие люди — 1897)* Children are the flowers of life [Children are the living flowers of the earth] *(Maxim Gorky. Creatures that Once Were Men. Trans. by J.K.M. Shirazi).*

38. Джеймс Бонд *(герой серии романов Яна Флеминга, «супершпион», действующий против СССР и других стран социализма)* James Bond *(name of the main character of a series of novels by Ian Fleming, a "super-spy" working against the USSR and other socialist countries). Used ironically of spies.*

39. Джентльме́нское соглаше́ние *(по названию соглашений, заключённых на обедах у американского финансиста Дж. П. Моргана в 1886 г.)* Gentleman's agreement, *an agreement resting on honour, not on formal contract (originally of agreements concluded at dinner-parties given by the American financier J. P. Morgan in 1886).*

40. Джентльме́ны уда́чи *(Р. Л. Стивенсон. Остров сокровищ — 1883; название кинокомедии по сценарию В. Токаревой и Г. Данелия — 1971).* Gentlemen of fortune *(R. L. Stevenson. Treasure Island; title of a comedy film, screenplay by V. Tokareva and G. Danelia). Applied to persons who are ready to make a profit for themselves by risky and dishonest means.*

41. Джон Булль *(шутливое обозначение Англии и англичанина; Дж. Арбетнот. История Джона Булля — 1712)* John Bull *(John Arbuthnot. The History of John Bull). Used jocularly of England and Englishmen.*

42. **Диоску́ры** *see* Ка́стор и Поллу́кс.

43. **Дипломáтия дóллара** *see* Дóлларовая дипломáтия.

44. **Диста́нция [< диста́нции] огрóмного размéра** *(А. Грибоедов. Горе от ума, д. 2, явл. 5 — 1824)* *An immense distance *(Alexander Griboedov. The Misfortune of Being Clever, act 2, sc. 5). Used fig. of a marked difference between persons or things. Cf.* Poles apart.

45. **Дифира́мбы петь** *(по названию хвалебных песен в честь древнегреческого бога Диониса)* Go into dithyrambs about smth. or smb., *i. e. sing the praises (of), belaud, extol to the skies, eulogize (the phr. derives from the word* дифира́мб — *name of an ancient Greek hymn sung in honour of Dionysus).*

46. **Дли́нной рéчи крáткий смысл** *цитируется часто по-немецки:* Der langen Rede kurzer Sinn *(Ф. Шиллер. Пикколомини, 1, 2 — опубл. 1800)* *The short sense of the long speech *(Friedrich von Schiller. Die Piccolomini, act 1, sc. 2). Generally used half-jokingly.*

47. **Для весéлья/планéта нáша/мáло оборýдована.** *(В. Маяковский. Сергею Есенину — 1926)* It isn't equipped for merriment,/our world *(Vladimir Mayakovsky. Sergei Esenin. Trans. by Dorian Rottenberg).*

48. **Для камердúнера нет герóя** *(данная формулировка, видимо, принадлежит мадам А.-М. Биго-Корнюэль (1605—94), сказавшей:* "Il n'y a point de héros pour son valet de chambre"; *у Гегеля в «Феноменологии духа», VI, С* — 1807 — *говорится:* "Für einen Kammerdiener gibt es keinen Helden"; *мысль восходит к глубокой древности: впервые, возможно, высказана македонским царём Антигоном I Гонатом)* No man is a hero to his valet (↑ *Fr. M-me Cornuel, 1605—1694, Lettres de Mille Aissé XII, 13 août 1728; this idea is expressed in similar terms in Hegel's "Die Phänomenologie des Geistes", VI, C; the idea goes back to ancient times and is attributed by some authors to Antigenus I Gonatus of Macedonia).*

49. **Для рáди вáжности** *(И. Тургенев. Отцы и дети, гл. 16 — 1862)* *In order to create an impression of grandeur *(Ivan Turgenev. Fathers and Sons, ch. 16). Used ironically or jocularly.*

50. **Дней минýвших анекдóты,/ От Рóмула до нáших дней,/ Хранúл он в пáмяти своéй** *(А. Пушкин. Евгений Онегин, гл. 1, 6 — 1833)* Anecdotes of days gone by,/From Romulus to our days,/he did keep in his memory *(Alexander Pushkin. Eugene Onegin, ch. 1, 6. Trans. by Vladimir*

Nabokov). The line От Ро́мула до на́ших дней — From Romulus to our days *is often quoted separately with reference to an unnecessarily detailed account of smth. Cf.* ab ovo (usque ad mala), L.: from the egg (to the apples), *i. e. from the beginning (to the end).*

51. **Дни его́ сочтены́** (< *Библия, Дании́л,* 5, 26) His days are numbered (< *The Bible, Daniel,* 5, 26).

52. **Добру́ и злу внима́я равноду́шно** (,/не ве́дая ни жа́лости, ни гне́ва *(А. Пу́шкин. Бори́с Годуно́в, сц. «Ночь. Ке́лья в Чу́довом монастыре́»* — 1825) Hearing both good and bad impartially (,/And knowing neither anger nor compassion) *(Alexander Pushkin. Boris Godunov, sc. Night. A Cell in the Monastery of the Miracle. Trans. by Philip L. Barbour). Cf.* Sine ira et studio; *L.:* without ill will and without favour.

53. **Довле́ет дне́ви зло́ба его́** *(церко́вно-славя́нский текст Библии, Матфе́й,* 6, 34) Sufficient unto the day is the evil thereof *(The Bible, Matthew,* 6, 34). *While in E. the quotation is interpreted to mean that one should not worry about what misfortunes may occur tomorrow, or simply in the future, in R. it is understood to mean simply that every day brings its own cares.*

54. **Дово́льно, сты́дно мне/Пред го́рдою поля́чкой унижа́ться** *(А. Пу́шкин. Бори́с Годуно́в, сц. «Ночь. Сад. Фонта́н»* — 1825) Enough! 'Twere shame for me/To stoop before a haughty Polish dame *(Alexander Pushkin. Boris Godunov, sc. Night. The Garden. The Fountain. Trans. by Alfred Hayes). Used half-jokingly to mean: "I do not intend to suffer the indignity of begging {asking} you for {to}... any longer"; "I have self-respect, too".*

55. **До второ́го прише́ствия** (< *Библия, Матфе́й,* 24, 3—51) Till doomsday (< *The Bible, Matthew,* 24, 3—51). *Generally used with the verb* ждать: to wait till doomsday, *i. e. an indefinitely long time, for ever.*

56. **Догада́йся, мол, сама́** *(песня «И кто его́ зна́ет», слова́ М. Исако́вского, му́зыка В. Заха́рова* — 1939) *Guess, he said, yourself ("Who Knows", a song with words by Mikhail Isakovsky and music by Vladimir Zakharov — 1939). Used ironically of obscure writing. May also be used jocularly to mean: it is clear to the initiated. Cf.* Sapienti sat, L.

57. **До гре́ческих кале́нд** *цити́руется также по-латы́ни:* Ad calendas graecas *(импера́тор А́вгуст)* ↑ *L.:* to the Greek Calends *(the Roman emperor Augustus), i. e. never. Rare. Cf.* In a month of Sundays.

58. **Доживём до понедельника** *(название кинофильма С. Ростоцкого — 1968)* *Let's wait till Monday (title of a film produced and directed by S. Rostotsky). Used jocularly to mean: things will sort themselves out in time; with time we shall know how to deal with the problem; the situation will become clear after a time.*

59. **Дойная корова** *(в переносном значении выражение получило распространение, видимо, после употребления его Мольером в комедиях «Мещанин во дворянстве», д. 2. сц. 4 — 1670 и «Мнимый больной», д. 1, сц. 2 — 1673)* Milch cow *(in R. the phr. has come into use in the fig. sense probably with the publication of Molière's "Le bourgeois gentilhomme", act 2, sc. 4 and "Le malade imaginaire", act. 1, sc. 2; in E. used in the fig. sense since 1601). Used of a ready source of gain or money.*

60. **Дойти до Геркулесовых столпов {столбов}** *(из греческой мифологии)* *To reach the Pillars of Hercules (according to Greek mythology, the two rocks flanking the entrance to the Mediterranean, now known as the Rock of Gibraltar and Mount Hacho, were set up by Hercules), i. e. to reach the limit (usually of objectionable behaviour, quality, etc. as in* дойти до Геркулесовых столпов невежества, бесстыдства, *etc.). Cf.* That's the limit.

61. **Доколе же ты, Катилина, будешь злоупотреблять нашим терпением!** *цитируется также по-латыни:* Quousque tandem abutere, Catilina, patientia nostra! *(Цицерон. Против Катилины, I,* 1, 1) ↑ *L.:* how long will you abuse our patience, Catiline? *(Cicero. In L. Catilinam I, 1, 1). Cited as an expression of indignation at somebody's continuously objectionable behaviour.*

62. **Доктор Айболит** *(герой сказки К. Чуковского — 1929)* Doctor Aybolit *(lit. Doctor Ohithurts). Doctor Aybolit is the hero of Korney Chukovsky's fairy-tale of the same title. The kindly doctor treats children and animals and comes to their aid when they get into trouble. The phr. is used jocularly and affectionately mainly by children with reference to doctors. Chukovsky's tale is based on "The Story of Dr. Dolittle" by Hugh Lofting.*

63. **Долларовая дипломатия** *(Ф. Нокс в статье в «Харперс Уикли»* 23.4.1910) Dollar diplomacy *(Philander Chase Knox in an article in "Harper's Weekly", April 23, 1910): diplomacy that employs financial weapons,*

esp. export of capital, to increase political power and political and economic pressure on small countries.

64. **Дома́ но́вы, но предрассу́дки ста́ры** *(А. Грибоедов. Горе от ума, д. 2, явл. 5 — 1824)* The houses are new, but the prejudices are old *(Alexander Griboedov. Gore ot Ouma, act 2, sc. 5. Trans. by Nicholas Benardaky).*

65. **Домостро́й** *(название книги XVI в., содержащей свод житейских правил)* Domostroy *(title of a book containing rules relating to family life in 16th-cent. Russia). The word is used with reference to families where the husband rules the household and the wife's position is practically reduced to that of a servant.*

66. **Дон Жуа́н** *(у многих писателей)* Don Juan *(central figure of an old Spanish story, subject of plays, poems and operas), i. e. an attractive profligate.*

67. **Дон Кихо́т** *(герой романа Сервантеса — 1605—15)* Don Quixote *(hero of Miguel de Cervantes' novel), one who is dreamy and unpractical, who is ready to fight against real or imaginary evil without a sober consideration of his resources, who does not realize that his fight is futile and that his lofty ideals and strivings are seen by others as absurd.*

68. **Доро́га жи́зни** *(название дороги по льду Ладожского озера, связывавшей во время Великой Отечественной войны осаждённый Ленинград с «большой землёй»; по-видимому, впервые употреблено в газете «Правда» 9.5.1942)* The road of life *(name of the road across the ice-bound Lake Ladoga, which during the Great Patriotic War of 1941— 1945 connected the besieged Leningrad with the rest of the country; the name was apparently used for the first time in the newspaper "Pravda" on May 9, 1942).*

69. **Доро́га к хра́му** *(слова персонажа кинофильма Тенгиза Абуладзе «Покаяние», вышедшего на экран в 1987 г.)* *The road to the House of God (words from the film "Repentance" directed by Tengis Abuladze; released in 1987). Used fig. of the way to God, to high morality and true spiritual values.*

70. **Доро́гою свобо́дной/Иди́, куда́ влечёт тебя́ свобо́дный ум** *(А. Пушкин. Поэту. Сонет — 1830)* Your free path tread/Wherever your free mind your steps may lead *(Alexander Pushkin. To the Poet. Trans. by Walter Morison);* ... follow lofty-minded/The road of freedom, lone, by thought unfettered led *(trans. by Irina Zheleznova).*

74

71. **Дости́г я вы́сшей вла́сти** *(А. Пушкин. Борис Годунов, сц. «Царские палаты»* — 1825) I have attained the highest power *(Alexander Pushkin. Boris Godunov, sc. Palace of the Tsar. Trans. by Alfred Hayes). Used ironically.*

72. **Достое́вщина** *(ироническое обозначение болезненной психологии — душевного разлада, истерического самобичевания, самокопания и т. п.— и проистекающей из неё алогичности поступков, что свойственно многим героям произведений Ф. Достоевского)* Dostoevskian {Dostoevsky} mentality *(used ironically of a morbid state of mind, hysterical self-torture, morbid self-analysis, etc., leading to illogical behaviour such as is typical of many characters in the works of Dostoevsky).*

73. **Драко́новские зако́ны {ме́ры}** *(по имени Дракона, первого законодателя Афинской республики, издавшего, согласно Плутарху, исключительно суровые законы)* Draconian (Draconic] laws {measures}: *extremely severe laws or measures as were, according to Plutarch, the laws of Draco, archon of Athens and the first legislator of the Athenian Republic.*

74. **Друго́е {второ́е} я** *цитируется также по-латыни:* Alter ego *(приписывается Пифагору)* ↑ *L.:* other {second} self *(attributed to Pythagoras): i. e. a close friend.* Cf. Alter ipse amicus, *L.:* a friend is another self. *In R. also used in an extended sense, e. g. of a confederate, an assistant, deputy, etc.*

75. **Друзья́ мои́, прекра́сен наш сою́з!** *(А. Пушкин. 19 октября* — 1825) Our union, friends, is beautiful indeed! *(Alexander Pushkin. 19th October* 1825. *Trans. by Walter Morison). Addressed half-jokingly to the circle of one's friends.*

76. **Друзья́ познаю́тся в беде́** (?< *Энний. Гекуба; цитируется Цицероном, в частности, в трактате «Лелий»)* A friend in need is a friend indeed (?< *Ennius. Hecuba; quoted by Cicero in his Laelius and other works).*

77. **Дуби́на наро́дной войны́** *(Л. Толстой. Война и мир, т. 4, ч. 3, гл. 1* — 1869). *In* 1812 *Napoleon* I, *personally leading an army into Russia, met with his greatest disaster although the French gained a victory near Moscow, in the battle of Borodino, and occupied Moscow. Napoleon had suffered defeat because the war against the invaders had assumed a national character. "The period of the campaign of* 1812", *wrote Leo Tolstoy in his "War and Peace", "from the Battle of Borodino to the expulsion of the French proved that the fate of the peoples lies not in the conquerors, nor even in armies and*

battles, but in something else... After the burning of Smolensk a war began which did not follow any previous traditions of war. The burning of towns and villages, the capture of marauders, the seizure of transport and the guerilla war— were all departures from the rules... The cudgel of the people's war was lifted with all its menacing and majestic strength, and without consulting anyone's tastes or rules it rose and fell with stupid simplicity, but consistently, and belaboured the French till the whole invasion perished" (vol. 3, book 14, ch. 1. Trans. by Louise and Aylmer Maude).

78. **Дум высо́кое стремле́нье** *see* Не пропадёт ваш ско́рбный труд...

79. **Дурачи́на ты, простофи́ля** *(А. Пушкин. Сказка о рыбаке и рыбке — 1833)* Simpleton, silly old fat-head! *(Alexander Pushkin. The Tale of the Fisherman and the Golden Fish. Trans. by Avril Pyman). Used good-humouredly and jokingly in the intimate style.*

80. **Дух бодр, плоть же не́мощна** *(Библия, Матфей, 26, 41; Марк, 14, 38)* The spirit... is willing, but the flesh is weak *(The Bible, Matthew, 26, 41; Mark, 14, 38). Used jocularly in excuse of one's inability to do something.*

81. **Дух вре́мени** *(встречается в «Фаусте» Гёте, ч. 1, сц. Ночь (Фауст) — 1808, но восходит ещё к античности)* The spirit of the age {times} *(occurs in Goethe's Faust, pt. 1, sc. Die Nacht, but goes back to classical writers).*

82. **Духо́вной жа́ждою томи́м** *(А. Пушкин. Пророк — 1826)* *My {his, etc.} soul athirst; Athirst in spirit *(Alexander Pushkin. The Prophet. Trans. by Babette Deutsch). Quoted jokingly of a strong need for cultural activities.*

83. **Дух отрица́нья, дух сомне́нья** *(А. Пушкин. Ангел — 1827)* The rebel spirit of doubt and denial *(Alexander Pushkin. Angel. < Trans. by Nathan Haskell Doll).*

84. **Ду́шечка** {*героиня одноимённого рассказа А. Чехова — 1899*) The Darling *(heroine of Anton Chekhov's story of the same title), an artless woman who changes her interests and views in keeping with those of her lover or husband; one who always shares the views and opinions of the person under whose influence he happens to be at the time.*

85. **Дьяк, в прика́зах поседе́лый** *(А. Пушкин. Борис Годунов, сц. «Ночь. Келья в Чудовом монастыре» — 1825)* A legal scribe grown gray in office *(Alexander Pushkin. Boris Godunov, sc. Night. A Cell in the Monastery of the Miracle. Trans. by Philip L. Barbour). Applied to old, experienced civil servants.*

86. **Дядя Стёпа** *(заглавие детского стихотворения С. Михалкова —* 1936) Uncle Stepa *(title of a poem for children by Sergei Mikhalkov). In Sergei Mikhalkov's poem Uncle Stepa is a very tall and extremely courageous militia-man. The phr. is used jokingly with reference to very tall men.*

87. **Дядя Сэм** *(иронически о США; происхождение выражения связывают с шутливой интерпретацией сокращения U. S. (Am.) — США)* Uncle Sam *(ironically of the USA; probably a facetious misinterpretation of the initials U.S. (Am.). The expression arose about 1812 and quickly became popular). Sov. Used in the derogatory sense.*

Е

1. **Еги́петская тьма** (< *Библия, Исход,* 10, 22) Egyptian darkness (< *The Bible. Exodus,* 10, 22), *i. e. thick impenetrable darkness, pitch-dark.*

2. **Еги́петские ка́зни** (< *Библия, Исход,* 7—12) The plagues of Egypt (< *The Bible, Exodus,* 7—12). *Used to denote severe trials or disasters.*

3. **Его́ люби́ли дома́шние хозя́йки, дома́шние рабо́тницы, вдо́вы и да́же одна́ же́нщина-зубно́й те́хник** *(И. Ильф и Е. Петров. Золотой телёнок, гл. 35—1931)* *He was admired by house-wives, domestic servants, widows and even by one woman, a dentist *(Ilya Ilf and Yevgeny Petrov. The Golden Calf, ch. 35). Cited jocularly of men especially attractive to women.*

4. **Его́ приме́р други́м нау́ка** *(А. Пушкин. Евгений Онегин, гл. 1, 1—* 1833) Let others learn from his example *(Alexander Pushkin. Eugene Onegin, ch. 1, 1. Trans. by Charles Johnston).*

5. **Едва́/Друга́я сы́щется столи́ца, как Москва́** *(А. Грибоедов. Горе от ума, д. 2, явл. 5 —* 1824) You'll hardly find another capital like Moscow anywhere *(Alexander Griboedov. The Misfortune of Being Clever, act 2, sc. 5. Trans. by S. W. Pring).*

6. **Едини́ца — вздор,/едини́ца — ноль** *(В. Маяковский. Владимир Ильич Ленин —* 1924) What's an individual?/No earthly good *(Vladimir Mayakovsky. Vladimir Ilyich Lenin. Trans. by Dorian Rottenberg). Used to characterise the attitude of the state towards an individual in soviet times.*

7. **Еди́ножды солга́вши, кто тебе́ пове́рит?** (*Козьма Прутков. Мысли и афоризмы* — 1854) *Having lied once, who will believe you? (Kozma Prutkov. Thoughts and Aphorisms). This ungrammatical sentence parodies Russian eighteenth-century writing which was often modelled on literal translation from the French.*

8. **Еди́нственный спо́соб изба́виться от искуше́ния — э́то подда́ться ему** (*Оскар Уайльд. Портрет Дориана Грея, гл. 2* — 1891) The only way to get rid of a temptation is to yield to it (Oscar *Wilde. Picture of Dorian Grey, ch. 2*).

9. **Е́сли бы Бо́га не существова́ло, его́ сле́довало бы вы́думать** (*Вольтер. Послание к автору новой книги о трёх лжецах* — 1769) If God did not exist, it would be necessary to invent him (*Voltaire. A l'auteur du livre des trois imposteurs*).

10. **Е́сли б(ы) мо́лодость зна́ла, е́сли б(ы) ста́рость могла́** *цитируется также по-французски:* Si jeunesse savoit {savait}, si vieillesse pouvoit {pouvait} (*Анри Эстьен. Les prémices, эпиграмма 191* — 1594) ↑ F.: if youth but knew, if age but could (*Henry Estienne. Les prémices, Epigramme 191*).

11. **Е́сли гора́ не идёт к Магоме́ту, то Магоме́т идёт к горе́** (*арабский рассказ о Ходже Насреддине; цитата приводится в очерке "О смелости" Ф. Бэкона* — 1597) If the hill will not come to Mahomed, Mahomed will go to the hill (*?Arabian tale about Khoja Nassreddin; in the given E. form occurs in Francis Bacon's essay "Of Boldness"). Used of a person who, not being able to get his own way, bows before the inevitable.*

12. **Е́сли и непра́вда, то хорошо́ приду́мано** *цитируется часто по-итальянски:* Se non è vero, è ben trovato (*Дж. Бруно. Героический дух, 2, 3* — 1585) ↑ It.: if it is not true, it is cleverly invented (it is a happy invention} (*apparently a common saying in the sixteenth century; found in the above form in Giordano Bruno's "Degli eroici furori", 2, 3*).

13. **Е́сли на кле́тке слона́ прочита́ешь на́дпись «бу́йвол», — не верь свои́м глаза́м** (*Козьма Прутков. Мысли и афоризмы* — 1854) *If you should see the word "buffalo" written on a cage containing an elephant, don't believe your eyes (Kozma Prutkov. Thoughts and Aphorisms), i. e. trust your own impressions, form your own judgements instead of relying on what other people say or write.*

14. **Éсли ты вы́стрелишь в про́шлое из пистоле́та, про́шлое вы́стрелит в тебя́ из пу́шки** *(Расул Гамзатов. Мой Дагестан — 1967—71)* *If you fire into the past from a pistol, the past will fire at you from a cannon. *(Rasul Gamzatov. My Daghestan) i.e. one should respect one's history, whatever it was.*

15. **Éсли хо́чешь быть счастли́вым, будь им** *(Козьма Прутков. Мысли и афоризмы — 1854)* *If you want to be happy, be happy *(Kozma Prutkov. Thoughts and Aphorisms). The quotation is used to mean to: a) a person's happiness is in his own hands; b) happiness in our world is not an easily obtained commodity.*

16. **Éсли хо́чешь ми́ра, гото́вься к войне́** *цитируется также по-латыни:* Si vis pacem, para bellum *(< Флавий Ренат Вегеций. Краткое изложение военного дела. Пролог, 13, 3)* ↑ *L.:* if you would have {wish for} peace, be ready {prepared} for war *(< Flavius Vegetius Renatus. Epitoma rei militaris. Prologus, 13, 3). Often used in an extended sense.*

17. **Есте́ственный отбо́р** *(Ч. Дарвин. О происхождении видов путём естественного отбора, или сохранение благоприятствуемых пород в борьбе за существование — 1859)* Natural selection *(Charles Darwin. The Origin of Species by Means of Natural Selection, or the Preservation of Favoured Races in the Struggle for Life).*

18. **Есть ещё по́рох в порохови́цах** *(Н. Гоголь. Тарас Бульба, гл. 9 — 1842)* We have powder still in our flasks *(Nikolai Gogol. Taras Bulba, ch. 9. Trans. by Constance Garnett, revised by Leonard J. Kent). Cf.* There is life in the old dog yet.

19. **Есть мно́гое на све́те, друг Гора́цио,/что и не сни́лось на́шим мудреца́м** *(Шекспир. Гамлет, д. 1, сц. 5 — 1601)* There are more things in heaven and earth, Horatio,/Than are dreamt of in your philosophy *(Shakespeare. Hamlet, act 1. sc. 5).*

20. **Есть от чего́ в отча́янье прийти́** *(А. Грибоедов. Горе от ума, д. 4, явл. 4 — 1824)* *It's enough to drive one to despair *(Alexander Griboedov. The Misfortune of Being Clever, act. 4, sc. 4).*

21. **Есть упое́ние в бою́/И бе́здны мра́чной на краю́** *(А. Пушкин. Пир во время чумы —1830)* Battle knows the dizziness of drink,/Like the abyss's gloomy brink *(Alexander Pushkin. The Feast at the Time of the Plague. < Trans. by Walter Morison).*

22. **Есть, чтобы жить, а не жить, чтобы есть** *(Квинтилиан. Обучение оратора, 9, 3, 85; возможно, выражение восходит к Сократу)* Non ut

edam vivo, sed ut vivam edo, *L.:* I do not live to eat, but eat to live *(Quintilian. De Institutione Oratoria, 9, 3, 85; probably goes back to Socrates).*

23. **Ещё напо́р — и враг бежи́т** *(А. Пушкин. Полтава, песнь 3 — 1829)* We charge again, and they disrouted flee *(Alexander Pushkin. Poltava, Canto 3. < Trans. by Charles Edward Turner), i. e. one last effort and we shall have achieved our object. Cf.* Once more unto the breach, dear friends, once more *(Shakespeare. King Henry V, act 3, sc. 1 — 1598).*

24. **Ещё не ве́чер** *(приписывается И. Бабелю; использовано как рефрен в песне В. Высоцкого — 1968 — и в названии кинофильма — 1974)* *It is not evening yet *(attributed to Isaak Babel; used as a refrain in a song by Vladimir Vysotsky and as title of a film): do not give up, things may yet change for the better; much may still be changed, corrected; it is not too late to make a fresh start in life.*

25. **Ещё немно́го, ещё чуть-чу́ть** *(из песни «Последний бой» М. Ножкина в кинофильме «Освобождение» — 1970)* *lit. A little more, just a little more *(M. Nozhkin, The Last Combat, a song from the film "Liberation"). Used, often jocularly, as an appeal to make a little more effort to achieve the desired aim. Cf,* Once more into the breach, dear friends, once more *(Shakespeare, King Henry V, act 3, sc. 1 — 1598).*

26. **Ещё одно́ после́днее сказа́нье,/И ле́топись око́нчена моя́** *(А. Пушкин. Борис Годунов, сц. «Ночь. Келья в Чудовом монастыре» — 1825)* There yet remains but one concluding tale,/And then this chronicle of mine is ended *(Alexander Pushkin. Boris Godunov, sc. Night. A Cell in the Monastery of the Miracle. Trans. by Philip L. Barbour). Usually quoted jocularly before presenting one's final argument, concluding one's tale, etc.*

Ж

1. **Жаль то́лько — жить в э́ту по́ру прекра́сную/ Уж не придётся — ни мне, ни тебе́** *(Н. Некрасов. Железная дорога — 1864)* One thing is sad: not to us will be given,/ Vanya, to witness that wonderful day *(Nikolai Nekrasov. The Railway. Trans. by Juliet M. Soskice). Used with sad humour of pleasant changes and happy events which are expected to take place in the distant future.*

2. Жди меня, и я вернусь *(название и первая строка стихотворения К. Симонова — 1941)* Wait for me and I'll come back *(title and the first line of Konstantin Simonov's wartime poem). This poem about love and fidelity which overcome death was very popular during the Great Patriotic War of 1941—1945. The last stanza begins with the words* Жди меня, и я вернусь/Всем смертям назло *(*Wait for me and I'll come back/All the deaths to spite); its second line —* всем смертям назло — *is also often quoted.*

3. Железный занавес *(выражение получило известность после речи У. Черчилля в Фултоне 5.3.1946)* The iron curtain *(first used probably by Mrs. Philip Snowden in "Through Bolshevik Russia" — 1920; became generally current after Winston Churchill's speech at Fulton on March 5, 1946).*

4. Железом и кровью *(Бисмарк. Речь 30.9.1862; характеристика грубого насилия в политике)* Through blood and iron *(Otto von Bismarck. Speech on Sept. 30, 1862). Used of a policy of relentless force.*

5. Жёлтая пресса *(Э. Уордмэн. Статья в "New York Press." — 1896)* The yellow press *(Erwin Wardman, article in "New York Press"). Applied to newspapers of an unscrupulously sensational character or to journalists who contribute to such newspapers.*

6. Жемчужное зерно в навозной куче *(< И. Крылов. Петух и Жемчужное Зерно — 1809)* *A pearl in a dung-heap *(< Ivan Krylov. The Cock and the Pearl), i. e.* a grain of wheat in a bushel of chaff.

7. Жена Цезаря должна быть выше подозрений *(Ю. Цезарь)* Caesar's wife must be above suspicion *(Julius Caesar divorced his wife Pompeia not because he believed her guilty, but because the wife of Caesar must not even be suspected of crime). Used allusively in an extended sense.*

8. Живая власть для черни ненавистна, /Они любить умеют только мёртвых *(А. Пушкин. Борис Годунов, сц. «Царские палаты» — 1825)* The living power is hateful to the mob*/ They are only able to love the dead *(Alexander Pushkin. Boris Godunov, sc. Palace of the Tsar. Trans. by Alfred Hayes).*

9. Живая собака лучше мёртвого льва [< Псу живому лучше, нежели мёртвому льву] *(Библия, Екклезиаст, 9, 4)* A living dog is better than a dead lion *(The Bible, Ecclesiastes, 9, 4).*

10. Живи и жить давай другим *(Г. Державин. На рождение царицы Гремиславы — 1798). This quotation from Gavriil Derzhavin's poem "On*

Tsaritsa Gremislava's Birth" has analogies in many languages: live and let live; leben und leben lassen, *Ger.*

11. **Жив Кури́лка** *(из старинной русской игры). These words were spoken during an old Russian game in which a burning splinter, called «курилка», was passed from one participant to another until it burnt down. The meaning of the phr., which may literally be translated as* *The smoking splinter is still alive, *may be rendered by the E. phr.* still going strong.

12. **Живо́й и бо́йкий ру́сский ум, что не ле́зет за сло́вом в карма́н** *(Н. Гоголь. Мёртвые души, т.* 1, *гл.* 5 — 1842) The quick and boisterous Russian mind does not fumble in any pocket for a word *(Nikolai Gogol. Dead Souls, vol 1, ch. 5. Trans. by George Reavey).*

13. **Живо́й труп** *(заглавие драмы Л. Толсто́го — 1911) A living corpse (title of a play by Leo Tolstoy). Applied to very sick, emaciated persons (Cf.: A living skeleton) or to persons who are spiritually bankrupt and have lost all interest in life.*

14. **Жи́зненное простра́нство** *(Я. Шахт. Речь* 7.12.1930) Lebensraum, *Ger., i. e.* room to live (and, if necessary, to expand) *(Hj. Schacht. Speech on Dec.* 7, 1930). *This phr. expresses the ideology of Nazi Germany and is applied to the claims of the Reich to additional territory.*

15. **Жизнь есть борьба́** *(< Сенека. Послания,* 96, 5) *Life is a continual struggle (< *Seneca. Epistolae morales,* 96, 5).

16. **Жизнь коротка́, иску́сство долгове́чно** *(Гиппократ) цитируется также по-латыни в переводе Сенеки:* Ars longa, vita brevis (est), *L.:* art is long, life is short *(Hippocrates. Trans. into Latin by Seneca).*

17. **Жизнь прекра́сна и удиви́тельна** *(В. Маяко́вский. Хорошо!* — 1927) Life is marvellous, life is beautiful *(Vladimir Mayakovsky. Fine! Trans. by Dorian Rottenberg).*

18. **Жизнь прошла́, как Азо́рские острова́** *see* Вот и жизнь прошла́, как прошли́ Азо́рские острова́.

19. **Жира́ф большо́й, ему́ видне́й** *(из шуточной песенки В. Высоцкого «Что случилось в Африке»* — 1968) *The giraffe is tall, he can see {judge} better *("What has happened in Africa", a comic song by Vladimir Vysotsky). The quotation is used jocularly to characterize a person, often a slow-witted official, whose actions lack common sense. It may also be used as an ironical "confirmation" of smb's right to act as he thinks fit.*

20. **Жить не по лжи** *(заглавие статьи А. Солженицына; впервые опубликована в «Дейли экспресс» 18 февраля 1974 г.)* Live not by lies *(title of Alexander Solzhenitsin's article first published in "The Daily Express", 18 Feb. 1974).*

21. **Жить-пожива́ть, (да) добра́ нажива́ть** *(выражение из русских народных сказок)* Live in health and in cheer for many a long and prosperous year *(a phr. used in many Russian folk tales; trans. by Irina Zheleznova).*

22. **Жнёт, где не се́ял** (< *Библия Матфей*, 25, 24; *Лука*, 19, 21—22) Reap where one has not sown (< *The Bible, Matthew*, 25, 24; *Luke*, 19, 21—22), *i.e. reap the fruits of another person's labour.*

23. **Жре́бий бро́шен** *цитируется также по-латыни:* Alea jacta est {alea est jacta, jacta est alea} *(слова Юлия Цезаря при переходе через Рубикон — 49 г. до н. э.)* The die is cast {thrown}; ↑ *L. (quoted as said by Caesar at the crossing of the Rubicon).*

24. **Жрецы́ Феми́ды** *see* Феми́да.

З

1. **Заблу́дшая овца́** (< *Библия, Матфей*, 18, 12; *Лука*, 15, 4—6) The lost sheep (< *The Bible, Matthew*, 18, 12; *Luke* 15, 4—6). *One who has taken the wrong path in life (has fallen into dissipated ways, etc.).*

2. **Забы́ться и засну́ть** *see* Я ищу́ свобо́ды и поко́я! Я б хоте́л забы́ться и засну́ть!

3. **Завира́льные иде́и** *(А. Грибоедов. Горе от ума, д. 2, явл. 3 — 1824). This R. phr. coined by Alexander Griboedov (The Misfortune of Being Clever, act 2, sc. 3) corresponds to the E.* wild, foolish ideas.

4. **Зага́дка сфи́нкса** *see* Сфи́нксова зага́дка.

5. **Зага́дочная нату́ра** *(выражение, встречающееся в ряде мест у Гёте; стало крылатым после выхода романа Ф. Шпильгагена «Загадочные натуры» — 1860)* *An enigmatic person, an enigma (occurs in Goethe's works; the expression became popular with the publication of Friedrich Spielhagen's novel "Problematische Naturen"), i. e. a strange mysterious person.*

6. **Заговор молчания** *(происхождение не установлено)* Conspiracy of silence *(author unknown)*.

7. **Задача о волке, козе и капусте** *(по старинной задаче на проверку логического мышления)* *The problem of the wolf, the goat and the cabbage *(a reference to an old puzzle designed to test a person's ability to think logically). Used with reference to problems the solutions of which must take into account the various interests of all the parties concerned.*

8. **За деревьями не видеть леса** *(К. М. Виланд. Музарион — 1768)* Not to see the woods for the trees *(Christopher Martin Wieland. Musarion), i. e. to be unable to grasp the whole because of too many details.*

9. **За державу обидно** *(слова персонажа кинофильма В. Мотыля «Белое солнце пустыни» — 1969; название книги А. Лебедя — 1995)* *The fate of the state grieves me *(words from Motyl's film "The White Sun of the Desert"; title of Alexander Lebed's book).*

10. **Задняя мысль** *(Детуш. Мот, д. 5, явл. 9 — 1736)* Ulterior motive, secret purpose *(Destouches. Le dissipateur, act 5, sc. 9).*

11. **Задумчивость, её подруга/От самых колыбельных дней** *(А. Пушкин. Евгений Онегин, гл. 2, 26 — 1833)* Pensiveness, her companion/even from cradle days *(Alexander Pushkin. Eugene Onegin, ch. 2, 26. Trans. by Vladimir Nabokov).*

12. **Закон джунглей** *(Р. Киплинг. Книга джунглей, кн. 2 — 1895)* The law of the jungle *(Rudyard Kipling. The Second Jungle Book). Used of a social system characterized by a ruthless competition and a cruel struggle for survival.*

13. **Закон Паркинсона** *(заглавие книги С. Норткота Паркинсона — 1957)* Parkinson's law *(title of a book by C. Northcote Parkinson), any one of the laws propounded by C. Northcote Parkinson in his book "Parkinson's Law or The Pursuit of Progress", e. g. "Work expands so as to fill the time available for its completion".*

14. **За круглым столом** *see* Круглый стол.

15. **Замолкли звуки чудных песен** *(М. Лермонтов. Смерть Поэта — 1837)* The splendid songs will sound no more *(Mikhail Lermontov. On the Death of the Poet. Trans. by Avril Pyman);* Hushed are his melodies endearing *(trans. by Peter Tempest). Used jocularly in an extended sense.*

16. **Запретный плод** *(< Библия, Бытие, 2, 16—17)* The forbidden fruit *(< The Bible, Genesis, 2, 16—17). Something that is prohibited or unattainable and therefore extremely desirable.*

17. **Зарьíть свой талáнт (в зéмлю)** (< *Библия, Матфей*, 25, 15—30) Bury one's talents (in the earth) (< *The Bible, Matthew*, 25, 15—30, *where talent is an ancient unit of money*), *i. e. to fail to develop one's talent.*

18. **Заснýть вéчным сном** (*Библия, Иеремия*, 51, 39) Sleep a perpetual sleep (*The Bible, Jeremiah*, 51, 39) = sleep the sleep that knows no waking, *i. e. the sleep of death.*

19. **Заткнú фонтáн!** (< *Козьма Прутков. Мысли и афоризмы* — 1854) *lit.* *Stop your fountain! *Derives from Kozma Prutkov's facetious aphorism:* *If you have a fountain, stop it; let it have a rest, too (*Thoughts and Aphorisms*). *Cf.* Dry up, shut up.

20. **За трúдевять земéль (,в тридеся́том {тридевя́том} цáрстве {госудáрстве})** (*«Царевна-лягушка» и др. русские народные сказки*) Beyond the thrice-nine lands (in the thrice-tenth tsardom) (*"The Frog Tsarevna", trans. by Irina Zheleznova, and other Russian folk tales*), *i. e. a long way away. Cf.* East of the sun and west of the moon.

21. **Заýмный язы́к. Зáумь** (*А. Кручёных. Декларация слова как такового* — 1913) *lit.* Language {talk, *etc.*} beyond the intellect; Abstruse language, abstruseness (*Alexei Kruchenykh. Declaration of the Word as Such*). *Kruchenykh, one of the theoreticians of Russian Futurism, held that a poet may use a language entirely of his own, and invent words which cannot be understood by persons whose vision of the world is not poetic. Poems of this kind were unintelligible; thus the term* заýмный язык *came to be applied to abstruse speech or writing and the derivative* зáумь *came to be used of any kind of absurdity.*

22. **Зачéм же мнéния чужúе тóлько свя́ты?** (*А. Грибоедов. Горе от ума, д. 3, явл.* 3 — 1824) Why should you hold sacred the opinions of others? (*Alexander Griboedov. Gore ot Ouma, act 3, sc. 3. Trans. by Nicholas Benardaky*).

23. **За чечевúчную похлёбку** *see* Продáть своё первородство {прáво первородства} за чечевúчную похлёбку.

24. **За чтó же, не боя́сь грехá,/Кукýшка хвáлит Петухá?/За то, что хвáлит он Кукýшку** (*И. Крылов. Кукушка и Петух* — 1841) And why, without a sign of shame,/ Does Mr. Cock the Cuckoo praise?/ 'Cause Cuckoo praises Cock, of course (*Ivan Krylov. Cock and Cuckoo. Trans. by Bernard Pares*). *The phr.* Кукýшка и Петýх *is used in the same sense.*

25. Звёздные войны (*23 марта* 1983 *г. президент США Рональд Рейган предложил свою программу «стратегической оборонной инициативы» — СОИ; сенатор Э. Кеннеди назвал ее программой «звездных войн», по названию кинофильма Дж. Лукаса —* 1977) Star wars (*on March 23rd 1983 US President Ronald Reagan presented his programme of "strategic defence initiative"; Senator Edward Kennedy called it a programme of "star wars", after the title of George Lucas's film*).

26. Звёздный час (*С. Цвейг. Звёздные часы человечества —* 1927) *lit.* Starlit hour (*Stephan Zweig. Sternstunden der Menschheit*), *i. e. a time when fortune favours you; a turning point in one's life when one can show one's worth. May also be used in an extended sense, as in* звёздный час эволюции the starlit hour of evolution.

27. Здесь будет город заложён (*А. Пушкин. Медный всадник, Вступление —* 1833) *A city will be founded here (*Alexander Pushkin. The Bronze Horseman*). *Used at the beginning of any kind of construction work to express the conviction that all the difficulties connected with it will be overcome. See also* Отсель грозить мы будем шведу...

28. Здоровый дух в здоровом теле *цитируется также по-латыни:* Mens sana in corpore sano (*Ювенал. Сатиры,* 10, 356) ↑ *L.:* a sound mind in a sound body (*Juvenal. Satires,* 10, 356).

29. Здравствуй, племя младое, незнакомое! (*А. Пушкин. Вновь я посетил... —* 1835) Hail, youth! Hail, strange new wondrous tribe! (*Alexander Pushkin. I'm Back, I See Again... Trans. by Irina Zheleznova*).

30. Зелен виноград (*И. Крылов. Лисица и Виноград —* 1808) Sour grapes: *things decried because they cannot be attained (Russian source: Ivan Krylov's fable "The Fox and the Grapes"; English source: Aesop's fable of the fox and the grapes*).

31. Землю попашет,/попишет стихи (*В. Маяковский. Хорошо! —* 1927) *Ploughs for a while,/then writes poetry (*Vladimir Mayakovsky. Fine!*). *Applied to persons whose activities are highly diversified.*

32. Зима тревоги нашей (*заглавие книги Джона Стейнбека; опубл. в русском переводе в* 1962 *г.*) The winter of our discontent (*title of John Steinbeck's book —* 1961); a line *from Shakespeare's play "King Richard III", act* 1, *sc.* 1 — 1593) *The word* зима *is usually replaced.*

33. Златой телец (< *Библия, Исход,* 32) The golden calf (< *The Bible, Exodus,* 32), *i. e. wealth as an object of worship.*

34. Зла́чное ме́сто (< *Библия, Псалтырь*, 22, 2) Green pastures (*The Bible, Psalm* 23, 2). *In mod. R. the phr. is used ironically with reference to a place of revelry or debauchery.*

35. Зло́ба дня (*Библия, Матфей*, 6, 34) *lit.* The evil of the day (< *The Bible, Matthew*, 6, 34). *In mod. R. the burning question or topics of the day.*

36. Змею́ на груди́ отогре́ть {пригре́ть, согре́ть} (< *Эзоп. Крестьянин и Змея*) Cherish a serpent {a snake, a viper} in one's bosom; warm a serpent {a snake} in one's bosom (< *Aesop. The Peasant and the Snake*), *i. e. to show kindness to one who proves ungrateful.*

37. Змий-искуси́тель (< *Библия, Бытие*, 3) The Old Serpent. The Tempter (< *The Bible, Genesis*, 3). *Used jocosely of one who puts temptation in smb.'s way, entices to do smth.* (змий *is an obsolete form of* змея).

38. Зна́мение вре́мени (< *Библия, Матфей*, 16, 3) Sign of the times (< *The Bible, Matthew*, 16, 3): *a social phenomenon characteristic of a certain period of time.*

39. Зна́ние — си́ла (< *Ф. Бэкон. Опыты и наставления нравственные и политические*, 2, 11 — 1597) Knowledge is power (< *Francis Bacon. Religious Meditations*, 2, 11).

40. Зно́йная же́нщина (— мечта́ поэ́та) (*И. Ильф и Е. Петров. Двенадцать стульев, гл. 12 — 1928*) *An intensely passionate woman (— the dream of a poet) (*Ilya Ilf and Yevgeny Petrov. The Twelve Chairs, ch. 12*). Used jocularly, esp. of plump brunettes.*

41. Золота́я молодёжь (*первоначально о парижской контрреволюционной молодёжи времён термидорианской реакции*) Jeunesse dorée, *Fr.:* gilded youth, *i. e. luxurious, stylish young people belonging to the privileged classes and leading a dissipated life (originally applied to the counterrevolutionary young Parisians of the time of the Thermidor).*

42. Золота́я середи́на (*Гораций. Оды*, 2, 10, 9) The golden mean (*Horace. Odes*, 2, 10, 9), *i. e. a wise moderation, the middle course between two extremes.*

43. Золото́й век (*Гесиод. Труды и дни*, 109—120; *Овидий. Метаморфозы*, 1, 89—160) The Golden Age (*Hesiod. Works and Days*, 109—120; *Ovid. Metamorphosis*, 1, 89—160), *i. e. an untroubled, carefree period; time of highest achievements in the arts and science.*

44. Золото́й дождь (*согласно древнегреческому мифу, Зевс, покоренный красотой Данаи, обернулся золотым дождем, пролившимся на нее, и таким образом ее оплодотворил*) Golden shower; shower of gold (*in Greek mythology Zeus visited Danae, the daughter of Acrisios, King of Argos, in the guise of a shower of gold, and fathered a son, Perseus*): *wealth (high profits, income, etc.), esp. unexpected.*

45. Зо́лушка (*героиня сказки, широко распространённой у ряда европейских народов и особенно известной в обработке Ш. Перро*) Cinderella (*heroine of a nursery tale widely known throughout Europe, it was popularized by Charles Perrault*). *Allusively a drudge; a despised or neglected one of a set (persons, nations, things).*

И

1. Ива́н Алекса́ндрович, ступа́йте департа́ментом управля́ть (*Н. Гоголь. Ревизор, д. 3, явл. 6—1836*) Ivan Alexandrovich, come and take charge of the department (*Nikolai Gogol. The Government Inspector, act 3, sc. 6. Trans. by D. J. Campbell*). *One of the principal characters of Gogol's satirical comedy "The Government Inspector", a smartly-dressed windbag called Khlestakov, is taken by the officials of a remote provincial town for an Inspector-General from St. Petersburg. The supposed incognito is bribed, lionized, fêted and eventually even betrothed to the Mayor's daughter. All this provides Khlestakov with an opportunity to display his imaginary importance. Among other things he claims that he had been invited to head an important Civil Service department in St. Petersburg. Hence, the quotation is applied to one who brags about the high post he has been offered or could have had.*

2. Ива́н Ива́нович и Ива́н Ники́форович (*Н. Гоголь. Повесть о том, как поссорился Иван Иванович с Иваном Никифоровичем — 1834*). *The names of the two principal characters in Nikolai Gogol's "Tale of How Ivan Ivanovich Quarrelled with Ivan Nikiforovich" (trans. by Constance Garnett) are applied to persons who constantly quarrel with each other.*

3. Ива́нушка-дурачо́к (*персонаж русских народных сказок*) Ivanushka the Simpleton (*hero of Russian fairy-tales*). *One who seems lazy and* *rather simple, but is, in fact, intelligent and resourceful and can act energetically when necessary.*

4. **И ве́чный бой!/Поко́й нам то́лько сни́тся!** *(А. Блок. На поле Куликовом — 1908)* *Battle's eternal!/Peace is but a dream! (Alexander Blok. The Field of Kulikovo). The second line —* поко́й нам то́лько сни́тся *— is often quoted separately.*

5. **И вот обще́ственное мне́нье!/Пружи́на че́сти, наш куми́р!/И вот на чём верти́тся мир!** *(А. Пушкин. Евгений Онегин, гл. 6, 11 — 1833)* Public opinion — here's our idol,/the spring of honour, and the pin/on which the world is doomed to spin *(Alexander Pushkin. Eugene Onegin, ch. 6, 11. Trans. by Charles Johnston).*

6. **И вы не смо́ете всей ва́шей чёрной кро́вью/Поэ́та пра́ведную кровь!** *(М. Лермонтов. Смерть Поэта — 1837)* All your black blood can't wash away nor shall it ever/Redeem the Poet's righteous blood *(Mikhail Lermontov. Death of the Poet. Trans. by Peter Tempest). May be used in an extended sense.*

7. **И гря́нул бой, Полта́вский бой** *(А. Пушкин. Полтава, песнь 3 —* 1829) *It started with a bang, the Battle of Poltava *(Alexander Pushkin. Poltava, canto 3. Applied to loud arguments, heated discussions.*

8. **Иди́ {ступа́й} с ми́ром** *(Библия, Лука, 7, 50)* Go in peace *(The Bible, Luke, 1, 50). In R. now used jokingly.*

9. **Идти́ в Кано́ссу** *(выражение, восходящее к историческому эпизоду: в 1077 г. германский император Генрих IV, отлучённый папой Григорием VII от церкви, был вынужден пойти пешком в Каноссу, замок в Северной Италии, где находился папа, и три дня стоять босым на морозе в одежде кающегося грешника перед воротами замка, униженно ожидая прощения)* Go to Canossa *(the expression arose in connection with an historical episode: in 1077 the German Emperor Henry IV was excommunicated and had to go on foot to Canossa, a castle in Northern Italy, to humble himself before Pope Gregory VII). Used to mean: to eat humble pie; to submit oneself to a superior after having refused to do so.*

10. **Идти́ по стопа́м кого́-л.** *(Библия, Аввакум, 3, 5)* Follow {tread} in smb.'s footsteps, *i. e. to do as another person does or did. The corresponding passage in the E. trans. of the Bible reads: "...and burning coals went forth at his feet" (Habakkuk, 3, 5).*

11. **Иду́ — краси́вый,/двадцатидвухле́тний** (*В. Маяковский.*) *Облако в штанах, Пролог* — 1914 — 15) I walk along — handsome,/ twenty-two-year old (*Vladimir Mayakovsky. Cloud in Pants, Prologue. (Trans. by Dorian Rottenberg). Used jokingly as an expression of a feeling of well-being.*

12. **Иду́ на вы́** (< князь *Святослав*) *I am about to attack you (words used by Prince Sviatoslav to warn his enemy before starting hostilities). The phr. is generally used jocularly to mean: I intend to argue against your views; I shall protest against your actions; you and I are heading for a conflict, etc.*

13. **И дым оте́чества нам сла́док и прия́тен** (*А. Грибоедов. Горе от ума, д. 1, явл. 7* — 1824; *восходит к стихотворению Г. Державина «Арфа»* — 1798) Even one's country's smoke, how sweet it is, how homely (*Alexander Griboedov. The Mischief of Being Clever, act 1, sc. 7. < Trans. by Bernard Pares; goes back to Gavriil Derzhavin's poem "The Harp"; originally a L. saying:* "Dulcis fumus patriae"—sweet is the smoke of one's native land).

14. **Иеремиа́да** (*от имени библейского пророка Иеремии, создавшего плач по поводу падения Иерусалима*) Jeremiad: *lamentations; a tale of grief; a doleful story (from Jeremiah, reputed author of the Book of Lamentations expressing great sorrow in connection with the fall of Jerusalem).*

15. **Иерихо́нская труба́** *see* Труба́ иерихо́нская.

16. **И жизнь, как посмо́тришь с холо́дным внима́ньем вокру́г,—/ Така́я пуста́я и глу́пая шу́тка** (*М. Лермонтов. «И скучно, и грустно...»* — 1840) And life — if you care to look round with cool-headed attention—/Is simply an empty and rather a second-rate joke... (*Mikhail Lermontov. "Such Emptiness, Heartache...". Trans. by Avril Pyman*).

17. **И жизнь/ хороша́,/ и жить/ хорошо́** (*В. Маяковский. Хорошо!* — 1927) Life's/ to my liking,/ there's no word (*Vladimir Mayakovsky. Fine. Trans. by Dorian Rottenberg). Often used ironically.*

18. **И жить торо́пится и чу́вствовать спеши́т** (*П. Вяземский. Первый снег* — 1822; *использовано А. Пушкиным как эпиграф к 1-й главе «Евгения Онегина»*) Makes haste to live and cannot wait to feel (*Piotr Viazemsky. First Snow; adopted by Alexander Pushkin for the epigraph of ch. 1 of "Eugene Onegin". Trans. by Babette Deutsch).*

19. **И запируем на просторе** *see* Все флаги в гости...

20. **Избави Бог и нас от этаких судей** *(И. Крылов. Осёл и Соловей — 1811)* God deliver us from critics quite as blind *(Ivan Krylov. Ass and Nightingale. Trans. by Bernard Pares). In the fable the ass, on hearing a nightingale sing, praises his singing but advises him to take some lessons from a cock: "Just think of all the tricks you'd learn / If for a hint or two, to him you'd turn".*

21. **Избави меня, Боже, от друзей, а с врагами я сам справлюсь** *(происхождение спорно)* God defend {deliver} me from my friends; from my enemies I can {will} defend myself *(origin uncertain). Cf.* Give me the avowed, erect and manly foe;/ Firm I can meet, perhaps return the blow,/ But of all plagues, Good Heaven, thy wrath can send/ Save me, oh, save me, from the candid friend *(George Canning. New Morality, 1, 207).*

22. **Избиение младенцев** *(< Библия, Матфей, 2, 1—5, 16)* The slaughter {massacre} of the innocents *(< The Bible, Matthew, 2, 1—5, 16). In R. used of cruel treatment of children (rare); jocularly of severe criticism, especially of the work of young people (writers, scientists, etc.).*

23. **Избушка на курьих ножках** *(из русских народных сказок)* *A little hut perched on chicken legs *(from Russian folk tales). Used jocularly of a small ramshackle house.*

24. **Из дальних странствий возвратясь** *(И. Крылов. Лжец — 1812)* *Having returned from travels far abroad *(Ivan Krylov. The Liar).*

25. **Из двух зол избрать меньшее. Избрать меньшее зло** *(Цицерон. Об обязанностях, 3, 1, 3; сходная формулировка есть, согласно Платону, у Сократа)* Of two evils, choose the least. Choose the lesser evil *(Cicero. De officiis, 3, 1, 3; according to Plato, the idea was earlier expressed by Socrates).*

26. **Из искры возгорится пламя** *(А. Одоевский. «Струн вещих пламенные звуки...» — 1827)* A spark will kindle a flame *(A. Odoevsky. "The Fervid Words of the Prophetic Strings..."). Odoevsky's poem from which the quotation comes is an answer to Pushkin's. "Deep in Siberia's Mines...", his poetic message to the Decembrists who after their abortive rebellion against the autocracy were deported to Siberia. The quotation was used as an epigraph to the Iskra (= spark), the first Russian social-democratic newspaper which was founded and edited by Lenin.*

27. **Из любви к искусству** *(Д. Ленский. Лев Гурыч Синичкин — 1839)* For the love of the game *(D. Lensky. Lev Gurich Sinichkin), solely for the pleasure of it.*

28. Из му́хи де́лать слона́ *(Лукиан. Похвала мухе)* lit. Make an elephant out of a fly *(Lucian. In Praise of the Fly)* = to make a mountain out of a molehill.

29. Из Назаре́та мо́жет ли быть что до́брое? *(Библия, Иоанн, 1, 46)* Can there any good thing come out of Nazareth? *(The Bible, John, 1, 46). Used ironically of inefficient persons. Also as a general insinuation against any family or an institution of ill repute.*

30. Из прекра́сного далёка *(Н. Гоголь. Мёртвые души, т. 1, гл. 11 — 1842)* From my lovely enchanted remoteness *(Nikolai Gogol. Dead Souls, vol. 1, ch. 11. From a passage trans. by Vladimir Nabokov; the greater part of vol. 1 of "Dead Souls" was written abroad). The quotation is used ironically when smb. writes about some burning question of the day without getting personally involved, remaining as it were, at a safe distance.*

31. И како́й же ру́сский не лю́бит бы́строй езды́? *(Н. Гоголь. Мёртвые души, т. 1, гл. 11 — 1842)* What Russian does not love to drive fast? *(Nikolai Gogol. Dead Souls, vol. 1, ch. 11. Trans. by D. G. Hogarth).*

32. И кому́ же в ум пойдёт/На желу́док петь голо́дный *(И. Крылов. Стрекоза и Муравей — 1808)* *Who'd ever think of singing on an empty stomach? *(Ivan Krylov. The Dragonfly and the Ant).*

33. Икра́ для толпы́ *цитируется также по-английски:* Caviare to the general *(Шекспир. Гамлет, д. 2, явл. 2 — 1601)* ↑. *Used of smth. too refined for a coarse taste (Shakespeare. Hamlet, act 2, sc. 2). Rare.*

34. Или Це́зарь, и́ли ничто́ *цитируется часто по-латыни:* Aut Caesar, aut nihil *(согласно Светонию, слова Калигулы; девиз Чезаре Борджиа)* ↑ *L.:* either Caesar or nobody {nothing}, *i. e. all or nothing (attributed by Svetonius to Caligula; Cesare Borgia's motto).*

35. Илья́ Му́ромец *(один из главных героев-богатырей русских былин)* Ilya Muromets *(one of the main characters of Russian epic poems, an embodiment of an ideal hero-warrior). Now used jokingly of men possessing great physical strength.*

36. И ма́льчики крова́вые в глаза́х... *(А. Пушкин. Борис Годунов, сц. «Царские палаты» — 1825)* And bloody boys revolve before the eyes *(Alexander Pushkin. Boris Godunov, sc. Palace of the Tsar. Trans. by Alfred Hayes). The words are spoken by Boris Godunov, who had murdered Dimitry, the heir to the throne, then a small boy, in order to pave the way for his own accession. He achieves his ambition, but is so tor-*

mented by remorse that he begins to have hallucinations, thinking that he can see the murdered Dimitry before him. Hence the quotation is applied to persons plagued with remorse; or persons who having witnessed a murder, a catastrophe which carried away men's lives, etc. are hunted by the memory of it.

37. **Имени́ны се́рдца** *see* Ма́йский день.

38. **Име́ющий у́ши, да слы́шит** (< *Библия, Матфей*, 11, 15) He that hath ears to hear, let him hear *(The Bible, Matthew, 11, 15)*

39. **И моего́ хоть ка́пля мёду есть** (*И. Крылов. Орёл и Пчела* — 1813). *In Ivan Krylov's fable "The Eagle and the Bee" the bee says that when she looks at her hive her heart fills with joy:* *There is in it a drop at least of my own honey, *i. e. my modest efforts have contributed to the success of the enterprise.*

40. **Импе́рия зла** (*президент США Рональд Рейган о Советском Союзе* — 1982?) The evil empire (*US President Ronald Reagan of the Soviet Union). The word* зла *may be replaced, e.g.* империя лжи: *the empire of lies.*

41. **Имя им легио́н** (< *Библия, Лука*, 8, 30; *Марк*, 5, 9) Their name is legion (< *The Bible, Luke*, 8, 30; *Mark*, 5, 9), *i. e. they are beyond numbering.*

42. **И на челе́ его́ высо́ком/не отрази́лось ничего́** (*М. Лермонтов. Демон, ч. 3* — 1842) His brow unruffled and serene (*Mikhail Lermontov. The Demon, pt. 3. Trans. by Avril Pyman). Used ironically of an unexpectedly calm reaction to smth.*

43. **И неподку́пный го́лос мой/ Был э́хо ру́сского наро́да** (*А. Пушкин. К Н. Я. Плюсковой* — 1818) *My incorruptible verse/ Echoed the voice of Russian people (*Alexander Pushkin. To N. Y. Pliuskova).*

44. **Интере́сное начина́ние, ме́жду про́чим** (*Фазиль Искандер. Созвездие козлотура* — 1966) *An interesting undertaking, by the way (*Fazil Iskander. The Billygoat-Aurochs Constellation). Often used ironically, mainly of an absurd undertaking.*

45. **Ины́х уж нет, а те дале́че** (,/Как Са́ди не́когда сказа́л) (*А. Пушкин. Евгений Онегин, гл. 8, 51* — 1833) (As Sadi sang in earlier ages/) Some are far distant, some are dead (*Alexander Pushkin. Eugene Onegin, ch. 8, 51. Trans. by Charles Johnston; Sadi, a Persian poet of the thirteenth century).*

46. **И́ов многострада́льный** *(< Библия, Книга Иова)* Job. *lit.* The long-suffering Job *(< The Bible, The Book of Job). Applied to one who is suffering from constant misfortune.*

47. **Ио́сиф прекра́сный {целому́дренный}** *(< Библия, Бытие, 39, 7— 20) lit.* Beautiful {chaste} Joseph *(< The Bible, Genesis, 39, 7—20), a hand-some youth whose chastity is above temptation.*

48. **И пе́сня, и стих/ — э́то бо́мба и зна́мя** *(В. Маяковский. Господин «народный артист» — 1927)* *A song and a verse are a bomb and a banner *(Vladimir Mayakovsky. Mr. Artist of the People).*

49. **И, по́лно, что за счёты:/Лишь ста́ло бы охо́ты** *(И. Крылов. Демьянова уха — 1813)* Now, now, no mathematics!/ It's willingness that matters *(Ivan Krylov. Demyan's Fish Soup. Trans. by Peter Tempest). Used jokingly when a guest on refusing to have any more food begins to enumerate what he has already eaten.*

50. **И пот по бле́дному челу́/Струи́лся хла́дными ручья́ми** *(А. Пушкин. Анчар — 1828)* And from his pallid face the sweat/ In chilly drops was slowly flowing *(Alexander Pushkin. Antiar. Trans. by Babette Deutsch);* And down his ashen brow there poured/ Cold, leaden drops of perspiration *(trans. by Irina Zheleznova). Generally used jocularly.*

51. **И пошли́ они́, со́лнцем пали́мы** (,/ Повторя́я: «суди́ его́ Бог!») *(Н. Некрасов. Размышления у парадного подъезда — 1855)* And they left in the blazing hot sun. (/"May the Lord be his judge!" they each said) *(Nikolai Nekrasov. Reflections at the Main Entrance. Trans. by Alex Miller), i. e. they went away without achieving the desired aim, without getting anything for their pains, etc.*

52. **И ра́зных про́чих шве́дов** *(В. Маяковский. Стихи о советском паспорте — 1929)* *And all sorts of other Swedes *(Vladimir Mayakovsky. My Soviet Passport). Used good-humouredly and jocularly with reference to representatives of small West-European nations, especially the Scandinavians.*

53. **И́род** *(имя иудейских правителей; одному из них, царю Ироду I, 73—4 до н.э. — евангельская легенда — Матфей 2, 1—5, 16 — приписывает «избиение младенцев», другому, Ироду Антипе,— Матфей, 14, 6—11, Марк, 6, 21—28 — казнь Иоанна Крестителя)* Herod *(name of several rulers of Judaea and Galilee, including Herod the Great, King of Judaea, — 73—4 B. C. — to whom the Massacre of the Innocents in*

Bethlehem is attributed,— Matthew 2, 1—5, 16 — and Herod Antipes, ruler of Galilee,— Matthew, 14, 6—11, Mark, 6, 21—28 — to whom the execution of John the Baptist is attributed). The name came to be applied to cruel monsters and the worst kinds of tyrants, as in the E. phr. "to out-herod Herod". In R. the name is also used as an oath.

54. Исключе́ние подтвержда́ет пра́вило *(происхождение спорно)* The exception proves the rule; Exceptio confirmat {probat} regulam, *L. (origin obscure).*

55. Иску́сство быть ску́чным состои́т в том, что́бы говори́ть всё *цитируется также по-французски:* Le secret d'ennuyer est celui de tout dire *(Вольтер. Семь рассуждений о человеке. VI. О природе человека, 5, 175 — 1738)* The way to be a bore is to say everything; ↑ *Fr. (Voltaire. Sept discours en vers sur l'homme. VI. Sur la nature de l'homme, 5, 175).*

56. Иску́сство для иску́сства *цитируется также по-французски:* L'art pour l'art *(В. Кузен в курсе лекций, прочитанном в Сорбонне в 1818 г.)* Art for art's sake; ↑ *Fr. (Victor Cousin. Lecture at the Sorbonne, 1818). In contemporary R. the quotation is also used in an extended sense of any work done for its own sake.*

57. И ску́чно, и гру́стно, и не́кому ру́ку пода́ть/В мину́ту душе́вной невзго́ды *(М. Лермонтов. И скучно, и грустно — 1840)* Such emptiness, heartache, and no one to stretch out their hands/ In comfort when storms overtake us *(Mikhail Lermontov. Such Emptiness, Heartache. Trans. by Avril Pyman). Each of the two lines may be quoted separately.*

58. И, сло́вом, тот хоте́л арбу́за,/А тот солёных огурцо́в *(Г. Державин. Видение мурзы — 1791)* *In short, one of them craved for a water-melon,/ the other asked for pickled gherkins *(Gavriil Derzhavin. A Murza's Vision). A jocular way of saying:* Tastes differ *(Murza is a Tartar word for "prince").*

59. Испусти́ть дух *(Библия, Бытие, 35, 29; Иов, 13, 19; Матфей, 27, 50; Деяния, 5, 10)* Give up the ghost, *i. e. die (The Bible, Genesis, 35, 29; Job, 13, 19; Matthew, 21, 50; Acts, 5, 10).*

60. И́стина в вине́ *цитируется также по-латыни:* In vino veritas *(Плиний Старший. Естественная история, 14, 28, 22)* ↑ *L.:* truth comes out of wine *(Pliny the Elder. Naturalis Historia, 14, 28, 22): wine loosens a man's tongue.*

61. Истори́ческий путь — не тротуа́р Не́вского проспе́кта *(Н. Черныше́вский. Политико-экономические письма к президенту*

Американских Соединённых Штатов — 1861) *History is not like a walk along the Nevsky Prospect *(Nikolai Chernyshevsky. Letters on Politics and Economics to the President of the United States of America), i. e. history runs a complicated course. (Nevsky Prospect is the main street in St. Petersburg).*

62. Исто́рия повторя́ется *(? Фукидид. История,* 1, 22, 4) History repeats itself *(?Thucydides. Historia,* 1, 22, 4).

63. Исто́рия повторя́ется два́жды: пе́рвый раз в ви́де траге́дии; второ́й раз в ви́де фа́рса *(< К. Маркс. Восемнадцатое брюмера Луи Бонапарта,* 1 — 1852) History repeats itself twice: the first time as tragedy, and the second time as farce *(< Karl Marx. The Eighteenth Brumaire of Louis Napoleon, 1; the corresponding passage in the E. trans. reads: "Hegel says somewhere that great events and personalities in world history reappear in one fashion or another. He forgot to add: the first time as tragedy, and the second time as farce").*

64. И ты, Брут? *(Шекспир. Юлий Цезарь, д.* 3, явл. 1 — 1601) Et tu, Brute?, *L. (Shakespeare. Julius Caesar, act 3, sc.* 1): you too, Brutus. *The quotation is used when a friend or a supporter unexpectedly betrays you.*

65. Иу́да (-преда́тель) *(Библия, Матфей,* 26, 14—50; *Марк,* 14, 10—46; *Лука,* 22, 3—48) Judas *(The Bible. Matthew,* 26, 14—50; *Mark,* 14, 10—46; *Luke,* 22, 3—48): *one who betrays under the semblance of friendship.*

66. Иу́дин поцелу́й. Поцелу́й Иу́ды *(< Библия, Матфей,* 26, 48—49; *Марк,* 14, 44—45; *Лука,* 22, 47—48) Judas' kiss, the kiss of Judas *(< The Bible, Matthew,* 26, 48—49; *Mark,* 14, 44—45; *Luke,* 22, 47—48): *any act of treachery under the semblance of friendship.*

67. Иу́душка Головлёв *(М. Салтыков-Щедрин. Господа Головлевы* — 1875) Iudushka Golovlyov *(lit. Little-Judas Golovlyov), nickname given to the principal character of M. Saltykov-Shchedrin's novel "The Golovlyov Family". Used of a canting hypocrite who conceals his cruelty and greed by pious talk, a traitor wearing a mask of innocence.*

68. Их мо́ют дожди́, засыпа́ет их пыль,/И ве́тер волну́ет над ни́ми ковы́ль *(А. Пушкин. Песнь о вещем Олеге* — 1822). They are washed by the rain, the dust o'er them is cast,/And above them the feathergrass waves in the blast *(Alexander Pushkin. The Lay of the Wise Oleg. Trans. by Thomas B. Shaw). Used jocularly of smth. carelessly left lying about in the open.*

69. Ищи́те же́нщину! *цитируется также по-французски:* Cherchez la femme! *(А. Дюма-отец в романе «Могикане Парижа», ч. 3, гл. 10 и 11 и одноимённой драме, д. 2, явл. 16 — 1864)* ↑ *Fr.: lit.* Look for the woman, *i. e. there is a woman at the bottom of it (Alexandre Dumas père in his novel "Les Mohicans de Paris", pt. 3, ch. 10 and 11 and in his play of the same title, act. 2, sc. 16).*

70. Ищи́те и обря́щете (, толцы́те, и отве́рзется) *(церковно-славянский текст Библии, Матфей, 7, 7; Лука, 11, 9)* Seek, and ye shall find (knock, and it shall be opened unto you) *(The Bible, Matthew, 7, 7; Luke, 11, 9).*

71. И щу́ку бросили — в реку́ *(И. Крылов. Щука — 1830). In Ivan Krylov's fable "The Pike", this voracious fish is condemned to death by drowning:* "The pike was thrown into the river". *The quotation is used of punishment which instead of teaching the offender a good lesson encourages him in his wrongdoing.*

72. Ищу́ челове́ка *see* Челове́ка ищу́.

73. И я его лягну́л *(И. Крылов. Лисица и Осел — 1825). In Ivan Krylov's fable "The Fox and the Ass", an ass speaks with a fox about an old sick lion. Once his roar alone frightened all the inhabitants of the forest, but now he is so weak and helpless that any animal who happens to pass by makes it its duty to take revenge for former injuries; some do this with their horns, others with their teeth.* "But you didn't dare to touch him, surely", *says the fox.* "Why-ever not? Why should I funk? I kicked him, too", *answers the ass. Used ironically of persons who cringe before and fawn upon their superiors but are the first to attack them when they lose their position of power or authority. The phr. may also be used to describe the behaviour of a cowardly person towards an adversary who is no longer dangerous.*

К

1. Ка́бы зна́ла я, ка́бы ве́дала *(< русская народная песня «Кабы знала я, ведала»)* *Had I known this, had I foreseen this *(a Russian folksong). Used jokingly to mean:* "If I had foreseen the consequences...". *Although the form of the verb is feminine, the quotation may be used by speakers of either sex.*

2. **Ка́ждому своё** *цитируется также по-латыни:* Suum cuique (*?Катон Старший; положение римского права*) ↑ L. (*?Cato the Elder; clause of Roman law):* to each his own, *i. e. every man has his own destiny, his own work to do, his own place and purpose in life.*

3. **Ка́ждый во́ин до́лжен понима́ть свой мане́вр** (*афоризм А. Суворова*) *Every soldier must understand his own manoeuvre (*a saying of Alexander Suvorov*). *Now generally used in an extended sense to mean: each person should have a good understanding of the work he is doing and feel personally responsible for the consequences.*

4. **Ка́ждый мнит себя́ страте́гом, ви́дя бой со стороны́** *Шота Руставели. Витязь в тигровой шкуре — конец 12 начало 13 в.)* *Watching a battle from a distance, we all imagine ourselves to be strategists (*Shota Rustaveli. Man in the Panther Skin*).

5. **Ка́ждый наро́д име́ет то прави́тельство, кото́рое он заслу́живает** *цитируется также по-французски: Toute nation a le gouvernement qu'elle merite (граф Жозеф де Местр, посланник Сардинии в Санкт-Петербурге, в письме 1811 г.; цитата стала известной, когда была опубликована переписка)* ↑ Fr.: Every country has the government it deserves (*Joseph de Maistre, Sardinia's envoy in St. Petersburg, in his letter of Aug. 15th 1811. Lettres et Opuscules Inedits — 1851.*)

6. **Кажи́нный раз на э́том ме́сте** (*И. Горбунов. На почтовой станции — 1875*) *Every blooming time on the very same spot (*Ivan Gorbunov. The Post Station*). *The quotation is used when one makes a blunder, causes embarrassment, gets into difficulties, etc. in the same situation as before* (кажи́нный *is an uneducated form of* ка́ждый). *Cf.* Trust me {him, *etc.*}!, As sure as fate.

7. **Казённый пиро́г** (*М. Салтыков-Щедрин, За рубежом — 1880 и др.*) *lit.* *The fiscal cake, *i. e. public revenue, government property, a slice of which the dishonest and greedy tsarist officials dreamt of appropriating* (*Mikhail Saltykov-Shchedrin. Abroad, and other works*).

8. **Ка́зни еги́петские** *see* Еги́петские ка́зни.

9. **Ка́ин** (*Библия, Бытие, 4*) Cain (*The Bible, Genesis, 4*), *a monster of cruelty, a murderer.*

10. **Ка́инова печа́ть** (< *Библия, Бытие, 4, 15*) The mark {brand} of Cain (< *The Bible, Genesis, 4, 15*), *the mark of a villain, a criminal in smb.'s looks.*

11. **Кака́я смесь оде́жд и лиц,/Племён, наре́чий, состоя́ний!** *(А. Пушкин. Братья-разбойники — 1825)* *What a motley collection of clothes and faces,/Of fortunes, tongues and races *{Alexander Pushkin. The Robber Brothers). Used to describe a motley crowd of people.*

12. **Кака́я честь для нас, для всей Руси́!** *(А. Пушкин. Борис Годунов, сц. «Кремлёвские палаты» — 1825)* What honour for ourselves, ay, for all Russia! *(Alexander Pushkin. Boris Godunov, sc. Palace of the Kremlin. Trans. by Alfred Hayes). Used ironically when one unexpectedly becomes an object of attention.*

13. **Ка́к бы чего́ не вы́шло** *(А. Чехов. Человек в футляре — 1898)* Let's hope no evil will come of it *(Anton Chekhov. The Man Who Lived in a Shell. Trans. by Ivy Litvinov). Used ironically of cowardly behaviour, panic-mongering, extreme cases of indecision, etc. See* Челове́к в футля́ре.

14. **Как дошла́ ты до жи́зни тако́й?** *(Н. Некрасов. Убогая и нарядная — 1861)* *What has brought you to this? *(Nikolai Nekrasov. A Wretch in Fine Clothes). Often used jocularly as a mild reproach.*

15. **Как живо́й с живы́ми говоря́** *(В. Маяковский. Во весь голос — 1930) lit.* *As a living man speaks to the living *(Vladimir Mayakovsky. Aloud and Straight);* As alive as any living reader *(trans. by Dorian Rottenberg). Used of writers no longer living, whose works have not dated.*

16. **Как закаля́лась сталь** *(заглавие романа Н. Островского — 1934)* How the steel was tempered *(title of a novel by Nikolai Ostrovsky). The main character of the book, Pavel Korchagin, devotes the whole of his life to the cause of revolution.*

17. **Как ма́ло про́жито, как мно́го пережи́то** *(С. Надсон. Завеса сброшена — 1882)* *So short a span lived through, and yet so much experienced *(S. Nadson. The Veil Is Down).*

18. **Как мимолётное виде́нье,/как ге́ний чи́стой красоты́** *(А. Пушкин. К*** — 1825)* A radiant, fleeting dream...,/a glimpse of perfect beauty *(Alexander Pushkin. To ***. Based on a trans. by Irina Zheleznova). Used of smb. or smth. of exceptional beauty.*

19. **Как мы́сли чёрные к тебе́ приду́т,/Отку́пори шампа́нского буты́лку/Иль перечти́ жени́тьбу Фигаро́** *(А. Пушкин. Моцарт и Сальери — 1830)* When black thoughts trouble you, the golden cure/ Is to uncork a bottle of champagne/ Or read Le Mariage de Figaro *(Alexander Pushkin. Mozart and Salieri. Trans. by Avril Pyman).*

20. **Как на [в] афи́шу коза́ (смотре́ть, гляде́ть)** *(В. Маяко́вский. Стихи о советском паспорте — 1929) lit.* Like a goat looking at a notice *(Vladimir Mayakovsky. My Soviet Passport), i. e. completely baffled.*

21. **Как оди́н челове́к** *(Библия, Судьи, 20, 1 и др.)* As one man *(The Bible, Judges, 20, 1 and other places).*

22. **Како́е, ми́лые, у нас/тысячеле́тье на дворе́?** *(Б. Пастерна́к. Про эти стихи — 1917)* *What millennium *(i.e. century)*, my dears, are we living in? *(Boris Pasternak. About these Verses)* . *The quotation is used to mean: your views (or actions) are out of step with the times.*

23. **Како́е стра́нное, и маня́щее, и несу́щее, и чуде́сное в сло́ве: доро́га!** *(Н. Го́голь. Мёртвые души, т. 1, гл. 11 — 1842)* What a strange, alluring, enrapturing and wonderful word it is. The highway! *(Nikolai Gogol. Dead Souls, vol. 1, ch. 11. Trans. by George Reavey).*

24. **Како́й бы шум вы все здесь по́дняли, друзья́,/Когда́ бы э́то сде́лал я!** *(И. Крыло́в. Волк и Пастухи — 1816). In Ivan Krylov's fable "The Wolf and the Shepherds" a wolf once prowled outside a sheepfold and peering through the fence saw that the shepherds were disembowelling one of the best sheep of the flock while the dogs lay quietly nearby. Thoroughly annoyed by this, the wolf went off, muttering under his breath:* "Ye would have made, my friends, a nice ado,/Had I done this instead of you" *(trans. by Henry Harrison)..*

25. **Како́й свети́льник ра́зума пога́с [уга́с]!/Како́е се́рдце би́ться переста́ло!** *(Н. Некра́сов. Памяти Добролюбова — 1864)* *O, what a light of wisdom has gone out! O, what a heart has stopped its beating! *(Nikolai Nekrasov. In Memory of Dobrolyubov).*

26. **Как под ка́ждым ей листко́м/Был гото́в и стол и дом** *(И. Крыло́в. Стрекоза и Муравей — 1808)* When she found 'neath every blade/Bed and breakfast ready made *(Ivan Krylov. Dragonfly and Ant. Trans. by Bernard Pares; Krylov's fable is based on Aesop). The quotation is used jocularly to characterize material prosperity achieved without hard work.*

27. **Как пожела́ем, так и сде́лаем** *(И. Ильф и Е. Петро́в. Золотой телёнок, гл. 21 — 1931)* *We shall do as we wish *(Ilya Ilf and Yevgeny Petrov. The Golden Calf, ch. 21). Cited jocularly.*

28. **Как сон, как у́тренний тума́н** *(А. Пу́шкин. К Чаадаеву— 1818)* Like morning mist, a dream's delusion *(Alexander Pushkin. To Chaadayev. Trans. by Babette Deutsch). Generally used with the verb* исче́знуть — *vanish.*

29. Как уст румя́ных без улы́бки,/Без граммати́ческой оши́бки/Я ру́сской ре́чи не люблю́ *(А. Пушкин. Евгений Онегин, гл. 2, 28 — 1833)* As vermeil lips without a smile,/without grammatical mistakes/I don't like Russian speech *(Alexander Pushkin. Eugene Onegin, ch. 2, 28. Trans. by Vladimir Nabokov).*

30. Как хоро́ш, как све́жи бы́ли ро́зы *(И. Мятлев. Розы — 1835; цитата получила известность после того, как И. Тургенев использовал её в одном из своих стихотворений в прозе, озаглавленном этим же стихом — 1882)* How fair, how fresh were the roses *(Ivan Myatlev. Roses; the quotation came to be widely used with the publication of Ivan Turgenev's prose poem of the same title). Used when a person sadly recollects his life's better moments.*

31. Как Childe-Harold [*произн.:* Чайльд-Гаро́льд], **угрю́мый, то́мный** *(А. Пушкин. Евгений Онегин, гл. 1, 38 — 1833)* Like Childe-Harold, gloomy, languid *(Alexander Pushkin. Eugene Onegin, ch. 1, 38. Trans. by Vladimir Nabokov).*

32. Как я оши́бся, как нака́зан *(А. Пушкин. Евгений Онегин, гл. 8, 32 — 1833)* How wrong I was, how I am punished *(Alexander Pushkin. Eugene Onegin, ch. 8, 32. Trans. by Vladimir Nabokov). Also cited in the form* Я так оши́бся, (я) так нака́зан.

33. Кали́ф на час *(«Тысяча и одна ночь»)* lit. *Caliph for an hour (The Arabian Nights Entertainments)* = King for a day. *Used ironically.*

34. Ка́менный гость *(название драмы А. Пушкина — 1830)* The stone guest *(title of a drama by Alexander Pushkin. Trans. by Avril Pyman). The phr. is used jocularly to describe: a) a big, heavily-built man with a heavy gait, b) a silent guest; c) a person whose handshake is too strong.*

35. Ка́мень преткнове́ния *(Библия, Исаия, 8, 14; К римлянам, 9, 32—33 и др.)* Stumbling-block {-stone}, stone of stumbling *(The Bible, Isaiah, 8, 14; Romans, 9, 32 and other places): an obstacle; smth. that causes difficulty or hesitation.*

36. Ка́мни вопию́т [возопию́т] *(Библия, Лука, 19, 40)* The stones would cry out *(The Bible, Luke, 19, 40). Applied to smth. so horrible, outrageous or scandalous that even stones, if they could speak, would voice their indignation.*

37. Ка́мня на ка́мне не оста́вить (< Библия, Матфей, 24, 2; Марк, 13, 2) Not to leave one stone upon another (< *The Bible, Matthew, 24, 2;*

Mark, 13, 2). *Used to mean: a) raze to the ground, lay in ruins; b) slaughter, slay (e. g. in a critical review).*

38. **Ка́мо гряде́ши?** *цитируется также по-латыни:* Quo vadis? *(из церковно-славянского текста Библии, Иоанн, 16, 5; название русского перевода романа "Quo vadis" Г. Сенкевича — 1895)* ↑ *L.:* whither goest thou? *(Vulgata, the Latin translation of the Bible, John, 16, 5; the Russian translation of the title of the novel "Quo vadis" by Henryk Sienkiewicz). Used fig. Obs.*

39. **Ка́нуть в Ле́ту** *(из греческой мифологии)* lit. **Sink {fall} into the Lethe, i. e. sink {fall} into oblivion; to be forgotten. In Greek mythology the Lethe was a river in Hades, the water of which produced, in those who drank it, forgetfulness of the past. Cf.* The waters of oblivion.

40. **Капита́л приобрести́ и неви́нность соблюсти́** (*М. Салтыков-Щедрин. Мелочи жизни — 1877 и др.)* lit. **Make money without losing one's chastity (Mikhail Saltykov-Shchedrin. Trifles of Life, and other works), i. e. to achieve material success without offending against the rules of society or spoiling one's reputation. Also used fig.*

41. **Ка́пля в мо́ре** *(Библия, Сирах,* 18, 8) A drop in the ocean *(The Book of Sirach, an unauthorised book of the Bible, 18, 11): smth. that scarcely counts or matters in comparison with the whole.*

42. **Ка́пля по ка́пле и ка́мень долби́т. Ка́пля долби́т {то́чит} ка́мень** *цитируется также по-латыни:* Gutta cavat lapidem *(Овидий. Послания с Понта,* 4, 10, 5) ↑ *L.:* the drop wears away the stone *(Ovid. Epistola ex Ponto, 4, 10, 5). Used to mean: a) persistently repeated efforts, however negligible, may in the end achieve the desired effect; b) even a small force acting over a sufficiently long period of time may produce significant changes, results, etc.*

43. **Карама́зовщина** *(по фамилии героев романа Ф. Достоевского «Братья Карамазовы»—*1879—80) **Karamazov-mentality: mentality characterized by a complete lack of moral responsibility and extreme cynicism (formed on the name of the main characters of Feodor Dostoevsky's novel "The Brothers Karamazov").*

44. **Кара́сь-идеали́ст** *(название сказки М. Салтыкова-Щедрина —*1884) **The idealistic carp, i.e. a naïve idealist. In Saltykov-Shchedrin's fairytale of the same title, a carp believes that peace and harmony among living creatures is the natural state of things. He tries to convince a pike that all fishes*

are equal and that each should live by his labour. "Do you know what virtue is"
he asks the pike. The pike is so surprised at this question that he opens his
mouth wide and quite accidentally swallows the carp. The phr. is used of naïve
idealists.

45. Карфаге́н до́лжен быть разру́шен *цитируется также по-*
латыни: (Ceterum {Praeterea} censeo) Carthaginem esse delendam
(Кро́ме того, я ду́маю, что...) *(слова, которыми Катон Старший,*
согласно Плутарху, заканчивал каждую свою речь в сенате) ↑ *L.:* (But
I think that) Carthage must be destroyed *(according to Plutarch the words*
with which Cato the Elder concluded every speech in the Senate). Used as a
reminder of the necessity to fight against an enemy, an opponent, an evil, etc.
In its full form also applied to continuous repetitions of a warning, an advice,
a recommendation, etc.

46. Касса́ндра *(из греческой мифологии)* Cassandra *(a prophetess in*
Greek legend whose predictions no one believed although they were invaria-
bly correct). Used allusively of persons whose gloomy warnings concerning
social or political future are left unheeded.

47. Ка́стор и Поллу́кс; Диоску́ры *(из античной мифологии)* Castor
and Pollux; the Dioscuri. *(In Greek mythology, twin sons of Zeus and Leda.*
They were worshipped by the Romans as gods and were finally placed among
the constellations. Castor and Pollux are stars in the constellation known as
the Twins): two inseparable friends.

48. Категори́ческий императи́в *(И. Кант. Основоположение к*
метафизике нравов—1785) Categorical imperative *(Immanuel Kant.*
Grundlegung zur Metaphysik der Sitten): the absolute unconditional com-
mand of the moral law, irrespective of every ulterior end or aim — universally
authoritative, belonging to the fixed law of nature. Also used in an extended
sense.

49. Ка́ющаяся Магдали́на *(< Библия, Марк,* 16, 9; *Лука,* 7, 37—48)
The repentant Magdalene *(< The Bible, Mark,* 16, 9; *Luke,* 7, 37—48). *In*
R. the phr. is now used ironically of one tearfully repentant of a misdeed,
offence.

50. Квадрату́ра кру́га *(название древней математической задачи—*
построения при помощи линейки и циркуля квадрата, равного по
площади заданному кругу, неразрешимость которой была позднее
доказана) Quadrature of the circle {to square the circle}. *For hundreds of*

years mathematicians attempted to find a square of the same area as a circle by using straightedge and compass until in 1882 it was proved impossible. Hence the phr. is used of any impossible task, especially of problems which have no solution.

51. **Квазимо́до** *(один из героев романа В. Гюго «Собор Парижской богоматери» — 1831)* Quasimodo *(name of the hunchback in Victor Hugo's "Nôtre Dame de Paris"), one perceived as an embodiment of ugliness and depravation.*

52. **Квасно́й патриоти́зм** *(П. Вяземский. Письма из Парижа — 1827)* *Hurrah-patriotism, *petty patriotism *(P. Viazemsky. Letters from Paris)* (квас *is a Russian non-alcoholic drink): ostentatious, uncritical love of one's country.* Cf. Patriotisme d'antichambre.

53. **Ке́сарево ке́сарю, а Бо́жие Бо́гу (отда́ть {возда́ть})** *(Библия, Матфей, 22, 21)* Render unto Caesar the things that are Caesar's (and unto God the things that are God's) *(The Bible, Matthew, 22, 21): each person should receive what is rightfully his.*

54. **Кимва́л звеня́щий {бряца́ющий, звуча́щий}** *see* Медь звеня́щая.

55. **Кинжа́л в грудь {се́рдце}** *(Ф. Шиллер. Разбойники, д. 1, явл. 2 — 1781)* lit. *Dagger in the heart *(F. v. Schiller. The Robbers, act 1, sc. 2), i. e. a traitorous act.* **Кинжа́л в грудь по са́мую рукоя́тку** *(А. Островский. Таланты и поклонники — 1881)* lit. *Dagger driven into the heart to its very haft *(Alexander Ostrovsky. Talents and Admirers). Used ironically in the same sense as the above quotation.* Cf. A stab in the back.

56. **Кипу́чий лентя́й** *(И. Ильф и Е. Петров. Двенадцать стульев, гл. 10 — 1928)* *An industrious idler *(Ilya Ilf and Yevgeny Petrov. The Twelve Chairs, ch. 10). Used ironically with reference to persons whose furious activity is nothing but a disguise for idleness, who talk a great deal but never bring anything to completion.*

57. **Кисе́йная ба́рышня** *(? Н. Помяловский. Мещанское счастье — 1861)* Bread-and-butter miss, *i. e. one who is missish, insipid, squeamish, silly (?Nikolai Pomialovsky. Humdrum Happiness).*

58. **Кита́йская стена́** *(название древней крепостной стены в Сев. Китае длиной в несколько тысяч километров)* The Great Wall of China *(name of the ancient fortification wall in Northern China. It was begun in the 3rd cent. B. C.; following its windings, the wall is about 1500 miles long). Used of anything designed to exclude outside influence or isolate from the*

outside world. Also of smth. that isolates one group, party, country, etc. from another.

59. Ки́фа Мо́киевич *(персонаж «Мёртвых душ» Н. Гоголя, т. 1, гл. 11 — 1842)* Kifa Mokievich *(one of the characters in Nikolai Gogol's Dead Souls, vol. 1, ch. 11, is generally preoccupied with questions of the following kind: "A beast... is born naked. Now, why should that be? Why should not a beast be born... through the process of being hatched from an egg? ...Suppose elephants were to take to being hatched from eggs, would not the shell of such eggs be of a thickness proof against cannonballs?" (trans. by D. J. Hogarth). The name is used ironically to characterize a person given to absurd speculations.*

60. Клевещи́те, клевещи́те, — что́-нибудь да оста́нется *цитируется также по-французски:* Calomniez, calomniez, il en restera {reste} toujours quelque chose *(Бомарше. Севильский цирюльник, д. 2, явл. 7 — 1775; < Ф. Бэкон. Трактат о достоинстве и усовершенствовании наук, 8, 2, 34, где выражение цитируется как пословица)* *If you slander somebody long enough, some of it is bound to stick *(Beaumarchais. The Barber of Seville, act 2, sc. 7; < Francis Bacon. De dignitate et augmentis scientiarum, 8, 2, 34, who cites it as a proverb).* Cf. If you throw mud enough, some of it will stick.

61. Клей и но́жницы *(как характеристика плагиата употреблено в 1759 г. Г. Э. Лессингом о трагедии И. К. Готшеда «Умирающий Катон»; выражение восходит к И. Я. Бодмеру)* Scissors and paste. *The phr. was used in 1759 by Gotthold E. Lessing of Johann Christoph Gottsched's tragedy "The Dying Cato" to characterize a compilation as distinguished from original work. Goes back to Johann Jakob Bodmer. Rare.*

62. Клочо́к бума́ги *(Т. Бетман-Гольвег о международном договоре 1839 г., гарантировавшем нейтралитет Бельгии в 1914 г.; перен. о безответственном отношении человека к своим обязательствам, зафиксированным в каком-либо документе)* A scrap of paper *(T. von Beth-mann-Hollweg of the treaty of 1839 which guaranteed the neutrality of Belgium and which was violated by Germany in 1914). In R. used fig. of a person's irresponsible attitude towards his duties stipulated in an agreement.*

63. Клубни́чка *see* Попо́льзоваться насчёт клубни́чки.

64. Кни́га за семью́ печа́тями *(< Библия, Апокалипсис, 5, 1—3)* A book... sealed with seven seals *(The Bible, Revelation, 5, 1), i.e. a sealed book: smth. beyond one's knowledge or understanding.*

65. Кни́ги име́ют свою́ судьбу́ *цитируется также по-латыни:* Habent sua fata libelli *(Теренциан Мавр. О буквах, слогах, стопах и метрах, 258—III в. н. э.)* ↑ L.: books have their destinies *(Terentianus Maurus. De Literis, Syllabis et Metris, 258)*.

66. Кни́жники и фарисе́и *(Библия, Матфей, 23, 4 и др.)* Scribes and Pharisees *(The Bible, Matthew, 24, 4, and other gospels)*: bigots and hypocrites.

67. Когда́ в това́рищах согла́сья нет (,/на лад их де́ло не пойдёт) *(И. Крылов. Лебедь, Щука и Рак — 1816)* When partners can't agree (,/ Their business fares disastrously) *(Ivan Krylov. Swan, Pike and Crab. Trans. by Bernard Pares)*.

68. Когда́ греми́т ору́жие, му́зы молча́т *(происхождение не установлено)* *In times of war the Muses are silent *(author unknown)*.

69. Когда́ наро́ды, ра́спри позабы́в,/в еди́ную семью́ соединя́тся *(А. Пушкин, «Он между нами жил...» — 1834)* *When nations, laying aside their enmity and strife, / will in a single family of men unite *(Alexander Pushkin, "He lived among us...")* Cf. For a' that, and a' that,/It's coming yet for a' that,/That man to man, the world o'er, /Shall brothers be for a' that. *(Robert Burns. For a' That and a' That — 1794)*.

70. Кого́ бог {Юпи́тер} хо́чет погуби́ть, того́ (он пре́жде всего́) лиша́ет ра́зума *цитируется также по-латыни:* Quos {quem} deus {Jupiter} perdere vult, dementat prius *(позднелатинская формулировка мысли, встречающейся у ряда античных авторов)* Whom God {Jupiter} wishes to destroy, he first makes mad, ↑ L. *(late L. form of an idea expressed by a number of classical writers)*.

71. Козёл отпуще́ния *(< Библия, Левит, 16, 21—22)* Scapegoat *(<The Bible, Leviticus, 16, 21—22)*: one punished for the mistakes or offences of others.

72. Колесо́ Форту́ны *(из римской мифологии)* The wheel of Fortune *(from Roman mythology). In R. the phr. is used only fig., of chance luck or any whims of fortune generally.*

73. Коло́менская верста́ *(от народного обозначения очень высоких верстовых столбов, установленных в XVII в. на дороге между Москвой и селом Коломенским)* lit. *A Kolomenskoye verst *(from the name given by the populace to the very tall verst-stones placed in the 17th cent. along the road leading from Moscow to the village of Kolomenskoye)*.

106

The phr. is applied to very tall persons. Cf. (As) tall as maypole {as a steeple} (верста́ — *(verst) is an old Russian measure, almost two-thirds of an English mile).*

74. **Коло́сс на гли́няных нога́х** (< *Библия, Даниил, 2, 31—35*) A colossus with feet of clay (< *The Bible, Daniel, 2, 31—35*). *Used of smth. apparently very strong, invincible or of great worth which is, in fact, weak and lacking any merit or significance. Applied also to persons.*

75. **Колу́мбово яйцо́** (*Дж. Бенцони. История Нового света — 1565*) *lit.* *Columbus's egg *(Jerome Benzoni. Historia del mondo nuovo, where Benzoni describes how Christopher Columbus in answer to his interlocutor's ironical remark that the discovery of America had entailed no great difficulties suggested that the latter should try to make an egg stand on the table. When the man failed to do this, Columbus took the egg and hit it with its sharp end hard against the table. The shell broke and the egg remained standing). Hence the phr. "Columbus's egg" came to be used in a number of European languages, including R., of an unexpectedly simple solution of a seemingly insoluble problem; also of an unexpected, unusual or bold move which enables one to get out of difficulties.*

76. **Колу́мбы ро́сские** (*М. Ломоносов. Пётр Великий — 1761*) *Russian Columbuses *(Mikhail Lomonosov. Peter the Great), i. e. Russian seafarers.*

77. **Колыбе́ль револю́ции** (*о Санкт-Петербурге — Ленинграде; автор не установлен*) The cradle of the Revolution *(of St. Petersburg — Leningrad where the storming of the Winter Palace, then the residence of the provisional government of Kerensky, marked the beginning of the October Revolution; author unknown). Sov.*

78. **Кома́ндовать пара́дом бу́ду я!** (*И. Ильф и Е. Петров. Золотой телёнок, гл. 2 — 1931*) *I shall give the orders at the parade! *(Ilya Ilf and Yevgeny Petrov. The Golden Calf, ch. 2). This quotation was borrowed by I. Ilf and Y. Petrov from the orders of the day referring to the parade of troops. It is used jocularly to mean: I shall be in charge.*

79. **Коммента́рии изли́шни** (*Г. Штауб*) No comments are necessary *(Hermann Staub): explanations are unnecessary {superfluous}, everything is clear.*

80. **Коммуни́зм — э́то есть Сове́тская власть плюс электрифика́ция всей страны** (*Ленин В.И. Наше внешнее и внутреннее положение и задачи партии*) Communism is Soviet power plus the electrification of the whole country *(V. I. Lenin. Our Foreign and Domestic Position and Party Tasks). Sov.*

81. **Ко́мплекс неполноце́нности** (< *А. Адлер. О неполноценности органов* — 1907) Inferiority complex (< *Alfred Adler. Studie über Minderwertigkeit von Organen, where he looks for the origin of neuroses in physical mal-development). Used of unrealistic feelings of inadequacy caused by a person's reactions to actual or supposed inferiority in some sphere. In R. the phr. is often used to describe excessive timidity or/ and lack of self-confidence.*

82. **Кому́ мно́го дано́, с того́ мно́го и взы́щется** (*Библия, Лука,* 12, 48) Whomsoever much is given, of him shall be much required (*The Bible, Luke,* 12, 48).

83. **Кому́ на Руси́ жить хорошо́** (*заглавие поэмы Н. Некрасова* — 1866) *Who lives well in Russia (title of a poem by Nikolai Nekrasov). Used ironically with reference to the privileged classes of pre-revolutionary Russia.*

84. **Кому́ это вы́годно {на по́льзу}?** *цитируется обычно по-латыни:* Cui bono? (*Цицерон. В защиту Милона*) ↑ *L.:* to whose profit? (*Cicero. Pro Milone*).

85. **Конча́ю, стра́шно перече́сть…/(Стыдо́м и стра́хом замира́ю)** (*А. Пушкин. Евгений Онегин, гл.* 3, 31 — 1833) I close. I dread to read this page… (/For shame and fear my wits are sliding) (*Alexander Pushkin. Eugene Onegin, ch.* 3, 31. *Trans. by Charles Johnston). Used jocularly when one has finished writing smth. requiring special care, tact, etc.*

86. **Коня́! коня́! полца́рства за коня́!** (*Шекспир. Ричард III, д.* 5, *явл.* 4 — 1593) A horse! a horse! my kingdom for a horse! (*Shakespeare. King Richard III, act* 5, *sc.* 4). *Used jocularly in an extended sense.*

87. **Коня́ на скаку́ остано́вит,/ В горя́щую и́збу войдёт** (*Н. Некрасов. Мороз, Красный нос, ч.* 1, 4 — 1864) A run-away horse she will master,/ Walk straight to a hut that's aflame (*Nikolai Nekrasov. Red-Nosed Frost, pt.* 1, 4. *Trans. by Juliet M. Soskice). Used with reference to courageous, resolute Russian women; may also be applied to men.*

88. **Копа́ть {рыть} я́му друго́му** (< *Библия, Притчи,* 26, 27 *и* 28, 10; *Екклезиаст,* 10, 8; *сходное выражение у Эзопа и Цицерона*) * Dig a pit for another man to fall into (< *The Bible, Proverbs,* 26, 27 *and* 28, 10; *Ecclesiastes,* 10, 8; *a similar thought is to be found also in Aesop and Cicero), i. e. to intrigue against smb., try to injure or weaken smb.'s interests, etc.*

89. Ко́рень зла (< *Библия, Иов*, 19, 28) The root of evil (< *The Bible, Job*, 19, 28).

90. Коридо́ры вла́сти (*название русского перевода романа Ч. Сноу —* 1964) Corridors of power (*title of a novel by C. P. Snow). Used ironically to denote: a) lobbies at government offices where important decisions are made; b) the complicated bureaucratic machinery of government administration.*

91. Коро́бочка (*персонаж из «Мёртвых душ» Н. Гоголя, т.* 1, *гл.* 3 — 1842) Korobochka, *a narrow-minded, silly and avaricious landowneress in Nikolai Gogol's novel "Dead Souls", vol.* 1, *ch.* 3.

92. Коро́ль Лир (*герой одноимённой трагедии Шекспира —* 1605) King Lear (*hero of William Shakespeare's tragedy of the same name). Used allusively of an old man who has lived to see the ingratitude of his family; also of a king or president without a country.*

93. Коро́ль-то го́лый (*Г.-Х. Андерсен. Новое платье короля —* 1837) But the king hasn't anything on! (*H.-C. Andersen. The Emperor's New Clothes). Used when a person (esp. one considered to be an authority on some subject) is removed from his "pedestal", a theory shown to be false, etc.*

94. Коро́ль у́мер! Да здра́вствует коро́ль! *цитируется также по-французски:* Le roi est mort! Vive le roi! (*формула, использовавшаяся при провозглашении смены королей) The King is dead! Long live the King! (formerly used when after the death of the sovereign, a new king was proclaimed). In R. used to mean: a) change is inevitable and it should not be the cause of undue anxiety, etc.; b) the form has undergone a change, but the content (usu. bad) has remained the same; c) ironically to characterize the psychology of a person who, forgetting his former affiliations or the object of his worship, admiration, etc., enthusiastically welcomes newly-appointed authorities (director, manager, etc.).*

95. Коро́ль ца́рствует, но не управля́ет *цитируется также по-латыни:* Rex regnat sed non gubernat *и по-французски:* Le roi règne et ne gouverne pas (*Ян Замойский; выражение приобрело известность, когда А. Тьер употребил его в статье в газете "Le National"* 19.2.1830) The king reigns, but he does not govern (*Jan Zamoiski; the expression came to be widely used with the publication of an article by Adolphe Thiers in the newspaper "Le National" on February* 19, 1830).

96. Коро́че: ру́сская хандра́/ Им овладе́ла понемно́гу (*А. Пушкин. Евгений Онегин, гл.* 1, 38 — 1833) In short, the Russian "chondra"/

Possessed him by degrees *(Alexander Pushkin. Eugene Onegin, ch. 1, 38. Trans. by Vladimir Nabokov). Pushkin uses the R. word «хандра» as an equivalent of the E. word "spleen".*

97. **Кость от ко́сти [косте́й] и плоть от пло́ти** *(< Библия, Бытие, 2, 21—23)* Bone of the bone, and flesh of the flesh *(< The Bible, Genesis, 2, 21—23). Used of relationship by blood and of spiritual kinship.*

98. **Кот Леопо́льд** *(герой серии мультипликационных фильмов «Приключения кота Леопольда» — 1975)* *Cat Leopold *(hero of "The Adventures of Leopold the Cat", a series of cartoon films about a peace-loving cat and naughty mice who scheme against him). Used jocularly of good-natured, peaceable persons who do their best to avoid any conflicts with other people.*

99. **Ко́чка зре́ния** *(М. Горький. О кочке и о точке — 1933). The phr. was used by Maxim Gorky in his article "About a Mound and a Point". It was formed by analogy with* то́чка зре́ния *(point of view), lit.* *mound of view, *i. e. an extremely narrow point of view (one cannot see very far from a mound). The sense of the phr. may be rendered by "a sedentary standpoint" or "a heavy-lidded point of view". Rare.*

100. **Ко́шка, кото́рая гуля́ла сама́ по себе́** *(заглавие русского перевода сказки Р. Киплинга — 1902)* The cat that walked by itself *(title of a story by Rudyard Kipling). In R. the phr. is used jokingly to describe wilful and unpredictable persons who tend to act independently of the people they work or study with, esp. those who do not attend any parties or other gatherings arranged by their colleagues.*

101. **Коще́й бессме́ртный** *(персонаж ряда русских народных сказок)* Koshchey the Deathless *(in R. folk tales the name of a very rich, terribly emaciated and wicked old man who knows the secret of eternal life). The word* Коще́й *is generally used in coll. speech with reference to tall, emaciated men. Cf.* Skin and bone(s), a bag of bones. *It may also be used to describe misers.*

102. **Краеуго́льный ка́мень** *(< Библия, Исаия, 28, 16)* Cornerstone *(< The Bible, Isaiah, 28, 16): basic principle, main idea, foundation.*

103. **Кра́йности схо́дятся** *цитируется также по-французски:* Les extrêmes se touchent *(Лабрюйер. Характеры — 1688; Паскаль. Мысли, 2, 72 — опубл. 1669)* Extremes meet *(La Bruyère. Caractères; Pascal. Pensées, 2, 72).*

104. **Кра́сной ни́тью проходи́ть** (*Гёте. Родственные натуры* — 1809) *lit.* Run through like a red thread, *i. e. run through, recur; stand out (Goethe. Die Wahlverwandtschaften). Used of an idea or tendency which can be clearly traced in smb.'s work, etc.; characteristic of a certain period. Cf.* Leitmotif, governing idea.

105. **Красота́ спасёт мир** (*Ф. Достоевский. Идиот, ч. 3. гл. 3* — 1868—69) *Beauty will save the world (Feodor Dostoyevsky. The Idiot, pt. 3, ch. 3). In the phrase, the word "beauty" denotes life and human relationship guided by Christian ideals of goodness, justice and love.*

106. **Красу́йся, град Петро́в, и стой/Неколеби́мо, как Росси́я** (*А. Пушкин. Медный всадник, Вступление* — 1833) City of Peter, stand thou fast,/Foursquare, like Russia; vaunt thy splendor *(Alexander Pushkin. The Bronze Horseman, Introduction. Trans. by Oliver Elton). Now used of Petersburg, formerly capital of the Russian empire, known as St. Petersburg, 1703—1915, and as Petrograd, 1915—1924.*

107. **Кра́ткость — сестра́ тала́нта** (*А. Чехов. Письмо к Ал. П. Чехову 11.4.1889*) *Brevity is the sister of talent (Anton Chekhov. Letter to Alexander Chekhov, April 11, 1889). Cf. Brevity is the soul of wit (Shakespeare. Hamlet, act 2, sc. 2).*

108. **Крез** (*по имени царя Лидии, известного своими несметными богатствами*) Croesus *(name of a fabulously rich king of Lydia, 560—546 B. C). Applied to extremely rich persons. Cf. Rich as Croesus.*

109. **Крёстный оте́ц** (*заглавие американского кинофильма режиссера Ф. Копполы* — *1912, 1974* — *по роману М. Пьюзо того же названия*) The godfather *(title of an American film, a screen version of Mario Puzo's novel of the same name; directed by Francis Ford Coppola): head of a mafia or other criminal body.*

110. **Крёстный путь** see Голго́фа.

111. **Кресто́вый похо́д** (*название походов западноевропейских рыцарей с целью освобождения Иерусалима от мусульман*) Crusade *(military expeditions undertaken in late medieval times by West-European knights with the object of recovering the Christian holy places in Palestine from the Turks and Saracens). Used figuratively of wide campaigns against something.*

112. **Кри́зис жа́нра** (*И. Ильф и Е. Петров. Золотой телёнок, гл. 8* — 1931) *lit.* *Crisis of the genre (Ilya Ilf and Yevgeny Petrov. The Golden Calf,*

ch. 8). *Used when smth. (a conversation, a love affair, etc.) in which everyone concerned has long ago lost all interest drags on nevertheless.*

113. **Крича́ли же́нщины ура́/И в во́здух че́пчики броса́ли** (*А. Грибоедов. Горе от ума, д. 2, явл. 5* — 1824) The women rent the air with acclamations, and threw their caps up in applause *(Alexander Griboedov. Gore ot Ouma, act 2, sc. 5; trans. by Nicholas Benardaky). The quotation is used jocularly or ironically of an overenthusiastic welcome given to someone, exalted expression of general rejoicement, enthusiasm, etc.*

114. **Крокоди́ловы слёзы** (*выражение восходит к рассказам средневековых путешественников: крокодилы якобы заманивали людей, имитируя плач ребенка. Однако первое свидетельство — Сборник источников по церковному праву и литературе, составленный в Сирии в IV в.*). Crocodile tears *(in tales of medieval travellers, crocodiles were said to attract a human prey by imitating a baby's crying; however, this trick of the crocodiles was first mentioned in a collection of extracts from the "Acts of the Apostles" and other literature, compiled in Syria in the 4th century): hypocritical tears or grief; expression of feigned regret, sympathy, compassion.*

115. **Кро́шки {кро́хи} с ба́рского стола́** (< *Библия, Матфей, 15, 27*) The crumbs (which fall) from their masters' table *(The Bible, Matthew, 15, 27). Used fig.*

116. **Кро́я эруди́цией/вопро́сов рой** (*В. Маяковский. Во весь голос* — 1930) Swamping with erudition/questions that swarm *(Vladimir Mayakovsky. At the Top of My Voice. Trans. by Herbert Marshall).*

117. **Кру́глый стол** (*выражение, восходящее к циклу средневековых романов о короле Артуре и рыцарях Круглого Стола*) The round table *(the phr. derives from a series of medieval novels and romances about King Arthur and the Knights of the Round Table). Used of conferences in which each participant or side has equal authority. The phr. often occurs in such sentences as* конференция {совещание, встреча} за кру́глым столо́м — *a round table conference.*

118. **Крыла́тые слова́** (*Гомер. Илиада и Одиссея — во многих местах; в современном значении получило распространение, когда в 1864 г. Георг Бюхман издал сборник "Geflügelte Worte"*) Geflügelte Worte, *Ger.:* winged words (< epea pteroenta, *Gr.* — Homer. Iliad and Odyssey; in its modern meaning the phr. came to be widely used with the publication, in 1864, of Georg Buchmann's book "Geflügelte Worte").*

119. **Кры́сы покида́ют то́нущий кора́бль** (< *Шекспир. Буря, д. 1, явл.* 2 — 1611) Rats desert {forsake, leave} a sinking ship (< *Shakespeare. The Tempest, act 1, sc. 2*). *The weaklings, the untrustworthy, the scoundrels are the first to desert or betray a cause in dangerous situations or in times of trouble.*

120. **Ксанти́ппа** (*имя жены Сократа*) Xant(h)ippe (*name of Socrates' wife*): *conjugal scold.*

121. **К сожале́нью, день рожде́нья/то́лько раз в году́** (*из «Песенки крокодила Гены» в мультфильме «Чебурашка»* — 1969-71) *Unfortunately, birthdays occur/only once a year (*from "The Song of Gena the Crocodile" in the cartoon film "Cheburashka"*) . *The quotation is used of a feigned or real regret that festive occasions are rare.*

122. **Кто был ниче́м, тот ста́нет всем** (*Э. Потье. «Интернационал»* — 1871 *в русском переводе А. Коца*) We have been naught, we shall be all (*Eugène Pettier. The Internationale*).

123. **Кто есть кто** *цитируется также по-английски:* Who's who (*название английских и американских биографических справочников*) ↑ *E.* (*title of biographical reference books published in England and the USA*), *i. e. who and what each of a number of persons is, what position each holds.*

124. **Кто жил и мы́слил, тот не мо́жет/В душе́ не презира́ть люде́й** (*А. Пушкин. Евгений Онегин, гл. 1, 46* — 1833) He who has lived and thought is certain/To scorn the men with whom he deals (*Alexander Pushkin. Eugene Onegin, ch. 1, 46. Trans. by Charles Johnston*).

125. **Кто и́щет, тот всегда́ найдёт** (< *Библия, Матфей, 7, 7; Лука, 11, 9*) Seek, and ye shall find (*The Bible, Matthew, 7, 7; Luke, 11, 9*). *See* Ищи́те и обря́щете.

126. **Кто и́щет, тот всегда́ найдёт** (*В. Лебедев-Кумач. Веселый ветер; впервые песня прозвучала в кинофильме «Дети капитана Гранта», музыка И. Дунаевского* — 1937) *One who seeks will always find (*Vasily Lebedev-Kumach. The Jolly Wind; set to music by Isaak Dunayevsky; performed for the first time in the Russian screen version of Jules Verne's novel "Les enfants du capitaine Grant"*) *i.e. if you try hard, you will achieve the desired aim. See* Ищи́те и обря́щете.

127. **Кто мо́жет сравни́ться с Мати́льдой мое́й?** (*опера П. И. Чайковского «Иоланта», либретто М. И. Чайковского* — 1891) *Who could equal my Mathilda? (*the libretto of P. Tchaikovsky's opera "Iolanthe" written by M. Tchaikovsky*). *Used when someone praises a member of*

his family, a relation, a friend, etc. in such a way as to cause ironical comment.

128. **Кто не рабо́тает, тот не ест** (*Библия, 2-е послание к фессало-никийцам, 3, 10:* «Если кто не хо́чет труди́ться, тот и не ешь») If any would not work, neither should he eat *(The Bible, II Thessalonians, 3, 10; the phr., originally expressing the ideology of a slave-owning system, acquired a new meaning: no man should live by another's labour).*

129. **Кто не с на́ми [не со мно́ю], тот про́тив нас [про́тив меня́]** (*Библия, Матфей, 12, 30)* He that is not with us [with me] is against us [against me] *(The Bible, Matthew, 12, 30).*

130. **Кто посмирне́й, так тот и винова́т** (*И. Крылов. Мор Зверей —* 1808) *It is always the meek who are blamed *is the moral of Ivan Krylov's fable "A Plague among the Animals" in which during a council, held by the animals, an ox who once stole a little hay from a hay-stack is found to be the greatest sinner of all the animals and is put to death as a sacrifice to appease the anger of the gods.*

131. **Кто ра́ньше {пе́рвым} сказа́л «э»** (< *Н. Гоголь. Ревизор, д. 1, явл. 3 —* 1836) *Who was the first to say "Ah!". *In Nikolai Gogol's play "The Government Inspector" (act 1. sc. 3), two very inquisitive and scatter-brained landowners, Bobchinsky and Dobchinsky, tell the Mayor that the Inspector-General from Petersburg who is expected to arrive incognito to inspect the province is already living at the local inn. They come to this conclusion because, according to the innkeeper, a young official staying at the inn behaves in a most peculiar manner: never thinks of leaving, takes everything on credit and doesn't pay a penny. "As soon as he told me this a light dawned on me. "Ah," I said to Dobchinsky..." — "No, Bobchinsky, it was I who said "Ah" — "You said it first and then I said it, "Ah" (trans. by David Magarshack). The quotation is used ironically when priority in trifling matters is disputed.*

132. **Кто се́ет ве́тер, пожнёт бу́рю** (< *Библия, Осия, 8, 7)* He who sows the wind, shall reap the whirlwind,   To sow the wind and reap the whirlwind [< For they have sown the wind, and they shall reap the whirlwind] *(< The Bible, Hosea, 8, 7), i. e. those who start a war, provoke a conflict, act in bad faith or imprudently are in for a severe retribution.*

133. **Кто с мечо́м к нам войдёт, от меча́ и поги́бнет. На том стоя́ла и стои́т ру́сская земля́** (*слова Александра Невского в кинофильме «Александр Невский» по сценарию П. Павленко —* 1938) *Whosoever shall

come to us with the sword shall perish with the sword. Upon this stood and stands the land of Russia *(words spoken by Alexander Nevsky in the film "Alexander Nevsky" — 1938; screen-play by Piotr Pavlenko). The first part of the quotation derives from the Bible (see* Взявшие меч — от меча и погибнут*). The word* стои́т *is often replaced by the words* стоя́ть бу́дет, *i. e. shall stand.*

134. **Кто уда́рит тебя́ в пра́вую щёку твою́, обрати́ к нему́ и другу́ю** (*Библия, Матфей*, 5, 39) Whosoever shall smite thee on thy right cheek, turn to him the other also *(The Bible, Matthew, 5, 39). The quotation is used to characterize complete submissiveness or non-resistance. Cf.* Turn the other cheek.

135. **Кувши́нное ры́ло** (*Н. Гоголь. Мёртвые души, т.* 1, *гл.* 7 — 1842; *возможно, что это выражение существовало и раньше*) Pitcher mug *(Nikolai Gogol. Dead Souls, vol. 1, ch. 7. Trans, by D. G. Hogarth; the expression may have existed earlier). Used of a hideous face of which the nose is the dominant feature.*

136. **Куда́, куда́ вы удали́лись,/ Весны́ мое́й златы́е дни?** (*А. Пушкин. Евгений Онегин, гл.* 6, 21 — 1833) Whither, oh whither are ye banished/ My golden days when spring was dear? *(Alexander Pushkin. Eugene Onegin, ch. 6, 21. Trans. by Charles Johnston).*

137. **Куда́ ты ведёшь нас?.. не ви́дно ни зги!** (*К. Рылеев. Иван Сусанин* — 1823) *Where are you leading us?.. It's pitch dark. We can't see a thing! (Kondraty Ryleyev. Ivan Susanin; Ivan Susanin, a peasant by birth, was a hero of the Russian liberation movement. In the winter of 1613 he led a detachment of Polish invaders into an impassable swamp deep in the forest and for this was tortured to death. Glinka's opera "Ivan Susanin", originally called "A Life for the Tsar", 1836, is devoted to that heroic deed). Used lit. and fig.*

138. **Куку́шка хва́лит Петуха́ за то, что хва́лит он Куку́шку** *see* За что́ же, не боя́сь греха...

Л

1. **Ла́заря петь** (*от песни по евангельскому рассказу о богатом и Лазаре — см. Библия, Лука, 16, 19—25, в старину особенно часто исполнявшейся слепыми нищими*) *Sing the song of Lazarus (derives from a song based on a biblical story about a rich man and a beggar named Laza-*

rus — the Bible, Luke, 16, 19—25 — often sung in the past by blind beggars outside churches). The phr. is used in the sense of "try to arouse compassion, lament over one's misfortunes, feign suffering, misery". Cf. To sham Abraham.

2. **Латы́нь из мо́ды вы́шла ны́не** (*А. Пушкин. Евгений Онегин, гл. 1, 6 — 1833*) Now Latin's gone quite out of favour (*Alexander Pushkin. Eugene Onegin, ch. 1, 6. Trans. by Charles Johnston*).

3. **Лебеди́ная пе́сня** (*< Эсхил. Агамемнон, 5, 1444 и далее*) Swan song (*<Aeschylus. Agamemnon, 5, 1444): the last work before the death of a poet, composer, scientist, etc. (swans are fabled to sing sweetly when about to die).*

4. **Ле́бедь рвётся в облака́,/Рак пя́тится наза́д, а Щу́ка тя́нет в во́ду** (*И. Крылов. Лебедь, Щука и Рак — 1816*) Upward strains the swan, towards the skies above,/ The crab keeps stepping back, the pike is for the pond (*Ivan Krylov. Swan, Pike and Crab. Trans. by Bernard Pares) (see* А воз и ны́не там*). The quotation (or the title of the fable) is used of actions lacking coordination.*

5. **Ле́вая рука́ не ве́дает {не зна́ет}, что де́лает пра́вая** (*< Библия, Матфей, 6, 3*) His left hand does not know what his right hand is doing (*< The Bible, Matthew, 6, 3). Used ironically of persons whose actions are inconsistent.*

6. **Левиафа́н** (*Библия, Иов, 40, 20*) Leviathan (*The Bible, Job, 41, 1): anything gigantic, formidable.*

7. **Лёгкость в мы́слях необыкнове́нная** (*Н. Гоголь. Ревизор, д. 3, явл. 6 — 1836*) Thoughts and ideas come tumbling from his {her} brain (*Nikolai Gogol. The Government Inspector, act 3, sc. 6. < Trans. by D. G. Campbell). Used ironically of talk or writing which lacks any substance, is superficial, frivolous.*

8. **Ле́гче верблю́ду пройти́ сквозь иго́льное ушко́, чем...** (*< Библия, Матфей, 19, 24; Лука, 18, 25*) It is easier for a camel to go through the eye of a needle, than... (*The Bible, Matthew 19, 24; Luke, 18, 25).*

9. **Ле́ди Ма́кбет** (*героиня трагедии Шекспира «Макбет» — 1606*) Lady Macbeth (*character in William Shakespeare's tragedy "Macbeth"). Applied to masterful, cruel, unscrupulously ambitious women as, for example, in Nikolai Leskov's story of the passion and crime of Katerina Izmailova, entitled "Lady Macbeth of the Mtsensk Province" — 1865.*

10. **Лёд сло́ман** (*< Генри Суинберн. Краткий трактат о завещаниях и последней воле — 1590; < Шекспир. Укрощение строптивой, д. 1, явл.*

2 — 1594) The ice has been broken (<*Henry Swinburne. A Brief Treatise of Testaments and Last Wills; < Shakespeare. The Taming of the Shrew, act 1, sc. 2): a beginning has been made, the barrier of reserve has been broken down.*

11. **Ле́нин—/жил,/Ле́нин—/жив,/Ле́нин—/бу́дет жить** (*В. Маяковский. Комсомольская — 1924*) Lenin/lived,/Lenin/lives,/Lenin/shall ever live (*Vladimir Mayakovsky. Komsomol Song*). *Sov.*

12. **Ле́пта вдови́цы** (< *Библия, Марк,* 12, 41—44; *Лука,* 21, 1—4) Widow's mite (< *The Bible, Mark,* 12, 41—44; *Luke,* 21, 1—4). *Used of smb.'s small contribution to smth., made at the cost of heavy sacrifice and therefore especially valuable. Obs.*

13. **Лета́ к суро́вой про́зе кло́нят** (*А. Пушкин. Евгений Онегин, гл.* 6, 43 — 1833) The years to austere prose incline (*Alexander Pushkin. Eugene Onegin, ch.* 6, 43. *Trans. by Vladimir Nabokov*).

14. **Лет до ста́ расти́ нам без ста́рости./Год от го́да расти́ на́шей бо́дрости** (*В. Маяковский. Хорошо!* — 1927) May we live to a hundred years/ till our first gray hair appears,/ May our vigour and cheer grow from year to year (*Vladimir Mayakovsky. Fine! Based on Dorian Rottenberg's translation*). *Sov.*

15. **Лету́чий голла́ндец** (*из средневекового предания*) The Flying Dutchman (*from a medieval legend*): *one restlessly moving from place to place or from one job to another; a wanderer.*

16. **Лик его́ ужа́сен,/Движе́нья бы́стры. Он прекра́сен,/Он весь, как Бо́жия гроза́** (*А. Пушкин. Полтава, песнь* 3 — 1829) His face is stern, and terror strikes/Quickly he moves. His noble form,/Dark, louring like God's thunder storm,/Destruction breathes (*Alexander Pushkin. Poltava. Canto 3. Trans. by Charles Edward Turner*). *Generally used jokingly with reference to a person seized by a strong emotion, esp. anger.*

17. **Лиса́ Патрике́евна** (*из русских народных сказок*) A sly fox (*character in Russian folk tales*), *i. e. anyone notorious for cunning.*

18. **Лица́ нео́бщее [необщье] выраже́нье** (*Е. Баратынский. Муза —* 1830*) lit.* *Uncommon expression of the face (*Yevgeny Baratynsky. The Muse*): *fig. of a writer's or artist's individual manner or his ability to create highly individualized and vivid characters, images, etc. Also used in an extended sense (e. g. of cities).*

19. **Лицо́м к лицу́** (*Библия, Исход,* 33, 11*)* Face to face (*The Bible, Exodus,* 33, 11*), i. e. opposite, in the immediate presence.*

20. **Лицо́м к лицу́/Лица́ не увида́ть./Большо́е ви́дится на расстоя́нье** (*С. Есенин. Письмо к женщине* — 1924) A face is blurred/ Seen eye to eye./ Contours emerge only at a distance (*Sergei Yesenin. Letter to a Woman. Trans. by Margaret Wettlin*). *Used in the fig. sense to mean: one can recognize the importance of an event or pass an objective judgement on it only when it has become a part of the past.*

21. **Лича́рда** (*из сказки о Бове-королевиче*). *In an old Russian fairytale about Prince Bova, Licharda is his devoted servant. Hence his name came to be applied to faithful servants, and, ironically, to muddle-headed servants.*

22. **Ли́шние лю́ди** (*И. Тургенев. Дневник лишнего человека* — 1850) Superfluous men (*Ivan Turgenev. The Diary of a Superfluous Man. Trans. by C. Garnett*). *Originally used of members of Russian nobility who, having broken with the ideology of serfdom, could find no use for their abilities. Later the phr. came to be applied to persons who for various reasons failed to find their place in society.*

23. **Лишь мы, рабо́тники всеми́рной/Вели́кой а́рмии труда́** *see* Вели́кая а́рмия труда́.

24. **Лишь то́лько тот досто́ин жи́зни и свобо́ды,/ Кто ка́ждый день за них идёт на бой!** (*Гёте. Фауст, ч. 2, сцена «Большой двор перед дворцом»* — 1831) *Only he deserves freedom and life who has to conquer them every day (*Goethe. Faust, pt. 2, sc. Großer Vorhof*).

25. **Ловела́с** (*герой романа С. Ричардсона «Кларисса Гарлоу»* — 1748) Lovelace (*principal male character of Samuel Richardson's novel "Clarissa Harlowe"*): *a well-mannered libertine conspicuous for his amorous adventures.*

26. **Лови́ день** *цитируется обычно по-латыни*: Carpe diem (*Гораций. Оды, 1, 11, 8*) ↑ *L.*: enjoy the present. *In R. the phr. is also used to mean: do not waste time; try to spend every day of your life usefully (*Horace. Odes, 1, 11, 8*).

27. **Лови́те миг уда́чи** (*опера П. И. Чайковского «Пиковая дама», д. 3, карт. 7* — 1890, *либретто М. И. Чайковского по одноимённой повести А. Пушкина* — 1833) *Seize the moment when fortune favours you (*Peter Tchaikovsky's opera "Queen of Spades", act 3, sc. 7; libretto by Modest Tchaikovsky, based on Alexander Pushkin's story of the same title*).

28. **Лови́ть ры́бку в му́тной воде́** (< *Аристофан. Всадники, 5, 869*) To fish in troubled waters (< *Aristophanes. The Riders, 5, 869*): *try to make*

118

a state of confusion, a calamity, etc., a means to personal profit; try to benefit from other persons' troubles.

29. Ло́гика фа́ктов (*приписывается Бисмарку*) The logic of facts (*attributed to Otto von Bismarck*).

30. Ложь во спасе́ние (*из неверно по́нятого церковно-славянского текста Библии, Псалтырь, 32, 17*) lit. *A lie to save: a well-meant falsehood (the R. phr. derives from a wrongly interpreted Church-Slavonic text of the Bible).* Cf. A white lie.

31. Лошади́ная фами́лия (*заглавие рассказа А. Чехова — 1885*). *In Anton Chekhov's story "A horsey name" (trans. by Marian Fell) a general is suffering from toothache. The manager of his estate advises him to see a very good quack who is said to be able to charm the pain away. However, the manager cannot recollect the quack's name; all he remembers is that it has something to do with horses. Members of the general's family try to help, suggesting such words as "colt", "mare", "bridle", etc., but it is only after a dentist has pulled the general's tooth out, that the manager recalls the quack's name — it is* Овсо́в *(from овёс — oats). The phr. is used jokingly when one cannot recollect some person's name or a word.*

32. Лука́вый царедво́рец (*А. Пушкин. Борис Годунов, сцена «Кремлёвские палаты» — 1825*) Sly old courtier (*Alexander Pushkin. Boris Godunov, sc. The Kremlin Palace. Trans. by Philip L. Barbour*). *Used of one cunningly scheming for his own advancement.*

33. Луку́ллов(ский) пир (*согласно Плутарху, римский консул Люций Лициний Лукулл прославился своими роскошными пирами*) Lucullean banquet, the feast of Lucullus (*according to Plutarch, the Roman consul Lucius Licinius Lucullus was famous for his extravagant banquets*). *Used allusively.*

34. Луч све́та в тёмном ца́рстве (*заглавие статьи Н. Добролюбова — 1860, посвящённой драме А. Островского «Гроза»*) A ray of light in the realm of darkness (*title of an article by Nikolai Dobroliubov dealing with Alexander Ostrovsky's tragedy "The Storm"*). *Used of an event or tendency which stands out against a background of cultural backwardness or stagnation and gives rise to optimism.*

35. Лу́чше бы́ть пе́рвым в дере́вне, чем вторы́м в го́роде (< *Юлий Цезарь*) *It is better to be first in a village than second in a town (according to Plutarch, the idea, somewhat differently phrased, was expressed by Julius Caesar).*

36. Лу́чше гор мо́гут быть то́лько го́ры, /На кото́рых еще {никто́} не быва́л (*В. Высоцкий. Прощание с горами* — 1967) **The only better mountains are the ones/you have not climbed {nobody has climbed} (Vladimir Vysotsky. A Farewell to Mountains). Used mainly by mountain-climbers. In other uses the word* го́ры *is usually replaced, e.g.* Лучше гор может быть только небо.

37. Лу́чшее — враг хоро́шего *цитируется также по-французски:* Le mieux est l'ennemi du bien (*Вольтер. Философский словарь, статья «Драматическое искусство»* — 1764) ↑ *Fr.: the better is the enemy of the good (Voltaire. Dictionnaire Philosophique, art. Art Dramatique).*

38. Лу́чше по́здно, чем никогда́ (*Тит Ливий. История,* 4, 2, 11) Better late than never (*Titus Livy. History,* 4, 2, 11).

39. Лу́чше умере́ть сто́я, чем жить на коле́нях (*Долорес Ибаррури. Речь в Париже 3 сент. 1936 г.*) **It is better to die standing than to live on one's knees (Dolores Ibarruri. Speech in Paris on Sept. 3, 1936). Cf.* Better a glorious death than a shameful life.

40. Льви́ная до́ля (*< И. Крылов. Лев на ловле* — 1808; *восходит к Эзопу*) Lion's share (*Aesop. Lion, Fox and Donkey*), *i. e. the larger part, nearly all.*

41. Любви́ все во́зрасты поко́рны (*А. Пушкин. Евгений Онегин, гл.* 8, 29 — 1833) All ages are to love submissive (*Alexander Pushkin. Eugene Onegin, ch. 8, 29. Trans. by Vladimir Nabokov*).

42. Люби́, поку́да лю́бится,/ Терпи́, поку́да те́рпится,/ Проща́й, пока́ проща́ется,/ И — бог тебе́ судья́! (*Н. Некрасов. Зелёный Шум* — 1862) While love endures, love tenderly,/While patience lasts, live patiently,/ While mercy calls, be merciful,/ And — may God be your judge! (*Nikolai Nekrasov. Green Tides. Trans. by Irina Zheleznova*).

43. Люблю́ грозу́ в нача́ле ма́я (*Ф. Тютчев. Весенняя гроза* — 1829) I love a storm in early May (*Feodor Tyutchev. Spring storm. Trans. by Irina Zhelesnova*).

44. Люблю́ ли тебя́ —я не зна́ю,/Но ка́жется мне, что люблю́ (*А. К. Толстой. Средь шумного бала, случайно...* — 1851) Whether I love you —I know not,/ But it seems to me that I do (*Alexei K. Tolstoy. "By Chance Once, Amidst All the Bustle...". Based on trans. by Avril Pyman*).

45. Люблю́ отчи́зну я, но стра́нною любо́вью! (*М. Лермонтов. Родина* — 1841) I love my native land, but mine's a strange love, truly

120

(Mikhail Lermontov. My Native Land. Trans. by Irina Zheleznova). Used of a deep love for one's country, which never becomes ostentatious or unthinking.

46. Люблю́ я дру́жеские вра́ки/ И дру́жеский бока́л вина́ (*А. Пушкин. Евгений Онегин, гл.* 4, 47 — 1833) I like a friendly conversation,/ the enjoyment of a friendly drink (*Alexander Pushkin. Eugene Onegin, ch.* 4, 47. *Trans. by Charles Johnston*).

47. Любо́вная ло́дка/ разби́лась о быт (*В. Маяковский. Отрывки из второго вступления в поэму о пятилетке,* 2 — 1930) The love-boat/ has crushed on philistine reefs (*Vladimir Mayakovsky. The Unfinished Prologue to the Second Part of a Poem on the Five Year Plan,* 2. < *Trans. by Herbert Marshall*).

48. Любо́вный треуго́льник (*Х. Ибсен. Гедда Габлер, д.* 2 — 1890) The eternal triangle: *an emotional situation involving two women and a man or two men and a woman* (*R. source: Henrik Ibsen. Hedda Gabler, act* 2; *E. source: Book Review in "The Daily Chronicle", Dec.* 5, 1907).

49. Любо́вь и го́лод пра́вят ми́ром (*Ф. Шиллер. Мировая мудрость* — 1795) Love and hunger keep the world going (*Friedrich von Schiller. Die Weltweisen*).

50. Любо́вь ослепля́ет (*Платон. Законы*) Love blinds, i.e. love is blind (*Plato. The Laws*).

51. Любо́вь побежда́ет всё, *цитируется также по-латыни*: Omnia vincit amor (*Вергилий. Эклоги, X,*69) ↑ *L.*: Love overcomes all things (*Virgil. Eclogues X,*69; *occurs in Chaucer's "Canterbury Tales"*) .

52. Любо́вь слепа́ (< *Плавт. Хвастливый воин,* 1250) Love is blind (< *Plautus. Miles gloriosus,* 1250; *occurs in the given form in Shakespeare's play "The Merchant of Venice",* 1, 6, 36).

53. Любо́вь с пе́рвого взгля́да (< *К. Марло. Геро и Леандр*— опубл. 1598) Love at first sight (< *Christopher Marlowe. Hero and Leander*).

54. Лю́ди, бу́дьте бди́тельны! *see* Люди, я любил вас, будьте бдительны!

55. Лю́ди до́брой во́ли *восходит к латинскому переводу Библии, Лука,* 2, 13—14) Men of good will (*derives from the Latin version of the Bible, Luke,* 2, 13—14).

56. Лю́ди холо́пского зва́ния—/Су́щие псы иногда́:/Чем тяжеле́й наказа́ния,/Тем им миле́й господа́ (*Н. Некрасов. Кому на Руси жить хорошо, ч.* 4 «*Пир на весь мир*» — 1881) Hearts of men born into slavery/ Sometimes

with dog's hearts accord:/ Crueller the punishments dealt with them/ More they will worship their lord (*Nikolai Nekrasov. Who Can Be Happy and Free in Russia?, pt. 4 "A Feast for the Whole Village". Trans. by Juliet M. Soskice*).

57. **Лю́ди, я люби́л вас, бу́дьте бди́тельны!** (*Ю. Фучик. Репортаж с петлей на шее — опубл. 1946*) People, I have loved you. Be on your guard (*Julius Fučík. Report from the Gallows*).

58. **Людое́дка Эллочка** *see* Эллочка-людое́дка.

59. **Лягу́шка-путеше́ственница** (*название рассказа В. Гаршина — 1881*) *The travelling frog (*title of a story by Vsevolod Garshin*). Used jocularly of an inexperienced traveller, esp. a child who has made a long (and trying) journey.*

М

1. **Мавр сде́лал своё де́ло, мавр мо́жет уходи́ть** (*Ф. Шиллер. Заговор Фиеско в Генуе, д. 3, явл. 4 — 1783*) The Moor has done his duty, let him go (*F. von Schiller. Die Verschwörung des Fiesco, act 3, sc. 4*). *The phr. is used to characterize a cynical attitude towards a person whose services are no longer required.*

2. **Маг и волше́бник** (*А. Сухово-Кобылин. Свадьба Кречинского, д. 3, явл. 1 — 1855*) *A wizard and a sorcerer (*Alexander Sukhovo-Kobylin. The Marriage of Krechinsky, act 3, sc. 1*). Used of one who does everything with enviable ease; also of cheats, adventurers.*

3. **Маги́ческий криста́лл** (*А. Пушкин. Евгений Онегин, гл. 8, 50 — 1833*) Magic crystal (*Alexander Pushkin. Eugene Onegin, ch. 8, 50. Trans. by Vladimir Nabokov*). *Used of a poetic vision of the world. Cf. Magic glass, i. e. mirror in which the spectator is supposed to see the representation of future events or distant scenes; often fig.*

4. **Ма́йский день, имени́ны се́рдца** (*Н. Гоголь. Мёртвые души, т. 1, гл. 2 — 1842*) May day, a true birthday of the heart (*Nikolai Gogol. Dead Souls, vol. 1, ch. 2. Based on D. G. Hogarth's translation*). *Quoted jocularly to mean: "I am delighted; this is indeed an exceptional pleasure".*

5. **Мальбру́к в похо́д собра́лся** (*из старинной французской песни — ?1709*) Marlborough is off to the wars (*from an old French song "Marl-*

brough s'en va-t-en guerre"). Used ironically (and/or slightingly) with reference to a person whose belligerent actions have come to nothing; also of states (countries) whose military aspirations are doomed to failure.

6. **Ма́льчики крова́вые в глаза́х** see И ма́льчики крова́вые в глаза́х.

7. **Мама́ево побо́ище** (*название сражения между русским войском и войском татарского хана Мамая в 1380 г.*) *The slaughter of Mamay (name of a battle fought in 1380 on the Kulikovo Field between the Russian forces and those of the Tatar khan Mamay, in which the Russians won a decisive victory). Used of bloody battles, cruel fighting, etc.

8. **Мани́ловщина** (*по фамилии Манилова, одного из персонажей «Мёртвых душ» Н. Гоголя, т.* 1, *гл.* 2 — 1842) *Manilov-mentality (from the name of one of the characters in Nikolai Gogol's "Dead Souls", vol. 1, ch. 2, a sickeningly sentimental landowner given to hare-brained scheming). Used allusively of empty prattle, daydreaming, visionary scheming and wishful thinking.

9. **Ма́нна небе́сная** (< *Библия, Исход,* 16, 31—35) Manna (The Bible, Exodus, 16, 15 and 31—35). Used of anything rare, valuable or advantageous falling one's way as by divine bounty.

10. **Марс** (*из римской мифологии*) Mars (in Roman mythology the god of war). In the fig. sense originally used in R. to describe military men or those with an aggressive character. Now mainly used as an epithet for war.

11. **Мартобря́ 86 числа́** (*Н. Гоголь. Записки сумасшедшего* — 1835) Martober 86th (Nikolai Gogol. The Diary of a Madman. Trans. by Beatrice Scott), i. e. a jumble of nonsense.

12. **Марты́шка в ста́рости слаба́ глаза́ми ста́ла** (*И. Крылов. Мартышка и Очки* — 1815) *The monkey's eyes have grown weak with age (Ivan Krylov. The Monkey and the Spectacles). Used jokingly as a complaint that one's eyesight has become weaker.

13. **Марты́шкин труд** (< *И. Крылов. Обезьяна* — 1811; *в данной форме впервые, водимо, у Д. Писарева в «Реалистах»,* 2 — 1864) lit. Monkey's labour (< Ivan Krylov. The Monkey; first used probably by Dmitry Pisarev in "The Realists", 2). The phr. derives from Ivan Krylov's fable "The Monkey". In the fable, a monkey, envious of the respect enjoyed by a hard-working peasant, busies itself with a block of wood: it lifts the block, carries it about, turns it this way and that, but all these useless efforts fail to attract attention. The phr. is used of useless work.

14. **Мастера́ культу́ры** *see* С кем вы, «мастера́ культу́ры»?

15. **Мать городо́в ру́сских** (*согласно древнерусскому летописному своду, так назвал Киев князь Олег, годы правления 879—912*) Mother of Russian cities (*according to one of the oldest collections of Russian chronicles, Kiev was named thus by Prince Oleg, ruler of the Kiev Russ from 879 till his death in 912. Today Kiev is the capital of the Ukraine*).

16. **Мафусаи́л** *see* Стар как Мафусаи́л.

17. **Маши́на вре́мени** (*заглавие романа Г. Уэллса — 1895*) The time machine (*title of a novel by H. G. Wells*). *Used figuratively of circumstances, events, etc., which seem to transport a person into another age by acquainting him, for example, with the latest achievements in science and technology or, conversely, with primitive technology, the life of primitive peoples, etc.*

18. **Медве́жья услу́га** (< *И. Крылов. Пустынник и Медведь — 1808*) *lit.* *A bear's service (< *Ivan Krylov. Hermit and Bear. Trans. by Bernard Pares*): *a disservice meant for smb.'s good, an unintentional ill turn.*

19. **Медо́вый ме́сяц** (*выражение, приобретшее известность после того, как Вольтер употребил его в романе «Задиг, или Судьба», гл. 3 — 1747; впервые употреблено, видимо, Дж. Хейвудом в XVI в.*) Honeymoon (*the phr. entered R. and some other European languages with the publication of Voltaire's novel "Zadig ou la destinée"; first used probably by J. Heywood in the 16th cent.*). *Used of the first weeks after marriage; also fig.*

20. **Медь звеня́щая. Кимва́л звеня́щий {бряца́ющий, звуча́щий}** (*Библия, I Послание к коринфянам, 13, 1*) Sounding brass. Tinkling cymbal (*The Bible, I Corinthians, 13, 1*). *Used of smth. which appears to be significant, full of promise, etc., but which is, in fact, trivial, empty, barren. Often applied to bombastic, florid speech of petty content. Obs.*

21. **Ме́жду мо́лотом и накова́льней** (*заглавие русского перевода романа Ф. Шпильгагена — 1868*) Between (the) hammer and (the) anvil (*title of the R. translation of Friedrich Spielhagen's novel "Hammer und Amboβ"*), *i. e. between two dangers. Cf.* Between two fires.

22. **Междунаро́дный жанда́рм** (*западноевропейская пресса о русском царизме в середине XIX в.*) The international gendarme (*West-European press about mid-nineteenth-cent. Russia*). *Now used in an extended sense.*

23. **Ме́жду не́бом и землёй (жить, пребыва́ть)** (*Библия, 2-я Царств, 18, 9*) Between the heaven and the earth (*The Bible. 2 Samuel, 18, 9*): *a) to*

be without a roof over one's head; b) to be in an uncertain position, have no permanent job, etc.

24. **Мéжду Сцѝллой и Харѝбдой** (*из греческой мифологии*) Between Scylla and Charybdis: *between two equal dangers. (In Greek legend, respectively a sea monster and a whirlpool or monster on opposite sides of Messina Straits. Sailors trying to avoid one danger ran the risk of being overcome by the other).*

25. **Меж нѝми всё рождáло спóры** (*А. Пушкин. Евгений Онегин, гл. 2, 16 — 1833*) Between them everything engendered discussions (*Alexander Pushkin. Eugene Onegin, ch. 2, 16. Trans. by Vladimir Nabokov*).

26. **Мéлкая филосóфия на глубóких местáх** (*название стихотворения В. Маяковского — 1925*) *lit.* *Shallow philosophy in deep places (*title of a poem by Vladimir Mayakovsky). Used ironically of banal philosophizing about important matters.*

27. **Мéнтор** (*Гомер. Одиссея*) Mentor (*Homer, Odyssey). In mod. R. applied ironically to persons who give advice in an offensive, tedious manner or are given to tedious moralizing. The adj. is often used to describe the tone of a person's voice:* мéнторский тон *a preachy tone of voice.*

28. **Мéрзость запустéния** (*< Библия, Даниил, 9, 27; Матфей, 24, 15*) The abomination of desolation (*The Bible, Matthew, 24, 15), i. e. a state of complete neglect or desolation; lying waste.*

29. **Мёртвая бýква** (*< Библия, II Послание к коринфянам, 3, 6*) Dead letter (*< The Bible, 2 Corinthians, 3, 6). While in E. the phr. is used to mean: "a law or rule not enforced", in R. it is applied to the formal, external side of smth. as opposed to its content, meaning, spirit.*

30. **Мёртвые дýши** (*по названию поэмы Н. Гоголя — 1842*) Dead souls (*title of a novel by Nikolai Gogol, who called it a poem). The expression is applied to: a) persons who are formally members of some organization but who take no part in its activities (originally of dead serfs whose names remained in the register until the next census); b) persons with a "dead soul".*

31. **Мёртвые срáма не ѝмут** (*по летописи, слова князя Святослава*) *The slain know no disgrace (*according to chronicles, words said by Prince Sviatoslav), i. e. death in battle is always honourable.*

32. **Мессалѝна** (*жена римского императора Клавдия, прославившаяся своим распутством: Тацит. Анналы; Светоний. Жизнь двенадцати цезарей*) Messalina (*wife of the Roman Emperor Claudius and*

a notorious wanton: Tacitus, Annals; Suetonius. Lives of the Twelve Caesars) . Used allusively.

33. Места́ не столь отдалённые (*согласно законодательству дореволюционной России, ссылка на поселение могла быть в отдаленные и не столь отдаленные места Сибири*) *Places not too far away (*according to law, in pre-Revolutionary Russia a person could be exiled to distant or not too distant parts of Siberia) The phrase is used to mean: exile, labour camp, mainly with reference to Soviet times.*

34. Ме́сто под со́лнцем (*Паскаль. Мысли, ч. 1, 9, 53 — опубл. 1670; новый смысл придан выражению Б. фон Бюловом и Вильгельмом II*) A place in the sun *(Blaise Pascal. Pensées, pt. 1, 9, 53; used in a new sense by Bernhard von Bülow and William II). Originally the right to live. In current use means simply "one's place in the world".*

35. Ме́тод проб и оши́бок (*источник не установлен*) Method of trial and error (*authorship not established*). *In E. generally used in the form*: by trial and error.

36. Мефисто́фельская улы́бка. Мефисто́фельский смех (*< Гёте. Фауст —* 1808*)* Mephistophelian {Mephistophelic} smile {laughter} *(< Goethe. Faust), i. e. cynical, fiendish, jeering smile {laughter}.*

37. Мецена́т (*по имени Гая Цильния Мецената, покровительствовавшего поэтам и художникам*) Maecenas: *patron of art and literature (after Gaius Cilnius Maecenas, a Roman noble, who kept open house for all men of letters).*

38. Мечта́м и го́дам нет возвра́та (*А. Пушкин. Евгений Онегин, гл. 4, 16 —* 1833*)* For dreams and years there's no return (*Alexander Pushkin. Eugene Onegin, ch. 4, 16. Trans. by Vladimir Nabokov).*

39. Мечты́, мечты́! где ва́ша сла́дость? (*А. Пушкин. Евгений Онегин, гл. 6, 44 —* 1833*)* O dreams, o dreams, where is your sweetness? (*Alexander Pushkin. Eugene Onegin, ch. 6, 44. Trans. by Charles Johnston). Quoted with sad irony.*

40. Меща́ни́н во дворя́нстве (*заглавие русского перевода комедии Мольера "Le bourgeois gentilhomme" —* 1670*)* Bourgeois gentilhomme, *Fr. (title of a comedy by Molière, trans. into E. as "The Citizen Who Apes the Nobleman"): an upstart, parvenu.*

41. Милосе́рдный самарита́нин [самаря́нин] (*< Библия, Лука,* 10, 30—37*)* A good Samaritan (*< The Bible, Luke,* 10, 30—37*), i. e. a philanthropist, one who pities and gives practical help to persons in trouble.*

42. **Мильо́н терза́ний** (*А. Грибоедов. Горе от ума, д. 3, явл. 22 —* 1824) *Millions of misgivings (*A. Griboedov. The Misfortune of Being Clever, act 3, sc. 22*): *continuous pangs of remorse; continuous doubts or hesitations (esp. those connected with the necessity of making an important decision); continuous mental suffering (*мильо́н *is an obs. form of* миллио́н).

43. **Министе́рская чехарда́** (*из речи В. Пуришкевича на заседании Государственной думы 12 февраля* 1916) *Ministerial leapfrog (*from a speech, delivered by Vladimir Purishkevich at the sitting of the State Duma on Feb. 12, 1916). Used of rapid changes in the Government. Cf.* A Cabinet reshuffle.

44. **Мину́вших дней очарова́нье** (*В. Жуковский. Песня; впервые опубликована под названием «Прежние времена»—* 1821) *The magic spell of gone-by days (*Vasily Zhukovsky. A Song; first published under the title "Gone-by Days"*).

45. **Мину́й нас пу́ще всех печа́лей/ И ба́рский гнев и ба́рская любо́вь** (*А. Грибоедов. Горе от ума, д. 1, явл. 2 —* 1824) *May we avoid above all else/ Our masters' anger or their love (*Alexander Griboedov. The Misfortune of Being Clever, act 1, sc. 2*).

46. **Мир вам!** (*Библия, Лука, 24, 36*) Peace be unto you! (*The Bible, Luke, 24, 36*). *In mod. R. chiefly used jokingly as a greeting.*

47. **Мир до́му сему́!** (*Библия, Лука, 10, 5*) Peace be to this house! (*The Bible, Luke, 10, 5) In mod. R: used jokingly as a greeting on entering smb.'s house.*

48. **Мир недели́м** (*из выступления наркома иностранных дел М. Литвинова в Совете Лиги Наций 17 января* 1935) Peace is indivisible (*Maxim Litvinov, commissar for foreign affairs, in a speech at the Council of the League of Nations*).

49. **Ми́рное сосуществова́ние** (*в форме «мирное сожительство» употреблено В. И. Лениным в «Ответе на вопросы берлинского корреспондента американского информационного агентства "Universal Service" Карла Виганда»* — 1920) Peaceful coexistence (*V. I. Lenin. In Reply to Questions Put by Karl Wiegand, Berlin Correspondent of "Universal Service"*)

50. **Мирова́я скорбь** (*Жан Поль. Селина, или О бессмертии души —* 1825) Weltschmerz, *Ger.* (*Jean Paul. Selina*): world sorrow. *Used of: a) pessimism proceeding from the "imperfection of the world" (this attitude was*

characteristic of many works of fiction written at the end of the 18th *and the beginning of the* 19th *cent.); b) yearning, disillusion, nostalgia, etc. (often used ironically).*

51. **Мир тéсен** (*приписывается Христофору Колумбу*) It is a small world (*attributed to Christopher Columbus*).

52. **Мир управля́ется мнéниями** *цитируется также по-французски:* C'est l'opinion qui gouverne le monde (*Ш. Г. Этьен. Два зятя, д. 2, явл. 15 — 1810*) The world is governed by opinions (*Charles Guillome Etienne. Deux gendres, act 2, sc. 15*).

53. **Мир хи́жинам, война́ дворца́м!** (*приписывается Шамфору, он же Н. С. Рок*) Guerre aux châteaux! Paix aux chaumières!, *Fr.:* peace to cottages, war on palaces! (*attributed to Chamfort, alias Nicolas Sebastien Roch*).

54. **Митрофа́нушка** (*герой комедии Д. Фонвизина «Недоросль»* — 1783) Mitrofanushka (*name of the main character in Denis Fonvizin's comedy "The Young Hopeful"), a pampered, ignorant young idler, too stupid to learn anything. Used allusively. Cf.* Tony Lumpkin. *See also* Не хочу́ учи́ться...

55. **Мне гру́стно потому́, что вéсело тебé** (*М. Лермонтов. Отчего* — 1840) (So) I am sad, my dearest love, because you are so gay (*Mikhail Lermontov. Because. Trans. by Avril Pyman*).

56. **Мне ду́шно здесь... я в лес хочу́** (*А. Пушкин. Братья-разбойники* — 1825) *I'm stifled here... I long for forest air (*Alexander Pushkin. The Robber Brothers). Used jokingly.*

57. **Мне наплева́ть/ на бро́нзы многопу́дье,/ мне наплева́ть/ на мра́морную слизь** (*В. Маяковский. Во весь голос* — 1930) The hell I care/ for bronze's weight memorial,/ the hell I care/ for marble's frozen slime! (*Vladimir Mayakovsky. Aloud and Straight. Trans. by Dorian Rottenberg*). Многопу́дье — *a neologism formed by Mayakovsky — lit. "many-poodness"; "pood" is an old Russian weight, about* 36lb).

58. **Мне не до́рог твой пода́рок,/Дорога́ твоя́ любо́вь** (*русская народная песня «По улице мостовой»*) *It's not the gift I prize so much as the thought behind it (*from a Russian folk-song "Along the Cobbled Street"). Used jokingly. Cf.* It's the thought that counts.

59. **Мне не смешно́, когда́ маля́р него́дный/Мне па́чкает Мадо́нну Рафаэ́ля,/Мне не смешно́, когда́ фигля́р презре́нный/Паро́дией бесче́стит**

Алигьéри (*А. Пушкин. Моцарт и Сальери* — 1830) It does not make me laugh when a poor painter/Attempts to copy Raphael's Madonna./It does not make me laugh when a vile rhymester/Dishonours Dante by bad imitation (*Alexander Pushkin. Mozart and Salieri. Trans. by Avril Pyman*).

60. **Мнúмый больнóй** (*заглавие русского перевода комедии Мольера "Le malade imaginaire"* — 1673) Malade imagináire, *Fr.:* the imaginary invalid (*title of Molière's comedy*). *Used of a healthy person who imagines that he is sick or pretends to be sick.*

61. **Мнóго звáных, но мáло úзбранных** (*Библия, Матфей*, 20, 16; 22, 14) Many are called, but few are chosen (*The Bible, Matthew*, 22, 14; *see also* 20, 16), *i. e. among those who work in the field of science, art, literature, etc. only few have a real calling for their profession and possess talent.*

62. **Многоуважáемый шкап** (*А. Чехов. Вишнёвый сад*, д. 1 — 1903) *lit.* *Venerable bookcase. With these words one of the characters of Anton Chekhov's play "The Cherry Orchard", act 1, begins his long, pompous monologue addressed to his bookcase. The quotation is applied to banal, pompous talk.*

63. **Мнóго шýму из ничегó** (*заглавие русского перевода комедии Шекспира* — 1599) Much ado about nothing (*title of a comedy by William Shakespeare*).

64. **Могýчая кýчка** (*название группы русских композиторов 2-й половины XIX в.*) *The Mighty Group (name of the circle of young Russian composers, including Rimsky-Korsakov, Borodin and Musorgsky, also known as "the Five", who came to influence the whole development of musical life in Russia in the second half of the 19th cent.). Now used of any group of talented artists, writers, scientists, etc., who work in close collaboration.*

65. **Мóжет быть, вам {тебé} дать ещё ключ от квартúры, где дéньги лежáт?** (< *И. Ильф и Е. Петров. Двенадцать стульев*, гл. 6 — 1928) *Perhaps you would like me to give you the key to my flat where I keep my money, too?* (< *Ilya Ilf and Yevgeny Petrov. The Twelve Chairs, ch. 6*). *The quotation is used to mean: your impudence exceeds all limits.*

66. **Мóжет сóбственных Платóнов/ И бúстрых рáзумом Невтóнов/ Россúйская земля рождáть** (*М. Ломоносов. Ода* — 1747). *The land of Russia can bring forth Platos of her own and Newtons keen of wit* (*Mikhail Lomonosov. Ode, 1747*) (Невтóн — *mod.* Ньютóн).

67. **Мóжно/ убедúться,/ что земля покáта,/ — / сядь/ на сóбственные ягодúцы/ и катúсь!** (*В. Маяковский. Юбилейное* — 1924) You can/ sat-

isfy yourself/ that the earth/ is round — / sit/ on your own buttocks — / and slide! (*Vladimir Mayakovsky. Jubilee. Based on trans. by Herbert Marshall). Quoted jokingly.*

68. **Мозговóй трест** (*выражение, впервые употребленное А. Уайтом в 1903 г.*) Brain(s) trust (*a name applied by James M. Kieran of the "New York Times" to the advisers of Franklin Roosevelt in his election campaign, 1932; later applied to a body of college professors who advised Roosevelt in administration; first used by Allen White of the "Saturday Evening Post", 21.3.1903). Applied to a body of experts.*

69. **Мои годá [летá] — моё богáтство** (*«Песня о годах», музыка Г. Мовсесяна, слова Р. Рождественского — 1982*) *My years are {my age is} my wealth ("The Song of One's Age", words by Robert Rozhdestvensky, music by G. Movsesian).*

70. **Мои университéты** (*заглавие автобиографической повести М. Горького — 1923*) My universities (*title of Maxim Gorky's autobiographical work; trans. by Hellen Altschuler), i. e. the school of life.*

71. **Мой дом — моя крéпость** *цитируется также по-английски:* My house is my castle (*< Э. Кок. Третий институт законов Англии, гл. 73 —* 1628) ↑ [A man's house is his castle] (*< Sir Edward Coke. Third Institute of the Laws of England, ch. 73).*

72. **Мой друг, отчúзне посвятúм/Души прекрáсные порýвы** (*А. Пушкин. К Чаадаеву — 1818*) Come: to our country let us tend/ The noble promptings of the spirit (*Alexander Pushkin. To Chaadayev. Trans. by Babette Deutsch).*

73. **Мой стакáн не велúк {мал}, но я пью из своегó стакáна** (*А. де Мюссе. Чаша и уста. Предисловие — 1832*) The glass I drink from is not large, but at least it is my own (*Alfred de Musset. La Coupe et les Lèvres. Préface). Cited when one wants to stress one's independence or one's desire to preserve one's individuality, to be oneself.*

74. **Молúлась ли ты нá ночь, Дездемóна?** (*Шекспир. Отелло, д. 5, сц. 2 — 1604*) Have you pray'd tonight, Desdemon? (*Shakespeare. Othello, act 5, sc. 2). Used in R. as a jocular threat.*

75. **Молодáя гвáрдия** (*А. Безыменский. Молодая гвардия — 1922, где выражение является образным обозначением комсомола; первоначальный текст немецкого поэта Г. Эйльдермана; «Молодой гвардией» назвала себя подпольная комсомольская организация,*

которая во время Великой Отечественной войны вела героическую борьбу против немецких оккупантов в г. Краснодоне; эта борьба описана в романе А. Фадеева «Молодая гвардия») The young guard (*A. Bezymensky. The Young Guard, where the name refers to the Komsomol; the poem is a R. version of a song about the young representatives of the proletariat written in 1907 by Heinrich Eildermann; the name "The Young Guard" was used by a Komsomol underground organization which worked in the enemy's rear, in Krasnodon, during the Great Patriotic War of 1941-45; the heroic work of this organization is described in Alexander Fadeev's novel "The Young Guard", 1946). The phr. is used with reference to the best representatives of the young generation, esp. the Komsomol.*

76. **Молоды́м везде́ у нас доро́га,/Старика́м везде́ у нас почёт** (*В. Лебедев-Кумач. Песня о Родине; исполнена впервые в кинофильме «Цирк», музыка И. Дунаевского — 1936)* *To youth all roads are open here,/ The aged receive due respect (*Vasily Lebedev-Kumach. My Native Land, a song set to music by Isaak Dunayevsky; performed for the first time in the film "Circus");* To our youth now every door is open,/ Everywhere our old with honour go (*translator unknown). Sov.*

77. **Молотка́стый, серпа́стый сове́тский па́спорт** (*В. Маяковский. Стихи о советском паспорте — 1929)* A sickled,/hammered/Soviet passport (*Vladimir Mayakovsky. My Soviet Passport. Trans. by Dorian Rottenberg). Now used jokingly. The adjectives* молотка́стый, серпа́стый *are Mayakovsky's neologisms. Sov.*

78. **Моло́х** (*Библия, Левит*, 18, 21 *и др.*) Moloch {Molech} (*The Bible, Leviticus*, 18, 21 *and other places). Used of smth. cruel and implacable to which dreadful sacrifice is made or destruction due; in R. also jokingly of smth. which causes one to work very hard and continuously.*

79. **Моло́чные ре́ки и кисе́льные берега́** (*из русских народных сказок*) *Rivers flowing with milk between banks of fruit jelly (*from Russian folk tales). Cf. A land flowing with milk and honey (The Bible, Exodus, 3, 8). Used as a fig. description of carefree living.*

80. **Молча́лин** (*один из героев комедии А. Грибоедова «Горе от ума» —* 1824) Molchalin: *name of a character in Alexander Griboedov's comedy "The Misfortune of Being Clever", a servile, obsequious climber.*

81. **Молча́ние — знак согла́сия** (< *папа Бонифаций VIII; восходит к старинной пословице*) Silence gives consent (< *Pope Boniface VIII; orig-*

inally a saying founded on the old Latin Law maxim — Qui tacet consentire videtur: *who is silent is held to consent).*

82. **Молчи́, скрыва́йся и тай / И чу́вства и мечты́ свои́** (*Ф. Тютчев. Silentium!* — 1836) Seal thou thy lips, to none impart / The secret dreams that fill thy heart (*Feodor Tyutchev. Silentium! Trans. by Irina Zhelesnova*).

83. **Монте́кки и Капуле́тти** (*Шекспир. Ромео и Джульетта* — 1595) Montague and Capulet (*Shakespeare. Romeo and Juliet*). *Applied to persons involved in a "hereditary" strife between families; also used in an extended sense.*

84. **Мора́ль сей ба́сни такова́** (*автор не установлен*) The moral of this fable is... (*author unknown*). *Used in an extended sense.*

85. **Моро́з и со́лнце; день чуде́сный!** (А. *Пушкин. Зимнее утро* — 1829) Snow, frost and sunshine — lovely morning! (*Alexander Pushkin. Winter Morning. Trans. by Irina Zheleznova*).

86. **Москва́... как мно́го в э́том зву́ке/ Для се́рдца ру́сского слило́сь!/ Как мно́го в нём отозва́лось!** (*А. Пушкин. Евгений Онегин, гл.* 7, 36 — 1833) Moscow!.. How much within that sound/ is blended for a Russian heart! How much it echoes there! (*Alexander Pushkin. Eugene Onegin, ch. 7, 36. Trans. by Vladimir Nabokov*).

87. **Моя́ (дража́йшая) полови́на** (*Ф. Сидней. Аркадия,* 3 — ок. 1590) My better half: *a jocular way of saying "my wife"* (*Sir Philip Sidney. Arcadia,* 3).

88. **Моя́/ мили́ция/ меня́ бережёт** (*В. Маяковский. Хорошо!* — 1927) That's my/ militia/ Guards me/ and mine (*Vladimir Mayakovsky. Very Good! Trans. by Herbert Marshall*). *Used jocularly.*

89. **Мужичо́к с ногото́к** (*из русских народных сказок*) A little man the size of thimble (*from Russian folk tales; trans. by Bernard Isaacs*).

90. **Му́за да́льних стра́нствий** (*Н. Гумилёв. Отъезжающему* — 1916) lit. *The Muse of distant travels (Nikolai Gumiliov. To the Departing), i. e. something that entices one to undertake long voyages, to travel to distant places; the fascination of distant countries.*

91. **Му́за ме́сти и печа́ли** (*Н. Некрасов. «Замолкни, Муза мести и печали!»* — 1856) Muse of vengeance and of sorrow (*Nikolai Nekrasov. "Be Silent, Muse of Vengeance and of Sorrow...". Trans. by Alex Miller*). *Originally used as a description of Nikolai Nekrasov's poetry "of people's sorrow". Later came to be applied to the works of other poets and prosaists who wrote about the social injustices of their time, calling for changes in the existing order.*

132

92. **Му́зыка {гармо́ния} сфер** (*по мысли Пифагора, небесные тела при своём движении производят звуки, гармонично сливающиеся в один тон*) The music {harmony} of the spheres (*Pythagoras thought that the heavenly bodies must make sounds in their motion and that the different sounds harmonize). Used of universal harmony and laws determining the structure of the universe. May also be used in an extended sense.*

93. **Му́ки Танта́ла. Танта́ловы му́ки** (*из греческой мифологии*) The torments of Tantalus. *According to Greek mythology, Tantalus was a son of Zeus punished by the gods for divulging their secrets to mortals. He had to stand up to his chin in water overhung by grapes and suffer agony from thirst, hunger and unfulfilled anticipation because every time he tried to drink, the waters ebbed, while the fruit drew back when he reached for it.*

94. **Мурло́ мещани́на** (*В. Маяковский. О дряни* — 1920—21) *Philistine's ugly mug (*Vladimir Mayakovsky. About Trash*).

95. **Мы в гимна́зиях не обуча́лись** (< *И. Ильф и Е. Петров. Золотой телёнок, гл. 13* — 1931) *We haven't been to posh schools (< *Ilya Ilf and Yevgeny Petrov. The Golden Calf, ch. 13*), *a jocular way of saying that smth. is beyond one's comprehension.*

96. **Мы все вы́шли из го́голевской «Шине́ли»** (*выражение, употреблённое Ф. Достоевским в беседе с Э. де Вогом; стало известно из книги Вога «Русский роман»* — 1886) We all came out of Gogol's "Overcoat" (*words used by Feodor Dostoyevsky in his conversation with Eugène Melchior de Vogue; the quotation came into use with the publication of de Vogue's book "The Russian Novel"* — 1886). *The quotation is used as a fig. description of Nikolai Gogol's contribution to the development of Russian literature and of the continuity of his tradition. (For "The Overcoat" see* Ака́кий Ака́киевич).

97. **Мы все гляди́м в Наполео́ны** *see* Мы почита́ем всех нуля́ми...

98. **Мы все учи́лись понемно́гу,/ Чему́-нибудь и ка́к-нибудь** (*А. Пушкин. Евгений Онегин, гл. 1, 5* — 1833) We all meandered through our schooling/ haphazard... (*Alexander Pushkin. Eugene Onegin, ch. 1, 5. Trans. by Charles Johnston*).

99. **Мы/диале́ктику/учи́ли не по Ге́гелю./Бряца́нием боёв/она врыва́лась в стих** (*В. Маяковский. Во весь голос* — 1930) Our dialectics/ weren't derived/ from Hegel's cunning./ Through battle din/ it burst into our verse (*Vladimir Mayakovsky. Aloud and Straight. Trans. by Dorian Rottenberg*). *Sov.*

100. Мы ещё повою́ем, чёрт возьми́! (*И. Тургенев. «Мы ещё повоюем», стихотворение в прозе* — 1882) *We'll go on fighting, damn it all! (*Ivan Turgenev. We'll Go On Fighting, a prose poem*), i. e. "We are not done for yet".

101. Мы кузнецы́, и дух наш мо́лод,/ Куём мы к сча́стию ключи́ (< *Ф. Шкулёв. «Мы кузнецы, и дух наш молод...»* — 1912-14) We are the smiths, we sing youth's praises,/ We forge the key to happiness (*Filipp Shkulev. We Are the Smiths. Trans. by Tom Bolting*). Sov.

102. Мы лени́вы и нелюбопы́тны (*А. Пушкин. Путешествие в Арзрум, гл. 2* — 1836) We are lazy and have no curiosity (*Alexander Pushkin. A Journey to Arzrum. Trans. by Birgitta Ingemanson*). Used as a condemnation of human inertia.

103. Мы ми́рные лю́ди, но наш бронепо́езд/ Стои́т на запа́сном пути́ (*М. Светлов. Песня о Каховке* — 1935 — *популярная песня, музыка И. Дунаевского*) *We are a peaceful people, but we keep our armoured train standing in a siding (*Mikhail Svetlov. Song about Kakhovka, set to music by Isaak Dunaevsky*).

104. Мы не мо́жем жда́ть ми́лостей от приро́ды, взять их у неё — на́ша зада́ча (*И. Мичурин. Предисловие к 3-му изд. трудов* — 1934) *We cannot wait for favours from nature; our task is to take her bounties (*Ivan Michurin. Preface to the 3rd edition of his works*). Sov. Now often used ironically.

105. Мы паха́ли (*И. Дмитриев. Муха* — 1803) *We've been ploughing. *In Ivan Dmitriev's fable "The Fly", a fly sitting on a tired ox's horns is asked by one of her mates: "Where have you been, my sister?" — "Where! We've been ploughing", the fly replies. The phr. is applied to persons who want to show that they have done a great deal when, in fact, their contribution has been quite insignificant. It is also applied to persons who want to lay claim to smth. that has been done by others.*

106. Мы почита́ем всех нуля́ми,/А едини́цами — себя́./Мы все гляди́м в Наполео́ны (*А. Пушкин. Евгений Онегин, гл. 2, 14* — 1833) We deem all men naughts and ourselves units. We all aspire to be Napoleons (*Alexander Pushkin. Eugene Onegin, ch. 2, 14. Trans. by Vladimir Nabokov*); We think all other people zeros,/ And integers: ourselves alone./ We're all Napoleons, we're certain (*trans. by Babette Deutsch*).

107. Мы рождены́ для вдохнове́нья,/Для зву́ков сла́дких и моли́тв (*А. Пушкин. Поэт и толпа* — 1828) We have at birth received/The inspired gift of sweetest song and prayer (*Alexander Pushkin. The Poet and the Mob. < Trans. by Charles Edward Turner*).

108. **Мы рождены́, чтоб ска́зку сде́лать бы́лью** (*из популярной песни — авиационного марша — «Всё выше!» на слова П. Германа*) *We have been born to make a dream come true (*from a popular song "Higher and Higher", an Air Force march to words by P. Gherman*). Sov.

109. **Мысль изречённая есть ложь** (*Ф. Тютчев. Silentium! —* 1830) A thought when spoken is a lie (*F. Tyutchev. Silentium! Trans. by Babette Deutsch*); What are thoughts, once voiced, but common lies (*trans. by Irina Zheleznova*).

110. **Мы́слящий тростни́к** *цитируется также по-французски*: Le {Un} roseau pensant (*Паскаль. Мысли, 6, 347 —* 1670) A thinking reed (*Blaise Pascal. Pensées, 6, 347, where he writes: Man is only a reed, the weakest thing in nature, but he is a thinking reed*). Rare.

111. **Мы с не́ю вме́сте не служи́ли** (*А. Грибоедов. Горе от ума, д. 2, явл. 5 —* 1824) We never served together (*Alexander Griboedov. Gore ot Ouma, act 2, sc. 5. Trans. by Nicholas Benardaky). This is the reply given by Skalozub, a dim-witted colonel, to Famusov's inquiry whether he was acquainted with a certain society lady. The quotation is used jocularly or ironically, by members of either sex, when one wants to say that one does not know the person in question, esp. if one feels that some justification of this is needed.*

112. **Мы удали́мся под сень струй** (*И. Гоголь. Ревизор, д. 4, явл. 13 —* 1836) We shall retire to some shady nook beside a running brook (*Nikolai Gogol. The Government Inspector, act 4, sc. 13. Trans. by David Magarshack). Used jokingly to mean: we are going away, retiring to some quiet spot.*

113. **Мы чужи́е на этом пра́зднике жи́зни** (*И. Ильф и Е. Петров. Двенадцать стульев, гл. 36 —* 1928) *We are strangers at this festival of life (*Ilya Ilf and Yevgeny Petrov. The Twelve Chairs, ch. 36). Cited with bitter irony when one feels that one has been left out in the cold.*

114. **Мыши́ный жере́бчик** (*Н. Гоголь. Мёртвые души, т. 1, гл. 8 —* 1842) Mousy little stallion (*Nikolai Gogol. Dead Souls, vol. 1, ch. 8. Trans. by George Reavey). Used jocularly of old dandies fluttering around women. Cf. An old spark.*

115. **Мюнхга́узен** (*герой анонимных рассказов, собранных и изданных по-английски Р. Э. Распе в 1786 г.*) Baron Münchhausen (*the hero of a*

collection of stories by Rudolph Erich Raspe, published in English in 1786; the incidents in which a traveller, Baron Münchhausen, meets with the most fantastic adventures were compiled from various sources, including the adventures of an actual von Münchhausen, a German officer in the Prussian army, noted for his marvellous stories): an incorrigible liar or braggart.

116. **Мягкотёлый интеллигéнт** (*М. Салтыков-Щедрин. Пошехонские рассказы, вечер 6 — 1884).* *A spineless intellectual. In his "Poshekhonian Tales" M. Saltykov-Shchedrin used this phr. with reference to the liberal intelligentsia of his time, which lacked firm convictions and moral courage.*

Н

1. **На берегý пусты́нных волн/Стоя́л он, дум вели́ких полн** (*А. Пушкин. Медный всадник, Вступление — 1833)* Grave with his lofty thoughts of State/ He stood besides the desert sea (*Alexander Pushkin. The Bronze Horseman, Introduction. Trans. by Eugene M. Kayden). Applied jokingly to someone immersed in thought. The beginning of the poem refers to Peter I who stood on the bank of the Neva River making plans to build a new capital at its mouth. See* Окно́ в Европу.

2. **На блю́дечке с голубóй каёмочкой [каёмкой]** (*И. Ильф и Е. Петров. Золотой телёнок, гл. 2 — 1931) lit.* *On a saucer with a blue border (*Ilya Ilf and Yevgeny Petrov. The Golden Calf, ch. 2), i. e. (hand {present} smth.) on a silver platter {plate}.*

3. **Навóзну кýчу разрыва́я,/Петýх нашёл Жемчýжное Зернó** (*И. Крылов. Петух и Жемчужное Зерно — 1809)* *Pecking on a dunghill/ a cock came upon a pearl (*Ivan Krylov. The Cock and the Pearl). See* Жемчýжное зернó в навóзной кýче.

4. **На вóлю! В пампа́сы!** (*И. Ильф и Е. Петров. Золотой телёнок, гл. 16 — 1931) lit.* *Into the open! To the pampas! (*Ilya Ilf and Yevgeny Petrov. The Golden Calf, ch. 16). These words are repeated continuously by one of the characters of the novel, a teacher of geography, who has become insane. They are cited jocularly when one wants to get out into the open air.*

5. **Наде́лала сини́ца сла́вы,/ А мóря не зажгла́** (*И. Крылов. Синица — 1811). A titmouse in Ivan Krylov's fable of the same title boasts that she will set*

136

the sea on fire but *for all the noise the titmouse raised, she failed to set the sea ablaze. *The quotation — an old proverb — is applied to persons who make big promises which they are unable to fulfil. Cf.* Great {much} cry and little wool.

6. **На дерéвню дéдушке** (*А. Чехов. Ванька* — 1886*)* *To Granddad, the village. *In this way Vanka Zhukov, the main character in Anton Chekhov's story "Vanka", addresses a letter to his grandfather. The quotation is used jokingly when the address on a letter is incomplete or when there is no address at all.*

7. **Над кем смеётесь? Над собóй смеётесь!** *see* Чемý смеётесь?..

8. **Нáдо воздéлывать свой сад** *цитируется также по-французски*: Il faut cultiver son [notre] jardin (*Вольтер. Кандид, гл. 30* — 1759*)* We must cultivate our garden (*Voltaire. Candide, ch. 30). While in E. the phr. is used to mean "We must confine ourselves to our own immediate tasks", in R. it means "One must do what one has to do".*

9. **Нáдо, Фéдя, (нáдо)!** (*слова героя кинофильма «Операция «Ы» и другие приключения Шурика», режиссер Л. Гайдай* — 1965; *В. Высоцкий. Песня конькобежца* — 1972*)* *But you must, Fedya, (you must)! (*words of the main character of Leonid Guydy's film "Operation 'I' and Shurik's Other Adventures"; occurs in Vladimir Vysotsky's "Song of an Iceskater"). Used jocularly when one is trying to persuade smb. to do smth.*

10. **Над схвáткой** (*заглавие русского перевода сборника статей Ромена Роллана "Au-dessus de la mêlée"*— 1915*)* *Above the battle (*title of a collection of articles by Romain Rolland), i. e. committing oneself to neither camp. Cf.* To sit on the fence.

11. **На зáпадном фрóнте без перемéн** (*частая формула в немецких сводках во время Первой мировой войны; выражение стало крылатым после выхода в 1929 г. книги Э.-М. Ремарка под этим названием — "Im Westen nichts Neues")* All quiet on the western front (*the words "Im Westen nichts Neues" were often used in German communiqués during World War I; the phr. became popular with the publication of Erich Maria Remarque's book bearing this title; E. trans. by A. W. Wheen). The phr. is used in an extended sense to mean: there is no change; nothing new has come to light.*

12. **На зарé тумáнной юности** (*А. Кольцов. Разлука* — 1840*)* *In the misty dawn of youth (*Alexei Koltsov. The Parting). Used jokingly of one's early youth.*

13. **На зарé ты её не буди** (,/ **На зарé онá слáдко так спит**) (*А. Фет. «На заре ты её не буди»* — 1842*)* *Do not wake her at dawn (,/ Sleep at

dawn is so sweet) (*Afanasy Fet. "Do not Wake Her at Dawn…"*). *Addressed jokingly to a person who is about to wake smb. up.*

14. **На земли́ мир, во челове́цех благоволе́ние** (*церковно-славянский текст Библии, Лука*, ?2, 14) Peace on earth and good will to (all) men [On earth peace, good will toward men) (*The Bible, Luke*, 2, 14). *In R. used jokingly or ironically of a period of general tranquillity.*

15. **Назло́ надме́нному сосе́ду** (*А. Пушкин. Медный всадник, Вступление* — 1833) To vex the haughty neighbour (*Alexander Pushkin. The Bronze Horseman, Introduction. Trans. by Eugene M. Kayden). Used jokingly. See also* Отсе́ль грози́ть мы бу́дем шве́ду…

16. **Наконе́ц/ Я слы́шу речь не ма́льчика, но му́жа** (*А. Пушкин. Борис Годунов, сц. «Ночь. Сад. Фонтан»* — 1825) At last I hear/ The words not of a boy, but of a man (*Alexander Pushkin. Boris Godunov, sc. Night — A Garden. A Fountain. Trans. by Philip L. Barbour). Used in an extended sense.*

17. **На ло́влю сча́стья и чино́в** (*М. Лермонтов. Смерть Поэта* — 1837) *Hunting for a fortune and high positions; seeking fame and fortune. (*M. Lermontov. On the Death of the Poet.). Used only in the derogatory sense.*

18. **Нам не дано́ предугада́ть, / как сло́во на́ше отзовётся** (*Ф. Тютчев. Нам не дано предугадать…* — 1869) It is not given us to trace/ The further fate of words/ The world's reaction (*Fyodor Tyutchev. It is not given us to trace… Trans. by Avril Pyman*).

19. **Нам не стра́шен се́рый волк** (*из мультипликационного фильма Уолта Диснея «Три поросёнка»* — 1933) Who's afraid of the big, bad wolf? (*from Walt Disney's cartoon film "Three Little Pigs"). Used jokingly in an extended sense.*

20. **На песке́ стро́ить** (< *Библия, Матфей*, 7, 26—27) Build on sand (< *The Bible, Matthew*, 7, 26—27). *Used fig. of building smth. lacking a solid foundation and hence not durable, flimsy, insecure.*

21. **Наполео́н всегда́ прав** (*Джордж Оруэлл. Скотный двор, гл. 5; опубл. на русском языке в 1990 г.*) Napoleon is always right (*George Orwell. Animal Farm* — 1945). *Used jocularly or ironically to characterize a domineering person or dictatorial behaviour.*

22. **Напра́сны ва́ши соверше́нства:/ Их во́все не досто́ин я** (*А. Пушкин. Евгений Онегин, гл. 4, 14* — 1833) Should your perfections be expended/ in vain on my unworthy soul? (*Alexander Pushkin. Eugene Onegin, ch. 4, 14. Trans. by Charles Johnston). Used jocularly.*

23. Наро́д безмо́лвствует (*А. Пушкин. Борис Годунов, сц. «Лобное место» — 1825*) *The people are silent (*Alexander Pushkin. Boris Godunov, sc. The Place of Execution*). In contemporary R. the quotation is used ironically of: a) persons who do not express their opinion during a discussion; b) situations when the speaker fails to get any reaction from his listeners.*

24. Нарци́сс (*из греческой мифологии*) Narcissus (*in Greek mythology a beautiful youth who saw his own reflection in a stream and pined away for love of it*). *Used of one full of admiration of himself.*

25. На седьмо́м не́бе (< *Талмуд; Коран*) In the seventh heaven (< *The Talmud; The Koran*): *supremely happy.*

26. Наступи́ть {стать} на го́рло со́бственной пе́сне *see* Станови́ться на го́рло со́бственной пе́сне.

27. На том стоя́ла и стои́т {стоя́ть бу́дет} ру́сская земля́ *see* Кто с мечо́м к нам войдёт...

28. Нау́ка побежда́ть (*заглавие книги А. Суворова — опубл.* 1806) *The art of winning (*title given by its publisher to a book by field-marshal Alexander Suvorov, dealing with army training*). Used also in an extended sense.*

29. Нау́ка сокраща́ет/ Нам о́пыты быстротеку́щей жи́зни (*А. Пушкин. Борис Годунов, сц. «Царские палаты» — 1825*) ...'tis science/ That teaches us more swiftly than experience,/ Our life being so brief (*Alexander Pushkin. Boris Godunov, sc. Palace of the Tsar. Trans. by Alfred Hayes*).

30. Нау́ка стра́сти не́жной (*А. Пушкин. Евгений Онегин, гл.* 1, 8 — 1833) The art of gentle passion (*Alexander Pushkin. Eugene Onegin, ch.* 1, 8).

31. Нау́ки ю́ношей пита́ют,/ Отра́ду ста́рым подаю́т (*М. Ломоносов. Ода —* 1747) *Science is the nourishment of youth and the delight of old age (*Mikhail Lomonosov. An Ode,* 1747). Cf. These studies are an impetus to youth, and a delight to age (*Cicero. Pro Archia,* 7, 16).

32. На ходу́ подмётки ре́жет (*из русской народной сказки*) *He can steal the soles of a running man's shoes: he is a clever rogue; he is a smart fellow who knows how to look after himself (*from a Russian folk tale*).

33. Нача́ло конца́ (*приписывается Талейрану, но есть уже у Шекспира в комедии «Сон в летнюю ночь», д.* 5, *явл.* 1 — 1594*) Voilà le commencement de la fin, *Fr.*: this is the beginning of the end (*attributed to Talleyrand on the announcement of Napoleon's defeat at Borodino,* 1812, *but occurs much earlier in Shakespeare's "A Midsummer Night's Dream", act* 5, *sc.* 1).

34. **Начнём, пожа́луй** (*А. Пушкин. Евгений Онегин, гл.* 6, 27 — 1833)
Let's start if you are willing (*Alexander Pushkin. Eugene Onegin, ch.* 6, 27.
Trans. by Vladimir Nabokov). Used jokingly.

35. **На́шего полку́ при́было** (*из старинной русской игровой песни*)
*Our ranks have grown (*from an old R. song accompanying a game): there
are more of us now, we have gained new allies. The word* полк *is used here in
its former meaning (= group); in mod. R. it means "regiment".*

36. **На Ши́пке всё споко́йно** (*из донесений во время русско-ту-
рецкой войны* 1877—78 гг.; *название трёх картин В. Верещагина —*
1878—79) *All is quiet on the Shipka (Pass) (*from communiques issued
during the Russo-Turkish War of* 1877—78). *In the winter of* 1878 *a com-
paratively small Russian detachment occupied the Shipka Pass in the Bal-
kans. Under heavy Turkish fire, the Russian force suffered considerable loss-
es, soldiers dying not only of their wounds, but also of the cold. The phr. gained
popularity especially after V. Vereshchagin used it as a title for his triptych
depicting a Russian soldier freezing to death, the snow gradually covering his
stiff body. The expression is used ironically when someone is trying to conceal
the real (disastrous) state of affairs, or to present it in a favourable light.*

37. **На́ши пре́дки Рим спасли́** (*И. Крылов. Гуси* — 1811) *Our ancestors saved Rome, *say the geese in Ivan Krylov's fable "The Geese" (according to legend, when the Gauls invaded Rome, some sacred geese, disturbed by
the noise, began to cackle. This woke the garrison and thus saved the Capi-
tol). The quotation is used ironically of persons who boast about the achievements or merits of their ancestors or about their own former achievements.*

38. **Наш челове́к в Гава́не** (*название романа Грэма Грина* — 1958)
Our man in Havana (*title of novel by Graham Greene). Used jokingly to
mean: our representative, a person who shares or sympathizes with our views,
esp. one holding an administrative position in another establishment (a min-
istry, a firm, etc.).*

39. **Не́бо в алма́зах** (*А. Чехов. Дядя Ваня, д.* 4—1897). *In Anton Chekhov's play "Uncle Vanya", one of the characters trying to console Uncle
Vanya says: "We shall rest! We shall hear angels, we shall see all heaven
bright with many stars, shining like diamonds..." (act* 4. *Trans. by David
Magarshak). The quotation* "We shall see all heaven bright with many stars,
shining like diamonds" (*lit.* "We shall see the heavens studded with diamonds") *is generally used ironically of one's hopes for future happiness.*

40. Не ве́дают, что творя́т (*Библия, Лука́*, 23, 34) They know not what they do (*The Bible, Luke*, 23, 34).

41. Неве́жество — не аргуме́нт *see* Незна́ние — не до́вод.

42. Невзира́я на ли́ца (< *Библия, Матфей*, 22, 16; *Марк*, 12, 14 и др.) Without respect of persons (*The Bible, I Peter*, 1, 17), *i. e. without regard for smb.'s rank or position*.

43. Невиди́мые ми́ру слёзы [Ви́дный ми́ру смех и незри́мые, неве́домые ему́ слёзы] (*Н. Гоголь. Мёртвые души, т.* 1, *гл.* 1 — *1842*) Tears which are unknown and unseen [Laughter which can be shared by all and tears which are unknown and unseen] (*Nikolai Gogol. Dead Souls, vol. 1, ch. 1. Trans. by George Reavey*).

44. Не влива́ют молодо́е вино́ в мехи́ ста́рые (*Библия, Матфей*, 9, 17; *Марк*, 2, 22) No man putteth new wine into old bottles (*The Bible, Matthew, 9, 17; Mark, 2, 22*), *i. e. if one wants to create smth. new, one should break with the old*.

45. Нево́льник че́сти (*М. Лермонтов. Смерть Поэта* — 1837) A slave to honour (*Mikhail Lermontov. On the Death of the Poet. Trans. by Avril Pyman*). *In bound of honour* (*Death of the Poet. Trans. by Peter Tempest*). *Used of victims of the existing moral code or social convention. Bookish.*

46. Не вы́несла душа́ Поэ́та (*М. Лермонтов. Смерть Поэта* — 1837) *lit.* The poet's soul could not endure it (*Mikhail Lermontov. On the Death of the Poet*); His soul, (by petty insult goaded),/ To breaking-point with pain was filled (*trans. by Peter Tempest*). *Used jokingly with reference to a person who would not accept or endure smth. uncomplainingly or without voicing his indignation about it. However, this use of the quotation, which in Lermontov's poem refers to tragic events in the life of Alexander Pushkin, Russia's greatest poet, is in bad taste and is not to be recommended.*

47. Не вытанцо́вывается (*Н. Гоголь. Заколдованное место* — 1832). *Nikolai Gogol's story "A Place Bewitched" (trans. by Constance Garnett) tells of a tipsy old man dancing in his vegetable garden. Every time he gets halfway through the dance and wants to do his best, and cut some more capers, his feet refuse to obey him*: it won't be danced (*lit.* *He cannot dance himself through it*). *The quotation is used in the sense: I (we) cannot get it right; it does not work out.*

48. Не говори́ с тоско́й: их нет,/Но с благода́рностию: бы́ли (*В. Жуковский. Воспоминание* — 1821) Say not: "Alas, they're dead and gone!"/ But thankfully: "They lived among us!" (*Vasily Zhukovsky. Remembrance. Trans. by Peter Tempest*).

49. **Не гоня́лся бы ты, поп, за дешеви́зною** (*А. Пушкин. Сказка о попе и работнике его Балде* — 1831) Too keen/ Upon cheapness, my pope, thou hast been! (*Alexander Pushkin. The Tale of the Pope and of His Workman Balda. Trans. by Oliver Elton*). *Addressed jokingly to a person whose cheap purchase turned out to be not worth the money he paid for it.*

50. **Неда́ром говори́тся, что де́ло ма́стера бои́тся** (*И. Крылов. Щука и Кот* — 1813) It's not for nought that people say,/ The work should fear its master (*Ivan Krylov. Pike and Cat. Trans. by Bernard Pares*). *Cf*. He works best who knows his trade; Work goes with a swing under the master's hand.

51. **Не де́лай друго́му того́, чего не хоте́л бы, что́бы де́лали тебе́** (*Александр Север*) *Do not do onto others what you would not have them do to yourself (*words often used by Alexander Severus*). *Used to mean:* do as you would be done by, *i. e. behave to others as you would have them behave to you.*

52. **Не де́лайте из еды́ ку́льта** (*И. Ильф и Е. Петров. Золотой телёнок, гл.* 6 — 1931) *Do not make a cult out of food (*Ilya Ilf and Yevgeny Petrov. The Golden Calf, ch. 6*). *Used jocularly to mean: do not attach so much importance to food.*

53. **Не до́гма, а руково́дство к де́йствию** (< *Ф. Энгельс. Письмо к Ф.А. Зорге от* 29 *ноября* 1886 *г*.) Not a credo but a guide to action (< *Frederick Engels, Letter to F.A. Sorge. Nov. 29, 1886*).

54. **Недосто́ин развяза́ть реме́нь у сапо́г его** (*Библия, Матфей*, 1, 7; *Лука*, 3, 16; *Иоанн*, 1, 27) Not (to be) worthy to unloose the latchet of smb.'s shoes (< *The Bible, Matthew*, 1, 7; *Luke*, 3, 16; *John*, 1, 27). *Used of a person in all respects inferior to someone else.*

55. **Недрема́нное о́ко** (*название сказки М. Салтыкова-Щедрина* — 1885) *The eye that never sleeps. *This old expression was used by M. Saltykov-Shchedrin in his satirical fairy-tale of the same title with reference to political surveillance in tsarist Russia. Used in mod. R. in an extended sense.*

56. **Не зарастёт наро́дная тропа́** (*А. Пушкин. Памятник* — 1836) A track thereto the people's feet will tread (*Alexander Pushkin. My Monument. Trans. by Babette Deutsch*). *Used of places of interest which always attract visitors.*

57. **Незна́ние — не до́вод** {**Неве́жество — не аргуме́нт**} *цитируется часто по-латыни*: Ignorantia non est argumentum (*Спиноза. Этика, ч.* 1 —1677) **Lack of knowledge is no excuse {Ignorance is no argument} (*Spinoza. Ethica, pt.* 1).

58. **Не зна́я зако́нов языка́ ирокезского, мо́жешь ли ты де́лать тако́е сужде́ние по сему́ предме́ту, кото́рое не́ было бы неоснова́тельно и глу́по?** (*Козьма Прутков. Мысли и афоризмы* — 1854) **If you do not know the laws of the Iroquois language, can you pass a judgement on it that is not ill-founded and stupid? (*Kozma Prutkov. Thoughts and Aphorisms*). Used as an appeal to one's interlocutor not to air his views on matters about which he knows nothing.*

59. **Неизбе́жное зло** *цитируется также по-латыни*: Malum necessarium (*Менандр*) A necessary evil (*Menandros*).

60. **Неизве́стный солда́т** (*выражение стало крылатым после Первой мировой войны, когда 11.11.1920 останки неизвестного солдата были преданы земле под Триумфальной аркой в Париже и в Вестминстерском аббатстве в Лондоне; этому примеру последовали другие страны; могила неизвестного солдата есть у Кремлёвской стены в Москве и во многих других городах России*) Unknown Warrior (*the phr. came to be widely used after World War I when on November 11, 1920 the body of an unknown soldier was buried beneath the Arc de Triomphe in Paris and "Among the Kings" in Westminster Abbey; this example was later followed by other countries; there is a similar tomb in the burial ground by the Kremlin wall in Moscow and in other towns of Russia.*

61. **Не име́ть, где приклони́ть го́лову** (< *Библия, Лука*, 9, 58) To have nowhere to lay one's head (< *The Bible, Luke*, 9, 58): *to have nowhere to live.*

62. **Не искуша́й меня́ без ну́жды** (*Е. Баратынский. Разуверение* — 1821) Pray tempt me not — 'tis futile (*Yevgeny Baratynsky. Disillusionment. Trans. by Irina Zheleznova*). *Used jocularly.*

63. **Неисповеди́мы пути́ Госпо́дни** (< *Библия, К римлянам*, 11, 33) How unsearchable are God's [his] judgements, and his ways past finding out (*The Bible, Romans*, 11, 33). *Cf.* God moves in a mysterious way (*William Cowper. Olney Hymns*, 35). *Used fig.*

64. **Не казнь страшна́; страшна́ твоя́ неми́лость** (*А. Пушкин. Борис Годунов, сц. «Царские палаты»* — 1825) In punishment no terror lies;

the terror doth lie in thy disfavour (*Alexander Pushkin. Boris Godunov, sc. Palace of the Tsar. Trans. by Alfred Hayes*). *Used jocularly.*

65. **Некта́р и амбро́зия** (*из греческой мифологии*) Nectar and ambrosia (*in Greek mythology, the drink and the food of the gods*). *Used of finely flavoured beverage and food delicious to the taste. In R. may also be used in an extended sense.*

66. **Не́кто в се́ром** (*персонаж пьесы Л. Андреева «Жизнь человека»* — 1907) *Someone in grey (*character in Leonid Andreev's play "The Life of a Man"*). *The phr. is used jocularly or ironically of an enigmatic or nondescript person.*

67. **Нельзя́ ли для прогу́лок/ Пода́льше вы́брать закоу́лок?** (*А. Грибоедов. Горе от ума, д. 1, явл. 4* — 1824) Can't you for your outing/ a little further on go scouting? (*Alexander Griboedov. The Mischief of Being Clever, act 1, sc. 4. Trans. by Bernard Pares*). *Used caustically to mean: you have no business to be here, go about your business.*

68. **Нема́я сце́на из «Ревизо́ра»** (< *Н. Гоголь. Ревизор, д. 5, явл. 9* — 1836) *The dumb show from "The Government Inspector" (< *Nikolai Gogol. The Government Inspector, act 5, sc. 9*). *Used ironically of a group of people struck dumb with astonishment, silenced by embarrassment, confusion, etc.*

69. **Немези́да** (*из греческой мифологии*) Nemesis (*in Greek mythology the goddess of retribution): retributive justice.*

70. **Не мечи́те би́сера перед сви́ньями** (< *Библия, Матфей, 7, 6*) Do not cast pearls before swine (< *The Bible, Matthew, 7, 6): do not give or offer things (esp. in the sphere of sentiment, affection, the arts or science) to people who are unable to appreciate them.*

71. **Не мог он я́мба от хоре́я,/ Как мы ни би́лись, отличи́ть** (*А. Пушкин. Евгений Онегин, гл. 1, 7* — 1833) An iamb from a trochee/ —no matter how we strove—he could not tell apart (*Alexander Pushkin. Eugene Onegin, ch. 1, 7. Trans. by Vladimir Nabokov*). *Used jocularly of persons who cannot appreciate poetry.*

72. **Не могу́ молча́ть** (*заглавие статьи Л. Толстого* — 1908) *I cannot keep silent (*title of an article by Leo Tolstoy*). *Used when a person considers it his duty as a citizen to voice his protest against smth. that he cannot accept.*

73. **Не му́дрствуя лука́во** (*А. Пушкин. Борис Годунов, сц. «Ночь. Келья в Чудовом монастыре»* — 1825) Without sophistry (*Alexander Pushkin. Boris Godunov, sc. Night. A Cell in the Monastery of the Miracle. Trans. by Alfred Hayes), i. e. simply, without complicating matters unnecessarily.*

74. **Не на́до ова́ций! Гра́фа Монте-Кри́сто из меня́ не вы́шло. Придётся переквалифици́роваться в управдо́мы** (*И. Ильф и Е. Петров. Золотой телёнок, гл. 36 —* 1931) *No ovations, please! I have not become another Count of Monte Cristo. Now I shall have to take up a new profession, that of a caretaker (*Ilya Ilf and Yevgeny Petrov. The Golden Calf, ch. 36). Quoted with bitter irony when one admits one's defeat or failure in one's chosen walk of life.*

75. **Не ну́жно мне ца́рства небе́сного, е́сли э́то бу́дет сто́ить слезы́ одного́ ребёнка** (< *Ф. Достоевский. Братья Карамазовы, ч. 2, книга 5, гл. 4 —* 1880) *I repudiate the Kingdom of Heaven, if one may enter it only at the cost of a child's tears (< *Feodor Dostoyevsky, "The brothers Karamazov", pt. 2, book 5, ch. 4).*

76. **Необходи́мое зло** *см.* Неизбе́жное зло.

77. **Не от ми́ра сего́** (*Библия, Иоанн,* 18, 36) Not of this world (*The Bible, John,* 18, 36). *Used of one who is unworldly, unpractical, living in a world of his own. In E. the phr. is rarely used in this sense.*

78. **Не от хоро́шей жи́зни** (< *И. Горбунов. Воздухоплаватель —* 1875) Not for the fun of it (< *Ivan Gorbunov. The Balloonist), i. e. because one has to.*

79. **Непи́саный зако́н** (?*Солон*) Unwritten law (?*Solon*).

80. **Не плачь, дитя́! Не плачь напра́сно!** (*М. Лермонтов. Демон, ч. 1,* 15 — 1841) Weep not, my child! Weep not in vain! (*Mikhail Lermontov. The Demon, pt. 1,* 15. *Trans. by Avril Pyman). Used as a jocular form of consolation.*

81. **Непобеди́мая арма́да** (*название флота Филиппа II*) The (Invincible) Armada (*a fleet of ships of war sent by Philip II of Spain against England in* 1588). *Used ironically in an extended sense.*

82. **Не поверну́в головы́ коча́н / (И чувств никаки́х не изве́дав)** (*В. Маяковский. Стихи о советском паспорте —* 1929) Without even turning / Their cabbage-like heads / (And feeling exactly nought) (*Vladimir Mayakovsky. My Soviet Passport. Based on trans. by Dorian Rottenberg): indifferently, not responding at all, showing complete lack of interest. Often used of officials.*

83. **Не поздоро́вится от э́даких похва́л** (*А. Грибоедов. Горе от ума, д. 3, явл. 10 —* 1824) *No good will come from praises such as these (*Alexander Griboedov. The Misfortune of Being Clever, act 3, sc. 10). Used ironically of censure expressed in the form of commendation.*

84. Непо́мнящие родства́ (*старинный юридический термин, применявшийся к беспаспортным бродягам; М. Салтыков-Щедрин назвал так беспринципных журналистов, легко отказывающихся от своего прошлого; употребляется как характеристика ренегатов и перебежчиков; в настоящее время чаще о людях, отказавшихся от своих корней, отечества и т.п.)* lit. *Those who do not remember their kith and kin (an obs. legal term applied to vagrants who had no identification papers; the term was used by M. Saltykov-Shchedrin with reference to unprincipled journalists; in contemporary R. the phr. is applied to turncoats; in present day R. it is more often used of persons who have repudiated their roots, their homeland, etc.).*

85. Не посрами́м земли́ ру́сской (*по летописи, слова князя Святослава — 970*) Let us not bring {We shall not bring} disgrace upon the land of Russia (*from a chronicle; attributed to Prince Sviatoslav). The quotation may be used in an extended sense.*

86. Не по чи́ну берёшь! (*Н. Гоголь. Ревизор, д. 1, явл. 4 — 1836*) You take bigger bribes than your rank entitles you to! (*Nikolai Gogol. The Government Inspector, act 1, sc. 4. Trans. by D. J. Campbell). The quotation is used to mean: your behaviour does not befit your position, you are going too far. Cf.* You are getting above yourself.

87. Не продаётся вдохнове́нье (,/но мо́жно ру́копись прода́ть) (*А. Пушкин. Разговор книготорговца с поэтом — 1825*) *Inspiration cannot be sold,/ (but a manuscript can) (Alexander Pushkin. Conversation of a Bookseller with a Poet).*

88. Не пропадёт ваш ско́рбный труд/ И дум высо́кое стремле́нье (*А. Пушкин. Во глубине сибирских руд... — 1827*) Your crushing toil and lofty thought/ Shall not be wasted... (*Alexander Pushkin. Deep in Siberia's Mines... Trans. by Irina Zheleznova). Used jokingly.*

89. Непротивле́ние злу (*основной принцип толстовства*) Non-resistance to evil (*one of Leo Tolstoy's philosophico-religious principles propounded by him in the 1880's, and one of the main principles of Tolstoyism). In R. the phr. may be used jocularly or ironically in everyday life, often when a person is too weak-willed or too timid to stand up for himself.*

90. Не ра́дуйся, мой свет,/ И не наде́йся по-пусто́му (*И. Крылов. Мышь и Крыса — 1816*) *Do not rejoice, my dearest,/ And do not cherish vain hopes (Ivan Krylov. The Mouse and the Rat). Used jocularly or ironically.*

91. Нерукотво́рный па́мятник *see* Я па́мятник себе́ воздви́г нерукотво́рный.

92. Не ско́ро е́ли пре́дки на́ши,/ Не ско́ро дви́гались круго́м/ Ковши́, сере́бряные ча́ши/ С кипя́щим пи́вом и вино́м (*А. Пушкин. Руслан и Людмила, Песнь первая* — 1820) Slowly our ancestors dine:/ Slowly 'round doth grope/ With the foaming beer and wine/ The ladle and the silver cup (*Alexander Pushkin. Ruslan and Ludmila, Song I. Trans. by Jacob Krup*).

93. Не сотвори́ себе́ куми́ра (*Библия, Исход, 20, 4*) Thou shalt not make unto thee any graven image (*The Bible, Exodus, 20, 4*): *do not worship anything or anybody blindly, as idols are worshipped.*

94. Не спи́тся, ня́ня: здесь так ду́шно! (/Откро́й окно́ да сядь ко мне) (*А. Пушкин. Евгений Онегин, гл. 3, 17* — 1833) I can't sleep, dear nurse: it's so stifling!/ open the window, sit down near (*Alexander Pushkin. Eugene Onegin, ch. 3, 17. < Trans. by Charles Johnston). Cited jokingly when one is unable to fall asleep. The words* Не спи́тся, ня́ня *may be quoted separately.*

95. Нести́ свой крест (< *Библия, Иоанн, 19, 17*) Bear one's cross (< *The Bible, John, 19, 17*): *bear trial or affliction with patience. Also* тя́жкий крест — heavy cross.

96. Несть проро́ка в оте́честве своём *церк.-слав.*; **Нет проро́ка в оте́честве своём {своём оте́честве}** (< *Библия, Матфей, 13, 57; Марк, 6, 4; Лука, 4, 24; Иоанн, 4, 44*) No prophet is accepted in his own country (*The Bible, Luke, 4, 24*).

97. Не суди́те, да не суди́мы бу́дете (*Библия, Матфей, 7, 1*) Judge not, that ye be not judged (*The Bible, Matthew, 7, 1*).

98. Нет бо́га, кро́ме бо́га, и Магоме́т проро́к его́ (*Коран*) There is no God but the God, and Mohammed is his prophet (*The Koran*). *Cited ironically with reference to a person who idolizes or believes blindly in another person. The name "Магомет" may be replaced by another name.*

99. Нет мук сильне́е му́ки сло́ва (< *С. Надсон. «Нет на свете мук сильнее муки слова»* — 1882) *lit.* No torment is greater than the torment of the word (< *Semyon Nadson. "No Torment in the World is Greater than the Torment of the Word"). Used when a person finds it difficult to express his thought.*

100. Нет ничего́ та́йного, что не сде́лалось бы я́вным (*Библия, Марк, 4, 22; Лука, 8, 17*) Nothing is secret, that shall not be made manifest (*The Bible, Luke, 8, 17*).

101. Нет ни э́ллина, ни иуде́я (*Библия. Послание Павла к Галатам* 3, 28) There is neither Jew nor Greek (*The Bible. The epistle of Paul to the Galatians 3, 28*): *irrespective of their nationality, all people are equal.*

102. Нет по́вести печа́льнее на све́те (*Шекспир. Ромео и Джульетта, д. 5, явл. 3* — 1595) Never was a story of more woe (*Shakespeare. Romeo and Juliet, act 5, sc. 3*).

103. Нет пра́вила без исключе́ния (*?Сенека*) There is no rule without an exception (*?Seneca*).

104. Нет проро́ка в своём оте́честве *see* Несть проро́ка в оте́честве своём.

105. Неуважа́й-Коры́то (*Н. Гоголь. Мёртвые души, т. 1, гл. 1* — 1842) Neuvazhay-Koryto. *One of the serfs on the list of the "dead souls" bought by Chichikov, the hero of Nikolai Gogol's "Dead Souls", was called Neuvazhay-Koryto* (**lit.** Don't-Respect-the-Trough). *Though Gogol's novel contains no description of this serf, the name itself is so suggestive of uncouthness that it has come to be applied to extremely ill-mannered persons, esp. those who show complete lack of respect or consideration for other people.*

106. Не узнаю́ Григо́рия Грязно́ва (*опера Н. Римского-Корсакова «Царская невеста»* — 1898 — *по одноимённой драме Л. Мея* — 1849) *How you have changed, Grigory Griaznov, i. e. where is your optimism, cheerfulness, energy, etc.? (Nikolai Rimsky-Korsakov's opera "Czar's Bride" based on L. Mey's drama of the same title*).

107. Не учи́те меня́ жить (*И. Ильф и Е. Петров. Двенадцать стульев, гл. 22* — 1928) * Don't teach me how to live (*favourite expression of Ellochka Shchukina, a character in Ilya Ilf's and Yevgeny Petrov's novel "The Twelve Chairs"; see* Э́ллочка-людое́дка). *The expression is used jocularly to mean: I don't need your advice, I know what to do myself.*

108. Не хле́бом еди́ным жив челове́к (< *Библия, Второзаконие, 8, 3; Матфей, 4, 4; Лука, 4, 4*) Man shall not live by bread alone (*The Bible, Matthew, 4, 4; Luke, 4, 4*): *man's spiritual needs are no less important than his material needs.*

109. Не хочу́ учи́ться, хочу́ жени́ться (*Д. Фонвизин. Недоросль, д. 3, явл. 7* — 1783) I don't want to be learning, I want to be married, *says the booby Mitrofanushka in Denis Fonvizin's comedy "The Young Hopeful", act 3, sc. 7. The phr. is applied to overgrown young idlers. See* Митрофа́нушка.

148

110. Не число́м, а уме́ньем (*А. Суворов. Наука побеждать — опубл.* 1806) *lit.* Not with number, but with skill (*Alexander Suvorov. The Art of Winning*), *i. e. in work it is not the number of persons engaged in it that matters, but the qualification of these persons.*

111. Не шалю́, никого́ не тро́гаю, починя́ю при́мус (*М. Булгаков. Мастер и Маргарита, гл. 27 — опубл. в 1968—69 гг.*) *I'm not up to mischief, I'm not disturbing anybody, I'm just mending my primus-stove (*Mikhail Bulgakov. The Master and Margarita, ch.27*). *The quotation is used as a jocular way of saying: "I'm not up to any mischief", for example, in response to a suspicious look or words such as: "What are you up to now?".*

112. Ни в ска́зке сказа́ть, ни перо́м описа́ть (*из русских народных сказок*) *It can't be told in words, it can't be described with a pen (*occurs in a number of Russian fairy-tales*), *i. e. defying all description.*

113. Ни дня без стро́чки {черты́, ли́нии} *цитируется часто по-латыни*: Nulla dies sine linea (*Плиний Старший. Естественная история*, 35, 36, 12; *заглавие книги Ю. Олеши — 1961*) ↑ *L.*: not a day without a line, *i. e. without painting {writing} a little* (*Pliny the Elder. Naturalis Historia*, 35, 36, 12; *also title of a book by Yury Olesha*).

114. Никто́ не даст нам избавле́нья/ — Ни царь, ни бог и ни геро́й./ Добьём-ся мы освобожде́нья/ Свое́ю со́бственной руко́й (*«Интернационал» Э. Потье — 1871 в русском переводе А. Коца*) No god, no king, no politician/ Will win for us a better day;/ So let us drop the old tradition,/ Forge weapons for the coming fray (*Eugène Pottier. The Internationale*).

115. Никто́ не забы́т и ничто́ не забы́то (*надпись на гранитной стене Пискарёвского мемориального кладбища в Ленинграде — Санкт-Петербурге; слова О. Берггольц*) *None is forgotten and nothing is forgotten (*inscription on the granite wall of the Piskarevskoye Memorial Cemetery in Leningrad — St. Petersburg, where hundreds of thousands of Leningraders, who died during the blockade of the city, 1941—43, were buried; text by Olga Bergholtz*).

116. Никто́ не обни́мет необъя́тного (*Козьма Прутков. Мысли и афоризмы — 1854*) *No one can embrace the boundless (*Kozma Prutkov. Thoughts and Aphorisms*). *The phr. is used ironically to mean: man's potentialities are limited (nobody can know everything, nobody can have enough time to do everything, etc.).*

117. Нимфе́тка (*слово вошло в русский язык после опубликования романа В. Набокова «Лолита»* — 1990) Nymphete (*Vladimir Nabokov. Lolita* — 1955): *a very young girl with strong sex-attractions.*

118. Ни на йо́ту (< *Библия, Матфей*, 5, 18) Not a jot, not one jot or tittle (< *The Bible, Matthew*, 5, 18): *none at all.*

119. Ни одна́ жива́я душа́ (< *Библия, Бытие*, 2, 7 и др.) Not a living soul (< *The Bible, Genesis*, 2, 7 *and other places*): *nobody.*

120. Ни па́ва ни воро́на (< *И. Крылов. Ворона* — 1825) *Neither a peahen nor a crow (< *Ivan Krylov. The Crow*): *neither one thing nor another. See* Воро́на в павли́ньих пе́рьях.

121. Ни сна, ни о́тдыха изму́ченной душе́ (*опера А. Бородина «Князь Игорь»* — *впервые исполнена в* 1890) *My tortured soul knows neither sleep nor rest (*Alexander Borodin's opera "Prince Igor"*). *Usually quoted jokingly.*

122. Нить Ариа́дны *see* Ариа́днина нить.

123. Ничему́ не удивля́йся *цитируется также по-латыни*: Nil {nihil} admirari (*Гораций. Послания*, 1, 6, 1) Wonder at nothing, ↑ L. (*Horace. Epistles*, 1, 6, 1).

124. Ничто́же сумня́шеся (*из церковно-славянского текста Библии, Иаков*, 1, 6) Nothing wavering (*The Bible, James*, 1, 6): *without any hesitation or a moment's thought. Used ironically.*

125. Ничто́ не ве́чно под луно́ю [под со́лнцем] (< *Библия, Екклезиаст*, 1, 4—7) There is nothing permanent under the moon [sun] (< *The Bible, Ecclesiastes*, 1, 4—7).

126. Ничто́ не возника́ет из ничего́ *цитируется также по-латыни*: de nihilo nihil (*Лукреций. О природе вещей* I, 149, 205; *эта мысль ранее высказывалась греками Алкеем и Анаксагором, а также Платоном, Аристотелем и др.*) ↑ L: From nothing nothing can come (*Lucretius. De Rerum Natura; this idea was earlier expressed by the Greeks Alkaios and Anaxagoras; also by Plato, Aristotle and others*) .

127. Ничто́ не но́во под луно́ю (*Н. Карамзин. Опытная Соломонова мудрость, или Выбранные мысли из Екклесиаста* — 1797; < *Библия, Екклезиаст*, 1, 9—10) There is no new thing under the sun (*The Bible, Ecclesiastes*, 1, 9—10).

128. Ничья́ {ниче́йная} земля́ (*Т. Фуллер. Мужи Англии* — 1662) No man's land (*Thomas Fuller. The Worthies of England*). *Used mainly fig.*

129. Нищие духом (*Библия, Матфей, 5, 3*) The poor in spirit (*The Bible, Matthew, 5, 3*). *Used to mean: a) the humble and the meek; b) those lacking intelligence or having no spiritual life.*

130. Новое — это хорошо забытое старое (*слова, якобы произнесённые мадемуазель Бертен, модисткой Марии-Антуанетты; однако её мемуары, где об этом говорится, — литературная подделка*) *The new is the long-forgotten old (*words attributed to Mlle Bertin, Marie-Antoinette's dressmaker, although her memoirs are a literary forgery*).

131. Новый свет (*первоначальное название Америки; впервые использовано в 1493 г. в гербовом девизе Христофора Колумба*) The New World (*original name of America; first used in 1493 as a motto on Christopher Columbus's coat of arms*).

132. Ноев ковчег (< *Библия, Бытие, 6—7*) Noah's Ark (< *The Bible, Genesis, 6—7*). *In R. the phr. is used to denote a house, flat or room where too many people live together.*

133. (Но) Запад есть Запад,/Восток есть Восток (*Р. Киплинг. Баллада о Западе и Востоке* — 1889) (Oh,) East is East, and West is West (*Rudyard Kipling. The Ballad of East and West*). *Used of cultural and psychological differences between East and West.*

134. Ноздрёв (*персонаж в «Мёртвых душах» Н. Гоголя, т. 1, гл. 4* — 1842) Nozdrev (*character in Nikolai Gogol's novel "Dead Souls", vol. I, ch. 4*), *vainglorious liar, scandal-monger and petty swindler.*

135. Но наше северное лето,/ Карикатура южных зим (*А. Пушкин. Евгений Онегин, гл. 4, 40* — 1833) Our evanescent northern summer/ parodies winter in the South (*Alexander Pushkin. Eugene Onegin, ch. 4, 40. Trans. by Charles Johnston*).

136. Но недолги были радости (*Н. Некрасов. Орина, мать солдатская — опубл. 1864*) *But the joys were short-lived (*Nikolai Nekrasov. Orina, A Soldier's Mother*).

137. Но пасаран! [*исп.* ¡No pasarán!, *т. е. «Они не пройдут!»*] (*лозунг испанских республиканцев во время войны 1936—39 гг.*)] They shall not pass! (*slogan of the Republicans during the Spanish Civil War, 1936—39*). *Used as an expression of readiness to repel fascism or other reactionary movements. May also be used in a less serious context.*

138. Но разведка доложила точно (*из песни «Три танкиста» в кинофильме «Трактористы»* — 1938; *слова Б. Ласкина, музыка Д.*

Покраса) *But the scout's report was exact (*from "The Tankmen", a song with words by B. Laskin and music by D. Pokras; performed for the first time in the film "Tractor Drivers"*). Used jocularly of information received unofficially or from a third person.*

139. **Норма́льные геро́и всегда́ иду́т в обхо́д** (*из песни Бармалея в кинофильме Ролана Быкова «Айболит-66» — 1966*) *Sensible heroes always take the roundabout way (*from the song of Barmaley, character in Rolan Bykov's film "Doctor Aybolit-66"*), i.e. try to avoid danger, difficulties. Used jocularly.*

140. **Но́чи безу́мные, но́чи бессо́нные** (*А. Апухтин. «Ночи безумные, ночи бессонные» — 1876*) *Insane nights, nights without sleep (*Alexei Apukhtin. "Insane Nights, Nights Without Sleep..."*). Used jokingly or ironically when a person is forced by circumstances to do without sleep (because of work, etc.).*

141. **Ну ж был денёк!** (*М. Лермонтов. Бородино — 1837*). *This quotation from Mikhail Lermontov's poem "Borodino" may be rendered by the E. sentences* What a day! *or* It's been one hell of a day!

142. **Ну, за́яц, погоди́!** (*из серии мультипликационных фильмов «Ну, погоди!»*) *Just you wait, hare! (*from a series of cartoon films about a wolf who unsuccessfully chases a hare). A jocular threat.*

143. **Ну как не пораде́ть родно́му челове́чку!** (*А. Грибоедов. Горе от ума, д. 2, явл. 5 — 1824*) *How can one pass over a relation! (*Alexander Griboedov. The Misfortune of Being Clever, act 2, sc. 5). Used of nepotism; also applied to similar preference given to friends (esp. in matters of employment and promotion).*

144. **Ну тепе́рь твоя́ ду́шенька дово́льна?** (*А. Пушкин. Сказка о рыбаке и рыбке — 1833*) Surely your heart is content now? (*Alexander Pushkin. The Tale of the Fisherman and the Golden Fish. Trans. by Avril Pyman*). Used jocularly when one has granted another's request.*

145. **Ны́не отпуща́еши** (*церковно-славянский текст Библии, Лука, 2, 29*) Lord, now lettest thou thy servant depart in peace (*The Bible, Luke, 2, 29*). *An exclamation of relief or satisfaction on delivering oneself of a burden, a problem, etc., on completing a difficult task or attaining some long-desired goal.*

146. **Ны́нче здесь, за́втра там** (*из песни «По морям, по волнам», восходящей к «Куплетам моряка» в водевиле В. Межевича «Артур, или Шестнадцать лет спустя» и ставшей особенно популярной в 1930—*

40 *гг.*). *lit.* Here today, there tomorrow, *i.e.* here today, gone tomorrow (*from the song "Across the seas, across the waves" which become especially popular in the* 1930—40*s;* < *"A Seaman's Song" in V. Mezhevich's vaude-ville "Arthur, or Sixteen Years Later"). Used of persons who often change their place of residence or work; also of persons who travel a great deal (on business, etc.*).

147. **Ньютóново я́блоко** (*из предания, по которому Ньютон открыл закон всемирного тяготения, увидев, как яблоко упало на землю*) Newton's apple (*the phr. derives from the well-known story of Newton and the apple which originated with Voltaire, who claims that Mrs. Conduit, Newton's niece, told him that Newton's seeing an apple fall from a tree led him into the train of thought which resulted in his discovery of the law of gravity). The phr. is used allusively of anything which unexpectedly suggests the solution of a problem, leads to a discovery or invention, etc.*

О

1. **Обетова́нная земля́** (< *Библия, Послание к евреям*, 11, 9) The Promised Land (< *The Bible, To the Hebrews,* 11, 9): *a place of felicity.*

2. **Обеща́ть златы́е {золоты́е} гóры** *see* Сули́ть {обеща́ть} златы́е {золоты́е} гóры.

3. **Облóмов** (*герой одноимённого романа И. Гончарова* — 1859) Oblomov, *the main character of Ivan Goncharov's novel of the same title, an apathetic, lazy and weak-willed person. Used allusively. Also* облóмовщина — Oblomov-mentality.

4. **Обними́тесь, миллиóны** *цитируется также по-немецки*: Seid umschlungen, Millionen (*Ф. Шиллер. К радости; первоначально озаглавлена «К свободе»* — 1786; *ода использована Л. ван Бетховеном в хоровом финале 9-й симфонии* — 1824) *Men all over the world, embrace!; Approach, ye myriads, embrace! (Friedrich von Schiller. An die Freude; originally entitled "An die Freiheit" the ode was used by Ludwig van Beethoven in the choral finale of his Ninth Symphony). Rare.*

5. **Обоюдоóстрый меч** (*Библия, Псалтырь*, 149, 6; *Притчи*, 5, 4; *Послание к евреям*, 4, 12) Two-edged {double-edged} sword (*The Bible,*

Psalm 150, 6; *Proverbs*, 5, 4; *To the Hebrews*, 4, 12; *Revelation*, 1, 16). *Used fig. of smth. cutting or working both ways, capable of being turned against the user.*

6. Обрати́ть (напра́вить) (свои́) стопы́ куда́-л. (*Библия, Псалтырь, 118. 59*) Turn {direct, bend} one's steps to... (< *The Bible, Psalm 119. 59*).

7. Обра́тная связь (*одно из основных понятий кибернетики, введённое И. Винером в «Кибернетике» — 1948*) Feedback (*one of the basic principles of cybernetics formulated by Norbert Wiener in "Cybernetics or Control and Communication in the Animal and the Machine"*). *In R. used also in an extended sense, e. g. to denote the response of listeners to speaker, readers to a writer's work, etc.*

8. О́бщее ме́сто (*у древних риториков — широко известная цитата или отрывок, которые могут быть использованы как аргумент в диспуте; также об источниках таких цитат; в современном значении особенно известно из «Поэтического искусства» Н. Буало — 1674*) Commonplace (*with the ancient rhetoricians a passage or a quotation of general application, such as may serve as the basis of argument; also a collection of commonplaces; came to be widely used in its modern sense, i. e. to denote a platitude, with the publication of Nicolas Boileau-Despréaux's "L'Art poétique"*).

9. Обще́ственное мне́ние (*Ж.-Ж. Руссо. Новая Элоиза, т. 1, письмо 24 — 1761*) Public opinion (*Jean-Jacques Rousseau. La nouvelle Heloïse, vol. 1, letter 24*).

10. Обыкнове́нная исто́рия (*заглавие романа И. Гончарова — 1847*). *Ivan Goncharov's novel "The Usual Story" describes the life of an enthusiastic dreamer from the provinces who in Petersburg turns into a prudent civil servant intent only on his own advancement. The title of the novel came to be applied to banal emotional and practical problems.*

11. Обы́чай — де́спот меж людьми́ (*А. Пушкин. Евгений Онегин, гл. 1, 25 — 1833; выражение восходит к Горацию — «Наука поэзии», 71—72*) Custom is despot among men (*Alexander Pushkin. Eugene Onegin, ch. 1, 25. Trans. by Vladimir Nabokov; the phr. derives from Horace's "Ars poética", 71—72*). *Cf.* Conduct is three-fourth of our life and its largest concern (*Matthew Arnold. Literature and Dogma, § 3*).

12. О времена́! о нра́вы! *цитируется также по-латыни*: O tempora, o mores! (*Цицерон. Речь против Катилины, 1, 1, 2*) ↑ *L.*: O what times, o what habits! (*Cicero. In Catilinam, 1, 1, 2*).

13. **О вре́мени и о себе́** (*В. Маяковский. Во весь голос* — 1930) About our times,/about myself (*Vladimir Mayakovsky. At the Top of my Voice. Trans. by H. G. Scott*). *Used with reference to autobiographical works.*

14. **Огляни́сь во гне́ве** (*заглавие пьесы Дж. Осборна* — 1956) Look back in anger (*title of a play by John Osborne*). *Used as an appeal to appraise critically what the older generation has made of society.*

15. **Огнём и мечо́м** *цитируется также по-латыни:* Igne {igni} et ferro, ferro et igne {igni} (*у различных древних авторов*) *With sword and fire, i. e. ruthlessly and mercilessly (occurs in works of various classical authors).*

16. **Оди́н за всех и все за одного́** (*старинная поговорка, известная в разных языках; в литературе использована впервые, видимо, Шекспиром в «Лукреции»* — 1594; *также у А. Дюма-отца в «Трёх мушкетёрах», гл. 9 и др.* — 1844) Tous pour un, un pour tous, *Fr.*: all for one, one for all (*an old proverb known in a number of European languages; first used in literature probably by William Shakespeare in "The Rape of Lucrece"*: one for all, and all for one we gage; *the quoted Fr. and E. forms derive from Alexandre Dumas' novel "The Three Musketeers", ch. 9 and other places*).

17. **Оди́н там то́лько и есть поря́дочный челове́к: прокуро́р; да и тот, е́сли сказа́ть пра́вду, свинья́** (*Н. Гоголь. Мёртвые души, т.* 1, *гл.* 5 — 1842) One decent fellow there is—the Public Prosecutor; though even he, if the truth be told, is little better than a pig (*Nikolai Gogol. Dead Souls, vol.* 1, *ch.* 5. *Trans. by D. G. Hogarth*). *Used ironically to characterize persons who never have a good word to say for anyone.*

18. **Одиссе́я** (*название поэмы Гомера*) Odyssey (*title of a Greek epic poem by Homer, describing the ten years' wanderings of Odysseus on his way home from the Trojan war to Ithaca*). *Used of long wanderings, esp. those involving danger and adventures but ending happily, or of a tale of such wanderings; also of a tale of a long series of misadventures which ended happily. Often occurs in the phr.: Это це́лая Одиссе́я.*

19. **Одна́жды у́тром я просну́лся и узна́л, что я знамени́т(ость)** (*Байрон. Дневниковые записи* — 1812) I awoke one morning and found myself famous (*Byron. Memoranda from My Life*).

20. **Одна́ ла́сточка весны́ не де́лает** (< *Эзоп; возможно, первоначально греческая пословица*) One swallow does not make a summer

155

(< *Aesop; initially probably a Greek proverb; "One swallow does not make a spring" occurs in Aristotle's "Nicomachaean Ethics", 1, 6, 16): one's troubles are not over because one has surmounted one difficulty; a single favourable event, a positive sign do not mean that a change for the better will take place, that the events will take a desired turn, etc.*

21. **Одна, но пламенная страсть** (*М. Лермонтов. Мцыри, гл. 3 — 1839*) One passion holds him {her} e'er in thrall (*Mikhail Lermontov. Mtsiry, ch. 3. < Trans. by Irina Zheleznova). Used of a person's enthusiastic interest in smth.; also of a person's hobby (usu. jokingly).*

22. **О друг мой, Аркадий Николаич, не говори красиво** (*И. Тургенев. Отцы и дети, гл. 21 — 1862*) Oh, my friend, Arkady Nikolaevich! One thing I entreat of you, no fine talk (*Ivan Turgenev. Fathers and Children, ch. 21. Trans. by Constance Garnett). Addressed to a person who is excessively eloquent.*

23. **Окно в Европу** (*< А. Пушкин. Медный всадник, Вступление — 1833*) A window on Europe. *In the Introduction to his poem "The Bronze Horseman" Alexander Pushkin uses these words when he speaks of Peter the Great's plans to build a city (St. Petersburg) at the mouth of the Neva River. Thus the phr. has come to be used with reference to St. Petersburg (Leningrad in soviet times). Pushkin notes that he had borrowed the image from Algarotti who said: "Pétersbourg est la fene être par laquelle la Russie regarde en Europe" (St. Petersburg is the window through which Russia looks at Europe).*

24. **Оковы тяжкие падут,/ Темницы рухнут — и свобода/ Вас примет радостно у входа./ И братья меч вам отдадут** (*А. Пушкин. Во глубине сибирских руд... — 1827*) The heavy-hanging chains will fall,/ The walls will crumble at a word;/ And Freedom greet you in the light,/ And brothers give you back the sword (*Alexander Pushkin. Message to Siberia. Trans. by Max Eastman.) Then will the heavy fetters fall,/ The prison crumble, freedom's words/ Will greet you by the dungeon wall,/ Your brothers bear you swords (trans. by Walter Morison).*

25. **Око за око, зуб за зуб** (*Библия, Исход, 21, 24; Левит, 24, 20 и др.*) Eye for eye, tooth for tooth (*The Bible, Exodus, 21, 24; Leviticus, 24, 20 and other places).*

26. **Оливковая {масличная} ветвь** (*древний символ мира*) The olive branch (*an ancient symbol of peace).*

27. **Олимпи́йское споко́йствие** (*по греческой мифологии, боги обитали на горе Олимп*) *Olympian serenity (*according to Greek mythology, Mount Olympus in Thessaly was the home of the gods): unruffled tranquillity. Cf.* Olympian detachment.

28. **О мёртвых или хорошо́, или ничего́** *цитируется также по-латыни*: De mortuis nil nisi bene {aut bene aut nihil} (*латинский перевод, видимо, изречения Хилона, приводимого Диогеном Лаэртием в сочинении «Жизнь, мнения и учения знаменитых философов»*, 1, 3, 2, 70) ↑ *L.*: say nothing but good of the dead (*L. translation of a dictum apparently belonging to Chilon and quoted by Diogenes Laërtios in "De vitis, dogmatibus etc.", 1, 3, 2, 70).*

29. **О моя́ ю́ность! о моя́ све́жесть!** (*Н. Гоголь. Мёртвые души, т. 1, гл. 6 — 1842*) *Oh, my youth! Oh, my freshness! (*Nikolai Gogol. Dead Souls, vol. 1, ch. 6). Quoted jocularly but with sadness when one remembers one's youth with its freshness of perception.*

30. **Она́ исче́зла, утопа́я/ В сия́нье голубо́го дня** (*Ф. Туманский. Птичка — 1826*) *She disappeared, engulfed/ in the blue radiance of the day (*Fedor Tumansky. The Bird). Used jocularly or ironically of a person who disappeared as soon as one saw him.*

31. **Она́ меня́ за му́ки полюби́ла, /а я её за состра́дание к ним** (*У. Шекспир. Отелло, д. 1, явл. 3 — 1604*) She lov'd me for the dangers I had passed (in the R. trans. "for the ordeals I'd been through") / And I lov'd her for that she did pity them (*William Shakespeare. Othello, act 1, sc. 3).*

32?. **(Оне́гин,) я тогда́ моло́же,/Я лу́чше, ка́жется, была́** (*А. Пушкин. Евгений Онегин, гл. 8, 43 — 1833*) (Onegin,) I was younger then, I was, I daresay, better-looking... (*Alexander Pushkin. Eugene Onegin, ch. 8, 43. Trans. by Vladimir Nabokov). Used humorously of one's youth.*

33. **Они́ люби́ть уме́ют то́лько мёртвых** см. Живая власть для черни ненавистна.

34. **Они́ не сто́ят слов: взгляни́ — и ми́мо!** (*Данте. Божественная комедия, Ад, 3, 51 — ?1321*) Let us not speak of them, but look, and pass on (*Dante Alighieri. Divine Comedy, Inferno, 3, 51). The quotation is used to mean: it does not deserve attention.*

35. **Они́ ничего́ не забы́ли и ничему́ не научи́лись** (*происхождение выражения спорно: оно приписывается де Пана и Талейрану, но, видимо, впервые употреблено в 1795 г. Дюмурье*) Ils n'ont rien appris, ni rien

oublié, *Fr.*: they have learnt nothing and forgotten nothing (*attributed to Chevalier de Panat and to Talleyrand but probably first used by Dumouriez, 1795*).

36. **Они сошли́сь. Волна́ и ка́мень,/ Стихи́ и про́за, лёд и пла́мень/ Не столь разли́чны меж собо́й** (*А. Пушкин. Евгений Онегин, гл. 2, 13* — 1833) They got together; wave and stone,/ verse and prose, ice and flame/ were not so different from one another (*Alexander Pushkin. Eugene Onegin, ch. 2, 13. Trans. by Vladimir Nabokov*).

37. **Они́ хо́чут свою́ образо́ванность показа́ть** (*А. Чехов. Свадьба* — 1890) He {she, etc.} wants to show how educated he {she} is (*Anton Chekhov. The Wedding). Used ironically. The polite* они́ *instead of the 3rd person sg. and* хо́чут *instead of* хотя́т *occur in uneducated speech.*

38. **Он пуга́ет, а мне не стра́шно** (< *отзыв Л. Толстого о рассказе Л. Андреева «Бездна»*) *He is trying to scare me, but I don't feel frightened (*derives from Leo Tolstoy's comment on Leonid Andreev's story "The Abyss"). Used ironically of one who is trying to frighten his interlocutor with his story.*

39. **О па́мять се́рдца! ты сильне́й/Рассу́дка па́мяти печа́льной** (*К. Батюшков. Мой гений* — 1815) Remembrance of the heart! More power/ Have you than reason's sad remembrance (*Konstantin Batyushkov. My Guardian Spirit. Trans. by Avril Pyman*).

40. **Оптимисти́ческая траге́дия** (*заглавие пьесы В. Вишневского* — 1933) An optimistic tragedy (*title of a play by Vsevolod Vishnevsky. Trans. by H. A. Scott and R. S. Carr). Used to denote tragic events holding promise of a bright future.*

41. **Оре́ст и Пила́д** (*из греческой мифологии*) Pylades and Orestes (*in Greek legend, two inseparable friends; Orestes was the son, and Pylades the nephew, of Agamemnon, the King of Mycenae). The name Pylades may be used separately with reference to a devoted friend.*

42. **Орла́м случа́ется и ни́же кур спуска́ться,/Но ку́рам никогда́ до о́блак не подня́ться!** (*И. Крылов. Орёл и Куры* — 1808) Lower than fowls an eagle sometimes flies,/But ne'er a fowl can soar into the skies (*Ivan Krylov. The Eagle and the Fowls. < Trans. by Henry Harrison). Used fig. (*О́блак *is obs. for* облако́в).

43. **Орфе́й** (*из греческой мифологии*) Orpheus (*a poet and musician of Greek legend who could move even inanimate objects by his music). In R. his name has come to be applied to outstanding singers and musicians.*

44. **О свята́я простота́!** *цитируется также по-латыни*: O sancta simplicitas! *(приписывается Яну Гусу)* ↑ *L*.: O holy simplicity! *(attributed to John Huss [Jan Hus])*.

45. **Оседла́ть Пега́са** *(по имени крылатого коня Пегаса, покровителя поэтов в греческой мифологии)* *To mount Pegasus *(in Greek mythology Pegasus was a winged horse associated with the Muses; hence, an embodiment of power that inspires poetry): to become a poet, to write poetry.*

46. **Осёл оста́нется осло́м, хотя́ осы́пь его звезда́ми** *(Г. Державин. Вельможа — 1794)* *An ass, alas, remains an ass for all his stars and ribands *(Gavriil Derzhavin. The Magnate). Cf.* He's but a coof for a' that:/ For a' that, and a' that/ His ribands star, and a' that *(Robert Burns. For A' That and A' That — 1794).*

47. **(Осетри́на) второй све́жести** *(М. Булгаков. Мастер и Маргарита, гл. 18 — опубл. в 1988—89 гг.) lit.* (Sturgeon) of second freshness, i.e. is off *(Mikhail Bulgakov. The Master and Margarita, ch. 18). Used in an extended sense.*

48. **Оста́вь наде́жду навсегда́** {**Оста́вь наде́жду всяк сюда́ входя́щий. Входя́щие, оста́вьте упова́нья**} *цитируется также по-итальянски*: Lasciate ogni speranza voi ch'entrate *(Данте. Божественная комедия, Ад, 3, 9)* All hope abandon, ye who enter here; ↑ *It.* (*Dante Alighieri. Divine Comedy, Inferno, 3, 9).*

49. **Оста́лись от ко́злика** {**у ба́бушки**} **ро́жки да но́жки** *(из шутливой песенки неизвестного автора)* *All that was left of the little billy-goat were his horns and his trotters, *The old woman found only her billy-goat's horns and his trotters *(from a humorous song by an unknown author), i. e. hardly anything was left. Quoted jocularly, often in abbreviated form*: ро́жки да но́жки — horns and trotters.

50. **Останови́сь, мгнове́нье! (Ты прекра́сно!)** *(Гёте. Фауст, ч. 1, сц. «Рабочая комната» — 1808)* *Stay, fleeting moment! (You're divine) *(Goethe. Faust, pt. 1, Faust's Study).*

51. **Оста́п Бе́ндер** {**Вели́кий комбина́тор**} *(главный герой «Двенадцати стульев» — 1928 и «Золотого телёнка» — 1931 И. Ильфа и Е. Петрова)* Ostap Bender ("The great schemer"), *hero of Ilya Ilf's and Yevgeny Petrov's satirical novels "The Twelve Chairs" and "The Golden Calf", a clever, likable swindler. The name may also be applied playfully and affectionately to a person whose scheming is quite harmless.*

52. **Остри́жен по после́дней мо́де,/Как dandy ло́ндонский оде́т** (*А. Пушкин. Евгений Онегин, гл. 1, 4 — 1833*) Hair cut after the latest fashion,/dressed like a London dandy (*Alexander Pushkin. Eugene Onegin, ch. 1, 4. Trans. by Vladimir Nabokov). Used jokingly.*

53. **О́стров сокро́вищ** (*заглавие русского перевода романа Р. Стивенсона — 1883*) Treasure island (*title of a novel by Robert Louis Stevenson). Used in an extended sense (e. g. of an island, a region rich in natural resources).*

54. **От вели́кого до смешно́го оди́н шаг** (*слова Наполеона своему послу в Польше, де Прадту, во время бегства из России — 1812*) There is only one step from the sublime to the ridiculous. *Also quoted in Fr.*: du sublime au ridicule il n'y a qu'un pas (*Napoleon I to de Pradt, his ambassador in Poland, after the retreat from Moscow in 1812*).

55. **Отда́ть на пото́к и разграбле́ние** (*«Русская правда»*) *Hand over for plunder and destruction (*"Russkaya Pravda", an 11th-cent. Russian code of law). Cf.* To put to sack and pillage.

56. **Отделя́ть ове́ц от ко́злищ** (< *Библия, Матфей, 25, 31—33*) Separate the sheep from the goats (< *The Bible, Matthew, 25, 31—33*): *separate what is good from what is bad or harmful. Applied also to persons.*

57. **Отделя́ть пле́велы от пшени́цы** (< *Библия, Матфей, 13, 24—30*) Separate the wheat from the chaff {the husk from the grain} (< *The Bible, Matthew, 13, 24—30), i. e. to separate the worthless from the valuable, the harmful from the wholesome, etc.*

58. **Оте́лло** (*герой одноимённой трагедии Шекспира — 1604*) Othello (*hero of Shakespeare's tragedy of the same title). Used allusively with reference to extremely jealous men.*

59. **Оте́чество в опа́сности** (*воззвание Конвента 11.7.1792*) Fatherland in danger (*appeal of the French Legislative Assembly on July 11, 1792*).

60. **Отко́ле, у́мная, бреде́шь ты, голова́?** (*И. Крылов. Лисица и Осёл — 1824*) *Whence art thou toiling, wise one? (*Ivan Krylov. The Fox and the Ass). Used jokingly on encountering an acquaintance.*

61. **Откры́лась бе́здна, звезд полна́;/Звезда́м числа́ нет, бе́здне — дна** (*М. Ломоносов. Вечернее размышление о Божием величестве при случае великого северного сияния — 1743*) In heaven countless stars are lit / And bottomless is the abyss (*Mikhail Lomonosov. Evening Meditation on the Majesty of God upon the Occasion of the Great Northern Lights. Trans. by Peter Tempest*).

62. **Откры́тое письмо́** (*выражение, известное еще в средние века, но*

ставшее крылатым после открытого письма датского короля Христиана VIII о престолонаследии в Шлезвиге-Гольштинии 8.7.1846) An open letter (*the phr. was known as early as the Middle Ages, but came into popular use after the letter written by King Christian VIII of Denmark about the succession to the throne in Schleswig-Holstein*).

63. **Отку́да? — От верблю́да!** (*К. Чуковский. Телефон* — 1926) *Where from? — From the camel! (*Korney Chukovsky. The Telephone*). Used jocularly when one does not want to reveal the source of one's information or of the object in one's possession, etc. Cf.* That would be telling!

64. **Отку́да ты, прекра́сное дитя́?** (*А. Пушкин. Русалка, сц. «Берег»* — 1832, *опубл.* 1837) *Whence comest thou, delightful child? (*Alexander Pushkin. The Water-Nymph, sc. The River-bank*). The quotation is used as a playful or ironical expression of surprised recognition. The word* прекра́сное *is often replaced by the word* преле́стное.

65. **От лука́вого** (*Библия, Матфей*, 5, 37) Of evil (*The Bible, Matthew*, 5, 37). *Used in R. of smth. that is above what is required (e. g. unnecessarily complicated) and, consequently, harmful or wrong. Cf.* Of the Devil.

66. **От Москвы́ до са́мых до окра́ин** (*В. Лебедев-Кумач. Песня о Родине; исполнена впервые в кинофильме «Цирк», музыка И. Дунаевского* — 1936) From great Moscow to the farthest border (*Vasily Lebedev-Kumach. My Native Land; set to music by Isaak Dunayevsky; performed for the first time in the film "Circus"; translator unknown*).

67. **Отны́не и во ве́ки веко́в** *see* Во ве́ки веко́в.

68. **От ра́дости в зобу́ дыха́нье спёрло** (*И. Крылов. Ворона и Лисица* — 1808). *In Ivan Krylov's fable "The Crow and the Fox" the crow is so carried away by the fox's flattery that* quite out of breath for joy *she opens her beak and lets go of the piece of cheese she was holding. It falls to the ground and the cunning fox gets it. The quotation is used ironically, esp. when a person's joy is caused by flattery*.

69. **Отречёмся от ста́рого ми́ра,/Отряхнём его прах с на́ших ног** (*русский перевод П. Лаврова «Марсельезы» Руже де Лиля* — 1792) *Let us break with the old world, let us shake off its dust from our feet. This is the beginning of the R. version of Rouget de Lisle's La Marseillaise trans. by Piotr Lavrov. The corresponding lines in E. are:* Ye sons of France, awake to glory!/Hark! Hark! what myriads bid you rise...

70. **Отрица́ние отрица́ния** (*Гегель. Наука логики* — 1812—16) Negation of the negation (*Hegel. Science of Logic*). *Name of one of the basic*

161

laws of dialectics according to which the old gives way to the new, which, in its turn, is replaced (negated) by smth. newer still.

71. **Отря́дом книг уста́вил по́лку,/Чита́л, чита́л, а всё без то́лку** (*А. Пушкин. Евгений Онегин, гл. 1, 44 — 1833*) He crammed a shelf with an array of books/ and read, and read — and all for nothing (*Alexander Pushkin. Eugene Onegin, ch. 1, 44. Trans. by Vladimir Nabokov*).

72. **Отрясти́ прах от ног свои́х** (*Библия, Матфей, 10, 14; Марк, 6, 11; Лука, 9, 5; Деяния, 13, 51*) Shake (off) the dust of {from} one's feet (< *The Bible, Matthew, 10, 14; Mark, 6, 11; Luke, 9, 5; Acts, 13, 51*), *i. e. to break with smb. for good; indignantly take one's leave.*

73. **Отсю́да, хоть три го́да скачи́, ни до како́го госуда́рства не дое́дешь** (*Н. Гоголь. Ревизор, д. 1, явл. 1 — 1836*) You could gallop from here three years and not reach any foreign country (*Nikolai Gogol. The Government Inspector, act 1, sc. 1. Trans. by D. G. Campbell*). *Cited with reference to remote, godforsaken parts of a country, region, etc.*

74. **Отцы́ и де́ти** (*заглавие романа И. Тургенева — 1862*) Fathers and sons {children} (*title of a novel by Ivan Turgenev*), *i. e. the younger and the older generations. The phr. is generally used in discussions of the generation gap.*

75. **Отыска́лся след Тара́сов** (*И. Гоголь. Тарас Бульба, гл. 12 — 1835*) Taras has turned up (*Nikolai Gogol. Taras Bulba, ch. 12. Trans. by Constance Garnett*). *The quotation is used jocularly when a person whose whereabouts were unknown unexpectedly makes his appearance.*

76. **Отыщи́ всему́ нача́ло, и ты мно́гое поймёшь!** (*Козьма Прутков. Мысли и афоризмы — 1854*) *Trace everything back to the beginning and you will understand a lot (*Kozma Prutkov. Thoughts and Aphorisms*). *Quoted jokingly with an air of profundity.*

77. **(Офе́лия? О, ни́мфа!) Помяни́ грехи́ мои́ в моли́твах** (*У. Шекспир. Гамлет, д. 3, явл. 1 — 1601*) (The fair Ophelia. O Nymph,) in thy orisons/ Be all my sins remember'd (*William Shakespeare. Hamlet, act 3, sc. 1*).

78. **Ох, ле́то кра́сное! люби́л бы я тебя́,/ Когда́ б не зной, да пыль, да комары́, да му́хи** (*А. Пушкин. Осень — 1833*) Oh, darling summer, I could cherish you,/If heat and dust and flies were banished (*Alexander Pushkin. Autumn. Trans. by Babette Deutsch*); O beauteous summertime! I'd love you well without/ The heat, the clouds of dust, the gnats and flies... (*trans. by Irina Zheleznova*).

79. **Ох, нелёгкая э́то рабо́та/ Из боло́та тащи́ть бегемо́та** (*К. Чуковский.*

Телефон — 1926). By golly, it's really a job/ To pull Hippo out of the bog (*Korney Chukovsky. The Telephone. Trans. by Dorian Rottenberg). Used jokingly of hard work, especially work requiring considerable physical effort.*

80. **Охо́та к переме́не мест** (*А. Пушкин. Евгений Онегин, гл.* 8, 13 — 1833) A restless urge for change of place (*Alexander Pushkin. Eugene Onegin, ch.* 8, 13. *Trans. by Charles Johnston*).

81. **Охо́тно мы дари́м,/ Что нам не на́добно сами́м** (*И. Крылов. Волк и Лисица* — 1816) *We gladly give away what we can't use ourselves is the moral of Ivan Krylov's fable "The Wolf and the Fox" in which a fox who has dined heartily on poultry and has also laid by a stock for future use offers a hungry wolf some hay instead of meat.*

82. **Ох, тяжела́ ты, ша́пка Монома́ха!** (*А. Пушкин. Борис Годунов, сц.* «*Царские палаты*» — 1825) Ah! heavy art thou, crown of Monomakh! (*Alexander Pushkin. Boris Godunov, sc. Palace of the Tsar. Trans. by Alfred Hayes). Used of one's heavy responsibilities or difficulties usually connected with the high post one occupies; also of an unpleasant or tiresome duty one has to perform, a boring or difficult job one has to do, troubles one has to deal with, etc.*

83. **О чём шуми́те вы, наро́дные вити́и?** (*А. Пушкин. Клеветникам России* — 1831) What mean these angry cries, haranguers of the mob (*Alexander Pushkin. To the Calumniators of Russia. Trans. by Charles Edward Turner). Addressed to a group of persons engaged in a noisy dispute.*

84. **О че́стности высо́кой говори́т** (*А. Грибоедов. Горе от ума, д.* 4, *явл.* 4 — 1824) *Only hear him holding forth on honesty (*Alexander Griboedov. The Misfortune of Being Clever, act 4, sc. 4). Also quoted in an extended form:* Когда́ ж о(б) че́стности высо́кой говори́т... сам пла́чет, и мы все рыда́ем *Only hear him, however, holding forth on honesty!... He melts into tears, and we all start sobbing too. Quoted ironically with reference to hypocrites expatiating about honesty, virtue, etc.*

П

1. **Па́мять се́рдца** *see* О па́мять се́рдца...

2. **Пандемо́ниум** (*название столицы ада в поэме Мильтона «Потерянный рай»* — *опубл.* 1667) Pandemonium {pandaemonium} (*the capital of*

Hell in John Milton's epic "Paradise Lost"): a very disorderly or noisy place or assembly; tumultuous uproar.

3. **Пани́ческий страх** (*о страхе, который, согласно греческой мифологии, наводил бог Пан*) Panic fear (*of fear associated with the Greek god Pan*).

4. **Пану́ргово стадо** (< *Ф. Рабле. Гаргантюа и Пантагрюэль, т. 4, гл. 6—8 — 1532*) *Panurge's flock, i. e. a brainless crowd ready to follow blindly anyone. The phr. is an allusion to an episode in the second part of Rabelais' satire "The History of Gargantua and Pantagruel", vol. 4, ch. 6—8. Panurge, the roguish companion of Pantagruel, having quarrelled with a merchant who is shipping a flock of sheep, buys a ram of him and throws it into the sea. The rest of the flock follows and drowns.*

5. **Пари́ж сто́ит ме́ссы {обе́дни}** (*приписывается Генриху Наваррскому*) Paris vaut bien une messe, *Fr.*: Paris is well worth a mass (*attributed to Henry of Navarre, leader of the Huguenots, who succeeded to the French throne as Henry IV by a mixture of force and diplomacy, the latter including his conversion to Roman Catholicism, 1593; according to other sources these words were spoken to Henry IV or about him by Maximilian de Béthune de Rosny made Duke de Sully in 1606). Used in an extended sense to mean: the compromise is worth the advantage, profit, etc., gained by it.*

6. **Парна́с** (*по греческой мифологии, обитель Аполлона и муз*) Parnassus (*in Greek mythology a mountain near Delphi, sacred to Apollo and the Muses). Applied to poetry or poets. Cf. To climb Parnassus, i. e. to write poetry.*

7. **Па́ртия — ум, честь и со́весть на́шей эпо́хи** (< *В. И. Ленин. Политический шантаж — 1917*) Our Party is the intelligence, honour and conscience of our times (< *V. I. Lenin. Political Blackmail).*

8. **Патро́нов не жале́ть!** (*из объявления петербургского генерал-губернатора Д. Трепова 14 октября 1905 г.*) *Spare no cartridges! (from a notice posted by D. Trepov, the governor-general of St. Petersburg, on October 14, 1905). The phr. is applied to savage political reprisals directed against the population.*

9. **Пега́с** *see* Оседла́ть Пега́са.

10. **Пена́ты** (*от названия римских богов-хранителей домашнего очага*) Dii Penates, penates (*the household gods of a Roman family). Now used in elevated style, esp. in poetry, to denote one's family home or, by extension, one's country.*

164

11. **Пенкосниматель** (*М. Салтыков-Щедрин. Дневник провинциала в Петербурге, гл. 5 — 1872*) *lit.* *Cream-skimmer *(M. Saltykov-Shchedrin. Diary of a Provincial in Petersburg, ch. 5), i. e. one who seeks to have the best things in life without working very hard.*

12. **Пепел Клааса стучит в моё сердце** (*Ш. де Костер. Легенда об Уленшпигеле — 1868*) *The ashes of Klaas knock at my heart (*Charles de Coster. La légende de Thyl Uylenspiegel et de Lamme Goedzak*). *In the 16th cent. the people of the Netherlands rose in revolt against Spanish rule. The hero of de Coster's novel, Thyl Uylenspiegel (Till Eulenspiegel) joined the insurgents when his father Klaas was burnt at the stake. After the auto-da-fé, he managed to gather some ashes from Klaas's heart. His mother put them into a little bag and tied it to a ribbon. Her son was to wear it round his neck so that the flame of vengeance should ever burn in his heart. On many occasions fighting against his country's oppressors Thyl would say to himself: "The ashes of Klaas knock at my heart", and these words would give him new strength. The phr. is used as an appeal to people not to forget those who fell during a war and as a formula calling for vengeance.*

13. **Первый среди равных** *цитируется также по-латыни*: Primus inter pares (*происхождение спорно*) ↑ *L.*: first among equals (*origin obscure*).

14. **Перейти Рубикон** (*когда Юлий Цезарь в 49 г. до н. э. перешёл пограничную реку Рубикон, отделявшую Умбрию от Цизальпинской Галлии, нарушив тем самым границы провинции, что ему было запрещено сенатом, началась война между ним и сенатом*) Cross {pass} the Rubicon (*when in 49 B. C. Julius Caesar crossed the Rubicon, a small river separating Umbria from Cisalpine Gaul, he passed beyond the limits of the province allotted to him, thus precipitating Civil War): to take a decisive or final step, esp. one from which it is impossible to recede.*

15. **Перековать мечи на орала** (< *Библия, Исаия*, 2, 4) Beat one's swords into plowshares (*the phr. derives from the Bible, Isaiah*, 2, 4).

16. **Переоценка ценностей** (*Ф. Ницше. Воля к власти — 1899—1901*) Transvaluation of values (*Friedrich Nietzsche. The Will to Power). Used of the reappraisal of one's views on life.*

17. **Период бури и натиска** *see* Буря и натиск.

18. **Перстами лёгкими, как сон** (*А. Пушкин. Пророк — 1826*) *With fingers light as the touch of sleep (*Alexander Pushkin. The Prophet). Used jocularly.*

165

19. **Перст Божий** (*Библия, Исход*, 8, 19) The finger of God (*The Bible, Exodus*, 8, 19): *fate, predestination.*

20. **Песнь песней** (*название книги Библии, якобы написанной царём Соломоном*) The song of songs (*The Canticles, or the Song of Solomon, a book of the O. T. which, according to legend, was written by King Solomon). The phr. is used with reference to an exceptional achievement in any field.*

21. **Петушком, петушком...** (*Н. Гоголь. Ревизор, д.* 1, *явл.* 4 — 1836) *lit.* Like a cockerel, like a cockerel... (*Nikolai Gogol. The Government Inspector, act* 1, *sc.* 4). *Used of one walking slightly behind or alongside another person and wearing a timidly ingratiating expression on his face; also of one trying to worm his way into favour with influential people, a political movement, etc.*

22. **Печален будет мой рассказ** (*А. Пушкин. Медный всадник, Вступление* — 1833) A grievous record it will be (*Alexander Pushkin. The Bronze Horseman, Prologue. Trans. by Oliver Elton*).

23. **Печаль моя светла** (*А. Пушкин, «На холмах Грузии лежит ночная мгла...»* — 1829) *Sadness lies light upon my heart; The sadness/ that fills the void of days is, strangely, half delight, / 'Tis both sweet pain and sweeter gladness (*Alexander Pushkin, Upon the hills of Georgia lies the haze of night... Trans. by Irina Zhelesnova*).

24. **Печально я гляжу на наше поколенье!** (*М. Лермонтов. Дума* — 1838) With deep distress I contemplate our generation! (*Mikhail Lermontov. Meditation. Trans. by Avril Pyman*).

25. **Печной горшок тебе дороже,/Ты пищу в нём себе варишь** (*А. Пушкин. Поэт и толпа* — 1828) *The cooking-pot you value more:/ You boil your food in it (*Alexander Pushkin. The Poet and the Mob). Addressed jokingly to a person who puts material welfare above spiritual needs.*

26. **Печорин** (*главное действующее лицо романа М. Лермонтова «Герой нашего времени»* — 1840) Pechorin, *the main character in Mikhail Lermontov's novel "A Hero of Our Time", a man possessed of a sharp, incisive intellect whose talents find no worthy application and whose negligible achievements are in sharp contrast with his abilities.*

27. **Пешеходов надо любить. Пешеходы составляют большую часть человечества. Мало того — лучшую его часть** (*И. Ильф и Е. Петров. Золотой телёнок, гл.* 1 — 1931) *Pedestrians should be respected. Pedestrians form the largest part of humanity; and the best (*Ilya Ilf and Yevgeny Petrov. The Golden Calf, ch.* 1).

28. **Пике́йные жиле́ты** (*И. Ильф и Е. Петров. Золотой телёнок, гл.* 14 — 1931) *lit.* Piqué waistcoats. *This name was given in Ilya Ilf's and Yevgeny Petrov's novel "The Golden Calf" (ch. 14) to a group of old cronies, survivors of the commercial circles of pre-war Chernomorsk (Odessa), who regularly gathered outside the former Café Florida to discuss politics. The phr. is used ironically of armchair politicians.*

29. **Пинкерто́н** (*герой анонимных детективных произведений*) Pinkerton, *the main character of a series of anonymous detective stories. The stories were probably conceived as an advertisement of Pinkerton's National Detective Agency founded in Chicago in* 1852. *The stories were popular in pre-revolutionary Russia, especially among the young people, and the name Pinkerton came to be applied to clever, resourceful sleuths.*

30. **Пир во вре́мя чумы́** (*название драматических сцен А. Пушкина —* 1832, *в основе которых лежит сцена из поэмы Дж. Вильсона «Город чумы» —* 1816) *A feast during the plague (*title of dramatic scenes by Alexander Pushkin based on an episode from John Wilson's poem "The City of the Plague"*): *merry-making, gay, carefree living in time of disaster.*

31. **Пир на весь мир** (*выражение из русских народных сказок*) *lit.* A feast for the whole village, *i. e. a grand feast (a phr. used in Russian folk tales).*

32. **Пи́ррова побе́да** (*выражение, восходящее к античной истории: эпирский царь Пирр одержал в* 279 *г. до н. э. в битве при Аускуле победу над римлянами ценой таких тяжёлых потерь, что воскликнул: «Ещё одна такая победа, и мы погибли!»*) Pyrrhic victory: *victory gained at too great a cost (the phr. is an allusion to the exclamation of Pyrrhus, King of Epirus, made after his victory over the Romans at Ausculum in* 279 *B. C. To those who came to congratulate him he said: "One more such victory and we are lost! {...and Pyrrhus is undone}").*

33. **Пита́ться мёдом и акри́дами** (< *Библия. Марк* 1, 6) Eat locusts and wild honey (*The Bible. Mark* 1, 6): *feast; live in want. Rare and bookish.*

34. **Пла́нов громадьё** *see* Я пла́нов на́ших люблю́ громадьё...

35. **Платони́ческая любо́вь** (*Платон в своем диалоге «Пир» говорит об идеальной любви, лишенной чувственности*) Platonic love (*Plato in his dialogue "Symposion" advocated ideal love, love between soul and soul, without sensual desire*).

36. **Плато́н мне друг, но и́стина доро́же** *цитируется также по-латыни*: Amicus Plato, sed magis amica veritas (*Сервантес. Дон Кихот,*

ч. 2, гл. 51 — 1615; *видимо, восходит к Аристотелю*) Plato is dear to me, but truth is dearer still, ↑ L. (*Cervantes. Don Quixote, pt.* 2, *ch.* 51; *the L. version of the saying is attributed to Aristotle). The phr. is used to mean: truth and justice should not be sacrificed even for the sake of a friend.*

37. **Плоди́тесь и размножа́йтесь (, и наполня́йте зе́млю)** (*Библия, Бытие,* 1, 28) Be fruitful, and multiply (,and replenish the earth) (*The Bible, Genesis,* 1, 28). *Used jocularly.*

38. **Плоды́ просвеще́ния** (*название комедии Л. Толстого* — 1891) The fruits of enlightenment (*title of a comedy by Leo Tolstoy. Trans. by Michael Frayn). Used ironically.*

39. **Плох тот солда́т, кото́рый не ду́мает быть генера́лом** (*А. Погосский. Солдатские заметки* — 1855) *A soldier who doesn't want to be a general is a bad soldier (Alexander Pogossky. A Soldier's Notes). Used in an extended sense.*

40. **Плю́шкин** (*персонаж «Мёртвых душ» Н. Гоголя* — 1842) Pliushkin, *a character in Nikolai Gogol's novel "Dead Souls", a miser of maniacal magnitude. Used allusively. Cf. Harpagon (the chief character in Molière's "L'Avare").*

41. **Пляса́ть под чужу́ю ду́дку** (*выражение, восходящее к басне, приписываемой Эзопу*) Dance to smb.'s pipe {piping, whistle, tune} (*derives from a fable attributed to Aesop), i. e. follow smb.'s lead, obey without question.*

42. **Победи́телей не су́дят** (*приписывается Екатерине II*) *Victors are not judged (attributed to Catherine II).*

43. **Поверну́ть наза́д [вспять] колесо́ исто́рии** (*К. Маркс и Ф. Энгельс. Манифест коммунистической партии* — 1848) To roll back the wheel of history (*Karl Marx and Frederick Engels. Manifesto of the Communist Party*).

44. **Поверя́ть а́лгеброй гармо́нию** (*А. Пушкин. Моцарт и Сальери, сцена* 1 — 1832) Prove harmony like higher mathematics (*Alexander Pushkin. Mozart and Salieri, sc.* 1. *Trans. by Avril Pyman): to appraise or interpret a work of art from a purely rational point of view.*

45. **По га́мбургскому счёту** *see* Га́мбургский счёт.

46. **Подлива́ть ма́сло в ого́нь** (*Гораций. Сатиры,* 2, 3, 321—322) Pour {add, put} oil on the fire {flames} (*Horace. Satires,* 2, 3, 321—322), *i.e. aggravate a disturbance {fury, passion, etc.} with unsuitable words or deeds.*

47. Подожди́ немно́го,/Отдохнёшь и ты (*М. Лермонтов. Из Гёте* — 1840*)* *Wait a while,/you too shall rest (*Mikhail Lermontov. From Goethe; the corresponding line in Goethe's poem reads*: Warte nur, balde/Ruhest du auch). *Quoted when smb. feels weary of life.*

48. Подпи́сано, и [< так] с плеч доло́й (*А. Грибоедов. Горе от ума, д.* 1, *явл.* 4 — 1824*)* *The paper signed, let it bother you no more (*Alexander Griboedov. The Misfortune of Being Clever, act* 1, *sc.* 4). *The quotation is used to characterize the bureaucratic way of conducting affairs.*

49. Подпору́чик [пору́чик] Киже́ (*в основе этого выражения лежит исторический анекдот. Во времена Павла I писарь ошибся, неправильно разделив слова, в результате чего из слов «прапорщики ж» возник несуществующий прапорщик Киж. Павел I несколько раз повышал Кижа в чине. Выражение употребляется как ироническое обозначение несуществующего лица, вследствие недоразумения принимаемого за реальное). The phr.* "Second lieutenant {lieutenant} Kizhé" *is used ironically to denote a non-existent person who by some misunderstanding is presumed to be real. The phr. derives from a historical anecdote. During the reign of Paul I, an army scribe incorrectly divided the words in the order of the day, writing* пра́порщик Киж в подпору́чики (*ensign Kizh to be promoted lieutenant) instead of* пра́порщики ж в подпору́чики (*ensigns, however, to be promoted lieutenants). Subsequently the mythical second lieutenant Kizh received several promotions until he reached the rank of colonel and the Emperor expressed the wish to see him. This caused considerable alarm among the high-ranking officers. The original mistake was discovered, but the Emperor was told that colonel Kizh had died.* "What a pity", *remarked the Emperor,* "he was a good officer". *Yury Tynianov wrote a story based on this anecdote in which the lieutenant was of French origin; thus his name was changed from Kizh to Kizhé. The story was later made into a film, which brought the phr.* "(Second) lieutenant Kizhé" *into popular use.*

50. По другу́ю сто́рону баррика́ды (*выражение, возникшее во времена Парижской коммуны* — 1871*)* *On the other side of the barricade (*the phr. dates back to the Commune of Paris, the revolutionary movement which broke out in March* 1871*), i. e. in a (politically) hostile camp; holding opposite views.*

51. Под спу́дом (*из церковно-славянского текста Библии, Матфей*, 5, 15; *Марк*, 4, 21; *Лука*, 8, 16) Under a bushel (*The Bible, Matthew*, 5,

15; *Mark*, 4, 21). *While in E. the phr. means "secretly, in order to hide it", in R. it is used in the sense "kept back, hidden, not used, buried in oblivion".*

52. **Под ста́рость жизнь така́я га́дость...** (*А. Пушкин. Евгений Онегин, гл.* 1, 42 — 1833) When one starts getting old, life is so horrid (*Alexander Pushkin. Eugene Onegin, ch.* 1, 42. *Trans. by Vladimir Nabokov*).

53. **Под эги́дой кого́-л.** (*из греческой мифологии*) Under the aegis of... (*in Greek mythology aegis was the shield of Zeus*): *under smb.'s protection, patronage; in R. also: under the leadership, guidance of... May be used derogatorily.*

54. **Пожа́р спосо́бствовал ей мно́го к украше́нью** (*А. Грибоедов. Горе от ума, д.* 2, *явл.* 5 — 1824) The fire contributed largely to its embellishment (*Alexander Griboedov. The Misfortune of Being Clever, act 2, sc. 5. Trans. by S. W. Pring*). *Generally used with reference to a town, a district or a building which has been greatly improved as a result of rebuilding and restoration work carried out after a fire.*

55. **Позво́льте вам вы́йти вон** (*А. Чехов. Свадьба* — 1890). *In Anton Chekhov's vaudeville "The Wedding", the person uttering these vords attempts to express himself in a genteel fashion. The resulting ungrammatical sentence may be lit. translated as* "Permit you to get out", *or, retaining only its stylistic discrepancy, as* "Be so kind as to get out". *The quotation is used as a jocular request to someone to leave the room.*

56. **Позво́льте вам э́того не позво́лить** (*Н. Гоголь. Мёртвые души, т.* 1, *гл.* 2 — 1842) *May I be allowed not to allow you that (*Nikolai Gogol. Dead Souls, vol. 1, ch. 2). *Used jocularly as a mild objection.*

57. **Позна́й самого́ себя** *цитируется также по-латыни*: Nosce te ipsum (*греческое изречение, приписываемое Фалесу и начертанное, по преданию, на фронтоне храма Аполлона в Дельфах; цитируется Ювеналом в «Сатирах»,* 11, 37; *сходная формулировка у Цицерона в «Тускуланских беседах»,* 1, 22, 52) Know thyself (*a Gr. saying attributed to Thales and, according to legend, written on the pediment of the temple of Apollo at Delphi; quoted by Juvenal in his "Satires",* 11, 37; *used in a slightly different form by Cicero, Tusculanae disputationes,* 1, 22, 52).

58. **Позна́ние умножа́ет скорбь** *see* Во мно́гой му́дрости мно́го печа́ли.

59. **Пойди́ туда́, не зна́ю куда́, возьми́ то, не знаю что** (*заглавие русской народной сказки*) Go I know not where and fetch I know not

what (*title of a Russian folk tale; trans. by Bernard Isaacs*). *Used jocularly or ironically of muddled, vaguely formulated or unintelligible instructions*.

60. **Пойду́ иска́ть по све́ту,/ Где оскорблённому есть чу́вству уголо́к** (*А. Грибоедов. Горе от ума, д.* 4, *явл.* 14 — 1824) I hasten to seek throughout the world some solitary nook, in which a wounded spirit may find an asylum (*Alexander Griboedov. Gore ot Ouma, act* 4, *sc.* 14. *Trans. by Nicholas Benardaky*).

61. **Пой, ла́сточка, пой** (*восходит к итальянской народной песне*) **Sing, swallow, sing (derives from an Italian folk song), i.e. you may say what you like, use any arguments you can think of, but this is not going to change anything. Used jocularly or ironically, sometimes with a tinge of threat*.

62. **Пока́ дышу́, наде́юсь** *цитируется также по-латыни*: Dum spiro, spero (*Овидий. Скорбные элегии,* 1) ↑ *L.:* while I breathe, I hope (*Ovid. Tristia,* 1). *Cf.* Where there is life, there's hope (*John Gay. The Sick Man and the Angel,* 1, 49).

63. **Пока́ не тре́бует поэ́та/ К свяще́нной же́ртве Аполло́н,/ В забо́тах су́етного све́та/Он малоду́шно погружён** (*А. Пушкин. Поэт* — 1827) The bard, when asks of him Apollo/ no sacred offering, is deep/ In worldly cares ere long, and follows/A dismal road (*Alexander Pushkin. The Poet. Trans. by Irina Zheleznova*). *Applied to poets, painters, composers, etc. when they stop working for a period*.

64. **Пока́ свобо́дою гори́м,/Пока́ сердца́ для че́сти жи́вы,/Мой друг, отчи́зне посвяти́м/Души́ прекра́сные поры́вы** (*А. Пушкин. К Чаадаеву* — 1818) While freedom's flame within us lives,/while we by honour's voice are guided,/To Russia, comrade, let us give/Our spirits whole and undivided (*Alexander Pushkin. To Chaadayev. Trans. by Irina Zheleznova*).

65. **Поклони́сь тому́, что сжига́л, и сожги́ то, чему́ поклоня́лся** *see* Сожги́ то, чему́ ты поклоня́лся...

66. **Покло́нник Ба́хуса {Ва́кха}** (*в греческой мифологии Дионис, или Вакх, а в римской — Бахус, был богом растительности, покровителем виноградарства и виноделия; празднества в его честь сопровождались возлияниями*) A worshipper of Bacchus, a bacchanal, a bacchanalian (*in Greek mythology Dionysus, Bacchus in Roman mythology, was a god of vegetation and a patron of vine-growing and wine-making; vintage festivals held in his honour were characterized by drunkenness and licentiousness of all*

kinds). The term is used jocularly with reference to persons who are too fond of drink.

67. **Поко́й нам то́лько сни́тся** *see* И ве́чный бой! Поко́й нам то́лько сни́тся!

68. **Покупа́ть кота́ в мешке́** (*?рассказ о Тиле Уленшпигеле — XIV в.*) *Buy a cat in a bag (*?derives from a tale about Till Eulenspiegel, a 14th-cent. villager of Brunswick, to whom were ascribed all kinds of mischievous pranks; once he sewed up a cat in a hare's skin and sold it as a hare). In R. the phr. is used to mean: to buy a thing without seeing it or knowing its value; to employ a person of whom one knows nothing, etc. Cf. To buy a pig in a poke.*

69. **Пола́ют да отста́нут** (*И. Крылов. Прохожие и Собаки — 1815*). *In Ivan Krylov's fable "The Passers-by and the Dogs" two friends were walking along the street when a dog rushed at them barking most ferociously. Other dogs soon joined him, the pack quickly swelling to fifty. One of the friends picked up a stone to throw at the dogs, but the other stopped him, saying that it would be better to ignore the animals: "They will bark for a while and then calm down". The quotation is used with reference to vicious critics, scandalmongers, etc.*

70. **Поли́тика большо́й дуби́нки** (< *Теодор Рузвельт. Речь на ярмарке штата Миннесота, 2.9.1901*) The policy of the big stick, big stick policy (< *Theodore Roosevelt. Speech. Minnesota State Fair, 2 Sept. 1901*).

71. **Поли́тика есть иску́сство возмо́жного** (*восходит к высказыванию Бисмарка, который в беседе с бароном фон Вальдеком сказал: «Политика — учение о возможном» — 1867*). Politics is the art of the possible (*derives from Bismark's statement; in a conversation with Meyer von Waldeck he said: Die Politik ist die Lehre von Möglichen, Politics is the science of the possible*).

72. **Поли́тика кнута́ и пря́ника** (*в этой формулировке, видимо, впервые использовано И. Ильфом и Е. Петровым в «Золотом телёнке», гл. 12 — 1931*) Policy of the stick and the carrot (*in combination with the word политика — "policy", the phr. came to be widely used with the publication of Ilya Ilf's and Yevgeny Petrov's novel "The Golden Calf", ch. 12*), *i. e. a policy of threats and rewards.*

73. **Поли́тика на гра́ни войны́** (*принцип политики США в отношении стран социализма, сформулированный Дж. Ф. Даллесом в его книге «Война и мир» —1950*) Policy on the brink of war; brinkmanship (*one of*

the principles of the policy of the USA with respect to Socialist countries; formulated by John Foster Dulles in his book "War and Peace").

74. **Поли́тика откры́тых двере́й** (*выражение, в данной форме широко использовавшееся в английской прессе в* 1898 *г.*) Open-door policy, the policy of the open door (*in the given form the phr. came to bewidely used in the British press in* 1898): *admission to a country, esp. for commercial purposes, open to all on equal terms.*

75. **Полна́ коро́бочка [коро́бушка]** (< *Н. Некрасов. Коробейники* — 1861) *The box is full to overflowing (< *Nikolai Nekrasov. The Pedlars). Used jokingly of a crowded room, bus, etc.*

76. **Полна́ наро́ду за́ла;/Му́зы́ка уж греме́ть уста́ла** (*А. Пушкин. Евгений Онегин, гл.* 1, 28 — 1833) Ballroom's overflowing.../and band already tired of blowing (*Alexander Pushkin. Eugene Onegin, ch.* 1, 28. *Trans. by Charles Johnston). Used jokingly.*

77. **Положение обязывает** *цитируется также по-французски*: Noblesse oblige (*герцог де Леви. Изречения и мысли* — 1808) ↑ *Fr.:* nobility carries its obligations (*Duc de Lèvis. Maximes et Réflexions*).

78. **Полусве́т** (*заглавие русского перевода пьесы А. Дюма-сына "Le demi-monde"* — 1855) Demi-monde (*after the title of a comedy by Alexandre Dumas fils). Applied to a section of bourgeois society consisting of women of doubtful reputation who strive to imitate the way of life of the aristocracy and the wealthy bourgeoisie.*

79. **По мне, уж лу́чше пей,/Да де́ло разуме́й** (*И. Крылов. Музыканты* — 1808). *In Ivan Krylov's fable "The Musicians" a landowner speaking about the serfs in his choir admits that they sing out of tune, but points out that this fault is amply compensated for by the fact that his serfs' behave well and do not drink, to which his interlocutor remarks*: I'd let them drink, as long as they do their work properly. *The corresponding lines in Bernard Pares' translation of the fable ("The Village Band") read*: As for me/I'd let them drink all day/If only they could play. *The quotation is used in an extended sense.*

80. **По о́бразу и подо́бию** (< *Библия, Бытие*, 1, 26) In his own image and likeness (< *The Bible, Genesis*, 1, 26—27): *identical with or similar to smth.; after the same fashion.*

81. **Попо́льзоваться насчёт клубни́чки** (*Н. Гоголь. Мёртвые души, т.* 1, *гл.* 4 — 1842) Picking strawberries (*Nikolai Gogol. Dead Souls, vol.*

1, *ch. 4. Trans. by George Reavy). Used jocularly and disapprovingly of amorous adventures.*

82. Пора́, брат, пора́ (*А. Пушкин. Узник* — 1822) It's time, brother, time (*Alexander Pushkin. The Prisoner. Trans. by S.D.P.Clough). Used as a jocular call for action when the time is ripe.*

83. Пора́, мой друг, пора́ (*А. Пушкин. Пора, мой друг, пора!* — 1834) 'Tis time, my friend, 'tis time (*Alexander Pushkin. " 'Tis Time, My Friend, 'Tis Time"), i. e. the time is ripe for action. Used jokingly.*

84. Пора́ наде́жд и гру́сти не́жной (*А. Пушкин. Евгений Онегин, гл. 1, 4* — 1833) Season of hope and tender melancholy (*Alexander Pushkin. Eugene Onegin, ch. 1, 4. Trans. by Vladimir Nabokov). Used of youth with its romantic dreams and tender emotions.*

85. Поро́к нака́зан, доброде́тель торжеству́ет (*автор не установлен*) *Vice has been punished, virtue triumphs (*author unknown). Generally used ironically.*

86. Посе́ять зу́бы драко́на (*согласно древнегреческому мифу, Кадм, прежде чем основать Фивы, пожелал освятить землю из священного источника. Дракон, охранявший источник, убил воинов Кадма, но последний сразил его. По совету Афины Паллады Кадм выломал у убитого дракона зубы и посеял их. Из этих зубов выросли воины, которые затем вступили в бой между собой. Пятеро из них уцелели и помогли Кадму основать Фивы*) Saw dragon's teeth (*the allusion is to the Greek myth about Cadmos. According to this myth Cadmos, before founding the city of Thebes, wished to consecrate the ground from a holy well. The dragon which guarded the well, killed Cadmos's warriors, but was itself slain by Cadmos. On Athena's advice, Cadmos sowed its teeth. From them sprang up armed warriors who started killing each other. The five surviving warriors helped Cadmos to found the city of Thebes): to saw discord, enmity; to breed strife.*

87. После́дний бой, он тру́дный са́мый (*из песни «Последний бой» М. Ножкина в кинофильме «Освобождение»* — 1970) *The last battle is the hardest (*from Mikhail Nozhkin's song "The Last Battle" in the film "Liberation"). Used figuratively.*

88. После́дний из могика́н (*заглавие русского перевода романа Ф. Купера* — 1826) The last of the Mohicans (*title of a novel by Fenimore Cooper): the last representative of a social group, a generation, a political party, etc.*

89. После нас хоть потоп *цитируется также по-французски*: Après nous le déluge (*приписывается Людовику XV, однако, согласно «Воспоминаниям» мадам дю Оссе, слова принадлежат мадам де Помпадур*) ↑ *Fr.*: after us the deluge (*ascribed to Louis XV; however, in her "Mémoires" Mme du Hausset attributes these words to Mme de Pompadour*).

90. Послушай, ври, да знай же меру (*А. Грибоедов. Горе от ума, д. 4, явл. 4 — 1824*) *Lie if you please, but do not carry it too far (*Alexander Griboedov. The Misfortune of Being Clever, act 4, sc. 4*).

91. Посмотрит — рублём подарит (*Н. Некрасов. Мороз, Красный нос, ч. 1 — 1864*) Her look seems a gift to confer (*Nikolai Nekrasov. Red-Nosed Frost, pt. 1. Trans. by Juliet M. Soskice*).

92. Поспешай (торопись) медленно, *цитируется также по-латыни*: festina lente (*согласно Светонию, это выражение часто употреблял римский император Август; использовано Буало в «Поэтическом искусстве» — 1674*) *L*: hasten slowly (*Suetonius. Divus Augustus, 25; occurs in Boileau's "L' Art Poetique"*).

93. Поспорят, пошумят и ... разойдутся (*А. Грибоедов. Горе от ума, д. 2, явл. 5 — 1824*) They wrangle, create a bit of a disturbance and ... part in peace (*Alexander Griboedov. Gore ot Ouma, act 2, sc. 5. < Trans. by Nicholas Benardaky). Applied to gatherings where people noisily air their views to no practical purpose.*

94. Построить на песке *see* На песке строить.

95. Посылать от Понтия к Пилату (< *Библия, Лука, 23, 1—12*) *lit.* Send {direct} smb. from Pontius to Pilate. *The expression derives from the Gospel according to Luke describing how Jesus, seized by his enemies, was taken to Pontius Pilate, the Roman procurator of Judaea, to answer charges against him. On learning that Jesus was a Galilean, Pilate sent him to Herod, under whose jurisdiction Galilea was. When Jesus refused to answer Herod's questions, the latter sent him back to Pilate. The words "Pontius" and "Pilate" were popularly interpreted as names of different men. The expression is used of officials who, instead of dealing with a matter themselves, send people to another official.*

96. Посыпать пеплом голову {главу} (< *Библия, Есфирь, 4, 1; Иов, 2, 12*) *lit.* Sprinkle ashes upon one's head; Put on sackcloth and ashes (< *The Bible, Esther, 4, 1, Job, 2, 12*): *grieve deeply in connection with a disaster or over the loss of smth. very valuable. In contemporary R. the phr. is generally used with reference to a demonstrative expression of grief over trifles.*

97. Потёмкинские деревни (*о бутафорских селениях, возведённых, по рассказам иностранцев, кн. Г. А. Потёмкиным на пути следования Екатерины II совместно с ним на юг после присоединения Крыма к России в 1783 г.*) *lit.* Potemkin villages (*dummy villages erected, according to foreigners, by the order of Prince Potemkin along the route he was to take with Catherine II from the capital to the south after the annexation of the Crimea,* 1783). *Used allusively of smth. done for show, an ostentatious display designed to disguise an unsatisfactory state of affairs, a pretence that all is well, etc.*

98. Потерянное поколение (*слова Гертруды Стайн, использованные как эпиграф к роману Э. Хемингуэя «И восходит солнце» —* 1926) The lost generation (*the remark of Gertrude Stein, "You are all a lost generation", addressed to Hemingway, was used as a preface to his novel "The Sun Also Rises"). Name applied to the disillusioned intellectuals and aesthetes of the years following the First World War, who rebelled against former ideals and values, but could replace them only by despair or a cynical hedonism.*

99. Потерянный рай (*заглавие русского перевода поэмы Дж. Мильтона — опубл.* 1667) Paradise lost (*title of John Milton's epic poem). Used figuratively.*

100. Потный вал вдохновения (*И. Ильф и Е. Петров. Золотой телёнок, гл. 28 —* 1931) *lit.* *A sweaty billow {wave} of inspiration (*Ilya Ilf and Yevgeny Petrov. The Golden Calf, ch. 28). Used jocularly, often with the verb* окатить.

101. Поток сознания (*У. Джеймс. Научные основы психологии —* 1890; *ранее — в своих лекциях*) Stream of consciousness (*William James. The Principles of Psychology, 1890, and, earlier, in his lectures at Harvard): the continuous succession of thoughts, emotions and feelings, both vague and well-defined, that forms an individual's conscious experience. In R. also used ironically of disconnected talk.*

102. По ту сторону добра и зла (*название сочинения Ф. Ницше —* 1886) Beyond good and evil (*title of a book by Friedrich Nietzsche). Used of persons who in pursuit of their own ends are prepared to disregard moral principles.*

103. Пофилософствуй — ум вскружится (*А. Грибоедов. Горе от ума, д. 2, явл. 1 —* 1824) Begin to philosophize and your head turns round (*Alexander Griboedov. Gore ot Ouma, act 2, sc. 1. Trans. by Nicholas Benardaky), i. e. when one begins to ponder over it, one's head starts to spin.*

104. Поцелуй Иуды *see* Иудин поцелуй.

105. **Почётный мир** (*впервые отмечено в XII в.; выражение стало крылатым, когда его употребил лорд Биконсфилд по возвращении с Берлинского конгресса в 1878 г.*) Honourable peace, a peace with honour (*first used in the 12th cent.; gained wide currency after Earl Beaconsfield's speech in the House of Commons on July 16, 1878 on his return from the Berlin Congress*).

106. **Пошла́ писа́ть губе́рния** (*Н. Гоголь. Мёртвые души, т. 1, гл. 8* — 1842) lit. The whole province started writing (*Nikolai Gogol. Dead Souls, vol. 1, ch. 8*). Used to mean: everything has started moving, everyone has started doing smth.

107. **По щу́чьему веле́нью (, по моему́ хоте́нию)** (*из русской народной сказки «Емеля и щука»*) By will of the pike (, do as I like) (*Russian fairytale "Emelya and the Pike". Trans. by Irina Zheleznova*), i. e. as if by magic, by itself.

108. **Поэ́зия — вся! — езда́ в незна́емое** (*В. Маяковский. Разговор с фининспектором о поэзии* — 1926) *Poetry — all poetry! — is a journey into the unknown (*Vladimir Mayakovsky. A Chat With the Revenue Inspector About Poetry*).

109. **Поэ́зия — та же добы́ча ра́дия./В грамм добы́ча, в год труды́./Изво́дишь, еди́ного сло́ва ра́ди,/Ты́сячи тонн слове́сной руды́** (*В. Маяковский. Разговор с фининспектором о поэзии* — 1926) *With poetry — it's the same as extracting radium: one gets a gram of it after working a year./ One uses up, for the sake of a single word,/ thousands of tons of language ore (*Vladimir Mayakovsky. A Chat With the Revenue Inspector About Poetry*).

110. **Поэти́ческая во́льность** *цитируется также по-латыни*: Licentia poëtica (*Сенека. Естественно-научные вопросы, 2, 44, 1; встречается также у Цицерона, Горация, Федра и Лукиана*) Poetic licence; licentia vatum, L. (*Seneca. Quaestiones naturales, 2, 44, 1; occurs also in the works of Cicero, Horace, Phaedrus and Lucian*).

111. **Поэ́том мо́жешь ты не быть,/Но граждани́ном быть обя́зан** (*Н. Некрасов. Поэт и гражданин* — 1856) *You are free not to be a poet, but you have a duty to be a citizen (*Nikolai Nekrasov. A Poet and a Citizen*).

112. **Права́ челове́ка и граждани́на** (*из «Декларации прав человека и гражданина», политического манифеста Французской буржуазной*

революции — 1789) The rights of man and the citizen (*from the "Declaration of the Rights of Man and the Citizen", a political manifesto of the French Revolution*).

113. **Пра́вда путеше́ствует без виз** (*выражение из речи Ф. Жолио-Кюри на открытии Всемирного конгресса сторонников мира в Париже 20.4.1949*) *Truth travels without visas (*Frédéric Joliot-Curie. Speech at the World Peace Congress, Paris, 20 April, 1949*). Sov.

114. **Пра́вду, то́лько пра́вду и ничего́, кро́ме пра́вды** (*Джон Лили. Эвфуес и его Англия* — 1580; *предложение вошло в формулу присяги в английском суде*) The truth, the whole truth and nothing but the truth (*John Lyly. Euphues and his England; the phr. came to be used in the oath administered in English courts of justice*).

115. **Пра́вилу сле́дуй упо́рно:/ Что́бы слова́м бы́ло те́сно,/ Мы́слям — просто́рно** (*Н. Некрасов. Форма. Подражание Шиллеру* — 1879) *Follow this rule unwaveringly:/ Leave no elbow-room between words/ But give full play to thoughts, *i. e. use words sparingly, but thoughts freely (*Nikolai Nekrasov. Form. In Imitation of Schiller*).

116. **Пра́во на труд** (*Ш. Фурье. Теория четырёх движений и всеобщих судеб* — 1808) The right to work (*Charles Fourier. Théorie des quatre mouvements et des destinées générales*).

117. **Превосхо́дная до́лжность — быть на земле́ челове́ком** (*М. Горький. Рождение человека* — 1912) What a splendid post — that of a man in this world! (*Maxim Gorky. A Man Is Born. Trans. by Bernard Isaacs*).

118. **Презре́нный мета́лл** (*популяризовано И. Гончаровым в «Обыкновенной истории», ч. 2, гл. 5* — 1847) lit. The contemptible metal, *i. e. money (the phr. came into popular use with the publication of Ivan Goncharov's novel "The Same Old Thing", pt. 2, ch. 5. Trans. by Ivy Litvinova*). Cf. Filthy lucre.

119. **Прекра́сна как а́нгел небе́сный,/ Как де́мон кова́рна и зла** (*М. Лермонтов. Тамара* — 1841) *Beautiful as an angel in heaven, crafty and vindictive as a demon (*Mikhail Lermontov. Tamara*). Used jocularly.

120. **Прекра́сное должно́ быть велича́во** see Служе́нье муз не те́рпит суеты́.

121. **Прекра́сное есть жизнь** (*Н. Чернышевский. Эстетические отношения искусства к действительности* — 1855) *Beauty is life itself (*Nikolai Chernyshevsky. Aesthetic Relations of Art to Reality*).

122. Прекра́сный пол (?*Р. Бойль. Случайные размышления*, 5, 9, 176 — 1665) The fair sex (?*Robert Boyle. Occasional Reflections*, 5, 9, 176). *Used jokingly of the female sex, women.*

123. Прему́дрый песка́рь (*из сказки того же названия М. Салтыкова-Щедрина* — 1883) The sapient minnow. *Mikhail Saltykov-Shchedrin's tale of the same title (trans. by Dorian Rottenberg), an allegory representing the liberal bourgeois intelligentsia, describes the miserable life of a minnow who is afraid to leave his hole because of the innumerable perils awaiting him outside: the pike might get him, the lobster might snap him in two with his claw, or the water flea might cling to his back and harass him to death. In contemporary Russian the phr. is used with reference to faint-hearted persons whose cowardice proceeds from the desire to avoid trouble, especially trouble which might result from a conflict with those in authority.*

124. При всём при том (,при всём при том) (*Р. Бёрнс. Честная бедность* — 1794. *Перевод С. Маршака*) For a' that, and a' that (*Robert Burns. For A' That and A' That*), *i. e. nevertheless.*

125. Привы́чка — втора́я нату́ра (*Цицерон. О высшем благе и высшем зле*, 5, 25, 74) Habit is a second nature (*Cicero. De finibus*, 5, 25, 74).

126. Привы́чка свы́ше нам дана́:/ Заме́на сча́стию она́ (*А. Пушкин. Евгений Онегин, гл.* 2, 31 — 1833) Habit to us is given from above:/ It is a substitute for happiness (*Alexander Pushkin. Eugene Onegin, ch.* 2, 31. *Trans. by Vladimir Nabokov*).

127. При́зрак бро́дит по Евро́пе — при́зрак коммуни́зма (*К. Маркс и Ф. Энгельс. Манифест Коммунистической партии* — 1848) A spectre is haunting Europe — the spectre of communism (*Karl Marx and Frederick Engels. Manifesto of the Communist Party*).

128. При нали́чии отсу́тствия (*И. Ильф и Е. Петров. Двенадцать стульев, гл.* 10 — 1928) *lit.* In the presence of absence (*Ilya Ilf and Yevgeny Petrov. The Twelve Chairs, ch.* 10). *This ungrammatical and pretentious phr. is used jocularly to mean: in the absence of.*

129. Принце́сса на горо́шине (*заглавие русского перевода сказки Г.-Х. Андерсена "Prinsessen på Ærten"* — 1835) The Princess on the Pea (*title of a fairy-tale by Hans Christian Andersen; in this fairy-tale, in order to establish whether the prince's bride is a real princess or not, the courtiers let her sleep in a bed with a pea under twelve mattresses and twelve feather-beds. In the morning the bride declares that she did not sleep a wink all night because some* *hard object in the bedding caused her pain, thus providing evidence of her royal blood. The phr. is applied to pampered, self-indulgent persons.*

130. **Припада́ть к стопа́м кого́-л.** (*Библия, Второзаконие, 33, 3*) Prostrate oneself before smb. *The corresponding line in the E. version of the Bible, Deuteronomy, 33, 3, reads*: "…*and they sat down at thy feet*". *Chiefly used jokingly to mean: entreat; express gratitude, reverence, devotion.*

131. **При по́мощи кле́я и но́жниц** *see* Клей и но́жницы.

132. **Приро́да не те́рпит пустоты́** (*Аристотель. Физика*) Natura abhorret vacuum, *L.*: nature abhors a vacuum (*Aristotle. Physica*). *Used fig.*

133. **Приро́да не храм, а мастерска́я, и челове́к в ней рабо́тник** (*И. Тургенев. Отцы и дети, гл. 9 — 1862*) *Nature is not a temple, but a workshop where man is to labour (*Ivan Turgenev. Fathers and Sons, ch. 9*).

134. **При́тча во язы́цех** *see* Стать при́тчей во язы́цех.

135. **При царе́ Горо́хе** (*из русских народных сказок*) *In king Gorokh's time (*from Russian folk tales*), *i. e. ages ago.*

136. **Пришёл, уви́дел, победи́л** *цитируется также по-латыни*: Veni, vidi, vici (*согласно Плутарху и Светонию, из этих трёх слов состояло сообщение Юлия Цезаря о победе, которую он одержал над понтийским царём Фарнаком в битве при Зеле в 47 г. до н. э.*) ↑ *L.*; I came, I saw, I conquered (*according to Plutarch and Suetonius these words were written by Julius Caesar in a dispatch after his easy victory over King Pharnaces of Pontus at Zela in 47 B. C.*). *Used of a quick and easy victory.*

137. **Пришли́, поню́хали и пошли́ прочь** (*Н. Гоголь. Ревизор, д. 1, явл. 1 — 1836*) They came and sniffed about — and went away (*Nikolai Gogol. The Government Inspector, act 1, sc. 1. Trans. by Constance Garnett*). *Cited with reference to a perfunctory inspection of the work of an industrial enterprise, an educational establishment, etc.*

138. **Прогни́ло что́-то в Да́тском короле́встве** (*Шекспир. Гамлет, д. 1, явл. 4 — 1601*) Something is rotten in the state of Denmark (*Shakespeare. Hamlet, act 1, sc. 4*). *Used in an extended sense.*

139. **Прода́ть своё перворо́дство {пра́во перворо́дства} за чечеви́чную похлёбку** (< *Библия, Бытие, 25, 31—34*) Sell one's birthright for a mess of pottage {for a pottage of lentils} (< *The Bible, Genesis, 25, 31—34*).

140. **Продо́лжим на́ши и́гры** (**,как говори́л реда́ктор юмористи́ческого журна́ла, открыва́я очередно́е заседа́ние и стро́го гля́дя на свои́х сотру́дников**) (*И. Ильф и Е. Петров. Золотой телёнок, гл. 22 —*

1931) *Let us continue our games (as the editor of a humorous journal used to say when opening editorial meeting, looking sternly at his colleagues) (*Ilya Ilf and Yevgeny Petrov. The Golden Calf, ch. 22*). *Cited jocularly to mean: let us continue our discussion, let us go on.*

141. **Прозаседа́вшиеся** (*название стихотворения В. Маяковского —* 1922) *lit.* The overconferenced (*title of a poem by Vladimir Mayakovsky, trans. as "In Re Conferences" by Herbert Marshall*). *Used of those who have attended innumerable and interminable meetings and conferences. Now rare.*

142. **Прокру́стово ло́же** (*из греческой мифологии*) Procrustes's bed. *According to Greek legend, Procrustes was a robber who claimed that he had a bed which fitted anyone. To make good his boast he stretched or cut his victim's legs to fit it. The phr. is applied to any attempt to produce conformity by force or arbitrary measures.*

143. **Пролетариа́т — моги́льщик буржуази́и** (< *К. Маркс и Ф. Энгельс. Манифест Коммунистической партии —* 1848) The proletariat is the grave-digger of the bourgeoisie (< *Karl Marx and Frederick Engels. Manifesto of the Communist Party*).

144. **Пролета́рии всех стра́н, соединя́йтесь!** (*К. Маркс и Ф. Энгельс. Манифест Коммунистической партии —* 1848) Working men of all countries, unite! (*Karl Marx and Frederick Engels. Manifesto of the Communist Party*). *Also used in the form* Workers {Proletarians} of the world, unite!

145. **Пролета́риям не́чего [в ней** (*Коммунистической Революции —* сост.*)] теря́ть, кро́ме свои́х цепе́й.** (*К. Маркс и Ф. Энгельс. Манифест Коммунистической партии —* 1848) The proletarians have nothing to lose but their chains. (*Karl Marx and Frederick Engels. Manifesto of the Communist Party*). *The first and/or the last words of the quotation are often replaced.*

146. **Промедле́ние сме́рти подо́бно** (< *письмо Петра I —* 8 апреля 1711) *Delay is tantamount to death (< *letter of Peter I, 8 April*, 1711) *Cf.* Defer no time, delays have dangerous ends (*Shakespeare. King Henry IV, pt.* 1, *act* 3, *sc.* 2).

147. **Промете́ев ого́нь** (*выражение, возникшее на основе греческого мифа*) Promethean fire (*based on a Greek myth, according to which Prometheus stole fire from heaven and taught men to use it*). *In R. used fig. of a sacred flame in a man's heart which enables him to achieve distinction in the sphere of the arts or science or to become a fighter for the good of mankind.*

148. **Промыва́ние мозго́в** (*происхождение не установлено*) Brainwashing (*author unknown*): *subjection of a person to systematic indoctrination or mental pressure with a view of getting him to change his beliefs.*

149. **Простаки́ за грани́цей** (*название книги Марка Твена* — 1869) The innocents abroad (*title of a book by Mark Twain*). *Used jokingly of misadventures or comical incidents which happened to a person abroad.*

150. **Про́тив рожна́ идти́ {пере́ть; пра́ти уст.}** (*Библия, Деяния*, 26, 14) Kick against the pricks (*The Bible, the Acts*, 26, 14), *i. e. to protest when all the odds are against one; to struggle against overwhelming opposition.*

151. **Профсою́зы — шко́ла коммуни́зма** (< *В. И. Ленин. Детская болезнь «левизны» в коммунизме* — 1920) The Trade Unions are the school of communism (< *V. I. Lenin. "Left Wing" Communism — an Infantile Disorder*). *Sov.*

152. **Проце́сс пошёл** (*М. Горбачев в беседах во время поездок по стране в 1986 г.*) *lit.* The process has started, i.e. things have started moving (*Mikhail Gorbachev in conversations with the people during his touring of the country in 1986*). *Usually cited half-jocularly.*

153. **Птенцы́ гнезда́ Петро́ва** (*А. Пушкин. Полтава, песнь 3* — 1829) The birds of Peter's nest (*Alexander Pushkin. Poltava, canto 3. Trans. by Jacob Krup*). *Used of Peter the Great's close associates; also of smb.'s young followers, comrades-in-arms, associates (in this case the name "Peter" is replaced by another name).*

154. **Пти́ца-тро́йка** (*Н. Гоголь. Мёртвые души, т. 1, гл. 11* — 1842) (Ah, troika,) troika, swift as a bird (*Nikolai Gogol. Dead Souls, vol. 1, ch. 11, where the bird-like troika symbolizes Russia's rapid development. Trans. by D. J. Hogarth*).

155. **Пти́ца Фе́никс** (*из древнеегипетской мифологии*) Phoenix (*a fabulous bird in Egyptian mythology, which, after living hundreds of years, burnt itself and rose rejuvenated from its ashes to live for another cycle*). *The name is used as a symbol of renascence and immortality, usually in such phr. as* возрожда́ться как (пти́ца) Фе́никс из пе́пла — to rise like Phoenix from the ashes.

156. **Пти́чка бо́жия не зна́ет/ Ни забо́ты, ни труда́ (;/ Хлопотли́во не свива́ет/ Долгове́чного гнезда́)** (*А. Пушкин. Цыганы* — 1824) Happy bird that roams the lonely/ Span of sky, its bright blue dome!/ For a summer's sojourn only/ Do you build your fragile home (*Alexander Push-*

kin. The Gypsies. Trans. by Irina Zheleznova). The first two lines, which are generally quoted separately, may be translated as follows: Little bird, God's happy creature, knows no labour and no cares. *The quotation is used with reference to persons living comfortably and without cares or much work.*

157. **Пти́чье молоко́** (*у ряда древнегреческих авторов*) Pigeon's milk (*occurs in the works of a number of writers of ancient Greece). Used of smth. very rare and precious.*

158. **Пу́ля — ду́ра, штык — молоде́ц** (*А. Суворов. Наука побеждать — опубл. 1800*) *The bullet is a fool, the bayonet is a fine fellow (*Alexander Suvorov. The Art of Winning*).

159. **Пуп земли́** (*из средневековых космогонических представлений*) *lit.* The navel of the earth (*from medieval cosmogonic beliefs), i. e. the hub of the universe. Generally applied to persons who consider themselves to be the centre of everything or are treated in this way by others. In the latter sense the phr. is often applied to children.*

160. **Пуска́й нано́сит вред врагу́ не ка́ждый во́ин, но ка́ждый в бой иди́** (*Н. Некрасов. Элегия — 1874*) *Though not every soldier may get a chance to harm the enemy, each should join the battle (*Nikolai Nekrasov. Elegy). Mainly used fig.*

161. **Пусть неуда́чник пла́чет** (*опера П. И. Чайковского «Пиковая дама», либретто М. И. Чайковского — 1890 — по одноимённой повести А. Пушкина*) *Let the loser weep (*from Peter Tchaikovsky's opera "Queen of Spades"; libretto by Modest Tchaikovsky, based on Alexander Pushkin's story of the same title*).

162. **Пусть поги́бнет мир, но сверши́тся правосу́дие** *цитируется также по-латыни:* Fiat justitia et pereat mundus (*девиз германского императора Фердинанда I*) *Let the world perish but justice be done (*motto of the German king Ferdinand I who was also one of the emperors of the holy Roman empire; the same idea was later expressed by William Watson, Quodlibets of Religion and State — 1602:* Fiat justitia et ruant coeli — *let justice be done though the heavens fall; in this form it is quoted in E.*) *Used to characterize legal proceedings in which strict adherence to the law leads, in fact, to injustice.*

163. **Пусть сильне́е гря́нет бу́ря!** (*М. Горький. Песня о Буревестнике — 1901*) Let it [i.e. the storm] break in all its fury! (*Maxim Gorky. Song of the Stormy Petrel). Used as a call for revolutionary changes.*

183

164. **Путёвка в жизнь** (*название кинофильма Н. Экка — 1931*) *Nikolai Ekk's film called in E.* "The Road to Life" *tells the story of homeless juvenile delinquents who are given a new start in life in a work-commune and become responsible builders of a new society. The phr. is applied to anything that gives a person a chance to lead a useful life in society.*

165. **Пути Госпо́дни неисповеди́мы** *see* Неисповеди́мы пути́ Госпо́дни.

166. **Путь на Голго́фу** *see* Голго́фа.

167. **Пу́шечное мя́со** (< *Шекспир. Генрих IV, ч. 1, д. 4, сц. 2 — 1597—98*) Cannon-fodder (*trans. Ger. Kanonenfutter; derives from Shakespeare's* "Henry IV", *pt. 1, act. 4, sc. 2 where it occurs in the form* "food for powder" *which is sometimes quoted*). *Used of soldiers cynically regarded merely as material to be consumed in war.*

168. **Пу́шки вме́сто ма́сла** (*милитаристский лозунг, выдвинутый главарями гитлеровской Германии*) Guns before butter (*a militarist slogan first used in 1935/6 by German nazi leaders*).

169. **Пы́шное приро́ды увяда́нье** *see* Уны́лая пора́! оче́й очарова́нье!..

170. **Пя́тая коло́нна** (*во время гражданской войны в Испании — 1936—39 — так стали называть шпионов и диверсантов, которые поддерживали франкистов; впоследствии выражение стало употребляться применительно к тайным агентам врага вообще*) The fifth column. *The phr. originated during the Spanish Civil War of 1936—39; it was used with reference to spies and saboteurs who worked for Franco. In mod. R. it is applied to any body of persons working for the enemy within a country, esp. to secret agents of the enemy.*

Р

1. **Ра́ди жи́зни на земле́** *see* Бой идёт свято́й и пра́вый...

2. **Ра́ди прекра́сных глаз** (*Мольер. Жеманницы, сц. 16 — 1660*) Pour vos {ses} beaux yeux, *Fr.*: for the sake of smb.'s beautiful eyes (*Molière. Précieuses ridicules, sc. 16*). *The quotation is used when one renders smb. a service simply out of liking. Also ironically to mean: for nothing, to no purpose.*

3. **Разби́тое коры́то** (*А. Пушкин. Сказка о рыбаке и рыбке — 1835*) The broken wash-tub (*Alexander Pushkin. The Fisherman and the Gold-*

fish. Trans. by Louis Zelikoff). In the tale, a poor old fisherman caught a wonderful goldfish—ruler over the Ocean. The goldfish implored him to put it back into the sea, promising to give him in return whatever he asked for. The old man released the fish without asking for anything, but when he told his wife about it, she began to scold him and sent him back to the sea to ask first for a new wash-tub, then for a new cottage. The goldfish granted the requests, but the greedy old woman was not satisfied: she wanted to be made a fine lady, then a Tsaritsa living in a palace. These requests were granted too. Lastly the old woman told her husband that she wanted to be the mistress of the Ocean, with the goldfish for her servant. When the goldfish heard this, it just swished its tail and swam away. The fisherman waited in vain for an answer. At last he turned his steps to his wife's palace. But the palace was no longer there. In its place he saw his old hovel, and "On the doorstep sat his old woman with the same broken washtub before her". The phr. is used allusively, mainly with the verbs остáться, оказáться, *when a person loses his high standing or his hopes are dashed.*

4. **Развéрзлись хля́би небéсные** (*из церковно-славянского текста Библии, Бытие, 7, 11*) The windows of heaven have opened (< *The Bible, Genesis, 7, 11*). *Used with reference to heavy rain.*

5. **Развéсистая клю́ква** (*происхождение спорно*) *lit.* *A spreading cranberry tree, *i. e. smth. improbable, non-existent, nonsensical. The origin of the phr. has not been established. It is popularly attributed to an unknown Frenchman who in his letter from Russia wrote that once he apparently sat there* "sous l'ombre d'un kliukva majestueux" (*in the shade of a majestic cranberry). Hence the phr. is also often used humorously of ridiculous tales told by foreigners about Russia or the Russians. Also used in an extended sense.*

6. **Разделя́й и вла́ствуй** *цитируется также по-латыни*: Divide et impera (*точное происхождение не установлено; приписывается македонскому царю Филиппу II, Людовику XI и Макиавелли*) Divide and rule {govern}; ↑ *L.* (*origin obscure; attributed to Philip II of Macedonia, Louis XI and Machiavelli). The phr. is used to mean: if you divide a nation into parts, if you set your enemies or opponents at loggerheads, you can have your own way.*

7. **Раззуди́сь, плечó! Размахни́сь, рукá!** (*А. Кольцов. Косарь — 1835*) Swing away, my arm!/ Wield the scythe, my hand! (*Alexei Koltsov. The*

185

Mower. Trans. by Irina Zheleznova), *i. e. let me roll up my sleeves and set to work. Sometimes applied ironically to too zealous critics.*

8. **Разинь, душенька, свой ротик, я тебе положу этот кусочек** (*И. Гоголь. Мёртвые души, т.* 1, *гл.* 2 — 1842) Open your mouth, dearest, and let me pop into it this titbit (*Nikolai Gogol. Dead Souls, vol.* 1, '*ch.* 2. *Trans. by D. J. Hogarth*). *Applied ironically to sentimental married couples or lovers.*

9. **Разошлись, как в море корабли** (*из романса Б. Прозоровского «Корабли»* — 1920) *lit.* *Passed like ships at sea (*from "*Ships*", *a song by B. Prozorovsky*). *Used of persons who had once loved each other or were friends, but have parted. Cf. Ships that pass in the night, i.e. without noticing each other (Henry W. Longfellow. Tales of the Wayside Inn, pt.* 3).

10. **(Разрушим) до основанья, а затем...** (*Э. Потье. Интернационал* — 1871 — *в русском переводе А. Коца*) *(Raze) to the ground, and then... (Eugène Pottier. The Internationale. The corresponding line in the E. version reads: ...and spurn the dust to win the prize). Now used condemnatory of those who unthinkingly destroy the old without any idea of how to replace it by smth. new.*

11. **Разумный эгоизм** (*Н. Чернышевский. Что делать?* — 1863) *lit.* *Sensible egoism (Nikolai Chernyshevsky. What Is To Be Done?). Used to denote the principle of living and acting which combines one's own interests with the interests of others and of society as a whole. Cf.* Enlightened self-interest.

12. **Распалась цепь времён** (*Шекспир. Гамлет, д.* 1, *явл.* 5 — 1601) The time is out of joint (*Shakespeare. Hamlet, act* 1, sc. 5). *The quotation is used to mean: the order of things in the world has been upset; the world has gone mad.*

13. **Распни его!** (*Библия, Марк,* 15, 13) Crucify him! (*The Bible, Mark,* 15, 13). *Cited to characterize the mood of persons who are blinded with hatred and demand that the offender should be dealt with mercilessly.*

14. **Рассудку вопреки, наперекор стихиям** (*А. Грибоедов. Горе от ума, д.* 3, *явл.* 22 — 1824) Against all common sense, to nature an affront (*Alexander Griboedov. The Mischief of Being Clever, act* 3, sc. 22. *Trans. by Bernard Pares*), *i. e. contrary to common sense.*

15. **Растекаться мыслью по древу** (*Слово о полку Игореве*) *lit.* *Let one's thoughts flow over the tree (The Lay of Prince Igor), i. e. speak about smth. at great length, but with many irrelevancies and digressions.*

16. **Ребята, давайте жить дружно** (*слэва кота Леопольда, героя серии мультипликационных фильмов «Приключения кота Леопольда»* —

1975) *Let's live in peace and friendship, boys (*appeal of the peace-loving cat in the series of cartoon films "The Adventures of Leopold the Cat" to mice that continually scheme against him*).

17. **Револю́цией мобилизо́ванный и при́званный** (*В. Маяковский. Во весь голос* — 1930) Mobilized/ and enlisted/ by the Revolution (*Vladimir Mayakovsky. Aloud and Straight. < Trans. by Dorian Rottenberg*). *Sov.*

18. **Револю́ции — локомоти́вы исто́рии** (*К. Маркс. Классовая борьба во Франции* — 1895) Revolutions are the locomotives of history (*Karl Marx. The Class Struggles in France*, 1848 *to* 1850).

19. **Революцио́нная фра́за** (*Ленин В.И. О революционной фразе.* — 1918) Revolutionary phrase (*V. I. Lenin. The Revolutionary Phrase. Used of empty, bombastic phrases affecting revolutionary fervour.*

20. **Революцио́нный держи́те шаг!/ Неугомо́нный не дре́млет враг!** (*А. Блок. Двенадцать*, 2 — 1918) Keep in step with the revolution!/ Enemy watching — proceed with caution! (*Alexander Blok. The Twelve*, 2. *Trans. by Alex Miller*). *Sov.*

21. **Револю́ция пожира́ет со́бственных дете́й** (< *французский политик Пьер Вернью; он сам был казнен в 1793 г.*) *A revolution devours its own children (< *Pierre Vergniaud. Lamartine, Histoire des Girandins, bk.* 18, *ch.* 20, *published in* 1847; *Vergniaud was himself executed in* 1793).

22. **Рели́гия есть о́пиум наро́да** (*К. Маркс. К критике гегелевской философии права.* — 1844) Religion ... is the opium of the people (< *Karl Marx. Contribution to the Critique of Hegel's Philosophy of Law). The word* рели́гия *is often replaud.*

23. **Реша́я похо́дя ме́лочь дел** (< *В. Маяковский. Владимир Ильич Ленин* — 1924) *Dealing with routine matters in passing (< *Vladimir Mayakovsky. Vladimir Ilyich Lenin*).

24. **Робинзо́н Кру́зо** (*герой романа Д. Дефо «Жизнь и необыкновенные приключения Робинзона Крузо»* — 1719) *Robinson Crusoe (name of the main character in Daniel Defoe's novel "The Life and Strange Adventures of Robinson Crusoe of York, Mariner"). Applied to persons who by force of circumstances have to live alone in a very sparsely populated or uninhabited area and have to sustain themselves by growing their own food, etc. Often used in phr. such as* жить Робинзо́ном. *The derivative* Робинзона́да (*Robinsonada) is used of life and adventures in a lonely or uninhabited place.*

25. **Рога́ и копы́та** (*И. Ильф и Е. Петров. Золотой телёнок, гл.* 15 —

1931) *Horns and hoofs. *Ostap Bender, the main character in Ilya Ilf's and Yevgeny Petrov's satirical novel "The Golden Calf" (see* Остáп Бéндер*), opens in Chernomorsk a shop which buys horns and hoofs from the population. This legally establishes his position in the town and provides a cover for his underhand activities. The phr. "horns and hoofs" has come to be applied to offices, shops or other enterprises which serve as a front for dubious activities.*

26. **Рог изоби́лия** (*из греческой мифологии*) The horn of plenty, cornucopia (*from Greek mythology*): *an abundant source of supply.*

27. **Роди́мые пя́тна капитали́зма** (< *К. Маркс. Критика Готской программы* — 1875, *опубл.* 1891) The birth marks of capitalism (< *Karl Marx. Critique of the Gotha Programme*).

28. **Ро́дина или смéрть!** *цитируется также по-испански:* (¡) Patria o muerte! (*лозунг испанских и кубинских революционеров*) Motherland or death! (*a slogan of the Spanish republicans during the Civil War of 1936— 39 and of the Cuban revolutionaries): it is better to die than to allow one's motherland to fall into the hands of the enemy.*

29. **Ро́дина-мать зовёт!** (*слова на широко известном во время Великой Отечественной войны плакате художника Ираклия Тоидзе, созданном в 1941 г.*) *Your Mother-country is calling you! (*words from a poster which was designed by Irakly Toidze in 1941 and which was well-known during the Great Patriotic War of 1941—1945). Hist.

30. **Родна́я земля́!/ Назови́ мне таку́ю оби́тель,/ Я тако́го угла́ не вида́л,/ Где бы се́ятель твой и храни́тель,/ Где бы ру́сский мужи́к не стона́л** (*Н. Некрасов. Размышления у парадного подъезда* — 1858) Oh, this country of mine!/ Can you name me the haunt or the haven — /No such place in this land have I known — / Where your sower, and reaper, and guardian,/Where your Russian muzhik doesn't groan? (*Nikolai Nekrasov. Reflections at the Main Entrance. Trans. by Alex Miller*).

31. **Родство́ душ** (*заглавие русского перевода романа Гёте "Wahlverwandschaften"* — 1809) lit. Kinship of souls, *i.e.* congeniality (*title of the R. translation of Goethe's novel "Wahlverwandschaften"; the E. translation of the title is "Elective Affinities"*).

32. **Рождённый по́лзать лета́ть не мо́жет** (*М. Горький. Песня о Соколе* — 1898) Never shall those born to crawl, learn to fly (*Maxim Gorky. Song of the Falcon. Trans. by Margaret Wettlin*). *Used fig.*

33. **Ромéо и Джульéтта** (*герои одноимённой трагедии Шекспира* —

1594) Romeo and Juliet (*characters in Shakespeare's tragedy of the same title*). *Used allusively of young lovers. The name Romeo is often applied to young men who are very much in love.*

34. Росина́нт (*конь главного героя романа Сервантеса «Дон Кихот» —* 1605—15) Rozinante, Rocinante (*name of the sorry nag belonging to Don Quixote, the hero of Miguel de Cervantes's novel "Don Quixote"*). *The name is applied to similar hacks.*

35. Росси́я, кото́рую мы потеря́ли (*название документального фильма С. Говорухина —* 1991; *впервые демонстрировался в* 1993 *г.*) *The Russia we have lost (*title of a documentary film by Stanislav Govorukhin —* 1991, *released in* 1993).

36. Росси́я молода́я *see* Была́ та сму́тная пора́...

37. Росси́я — ро́дина слоно́в (*выражение вошло в употребление в начале 50-х годов, когда притязания на приоритет русской науки и техники, обусловленные идеологией того времени, нередко принимали абсурдные формы*) *Russia is the homeland of elephants (*the phr. came into use at the beginning of the 1950s, when claims to Russian priority in different fields of science and technology, dictated by the ideology of the time, often acquired absurd forms*). *Used ironically.*

38. Рука́ ру́ку мо́ет (*поговорка, восходящая к Эпихарму; цитируется в диалоге «Аксиох», приписываемом Платону*) *lit.* One hand washes the other, *i. e. they are in it together* (*proverb going back to Epicharmos; quoted in the dialogue "Axiochos" attributed to Plato*).

39. Ру́ки прочь! (*выражение, как политический лозунг впервые употреблённое У. Гладстоном в адрес Австрии, занявшей в* 1878 *г. Боснию и Герцеговину*) Hands off..! (*first used as a political slogan by William Gladstone with reference to Austria which in* 1878 *annexed Bosnia and Herzegovina*).

40. Ру́кописи не горя́т (*М. Булгаков. Мастер и Маргарита, гл. 24 — опубл.* 1963) Manuscripts don't burn (*Mikhail Bulgakov. The Master and Margarita, ch. 24. Trans. by Olga Shartse): real literature cannot be destroyed, it will sooner or later reach the reader.*

41. Ры́льце в пушку́ (< *И. Крылов. Лисица и Сурок —* 1813) Have feathers on the snout (*Ivan Krylov. Fox and Marmot. < Trans. by Bernard Pares). Used to mean: be privy to a crime, be involved in some unseemly affair, etc.*

42. **Рыть я́му друго́му** *see* Копа́ть я́му друго́му.

43. **Ры́цари плаща́ и кинжа́ла** (*происхождение спорно; возможно, от названия пьес «плаща и кинжала» Лопе де Веги и Кальдерона*) Knights of the cloak and dagger (*origin obscure; the R. phr. may derive from the so-called Cloak and Sword Plays of the 16th cent. by Spanish dramatists Lope de Vega and Calderon). Used of those concerned with plot and intrigue.*

44. **Ры́царь без стра́ха и упрёка** (*прозвание французского рыцаря Пьера дю Террайля Баярда*) Chevalier sans peur et sans reproche, *Fr.;* Knight without fear and without blemish (*description of the French knight Pierre du Terrail de Bayard). Applied to courageous men of irreproachable moral character.*

45. **Ры́царь на час** (*заглавие стихотворения Н. Некрасова — 1863*) *Knight for an hour (title of a poem by Nikolai Nekrasov), i. e. one who is given to noble aspirations but who is incapable of achieving them because of inconstancy and lack of perseverance.*

46. **Ры́царь печа́льного о́браза** (*характеристика Дон Кихота, героя одноимённого романа Сервантеса, т. 1, гл. 19 — 1605*) The Knight of the Rueful Countenance (*name of Don Quixote, the hero of the novel of that title by Miguel de Cervantes, vol. 1, ch. 19): a naïve dreamer who, guided by visionary ideals, selflessly seeks to benefit people. Used with good-natured irony.*

47. **Ряд волше́бных измене́ний/Ми́лого лица́** (*А. Фет. «Шёпот, робкое дыханье...» — 1850*) The changing mood and magic/Of a lovely face (*Afanasy Fet. "Nightingales, a Sigh, a Whisper...". < Trans. by Peter Tempest). Used ironically to characterize persons who easily change their opinions and allegiances.*

48. **Ряди́ться в павли́ньи пе́рья** (*< И. Крылов. Ворона — 1825*) lit. *Deck oneself out in peacock's feathers (< Ivan Krylov. The Crow, borrowed from La Fontaine < Aesop), i. e. to pretend to be smth. which one is not. See* Воро́на в павли́ньих пе́рьях.

С

1. **Са́ду цвесть** *see* Я зна́ю — го́род бу́дет...

2. **Са́мая больша́я ложь — э́то стати́стика [есть три ти́па лжи: ложь, гру́бая ложь и стати́стика]** (*согласно Марку Твену в его автобиографии,*

слова Б. Дизраэли) *The greatest of lies is statistics [There are three kinds of lies: lies, damned lies and statistics (*in his autobiography Mark Twain attributes these words to Disraeli*).

3. **Са́мое дорого́е у челове́ка — э́то жизнь. Она́ даётся ему́ оди́н раз, и прожи́ть её на́до так, что́бы не́ было мучи́тельно бо́льно за бесце́льно про́житые го́ды...** (*Н. Островский. Как закалялась сталь, ч. 2, гл. 3 — 1934*) Man's dearest possession is life. It is given to him but once, and he must live it so as to feel no tormenting regrets for wasted years, never know the burning shame of a mean and petty past (*Nikolai Ostrovsky. How the Steel Was Tempered. Trans. by Rosa Prokofieva*).

4. **Са́нчо Па́нса** (*герой романа Сервантеса «Дон Кихот» — 1605— 15*) Sancho Panza (*the faithful squire of Don Quixote, hero of Miguel de Cervantes's novel "Don Quixote"*). *Used ironically or jokingly of smb.'s faithful assistant who invariably accompanies him.*

5. **Сардони́ческий смех** (*Гомер. Одиссея, 20, 302*) Sardonic laughter (*Homer. Odyssey, 20, 302*). *Used as an epithet for scornful laughter.*

6. **Сбро́сить кого́-л. с корабля́ [парохо́да] совреме́нности** (*из литературного манифеста русских футуристов «Пощёчина общественному вкусу» — 1913*) *Throw smb. overboard from the ship of contemporaneity (*from "A Slap in the Face of Public Taste", a literary manifesto of the Russian futurists*), i. e. to throw a writer, a thinker, etc. overboard, to declare his work outdated, unnecessary. Later used ironically of any kind of nihilistic attempts to present a country's cultural heritage as smth. of no value to the present generation and standing in the way of progress.*

7. **Сбыли́сь мечты́ идио́та** (*И. Ильф и Е. Петров. Золотой телёнок, гл. 30 — 1931*) *An idiot's dreams have come true! (*Ilya Ilf and Yevgeny Petrov. The Golden Calf, ch. 30*). Used with sad irony of the realization of one's desires, which brought one neither happiness nor satisfaction.*

8. **Свежо́ преда́ние, а ве́рится с трудо́м** (*А. Грибоедов. Горе от ума, д. 2, явл. 2 — 1824*) 'Tis hard to credit now, though fresh is its renown (*Alexander Griboedov. The Mischief of Being Clever, act 2, sc. 2. Trans. by Bernard Pares*). *Used ironically.*

9. **Сверхчелове́к** (*слово первоначально употреблялось в немецкой теологической литературе XVII в., например, у Генриха Мюллера в "Geistliche Erquickstunden" (1664—66) и имело значение «христианин высшего типа»; после выхода книги Фридриха Ницше «Так говорил*

Заратустра» — 1883, *в которой показан «сверхчеловек» — идеал господствующей касты, человек, стоящий над толпой и потому не обязанный подчиняться правилам морали, получило широкое распространение как обозначение крайнего индивидуалиста, ставящего себя выше других людей и считающего, что ему всё дозволено)* Superman (*a translation loan from the German; originally used in 17th-century theological writings, for example, in "Geistliche Erquicks-tunden" by Heinrich Müller to mean: "a higher type of Christian". After the publication in 1883 of Nietzsche's book "Thus Spoke Zarathustra", the word acquired a new meaning. In his book the term is used to denote beings which will surpass man as a result of the triumph of the strong. This "caste of masters" will stand above the ordinary people and will not be obliged to follow the existing code of morals. Thus the word is now used with reference to a person who is characterized by uncurbed individualism and who considers himself above other people and hence at liberty to disregard the existing social conventions and moral principles.*

10. **Светѝть —/и никакѝх гвоздѐй!/Вот лόзунг мой—/и сόлнца!** (*В. Маяковский. Необычайное приключение, бывшее с Владимиром Маяковским летом на даче* — 1920) Shine on—/for all your blooming worth, so say/both sun/and I! (*Vladimir Mayakovsky. An Amazing Adventure of Vladimir Mayakovsky. Trans. by Dorian Rottenberg*).

11. **Свинцόвые мѐрзости** (*М. Горький. Детство, гл. 12* — 1913) *lit.* Leaden abominations (*Maxim Gorky. Childhood, ch. 12*). *Words used by Gorky to describe the dark sides of Russian life before the Great October Revolution. Used in an extended sense.*

12. **Свиньѝ в ермόлке** (*Н. Гоголь. Ревизор, д. 5, явл. 8* — 1836) A perfect pig in a nightcap (*Nikolai Gogol. The Government Inspector, act 5, sc. 8*), *i. e. a dirty, greedy, gluttonous person; a low, mean blackguard. Cf.* A regular pig.

13. **Свиньѝ под дýбом** (*название басни И. Крылова* — 1825). *In Ivan Krylov's fable* "The Sow Beneath the Oak" *the sow, having eaten her fill of acorns, begins to gnaw at the roots of the oak. The fate of the tree is indifferent to her, she is interested only in the acorns. The phr. is used of persons who decry or damage smth. the fruits of which they enjoy.*

14. **Свобόда, рáвенство, брáтство** *цитируется также по-французски:* Liberté, egalité, fraternité {*лозунг французской буржуазной*

революции XVIII в. ↑ *Fr.:* liberty, equality, fraternity (*slogan of the French Revolution*).

15. **Свята́я простота́!** *see* О свята́я простота́!

16. **Свята́я святы́х** (< *Библия, Исход, 26, 33—34*) Holy of Holies (< *The Bible, Exodus, 26, 33—34*). *Used fig. of any "sacred" place accessible only to the elect, the initiated.*

17. **Сде́лать {соста́вить} себе́ и́мя** (< *Библия, Бытие, 11, 4*) Make {win} oneself a name, make a name for oneself (< *The Bible, Genesis, 11, 4*).

18. **Се́верная Пальми́ра** (*образно о Петербурге—Петрограде; употребляется с середины XVIII в.*) The Palmyra of the North (*fig. of St. Petersburg—Petrograd; used since mid-eighteenth century*).

19. **Сеза́м, отвори́сь {откро́йся}!** (*Тысяча и одна ночь. Али-Баба и сорок разбойников*) Open, Sesame! (*the "password" at which the door of the robbers' cave flew open in "The Tale of Ali Baba and the Forty Thieves" in "Arabian Nights"). Used with reference to a means of overcoming obstacles; also jocularly as a spell for making barriers fly open.*

20. **Се́йте разу́мное, до́брое, ве́чное** (*Н. Некрасов. Сеятелям* — 1877) *Sow wisdom, sow the good, the eternal (*Nikolai Nekrasov. To the Sowers); Sow what is wise, what is good, what is true (trans. by Irina Zheleznova).*

21. **Секре́т полишине́ля** (*по имени комического персонажа французского народного кукольного театра*) Un secret de polichinelle {Polichinelle}, *Fr.: a secret known to everybody (Polichinelle was a comical character of the old French puppet-shows, whose secrets were told to the audience). Cf.* An open secret.

22. **Семь чуде́с све́та** (*название семи грандиозных сооружений древности*) The seven wonders of the world (*in the ancient times: the Pyramids of Egypt, the Hanging Gardens of Babylon, the Temple of Artemis at Ephesus, the Colossus of Rhodes, the Tomb of Mausolus, the Pharos of Alexandria and Phidias's Statue of Zeus at Olympia; a later list includes the Coliseum of Rome, the Leaning Tower of Pisa and other places). The phr.* одно́ из семи́ чуде́с све́та (*one of the seven wonders of the world) is used allusively to characterize smth. colossal, exceptionally impressive or beautiful. On the other hand, the phr.* восьмо́е чу́до све́та (*the eighth wonder of the world = E. the seventh wonder) is often used ironically.*

23. **Серди́тые молоды́е лю́ди** (*выражение, восходящее к пьесе Дж. Осборна «Оглянись во гневе»* — 1957) The angry young men (*from John*

Osborne's play "Look Back in Anger"; the term was applied to a group of writers of the period). Of young men voicing their disgust at what the older generation has made of society.

24. **Сердце красавицы склонно к измене** (*опера Верди «Риголетто»* — 1851; *русский текст П. Калашникова*) La donna è mobile, *It.:* woman is changeable (*Verdi's opera "Rigoletto"*).

25. **Серпастый, молоткастый советский паспорт** *see* Молоткастый, серпастый советский паспорт.

26. **Серый кардинал {Серое преосвященство}** (*по прозвищу капуцина отца Жозефа — Франсуа Ле Клерка дю Трамблей, бывшего правой рукой кардинала Ришелье и оказывавшего на него большое влияние, но державшегося в тени; носил серую сутану, в отличие от Ришелье, носившего красную кардинальскую мантию*) Eminence grise, *Fr.:* The Grey Eminence (*the name given to Francois Le Clerc du Tremblay, Cardinal Richelieu's counsellor, whose influence inspired the Cardinal's actions and who was thus a kind of shadowy cardinal in the background; he wore a grey cassock as distinct from Richelieu who wore the crimson robe of a cardinal). Applied to persons, esp. advisers of officials, who exercise power in the background.*

27. **Се человек!** *цитируется часто по-латыни:* Ecce homo (*Библия, Иоанн,* 19, 5) Behold the man! (*The Bible, John,* 19, 5). *Used to mean: a) this is a real man; b) this is a man doomed to suffering.*

28. **Сжечь свои корабли** (*выражение, восходящее к древности: Юлий Цезарь и некоторые полководцы, чтобы лишить свои войска возможности отступать или бежать, сжигали свои корабли*) Burn one's boats, *i. e. to cut oneself off from all chance of retreat; to stake everything on some venture (the allusion is to Julius Caesar and other generals of ancient times who used to burn their boats in order to prevent their soldiers from retreating).*

J29. **Сидеть на пище святого Антония** (*из легенды о христианском отшельнике III—IV вв. Антонии Фивском, жившем в долине Нила и питавшемся травами и кореньями*) *Live on St. Anthony's food (derives from a Christian legend about Anthony of Thebes, generally called St. Anthony the Great — 3rd—4th cent. — who lived as a hermit in the Nile Valley and sustained himself by eating herbs and roots). Used jokingly when a person does not get sufficient nourishment, is half-starving because he is temporarily short of money, has to observe a strict diet, or is fasting).*

30. **Сие́ от меня́ {них, нас и т.п.} не зави́сит** (*М. Салтыков-Щедрин. О ретивом начальнике — 1882*). *In Mikhail Saltykov-Shchedrin's satirical "Tale of the Zealous Governor Whose Industry Caused His Superiors' Concern" (trans. by Dorian Rottenberg) a wilful and stupid government official reads a project suggesting that America should be "shut down". In spite of his stupidity, he has to admit that this is not exactly in his power. Used jocularly.*

31. **Сизи́фов труд (Сизи́фова рабо́та)** (*из греческой мифологии*) A labour of Sisyphus, Sisyphean toil, *i. e. ceaseless, hard and fruitless labour (according to Greek mythology, Sisyphus, king of Corinth, was condemned in Tartarus to roll ceaselessly a huge stone up a hill).*

32. **Сильне́е ко́шки зве́ря нет** (*И. Крылов. Мышь и Крыса — 1816*) *The cat is the strongest of the beasts, says the rat to the mouse in Ivan Krylov's fable "Mouse and Rat". The quotation is used of smb.'s attitude to his immediate superior or another person on whom he in some way depends, of whom he is afraid or stands in awe, grossly exaggerating his power, abilities, influence, etc.*

33. **Си́мвол ве́ры** (*краткое изложение основных догматов христианства; переносно: кредо*) Symbol (of faith) *a) compendium of Christian doctrine; b) in R. also = credo.*

34. **Сим победи́ши** (*по легенде, римский император Константин Великий накануне решающей битвы в 312 г. увидел на небе крест с надписью «Сим знаменем победиши»*) In hoc (signo) vinces, *L.*: in this sign thou wilt conquer (*the story runs that before the decisive battle against the forces of Maxentius, his rival, the Roman Emperor Constantine the Great had a vision of a fiery cross with the legend "By this conquer"). The phr. is used to mean: this is an earnest of success; guided by this (principle, motto, etc.) you will achieve the desired goal.*

35. **Си́ний чуло́к** (*слова, которыми называли женщин, поглощённых литературными и научными интересами и лишённых женственности; выражение возникло в Англии в 80-е годы XVIII в. и первоначально не имело пренебрежительного значения*) Blue stocking (*of learned ladies, especially those given to pedantry and lacking feminine charm; the phr. first came into use in England in the 1780s; initially it was not used slightingly).*

36. **Си́няя борода́** (*из одноимённой сказки Ш. Перро в сборнике «Сказки матушки гусыни» — 1697*) Bluebeard (*a merciless tyrant in*

Charles Perrault's collection of tales called "Contes de ma mère l'Oye" who marries and kills six wives one after the other). In R. used jocularly of a man who has been married several times.

37. Синяя птица (*название пьесы М. Метерлинка* — *1908; символ прекрасной, но недостижимой мечты*) Blue bird (of happiness) (*title of a play by Maurice Maeterlinck): a symbol of a beautiful, but unattainable dream.*

38. Сирена (*из греческой мифологии*) Siren (*in Greek mythology one of certain sea-nymphs, half woman and half bird, whose songs lured sailors to death): a beautiful, fascinating woman, insidious and deceptive.*

39. Скажи мне, кто твой друг, и я скажу тебе, кто ты (*в данной форме выражение встречается в «Дон Кихоте» Сервантеса; сходная мысль есть у Еврипида*) Tell me who your friend is and I'll tell you who you are (*in the current form occurs in Miguel de Cervantes's "Don Quixote"; similar idea was earlier expressed by Euripides). Cf.* A man is known by the company he keeps.

40. Сказано — сделано (*Теренций. Девушка с Андроса*, 381) Dictum factum, *L.* (*Terence. Andria*, 381) ~ no sooner said than done.

41. Сказка ложь, да в ней намёк!/Добрым молодцам урок (*А. Пушкин. Сказка о золотом петушке* — 1834) To you all, my lads, and each/ Let this tale a lesson teach! (*Alexander Pushkin. The Tale of the Golden Cockerel. Trans. by Irina Zheleznova*).

42. Сказка про белого бычка (*название русской сказки-дразнилки*) *The tale of the white bull-calf (*title of a Russian folk tale in which after the end follows the repetition of what has already been said). Used of an endless repetition of the same thing.*

43. Скалозуб (*персонаж комедии А. Грибоедова «Горе от ума»* — 1824) Skalozub (*character in Alexander Griboedov's comedy "The Misfortune of Being Clever"): a coarse, stupid man; a rigid disciplinarian who pushes others about.*

44. Скандал в благородном семействе (*название анонимного водевиля, поставленного в Москве в 1874 г.*) *A scandal in a respectable family (*title of an anonymous vaudeville staged in Moscow in 1874). Used ironically, often in an extended sense.*

45. Скандальная хроника *цитируется также по-французски:* chronique scandaleuse (*название разоблачительной книги, приписываемой*

Жану де Труа, секретарю Людовика XI, о событиях во время правления последнего) ↑ *Fr. (title of a book attributed to Jean de Troyes, Louis XI's secretary, exposing the scandalous events of Louis XI's reign), i. e. a story full of scandalous events and details.*

46. **Ска́терть-самобра́нка** (*из русских народных сказок*) The magic table-cloth (*in Russian fairy-tales a table-cloth on which at the wish of its owner all sorts of good food and drink appeared). Used jokingly in remarks about the food and drink one sees or would like to see on the table.*

47. **С кем вы, «мастера́ культу́ры»?** (*заглавие статьи М. Горького* — 1932) On whose side, "Masters of Culture"? (*title of an article by Maxim Gorky in which he appeals to the intelligentsia of the West to take an active part in the struggle against capitalism and fascism as one of its manifestations). Sov.*

48. **Ско́лько голо́в, сто́лько умо́в** (*Теренций. Формион, 2, 4, 14*) Quot homines, tot sententiae, *L.:* so many men, so many minds {opinions} (*Terence. Phormio, 2, 4, 14*).

49. **Ско́лько их! куда́ их го́нят?** (/**Что так жа́лобно пою́т?**) (*А. Пушкин. Бесы* — 1829) *What a crowd! Where are they being driven to? Why so mournful is their song? (Alexander Pushkin. Demons). This quotation is generally used jocularly with reference to a large crowd of people moving together in one direction.*

50. **С корабля́ на бал** (*А. Пушкин. Евгений Онегин, гл. 8, 13* — 1833) From shipboard straight into a ball (*Alexander Pushkin. Eugene Onegin, ch. 8, 13. Trans. by Walter Arndt). Used of one who immediately on returning from a journey and before he has had time to take a breath finds himself at a party, a theatrical performance, a meeting, etc. In a more extended sense also used of a sharp, unexpected change in one's position or circumstances.*

51. **Ско́ро ска́зка ска́зывается, (да) не ско́ро де́ло де́лается** (*выражение, встречающееся в ряде русских народных сказок*) The tale is short in telling, but the deed is long in doing (*a phr. used in many Russian folk tales; trans. by Bernard Isaacs);* A tale is short a-telling, and long a-doing (*trans. by Dorian Rottenberg*).

52. **Скре́жет зубо́вный** (*Библия, Матфей, 8, 12*) Gnashing of teeth (*The Bible, Matthew, 8, 12*). *Used of furious anger.*

53. **Скупо́й ры́царь** (*герой одноимённой драмы А. Пушкина* — 1836) The Covetous Knight (*the chief character of a drama of that name by Alexander Pushkin. Trans. by A.F.B.Clark), a miser. Cf.* Harpagon (*Molière. L'Avare*).

54. Ску́чно жить на э́том све́те, господа́! [Ску́чно на э́том све́те, господа́!] (*Н. Гоголь. Повесть о том, как поссорился Иван Иванович с Иваном Никифоровичем, гл. 7 — 1834*) It is a dreary world, gentlemen! (*Nikolai Gogol. The Tale of How Ivan Ivanovich Quarrelled with Ivan Nikiforovich, ch. 7. Trans. by Constance Garnett, revised by Leonard J. Kent). The quotation is generally used to conclude a tale about petty intrigue, squabbles over petty matters, unnecessary fuss about unimportant things, etc.*

55. Сла́бый пол (*Апулей*) The weaker sex (*Lucius Apuleius*).

56. Сла́вно пи́шет, перево́дит (*А. Грибоедов. Горе от ума, д. 2, явл. 5 — 1824*) *He writes well and translates tolerably (*Alexander Griboedov. The Misfortune of Being Clever, act 2, sc. 5). Used as a jocular form of praise.*

57. Сла́дкая жизнь (*выражение, ставшее крылатым как обозначение аморальной жизни в высших кругах общества после выхода в 1960 г. итало-французского фильма под этим названием*) La dolce vita, *It., lit.*: the sweet life (*used since the release in 1960 of the Franco-Italian film "La dolce vita" to characterize the dissipated life of fashionable society. Cf.* High life.

58. Сла́дкое бре́мя сла́вы (*И. Ильф и Е. Петров. Золотой телёнок, гл. 1 — 1931*) The sweet burden of fame (*Ilya Ilf and Yevgeny Petrov. The Golden Calf, ch. 7. Trans. by David Sinclair-Loutit). Used jocularly.*

59. Сле́дует вы́слушать и проти́вную сто́рону *цитируется чаще по-латыни:* Audiatur et altera pars (*юридическое правило, восходящее к античным мыслителям; в близкой форме* — audi partem alteram — *у Блаженного Августина «О двух душах», гл. 14 и 22*) Audi alteram partem, *L.*: hear the other side (*precept followed by judges, going back to the ancient philosophers; occurs in the form "audi partem alteram" in St. Augustine's "De Duabus Animabus", ch. 14 and 22*).

60. Сли́вки о́бщества (*французское выражение, возникшее около 1840 г.; происхождение не установлено*) Crème de la crème, *Fr.*: cream of the cream, *i. e. the very best, the cream of society (a French phr. which came into use about 1840; author unknown).*

61. Слова́, слова́, слова́ (*Шекспир. Гамлет, д. 2, сц. 1 — 1601*) Words, words, words (*Shakespeare. Hamlet, act 2, sc. 1), i. e. all this is nothing but idle talk.*

62. Слове́чка в простоте́ не ска́жут, всё с ужи́мкой (*А. Грибоедов Горе от ума, д. 2, явл. 5 — 1824*) *They will never use plain words, thei language is always affected (*Alexander Griboedov. The Misfortune of Being Clever, act 2, sc. 5*).

63. **Слона́ не приме́тить** (< *И. Крыло́в. Любопытный* — 1814) *lit.* *Not to have noticed the elephant, i. e. not to have noticed the most important or significant thing (in Ivan Krylov's fable "The Curious Man", a visitor to a museum of natural history closely examines its smallest exhibits, the insects, but fails to notice the elephant*).

64. **Слуга́ двух госпо́д** (*заглавие русского перевода комедии К. Гольдони "Il Servitore di due padroni"*— 1745; *восходит к Библии, Матфей*, 6, 24; *Лука*, 16, 13) The servant of two masters (*title of a comedy by Carlo Goldoni; derives from the Bible, Matthew*, 6, 24; *Luke*, 16, 13). *Used in a derogatory sense*.

65. **Служа́нка богосло́вия** *see* Филосо́фия — служа́нка богосло́вия.

66. **Служе́нье муз не те́рпит суеты́:/Прекра́сное должно́ быть велича́во** (*А. Пушкин. 19 октября* — 1825) *Serving the Muses bears no haste:/ True beauty must be dignified; Serving the muse brooks no frivolity:/True beauty must from sober minds arise (*Alexander Pushkin. 19th October 1825. Trans. by Walter Morison*).

67. **Служи́ть бы рад, прислу́живаться то́шно** (*А. Грибоедов. Горе от ума, д. 2, явл. 2* — 1824) Serve, willingly — be obsequious, never! (*Alexander Griboedov. Gore ot Ouma, act 2, sc. 2. Trans. by Nicholas Benardaky*).

68. **Служи́ть Христу́ и Мамо́не** (< *Библия, Матфей*, 6, 24) Serve God and Mammon (*The Bible, Matthew*, 6, 24): *work in a good cause, strive for an ideal while trying to accumulate wealth for oneself*.

69. **Слух о мое́й сме́рти си́льно преувели́чен** (*телеграмма Марка Твена из Европы агентству Ассошиэйтед Пресс* — 1896) The report of my death was an exaggeration {*other sources give*: ...has been grossly exaggerated} (*Mark Twain's cable from Europe to the Associated Press*, 1896). *Used figuratively and jokingly*.

70. **С любо́вью не шу́тят** (*заглавие русского перевода комедии А. де Мюссе "On ne badine pas avec l'amour"* — 1834; *французская пословица*) *Love is not to be trifled with (*a French proverb; used by Alfred de Musset as a title of one of his comedies*).

71. **Сме́йся, пая́ц!** (*опера Р. Леонкавалло «Пая́цы»; из арии Канио, действие 1* — 1892) *Laugh, Punchinello! It.* Ridi, pagliaccio! (*Ruggiero Leoncavallo. Pagliacci; from Canio's aria, act 1*). *The quotation is usually pronounced with bitter irony as a comment on some unpleasant event*.

72. Сме́лость, сме́лость и ещё раз сме́лость (*заключительные слова речи Ж. Дантона в Общественном комитете национального спасения 2 сент. 1792 г.*) De l'audace, et encore de l'audace, et toujours de l'audace! Fr.: boldness, and again boldness, and always boldness! (*Georges Jacques Danton. Speech to the Legislative Committee of General Defence, Sept. 1, 1792*).

73. Смердяко́в (*персонаж романа Ф. Достоевского «Братья Карамазовы» — 1880*) Smerdiakov (*a character in Feodor Dostoevsky's novel "The Brothers Karamazov", a repulsive, cowardly and envious man, who hates the people around him, his country and the world in general. An illegitimate son of Feodor Karamazov, living as a servant in his house, he kills his father to steal his money. Frightened by what he has done, he commits suicide, without, however, an official confession. As a result, his brother Dmitry is convicted of the crime*). Used allusively.

74. Сме́ртный грех (< *Библия, Первое послание Иоанна, 5, 16—17; теперь перен.*) Deadly sin (< *The Bible, I John, 5, 16—17*). Used, often ironically, in the sense: a serious offence, a vice.

75. Смесь францу́зского с нижегоро́дским [Смеше́нье языко́в:/ Францу́зского с нижегоро́дским] (*А. Грибоедов. Горе от ума, д. 1, явл. 7 — 1824*) *A mixture of French and Nizhny Novgorodish (*Alexander Griboedov. The Misfortune of Being Clever, act 1, sc. 7*). Originally used ironically of the language of the Russian nobility, often combining Russian with poor French. Now applied ironically to the speech of any person who uses foreign words unnecessarily. (*Nizhny Novgorod—now Gorky—is a town on the Volga*).

76. Сме́хом исправля́ть нра́вы *цитируется обычно по-латыни*: Castigare ridendo mores (*афоризм Ж.-Б. де Сантёля; девиз — в форме Castigat... «исправляет...»» — «Комической оперы» в Париже*) *To correct manners with laughter (*Jean de Santeul's aphorism; used in the form "Castigat..." — "corrects ..." by L'Opéra Comique in Paris*).

77. Смеша́лись в ку́чу ко́ни, лю́ди (*М. Лермонтов. Бородино — 1837*) *Lumped together were horses, men (*Mikhail Lermontov. Borodino*). Used jokingly of a dense crowd of people.

78. Сме́яться, пра́во, не грешно́/Над тем [всем], что ка́жется смешно́ (*Н. Карамзин. Послание к А. А. Плещееву — 1796*) *It can't be sinful to laugh at what strikes us as funny (*Nikolai Karamzin. An Epistle to A. A. Pleshcheev*).

79. **Смея́ться сквозь слёзы** (< *Гомер. Илиада*, 6, 484) Smile through one's tears (< *Homer. Iliad*, 6, 484).

80. **С ми́лым рай и в шалаше́** (*Н. Ибрагимов. Русская песня* — 1815) *With one's beloved, even a hut is heaven (*Nikolai Ibragimov. A Russian Song*).

81. **Смотри́ в ко́рень!** (*Козьма Прутков. Мысли и афоризмы* — 1854) *Get at the root of it! (*Kozma Prutkov. Thoughts and Aphorisms*). Kozma Prutkov used this old expression in the form of an aphorism with an air of profundity. In this form the expression is quoted as his.*

82. **С ним была́ плуто́вка такова́** (*И. Крылов. Ворона и Лисица* — 1808). *In Ivan Krylov's fable "The Crow and the Fox" a crow, who had somehow managed to procure a piece of cheese, settled on a branch to eat it. A fox, who happened to pass by, noticed the crow, and wanting to get the cheese for himself, started praising the crow's beauty and asked if it could also sing well. Deceived by this flattery, the crow opened its beak, the piece of cheese dropped to the ground and* the rogue snapped it up and was gone. *The quotation is used with reference to a person who has borrowed smth. from another and has failed to return it, esp. when the borrower has disappeared without leaving a trace.*

83. **Соба́ка на се́не** (< ? *басня Эзопа*) A dog in the manger. *The phr. apparently derives from Aesop's fable of the dog that, though it had no use for the hay in the manger, growled at the horses and would not let them eat it. Used with reference to a churlish person who will not use what is wanted by another, nor let the other have it to use.*

84. **Собаке́вич** (*персонаж «Мёртвых душ» Н. Гоголя, т. 1, гл. 5* — 1842) Sobakevich (*name of a character in Nikolai Gogol's "Dead Souls", vol. 1, ch. 5; an ignorant, brutal landowner). Used to characterize a coarse, conservatively-minded man, who is hostile to anything new, is extremely obstinate and close-fisted.*

85. **Со́бственность — э́то воровство́** (*выражение стало крылатым после выхода в свет книги П.-Ж. Прудона «Что такое собственность?» — 1840, где оно употреблено в гл. 1; сходная формулировка дана Ж.-П. Бриссо в 1780 г.)* Property is theft; La propriété c'est le vol, Fr. (*Pierre-Joseph Proudhon. Qu'est-ce que la propriété?, ch. 1, 1840; similar idea was earlier expressed by Jean-Pierre Brissot: La propriété exclusive est un vol, 1780*).

86. Содо́м и Гомо́рра (*Библия, Бытие*, 19, 24—25) Sodom and Gomorrah (*The Bible, Genesis*, 19, 24—25): *utter depravity; extreme disorder, confusion, a Babel of sounds.*

87. Соединя́ть прия́тное с поле́зным (*Гораций. Искусство поэзии*, 343) Combine the useful with the pleasing (*Horace. Ars Poetica*, 343).

88. Сожги́ то, чему́ ты поклоня́лся, поклоня́йся тому́, что сжига́л (*слова, с которыми епископ Ремигий крестил короля франков Хлодвига в 496 г.*) *Burn what you have worshipped, worship what you earlier burned (words spoken to Chlodwig I, king of the Franks, by bishop Remigius when he baptized him). Applied to persons who have completely changed their convictions and have gone over into the camp of their former opponents.*

89. Со́лнце ру́сской поэ́зии (*из извещения о смерти А. Пушкина —* 30.1.1837) *The sun of Russian poetry (from Alexander Pushkin's obituary).*

90. Соломо́ново реше́ние (< *Библия, 3 Книга царств*, 3, 16—28) Decision {judgement} worthy of Solomon; Solomonian decision {judgement} (< *The Bible, I Kings*, 3, 16—28): *extremely wise decision or judgement.*

91. Соль земли́ (< *Библия, Матфей*, 5, 13) The salt of the earth (*The Bible, Matthew*, 5, 13). *In R. used of the best, the most active and creative representatives of the nation.*

92. Сон ра́зума рожда́ет чудо́вищ (*название гравюры Ф. де Гойи из серии «Капричос» —* 1797—98) *A slumbering mind gives birth to monsters (title of an etching in Francisco Jose de Goya's series "Los Caprichos" where he attacks social, political and religious abuses). Used as a warning against rash actions which can lead to unpredictable and serious consequences.*

93. Соста́в преступле́ния *цитируется также по-латыни*: Corpus delicti (*Проспер Фаринаций —* 1618) ↑ *L.:* the essential facts of the crime charged (*Prosperio Farinaccio*).

94. Сотри́ случа́йные черты́ —/И ты уви́дишь: мир прекра́сен (*А. Блок. Возмездие, Пролог —* 1910—21) All the haphazard traits erase — / You'll see then that the world is fair (*Alexander Blok. Retribution, Prologue. Trans. by Alex Miller*).

95. Со щито́м или на щите́ (*Плутарх*) *With the shield or on the shield. Plutarch wrote that a Spartan woman, on handing her son his shield, said: "With it or on it", i. e. either return as victor or die in battle (in ancient Greece the bodies of warriors who fell in battle were carried from the battle-field on* *their shields). The phr. is used to mean: to win or to die; to achieve one's aim or to suffer defeat.*

96. Сою́з меча́ и ли́ры (*А. Пушкин. Борис Годунов, сц. «Краков. Дом Вишневецкого»* — 1825) The bound of sword and lyre (*Alexander Pushkin. Boris Godunov, sc. Krakov—The house of Wisniowiecki. Trans. by Phillip L. Barbour*).

97. Спасе́ние утопа́ющих — де́ло рук сами́х утопа́ющих *see* Де́ло по́мощи утопа́ющим — де́ло рук самих утопа́ющих.

98. Спаси́те на́ши ду́ши (*перевод английского предложения Save our souls, являющегося произвольным толкованием международного сигнала бедствия SOS*) Save our souls (*words for which the letters SOS have been held to stand, SOS being an international code signal used by radio operators on board ship to summon the assistance of any vessels within call). Used in an extended sense as an appeal for help or rescue.*

99. Специали́ст подо́бен флю́су: полнота́ его́ односторо́нняя (*Козьма Прутков. Мысли и афоризмы* — 1854) *A specialist is not unlike a swollen cheek: he is one-sided (*Kozma Prutkov. Thoughts and Aphorisms*).

100. Спой, све́тик, не стыди́сь (*И. Крылов. Ворона и Лисица* — 1808) *Do sing, my dear, don't be shy (*Ivan Krylov. The Crow and the Fox*). Used as a jocular way of asking smb. to sing smth. See* С ним была́ плуто́вка такова́.

101. Спра́шивай — отвеча́ем (*название рубрики ответов на вопросы читателей в ряде советских газет и журналов*) lit. You may ask. We shall answer (*title of "Questions and Answers" columns in a number of Soviet newspapers). Used jocularly as an invitation to ask questions.*

102. С Пу́шкиным на дру́жеской ноге́ (*Н. Гоголь. Ревизор, д. 3, явл. 6* — 1836) On friendly terms with Pushkin (*Nikolai Gogol. The Government Inspector, act 3, sc. 6. Trans. by Constance Garnett). Used ironically of persons who boast about their friendship with some distinguished writer or artist, a well-known public figure, etc.*

103. Спя́щая краса́вица (*заглавие русского перевода французской народной сказки "La Belle au bois dormant" в обработке Ш. Перро* — 1697) The sleeping beauty (*title of the R. version of the French nursery tale "La Belle au bois dormant" by Charles Perrault; based on a traditional tale). The phr. is applied to pretty young girls who are listless and dreamy. Sometimes used with reference to good-looking students of either sex who tend to be sleepy at classes and generally show little interest in their studies.*

104. Сража́ться с ветряны́ми ме́льницами (< *Сервантес. Дон Кихот, т. 1, гл. 8* — 1605) Fight with {charge, tilt at} the windmills (*the allusion is to the adventure of Don Quixote, hero of Miguel de Cervantes's novel of the same title, vol. 1, ch. 8, who mistook windmills for giants and attacked one of them*): *to face imaginary adversaries, to combat chimeras.*

105. Средь шу́много ба́ла, случа́йно (,/ В трево́ге мирско́й суеты́) (*А. Толстой. «Средь шумного бала, случайно...»* — 1851) By chance once, amidst all the bustle (/And vain, worldly cares of the ball) (*Alexei K. Tolstoy. By Chance Once, Amidst All the Bustle... Trans. by Avril Pyman*). *Used when one unexpectedly meets an acquaintance in some crowded place.*

106. Сродство́ душ *see* Родство́ душ.

107. Срыва́ние всех и вся́ческих ма́сок (*Ленин В. И. Лев Толстой, как зеркало русской революции.* — 1908) The tearing away of all and sundry masks (*V. I. Lenin. Leo Tolstoy as Mirror of the Russian Revolution*).

108. Срыва́ть цветы́ удово́льствия (*Н. Гоголь. Ревизор, д. 3, явл. 5* — 1836) Pluck the flowers of pleasure (*Nikolai Gogol. The Government Inspector, act 3, sc. 5. Trans. by D. J. Campbell*), *i. e. to enjoy the pleasures of life egotistically with complete lack of concern for one's family's welfare, disregarding one's duties as a citizen.*

109. Станови́ться на го́рло со́бственной пе́сне (< *В. Маяковский. Во весь голос* — 1930) Trample on the very throat of one's own song (< *Vladimir Mayakovsky. Aloud and Straight. < Trans. by Dorian Rottenberg*); To crush under foot/ the throat/ of one's very own song (< *trans. by Herbert Marshall*). *Used fig. to mean: to restrain oneself; to sacrifice one's interests for the sake of the general good.*

110. Стань передо мной, как лист перед травой! (*из русской народной сказки «Сивка-Бурка»*) lit. Come and stand in front of me, like a leaf in front of grass (*from the Russian folk-tale "Chestnut-Grey"*), *i. e. come as soon as I summon you.*

111. Ста́рая гва́рдия (*первоначально — наименование отборных частей войск Наполеона*) Old guard (*originally the Imperial Guard created by Napoleon in 1804 and composed of picked men, the flower of the French army*). *Used fig. for the stalwarts of any party or movement.*

112. Стари́к Держа́вин нас заме́тил/И, в гроб сходя́, благослови́л (*А. Пушкин. Евгений Онегин, гл. 8, 2* — 1833) The aged Derzhavin noticed us — and blessed us/ as he descended to the grave (*Alexander Push-*

kin. Eugene Onegin, ch. 8, 2. Trans. by Vladimir Nabokov; Gavriil Derzhavin was Russia's first outstanding poet; while still at the Lyceum in Tsarskoe Selo, in 1815, Pushkin read some of his own verses to Derzhavin). Quoted when a writer, a scientist, a painter, etc., belonging to the older generation, singles out and encourages a young gifted person working in the same field. The name "Derzhavin" may be replaced by another name.

113. **Старики́ потому́ так лю́бят дава́ть хоро́шие сове́ты, что они́ уже́ не мо́гут подава́ть дурны́е приме́ры** (*Ф. Ларошфуко. Максимы*, № 93 — 1665) *Old men are so fond of giving good advice because they are no longer able to set bad examples (La Rochefoucauld. Réflexions ou sentences et maximes morales, № 93).*

114. **Стар как Мафусаи́л** (< *Библия, Бытие*, 5, 27) Old as Methuselah (< *The Bible, Genesis*, 5, 27): *very old.*

115. **Ста́рое, но гро́зное ору́жие** (*В. Маяковский. Во весь голос —* 1930) Weapons old,/ but deadly and unerring (*Vladimir Mayakovsky. Aloud and Straight. Trans. by Dorian Rottenberg). Mainly used fig.*

116. **Старосве́тские поме́щики** (*герои одноимённой повести Н. Гоголя —* 1835) Old-world landowners (*the main characters in Nikolai Gogol's tale of the same title—trans. by Constance Garnett—a simple-hearted and naïve married couple who love and enjoy their totally vegetable existence, their absolute philistinism). The phr. is used to describe married couples, leading a similar "idyllic" life. The names of the characters* Афана́сий Ива́нович *and* Пульхе́рия Ива́новна *(Afanasy Ivanovich and Pulkheria Ivanovna) may also be used in this sense.*

117. **Ста́рый режи́м** (*первоначально о режиме во Франции до революции 1789 г.; особенно употребительно о царском режиме в России до революции 1917 г.*) The old regime (*originally of the system of government in France before the Revolution of 1789 — Fr. l'ancien régime). Now the R. phr. is mostly used of the system of government in Russia before the Revolution of 1917.*

118. **Стать из Са́вла Па́влом. Преврати́ться из Са́вла в Па́вла** (< *Библия, Деяния Апостолов*, 9 и 13, 9) *Change from Saul into Paul (< The Bible, The Acts, 9 and 13, 9). Used allusively of one who has abandoned his convictions and has become an advocate of principles which he attacked previously. Obs.*

119. **Стать на го́рло со́бственной пе́сне** *see* Станови́ться на го́рло со́бственной пе́сне.

120. Стать при́тчей во язы́цех (*из церковно-славянского текста Библии, Второзаконие*, 28, 37) *lit.* Become a proverb (*The Bible, Deuteronomy* 28, 37): *to become notorious; to become the object of general disapproval and derision.*

121. Сте́ны име́ют у́ши *see* У стен есть у́ши.

122. Стиль — э́то челове́к (*Бюффон. Рассуждение о стиле* — 1763) Le style est l'homme même, *Fr.:* the style is the man himself (*Buffon. Discours sur le style*), *i. e. style reflects the writer's personality.*

123. Столи́чная шту́чка (*Н. Гоголь. Ревизор, д.* 3, *явл.* 3 — 1836) *A dandy from the capital (*Nikolai Gogol. The Government Inspector, act 3, sc. 3*). Used ironically.*

124. Столпы́ о́бщества (*заглавие русского перевода драмы Х. Ибсена* "Samfundets støtter"— 1877) Pillars of society (*title of the E. version of a drama by Henrik Ibsen*). *Used ironically of persons who because of the position they occupy are undeservedly considered to be the main support of society.*

125. Сто ты́сяч почему́ (*Р. Киплинг, «Есть у меня шестерка слуг ...», перевод М. Маршака; заглавие книги М. Ильина* — 1929) Seven thousand whys (*Rudyard Kipling, "I keep six honest serving-men"*). *Used of very inquisitive children or their curiosity.*

126. Сто́устая молва́ (*из античной мифологии*) *Hundred-tongued rumour (*from Greek mythology*).

127. С то́чки зре́ния ве́чности *цитируется также по-латыни:* Sub specie aeternitatis (*Б. Спиноза. Этика*, 5, 29—31 — 1677) ↑ L.: from the point of view of eternity (*Spinoza. Ethics*, 5, 29—31), *i. e. (trivial) if one were to compare it with the enormity of the universe, with issues which are important to the whole of mankind.*

128. Стоя́ть на со́бственных нога́х (*Джозеф Холлз. Характеры. Счастливый человек* — 1608) Stand on one's own feet {legs} (*Joseph Halls. Characters*): *owe one's position to one's own efforts, not be dependent on other's help.*

129. Страна́ неограни́ченных возмо́жностей (*выражение, которым биограф Екатерины II немецкий писатель И. Г. Зейме охарактеризовал Россию; позже немецкий журналист Людвиг Макс Гольдбергер, посетивший США в* 1902 *г., употребил это выражение для характеристики их экономических ресурсов*) The land of unlimited opportunities (*first used by the biographer of Catherine II, with reference to*

Russia; later the German journalist Ludwig Max Goldberger, who visited the USA in 1902, used the phr. to characterize America's economic potential).

130. **Стра́сти-морда́сти** (*из русской народной песни; заглавие рассказа М. Го́рького* — 1917) Creepy-crawlies (*from a Russian folk song; title of a story by Maxim Gorky. Trans. by Bernard Isaaks). Used ironically of horrifying tales.*

131. **Стра́сти по [Матфе́ю]** (*название произведения И. С. Баха* — 1729) [St. Matthew] Passion (*title of Johann Sebastian Bach's vocal composition): heated discussion, uproar. The word Матфей is always replaced, e.g.* стра́сти по бюдже́ту: budget passions.

132. **Стрекозёл** (*В. Мая́ковский. Любо́вь* — 1930) *lit.* *Dragon-fly-he-goat (*Vladimir Mayakovsky. Love): a lecher, a philanderer. This neologism was formed by combining the words* стрекоза́ *and* козёл; *the latter is used in coll. speech in the above sense.*

133. **Стреля́ть из пу́шек по воробья́м** (*отмечено у Мольера в «Школе мужей», д. 2, явл. 2* — 1661, *но, видимо, это* — *старое выражение*) *Shoot at sparrows from a cannon (*occurs in Molière's "L'Ecole des maris", act 2, sc. 2, but probably used earlier): to employ superabundant effort in the accomplishment of a small matter. Cf.* Break a butterfly on the wheel; crush a fly with a steam-roller.

134. **Стри́жено — нет, бри́то** (*из народной сказки*) *lit.* *Clipped — no, shaven. *An old traditional tale widely known in a number of European countries describes an extremely obstinate woman who would insist that her husband, who had shaven off his beard, had only clipped it. Even when he led her into a river to force her to admit that she was wrong and her head disappeared under the water, she made signs with her fingers showing that her husband's beard had been clipped. The phr. is used when a person taking part in an argument or dispute is unreasonably obstinate.*

135. **Стро́ить возду́шные за́мки** (*восходит к Блаженному Августину*) Build castles in the air (*goes back to Saint Augustine): conceive projects which cannot be put into practice; daydream of smth. unrealizable or unobtainable.*

136. **Стро́ить на песке́** *see* На песке́ стро́ить.

137. **Суди́ не вы́ше сапога́** (< *А. Пушкин. Сапожник* — *опубл.* 1836; < *Пли́ний Ста́рший. Есте́ственная исто́рия*, 35, 10, 36) Ne sutor supra crepidam (judicaret), *L.*: let not a cobbler criticize (a work of art) above the sandal. *According to Pliny the Elder, Historia naturalis, 35, 10, 36, this*

was the answer given by the painter Apelles to the cobbler who went on from criticizing the sandals in his picture to finding fault with the leg. The R. quotation "Judge not above the boot" *comes from Alexander Pushkin's poem* "The Cobbler", *which is a free translation of Pliny's tale. Used to mean: let no one presume to interfere in matters of which he is ignorant. Cf.* A cobbler should stick to his last.

138. **Судьба́ игра́ет челове́ком** (*из русской песни «Шумел, горел пожар московский» начала XX в.*) *Man is a plaything in the hands of Fate (*from "Moscow Was on Fire", a Russian song of the beginning of the 20th cent.*).

139. **Суета́ суе́т и вся́ческая суета́** (*Библия, Екклезиаст, 1, 2*) Vanity of vanities; all is vanity (*The Bible, Ecclesiastes, 1, 2*). *Used of trivial preoccupations or activities.*

140. **Суждены́ нам благи́е поры́вы (,/ Но сверши́ть ничего́ не дано́)** (*Н. Некрасов. Рыцарь на час* — 1863) *Fate has bestowed upon us, good intentions (,/ but their fulfilment is not within our power) (*Nikolai Nekrasov. Knight for an Hour*). *Cf.* The road to hell is paved with good intentions.

141. **Сули́ть {обеща́ть} златы́е {золоты́е} го́ры** (*Теренций. Формион, 1, 2*) *lit.* Promise mountains of gold (*Terence. Phormio, 1, 2*), *i. e. promise fabulous prosperity but fail to fulfil the promise; promise the unattainable. Cf.* To promise wonders.

142. **Суп из топора́** (*из русской народной сказки*) *Soup made from a hatchet (*from a Russian folk tale*). *Used jokingly of a dish prepared from whatever one happened to have at hand or of a dish lacking some of its essential ingredients.*

143. **Суро́вая необходи́мость** (*Гораций. Оды, 3, 24, 6*) Grim {dire} necessity (*Horace. Odes, 3, 24, 6*).

144. **Суро́вая про́за** (*А. Пушкин. Евгений Онегин, гл. 6, 43* — 1833) Austere prose (of life) (*Alexander Pushkin. Eugene Onegin, ch. 6, 43. Trans. by Vladimir Nabokov*), *i. e. dull, tedious everyday life.*

145. **С учёным ви́дом знатока́ (/ Храни́ть молча́нье в ва́жном спо́ре)** (*А. Пушкин. Евгений Онегин, гл. 1, 5* — 1833) Keep silent, with an expert's learned air/ During a grave discussion (*Alexander Pushkin. Eugene Onegin, ch. 1, 5. Trans. by Vladimir Nabokov*).

146. **Сучо́к в глазу́ замеча́ть** *see* Ви́деть {замеча́ть} сучо́к в чужо́м глазу́...

147. **Сфе́ры влия́ния** (< *сферы действия, формулировки в письме графа Грэнвилла к графу Мюнстеру, 29.4.1885*) Spheres of influence (< *"spheres of action", found in Earl Granvill's letter to Count Münster, 29 Apr.* 1885).

148. **Сфинкс. Сфи́нксова зага́дка** (*из греческой мифологии*) Sphinx. Riddle of the Sphinx (*in Greek mythology Sphinx was a monster who proposed riddles to travellers and devoured all those who could not answer them). The name сфинкс is now used to denote an enigmatic, or inscrutable person. The phr. Сфинксова загадка is used of a problem that cannot be solved, smth. inscrutable.*

149. **Сце́на у фонта́на** (< *А. Пушкин. Борис Годунов, сц. «Ночь. Сад. Фонтан»* — 1825) *Scene by the fountain (< Alexander Pushkin. Boris Godunov, sc. Night—a Garden: a Fountain). Applied jokingly to an unseemly display of anger, a noisy attempt to settle one's differences, a noisy or highly emotional quarrel between lovers.*

150. **Сци́лла и Хари́бда** *see* **Ме́жду Сци́ллой и Хари́бдой.**

151. **Счастли́вые часо́в не наблюда́ют** (*А. Грибоедов. Горе от ума, д.* 1, *явл.* 4 — 1824) Happiness takes no note of time (*A. Griboedov. Gore ot Ouma, act 1, sc. 4. Trans. by Nicholas Benardaky).*

152. **С чу́вством, с то́лком, с расстано́вкой** (*А. Грибоедов. Горе от ума, д.* 2, *явл.* 1 — 1824) Feelingly, with sense and clearly (*Alexander Griboedov. The Mischief of Being Clever, act 2, sc. 1. Trans. by Bernard Pares). Applied to reading aloud and declamation. Also used in an extended sense.*

153. **Сыновья́ лейтена́нта Шми́дта** (*И. Ильф и Е. Петров. Золотой телёнок, гл.* 1—2 — 1931). *In their satirical novel "The Golden Calf", ch.* 1—2, *Ilya Ilf and Yevgeny Petrov describe the activities of a group of smart swindlers who derive all sorts of benefits by pretending to be the sons of Lieutenant Schmidt, leader of the revolutionary uprising of the Sevastopol sailors in 1905, who was sentenced to death by the tsarist court and shot. The phr. "the sons of Lieutenant Schmidt" has come to be applied to similar rogues.*

154. **Сы́тое брю́хо к уче́нию глу́хо** *цитируется также по-латыни*: Satur {Plenus} venter non studet libenter (*латинское выражение неизвестного происхождения*) *A full stomach is deaf to learning (an anonymous L. expression).*

155. **Сюда́ я бо́льше не ездо́к** (*А. Грибоедов. Горе от ума, д.* 4, *явл.* 14 — 1824). *This sentence from Alexander Griboedov's satirical comedy "The Misfor-*

tune of Being Clever" (*act* 4, *sc.* 14) *approximately corresponds to the E. sentence* *I shall never set foot in this place again.

156. **Сюже́т для небольшо́го расска́за** (*А. Чехов. Чайка, д.* 1 — 1896) *A subject for a short story (*Anton Chekhov. The Seagull, act* 1). *Used jokingly or ironically to mean: this is worth telling about; this is a strange, curious, etc. story.*

Т

1. **Та́бель о ра́нгах** (*название списка чинов, установленного законом Петра I от* 1722 *г. о порядке государственной службы в России*) Table of Ranks (*a table of civil and military ranks instituted by Peter I in* 1722; *the table established all the grades in the civil service and the armed forces*). *Now mainly used jocularly with reference to the hierarchy of ranks and grades. May also be used fig. of a comparative appraisal of the achievements of persons working in one particular field or engaged in the same activities.*

2. **Та́йна сия́ велика́ есть** (*Библия, Послание к ефесянам*, 5, 32) This is a great mystery (*The Bible, Ephesians*, 5, 32). *Used as a rule ironically or jocularly of smth. strange, mysterious, unfathomable.*

3. **Та́йное стано́вится я́вным** *see* Нет ничего́ та́йного, что не сде́лалось бы я́вным.

4. **Та́йны мадри́дского двора́** (*заглавие русского перевода романа Г. Борна "Die Geheimnisse einer Weltstadt oder Sünderin und Büßerin"* — 1870) *The secrets of the Spanish court (*title of the R. translation of a novel by George Born*). *Used ironically of intrigue and the alignment of forces in higher spheres or other circles; also ironically or humorously of a sensational disclosure of some hitherto unknown facts.*

5. **Так бы́ло, так бу́дет** (*это выражение приобрело печальную известность, когда царский министр внутренних дел А. А. Макаров, желая подчеркнуть незыблемость самодержавно-полицейского строя, употребил его* 11.4.1912 *в своём выступлении в Государственной думе по поводу расстрела рабочих на Ленских золотых приисках; оно вызвало волну возмущения и резкую критику со стороны прогрессивной общественности России*) It was so, and it will be so (*these words became*

*a catchphrase of ill fame when Alexander Makarov, the tsarist Minister of the
Interior, wishing to stress the immutability of the tsarist autocratic police state,
used them in his speech at the State Duma on April 11, 1912, in connection
with the shooting of workers at the Lena gold mines. The speech caused a
wave of indignation throughout Russia and sharp criticism in progressive circles of Russian society). Originally used to describe the Russian autocratic
police state. Now used in an extended sense, often ironically, of a situation
which has remained unchanged for a long time and is expected to remain so.*

6. **Так вóт где таúлась погúбель моя́** (*А. Пушкин. Песнь о вещем
Олеге* — 1824) And am I to find my destruction in this? (*Alexander Pushkin. The Lay of the Wise Oleg. Trans. by Thomas B. Shaw*). *Used jokingly
of smth. which unexpectedly causes trouble, frustrates one's plans, etc.*

7. **Так жизнь скучнá, когдá борéнья нет** (*М. Лермонтов. 1831-го июня
11 дня*) *Life is so dull when there is nothing to strive for (*Mikhail Lermontov. On June 11th, 1831*).

8. **Так он писáл темнó и вя́ло** (*А. Пушкин. Евгений Онегин, гл. 6, 23* —
1833) Thus did he write, obscurely, limply (*Alexander Pushkin. Eugene Onegin, ch. 6, 23. Trans. by Vladimir Nabokov). Used ironically.*

9. **Так прохóдит слáва мúра** *цитируется часто по-латыни:* Sic tran-
sit gloria mundi (*выражение из ритуала избрания папы римского*); ↑
L.: so passes away earthly glory (*words used during the ceremony at the
Pope's election*).

10. **Тáктика вы́жженной землú** (*выражение, получившее особое
распространение во время Второй мировой войны*) Scorched earth tac-
tics (*the phr. was much used in World War II; coined earlier to describe the
Chinese policy of retreating before the Japanese and devastating the country-
side as they went — in the war which began in* 1937).

11. **Там бýдет бал, там дéтский прáздник./Куда́ ж поскáчет наш
[мой] прокáзник?** (*А. Пушкин. Евгений Онегин, гл. 1, 15* — 1833) Here,
there will be a ball; elsewhere, a children's fête./ So whither is my scamp
to scurry? (*Alexander Pushkin. Eugene Onegin, ch. 1, 15. Trans. by Vladimir
Nabokov). Used with reference to persons who lead a hectic social life.*

12. **Там рýсский дух, там Рýсью пáхнет** (*А. Пушкин. Руслан и
Людмила, Пролог* — 1828) *There Russian spirit reigns, and everything
around of Russia breathes (*Alexander Pushkin. Ruslan and Liudmila, Prologue), i. e. the way of life there, and the surroundings are truly Russian.*

13. **Тантáловы мýки** *see* Мýки Тантáла.

14. **Танцевáть на вулкáне** (*граф Сальванди* — 1830) Dance on a volcano (*count Salvandy*), *i. e. lead a carefree life in the face of impending danger; act unwisely running the risk of dire retribution; expose oneself to mischance or peril.*

15. **Танцевáть от пéчки** (*В. Слепцов. Хороший человек* — 1871) *lit.* Dance from the fire-place, *i. e. go back to the point of departure when speaking on some subject, discussing some matter; start every task, conversation, etc. in the same way. The main character in Vasily Sleptsov's novel "A Good Man" recollects the dancing instructions he had as a young man: he always had to start at the fire-place and whenever he made a mistake was told to go back to the fire-place and start again.*

16. **Тартарéн из Тараскóна** (*герой одноимённого романа А. Доде* — 1872) Tartarin [Tartarin of Tarascon] (*name of a prodigious liar and braggart in Alphonse Daudet's novel of the same title). Used allusively.*

17. **Тартю́ф** (*герой одноимённой комедии Мольера* — 1669) Tartuffe, Tartufe (*principal character in Molière's comedy of the same name): a canting hypocrite.*

18. **Таскáть вам — не перетаскáть** *see* Возúть вам — не перевозúть...

19. **Таскáть каштáны из огня** (*Лафонтен. Обезьяна и Кот; сюжет заимствован у Симона Маджоли*) Pull smb.'s chestnuts out of the fire, *i. e. expose oneself to danger while working for the benefit of another person. In La Fontaine's fable "The Ape and the Cat" (plot borrowed from Simon Majoli) a monkey, that wanted to get some chestnuts from the fire without burning itself, used the paw of a cat.*

20. **Тащúть и не пущáть** (*Г. Успенский. Будка* — 1868) *lit.* Drag along and keep out. *In Gleb Uspensky's story "The Sentry-Box" the police constable's duties were to drag the citizens to places to which they did not want to go and to keep them out of those places to which they wanted to go. Thus the phr. is used to characterize arbitrariness and the use of brute force.* Пущáть *is an uneducated form of* пускáть.

21. **Творú,/выдýмывай,/прóбуй!** (*В. Маяковский. Хорошо!* — 1927) *Create/and invent/and try! (Vladimir Mayakovsky. Fine!).*

22. **Теáтр начинáется с вéшалки** (? *К. Станиславский*) *The theatrical performance begins in the cloakroom (? Konstantin Stanislavsky), i. e. everything in a theatre should be in keeping with the purpose it serves, creating a favourable atmosphere.*

23. **Теа́тр уж по́лон; ло́жи бле́щут;/Парте́р и кре́сла — всё кипи́т** (*А. Пушкин. Евгений Онегин, гл. 1, 20 — 1833*) By now the house is full; the boxes blaze;/Parterre and stalls — all seethes (*Alexander Pushkin. Eugene Onegin, ch. 1, 20. Trans. by Vladimir Nabokov*). *Used jocularly of a hall before a theatrical performance, a conference, a meeting.*

24. **Тебе́ и го́рький хрен мали́на,/А мне и бламанже́ полы́нь** (< *Козьма Прутков. Разница вкусов — 1853*) *For you the bitter horse-radish is as sweet as raspberries;/ Whereas for me the sweet blancmange is not unlike the bitter wormwood (< *Kozma Prutkov. Tastes Differ*). *A jocular way of saying*: Tastes differ. *Rare.*

25. **Темна́ вода́ во о́блацех** (*из церковно-славянского текста Библии, Псалтырь, 17, 12*) Dark are the waters in the clouds (< *The Bible, Psalm, 18, 11*). *This quotation from the Church-Slavonic text of the Bible is used in mod. R. to mean: this is obscure, incomprehensible.*

26. **Тёмное ца́рство** (*заглавие статьи Н. Добролюбова, посвящённой разбору пьес А. Островского — 1859*) The Dark Realm (*title of Nikolai Dobrolyubov's article analyzing A. Ostrovsky's plays*). *Used of Russian society before the abolition of serfdom and, by extension, of persons who are ignorant, cruel and acquisitive.*

27. **Те́нь Гро́зного меня́ усынови́ла (,/ Дими́трием из гроба́ нарекла́)** (*А. Пушкин. Борис Годунов, сц. «Ночь. Сад. Фонтан» — 1825*) Ivan's dead shade adopted me as son (,/It gave me from the grave Dimitri's name) (*Alexander Pushkin. Boris Godunov, sc. Night — a Garden: a Fountain. Trans. by Philip L. Barbour*). *Used, often jokingly, to mean: "I am N's successor (follower), I shall continue his work".*

28. **Тео́рия, мой друг, суха́,/ Но зелене́ет жи́зни дре́во** (*Гёте. Фауст, ч. 1, сц. 4 «Рабочая комната» — 1808; пер. Б. Пастернака; известны также другие, более ранние переводы*: Суха́, мой друг, тео́рия везде́,/ А дре́во жи́зни пы́шно зелене́ет — *пер. Н. Холодковского*; Сера́, мой друг, тео́рия везде́,/ Злато́е дре́во жи́зни зелене́ет — *пер. В. Брюсова*; Grau, teurer Freund, ist alle Theorie/ Und grün des Lebens goldner Baum *Ger.;* All theory, dear friend, is grey, but the golden tree of actual life springs ever green (*Goethe. Faust, pt. 1, Studierzimmer*).

29. **Тео́рия стано́вится материа́льной си́лой, как то́лько она́ овладева́ет ма́ссами** (*К. Маркс. К критике гегелевской философии права.— 1844*) Theory becomes a material force as soon as it has gripped the masses

(*K. Marx. Contribution to Critique of Hegel's Philosophy of Law. Introduction.*) *Sov.*

30. **Терно́вый вене́ц** (*Библия, Марк*, 15, 17) A crown of thorns (*The Bible, Mark*, 15, 17), *a symbol of suffering.*

31. **Те́рра инко́гнита** [*лат.* Terra incognita, *т. е.* «неизвестная, неведомая земля»] (*надпись на старинных географических картах и глобусах*): ↑ *L.*, an unknown country (*ancient maps and terrestrial globes of unexplored areas*). *Used mainly fig.* (*e. g.* те́рра инко́гнита фи́зики the terra incognita of physics).

32. **Тита́н** (*в греческой мифологии титаны — дети Урана и Геи*) Titan (*in Greek mythology titans were the progeny of Uranus and Gaea*). *Used, often ironically, of men of great strength or intellect.*

33. **То акаде́мик, то геро́й,/То морепла́ватель, то пло́тник** (*А. Пушкин. Стансы* — 1826) *Now an academician, now a hero,/now a carpenter, now a seafarer (*Alexander Pushkin. Stanzas*). *Used, sometimes jokingly, to describe an extremely versatile person.*

34. **То бы́ло ра́ннею весно́й** (**, В тени́ берёз то бы́ло**) (*А. К. Толстой. «То было раннею весной...»* — 1871) It happened in the early spring (/And underneath the birch-tree) (*Alexei K. Tolstoy. "It Happened in the Early Spring". Trans. by Avril Pyman*). *Used as an expression of a wistful longing for smth. one has known in the past.*

35. **Това́рищ, верь: взойдёт она́,/Звезда́ плени́тельного сча́стья, Росси́я вспря́нет ото сна́, /И на обло́мках самовла́стья /Напи́шут на́ши имена́!** (*А. Пушкин. К Чаадаеву* — 1818) Comrade, believe: joy's star will leap/Upon our sight, a radiant token;/Russia will rouse from her long sleep;/And where autocracy lies, broken,/Our names shall yet be graven deep (*Alexander Pushkin. To Chaadayev. Trans. by Babette Deutsch*).

36. **Тогда́ счита́ть мы ста́ли ра́ны** (**/,Това́рищей счита́ть**) (*М. Лермонтов. Бородино* — 1837) *Then we started to count our wounds (,to count our fallen friends) (*Mikhail Lermontov. Borodino*). *Mainly used jokingly or ironically.*

37. **Толку́ют просвеще́нье, просвеще́нье, а э́то просвеще́нье — фук! (Сказа́л бы и друго́е сло́во, да вот то́лько что за столо́м неприли́чно)** (*Н. Гоголь. Мёртвые души, т.* 1, *гл.* 5 — 1842) They chatter away about enlightenment, enlightenment, and their enlightenment is just — a fig! (I'd have used another word, but it wouldn't sound decent at table) (*Nikolai Gogol.*

214

Dead Souls, vol. 1, ch. 5. Trans. by George Reavey). Used ironically of persons who decry everything connected with contemporary culture, education, etc.

38. **Тот, кто уста́л, име́ет пра́во/ У ти́хой ре́чки отдохну́ть** (*И. Молчанов. Свидание* — 1927; *В. Маяковский ответил Молчанову стихотворением «Письмо к любимой Молчанова, брошенной им»* — 1927) *He who is tired has a right to rest beside a calmly flowing river (Ivan Molchanov. A Meeting; Vladimir Mayakovsky's reply to this poem was his "Letter to Molchanov's Beloved, Whom He Has Deserted"). Applied ironically to persons who have left the work to which they have devoted themselves and who justify their right to do so by tiredness.*

39. **То́чность — ве́жливость короле́й** (*приписывается Людовику XVIII*) Punctuality is the politeness of kings (*attributed to Louis XVIII*). *Used in an extended sense.*

40. **Тре́тьего не дано́** *цитируется также по-латыни:* Tertium non datur (*одно из положений формальной логики; встречается уже у Аристотеля*) lit. A third is not given (*a law of formal logic called "the law of excluded middle"; first formulated by Aristotle). Generally used to mean: there is no other alternative.*

41. **Три гра́ции** (*из римской мифологии*) The three Graces (*in classical mythology the three sister goddesses who bestowed beauty and charm and were themselves the embodiment of both). Used jocularly in the sense of "three beauties, three charming girls".*

42. **Три́дцать пять {три́дцать, со́рок} ты́сяч (одни́х) курье́ров** (*Н. Гоголь. Ревизор, д. 3, явл. 6* — 1836) *Thirty-five {thirty, forty} thousand messengers alone (Nikolai Gogol. The Government Inspector, act 3, sc. 6). One of the comedy's main characters, named Khlestakov, bragged that he had once been invited to take charge of a Civil Service department (see* Ива́н Алекса́ндрович, ступа́йте департа́ментом управля́ть*) and that thirty-five thousand messengers carrying this intelligence had been sent to him. The quotation is used to characterize extreme exaggeration.*

43. **Три́дцать сре́бреников** (*Библия, Матфей, 26, 15*) Thirty pieces of silver (*The Bible, Matthew, 26, 15), the money given to Judas to deliver Jesus into the hands of Caiaphas's men. Hence, by extension, of the price of betrayal. Cited also incorrectly in the form* сере́бреников.

44. **Три кита́** (*из древних космогонических сказаний*) *The three whales. In some ancient myths of the origin of the universe, the Earth was*

said to be resting on three huge whales. The phr. is used fig. of three main principles, three fundamental laws, etc.

45. **Три мушкетёра** (*заглавие романа А. Дюма-отца* — 1844) The three musketeers (*title of a novel by Alexandre Dumas*). *Used jocularly of three inseparable friends.*

46. **Тришкин кафтан** (*заглавие басни И. Крылова* — 1815) Trishka's coat (*title of Ivan Krylov's fable*). *The fable describes how Trishka tried to patch up his old coat. First he cut off a quarter of the sleeves to patch up the elbows and then, because people started laughing at him, he cut the flaps off and shortened the coat to lengthen the sleeves. Used fig. when smth. is improved or corrected at the expense of smth. else.*

47. **Троянский конь** (< *Гомер. Одиссея;* < *Вергилий. Энеида, гл.* 2) A Trojan horse. *The huge wooden horse, mentioned in Homer's Odyssey and described in detail in Virgil's Aeneid. The horse, full of Greek soldiers, was placed at the gates of Troy and given out as an offering to the gods. The Trojans dragged the horse within the city. At night the Greeks emerged out of the place of their concealment and opened the city gates for their comrades. Used of a person, organization, placed within a country, group, etc., with the purpose of destroying it or causing it harm. Also applied to a perfidious gift.*

48. **Труба иерихонская** (< *Библия, Иисус Навин,* 6, 2—20) *lit.* The trumpet of Jericho: *one of the trumpets used to cause the walls of Jericho to fall* (< *The Bible, Joshua,* 6, 2—20). *In R. used jocularly of a very loud voice.* Cf. A stentorian voice.

49. **Трубка мира** (*из романов Ф. Купера*) The pipe of peace (*the phr. came to be widely used with the publication in Russia of James Fenimore Cooper's novels, where he described the custom of American Indians to smoke a pipe after settling differences in a friendly way). Used fig. of peace and friendship.* Выкурить трубку мира — to smoke the pipe of peace, *i. e. to renew relations with a person with whom one has quarrelled.*

50. **Труден только первый шаг** (*маркиза дю Деффан де ла Ланд. Письмо к Даламберу* 7.7.1763) Il n'y a (pas) que le premier pas qui coûte, *Fr.:* it is only the first step that is difficult (*Marquise du Deffand de la Lande. Remark on the legend that St. Denis, carrying his head in his hands, walked two leagues. Letter to d'Alembert, 7 July,* 1763).

216

51. **Тру́дно свой хлеб добыва́л челове́к** (*Н. Некрасов. Железная дорога* — 1864) He for his bread fought a rigorous fight (*Nikolai Nekrasov. The Railway. Trans. by Juliet M. Soskice*).

52. **Труды́ {дела́} и дни** (*заглавие поэмы Гесиода*) Works and days (*title of a poem by Hesiod): days filled with work, working life. Often used to describe a life devoted to work.*

53. **Тру́женики мо́ря** (*название русского перевода романа В. Гюго "Les travailleurs de la mer"* — 1866) Toilers of the sea (*title of a novel by Victor Hugo). Applied, in elevated style, to seamen and fishermen.*

54. **Труп врага́ хорошо́ па́хнет** (*приписывается Авлу Вителлию*) *The corpse of a foe smells good (*attributed to Aulus Vitellius*).

55. **Трусова́т был Ва́ня бе́дный** (*А. Пушкин. Вурдалак — Песни западных славян* — 1834) *Poor Vanya was faint-hearted (*Alexander Pushkin. The Vampire — Songs of Western Slavs). Used jocularly of not too brave a person. The name Ваня is often replaced.*

56. **Ты всё пе́ла? Э́то де́ло:/Так поди́ же попляши́!** (*И. Крылов. Стрекоза и Муравей* — 1808) *You sang? Why, that's certainly an occupation! Now go and dance! *In Ivan Krylov's fable "The Ant and the Dragonfly" (plot borrowed from La Fontaine), the ant spends a laborious summer gathering its winter store, while the dragonfly spends the season singing joyfully. When winter comes the dragonfly goes to the ant and begs for a little food. The ant asks the dragonfly what it was doing in the summer time. On learning that the dragonfly did nothing but sing all day long, the ant says:* "Sang your ditty? Lor', how pretty!/ Now you're free to dance out there" (*trans. by Bernard Pares*).

57. **Ты и убо́гая,/ Ты и оби́льная,/ Ты и могу́чая,/ Ты и бесси́льная,/ Ма́тушка Русь!** (*Н. Некрасов. Кому на Руси жить хорошо, ч. 4 «Пир на весь мир»* — 1881) Thou art' so pitiful,/ Poor, and so sorrowful./ Yet thou art powerful,/ Thy wealth is plentiful,/ Russia, my Mother! (*Nikolai Nekrasov. Who Can Be Happy and Free in Russia, pt. 4 "A Feast for the Whole Village". Trans. by Juliet M. Soskice*).

58. **Ты победи́л, галиле́янин!** (*Юлиан Отступник*) Thou hast conquered, o Galilean; vicisti, Galilaee, *L.; (Julian the Apostate). Used to indicate that one humbly accepts the truth or admits one's defeat; may be recited ironically, in which case the word* галиле́янин *is sometimes replaced by the name of the person to whom the words are addressed. (The*

217

Galilean here is Jesus Christ, who was a native of Galilee. The Roman emperor Julian was called the Apostate when he ceased to be a Christian. Legend has it that the words quoted above were pronounced by Julian the Apostate when he was mortally wounded during an expedition against the Persians).

59. **Ты проснёшься ль, исполненный сил,/Иль, судеб повинуясь закону,/Всё, что мог, ты уже совершил,—/Создал песню, подобную стону,/И духовно навеки почил?..** (*Н. Некрасов. Размышления у парадного подъезда* — 1858) Filled with strength, will you waken up ever,/ Or, allowing Fate's will to be done,/Do you think your achievement is over:/Have you made up a song like a groan,/Just to slumber in spirit forever?.. (*Nikolai Nekrasov. Reflections at the Main Entrance. Trans. by Alex Miller). Used in an extended sense.*

60. **Тысяча и одна ночь** (*название сборника арабских сказок*) The Arabian Nights (Entertainments) (*title of a collection of ancient Oriental tales). The phr.* (*lit.* The Thousand and One Nights) *is used with reference to very unusual, incredible or fantastic events, or of exceptionally magnificent objects.*

61. **Ты этого хотел, Жорж Данден!** *цитируется также по-французски:* Tu l'as voulu, George Dandin! [Vous l'avez voulu, George Dandin, vous l'avez voulu] (*Мольер. Жорж Данден, д.* 1, *явл.* 9—1668) Vous l'avez voulu, George Dandin, *Fr.:* You asked for it, George Dandin. (*Molière. George Dandin, act* 1, *sc.* 9), *i. e. "It is your own fault, you have only yourself to thank for it, you've only yourself to blame".*

62. **Тьма египетская** *see* Египетская тьма.

63. **Тьма кромешная** (*название преисподней в церковно-славянском тексте Евангелия, Матфей* 22, 13) Pitch-dark, utter darkness (*The Bible. Matthew* 22, 13 *where the corresponding line reads: outer darkness).*

64. **Тьмы низких истин нам [мне] дороже/Нас возвышающий обман** (*А. Пушкин. Герой* — 1831) *We [I] prefer an elevating falsehood to dozens of unpleasant truths (*Alexander Pushkin. The Hero).*

65. **Тюрьма народов** (*Астольф де Кюстин о царской России; выражение стало крылатым благодаря тому, что его широко употреблял В. И. Ленин*). A prison of nations (*Astolphe de Custine about tsarist Russia; the phr. was often used by Lenin and thus gained popularity).*

У

1. **Убоя́ся бе́здны прему́дрости** (*Д. Фонвизин. Недоросль, д. 2, явл. 5 —* 1783; < *Библия, Послание к римлянам*, 11, 33) Fearful of the depth of the riches both of wisdom and knowledge (*Denis Fonvizin. The Young Hopeful; act 2, sc. 5;* < *The Bible, Romans*, 11, 33). *Used ironically.*

2. **У войны́ не же́нское лицо́** (*заглавие документальной повести С. Алексиевич* — 1985; < *строка из стихотворения Ю. Друниной*) *The face of war is not that of a woman (*title of Svetlana Aleksievich's documentary book about women during the Great Patriotic War of 1941—45;* < *a line from Yulia Drunina's poem*).

3. **У вся́кого есть свой задо́р** (*Н. Гоголь. Мёртвые души, т. 1, гл. 2* — 1842) Each man has his passion (*Nikolai Gogol. Dead Souls, vol. 1, ch. 2. Trans. by George Reavey*), i. e. every man has his aim in life, his hobby or his leaning.

4. **У вся́кого портно́го свой взгляд на иску́сство!** (*Козьма Прутков. Мысли и афоризмы* — 1854) *Every tailor has his own views on art! (*Kozma Prutkov. Thoughts and Aphorisms*). The quotation is used ironically to mean: a) art is a subject about which everyone presumes to judge; b) every person has his own ideas and views on whatever he is doing.

5. **Увы́, — он сча́стия не и́щет/ И не от сча́стия бежи́т** (*М. Лермонтов. Парус* — 1832) Alas, it is not joy it flees from,/Nor is it happiness he seeks (*Mikhail Lermontov. A Sail. Trans. by Babette Deutsch*); It is not joy that it is seeking,/Nor is it happiness it flies (*trans. by Irina Zheleznova*).

6. **Угрю́м-Бурче́ев** (*М. Салтыков-Щедрин. История одного города* — 1869—70). *In Saltykov-Shchedrin's satire "The History of a Town", the mayor whose name is* Ugrium-Burcheev *conceives an idiotic plan of the town's reconstruction which he is determined to carry out. According to this plan all the streets of the town are to radiate from the central square, all the houses are to be of the same size, design and colour, the same number of people is to live in each house, etc. In order to bring all this about, the town will have to be demolished and the river done away with. The satire was aimed at tsarist officials, and the name of the mayor has come to be applied to wilful and stupid administrators.*

7. **Уже́ль та са́мая Татья́на?** (*А. Пушкин. Евгений Онегин, гл. 8, 20 — 1833*) Could it be that same Tatiana? (*Alexander Pushkin. Eugene Onegin, ch. 8, 20. Trans. by Vladimir Nabokov*). *Used with reference to a young woman whom one has not seen for some time and who has greatly changed for the better: has become more attractive, acquired some social graces, etc.*

8. **Ужи́мки и прыжки́** (*И. Крылов. Зеркало и Обезьяна — 1816*) What twists and turns! (*Ivan Krylov. The Mirror and the Monkey. Trans. by Henry Harrison*). *Used jocularly or ironically of affected behaviour.*

9. **Уж не жду от жи́зни ничего́ я, / И не жаль мне про́шлого ничу́ть. (/ Я ищу́ свобо́ды и поко́я! / Я б хоте́л забы́ться и засну́ть)** (*М. Лермонтов. «Выхожу один я на дорогу...» — 1841*) I await no boons of fate, regretting/ Not the past, for that is buried deep. (/ Ah, to find true freedom, true forgetting/ In the calm of everlasting sleep!) (*Mikhail Lermontov. "Lone's the Mist-Cloaked Road Before Me Lying...". Trans. by Irina Zheleznova*).

10. **Уж по́лночь бли́зится, а Ге́рмана всё нет** (*опера П. И. Чайковского «Пиковая дама», д. 3, карт. 6 — 1890, либретто М.И. Чайковского по одноимённой повести А. Пушкина — 1833*) *Twill soon be midnight, but Hermann's still not here (*Peter Tchaikovsky's opera "Queen of Spades", act 3, sc. 6; libretto by Modest Tchaikovsky based on Alexander Pushkin's story of the same title*). *Used jokingly when one is made to wait for smb. for a long time.*

11. **Уж ско́лько раз тверди́ли ми́ру, / Что лесть гнусна́, вредна́** (*И. Крылов. Ворона и Лисица — 1808*) *Time and again the world's been told that flattery is foul and causes great harm (*Ivan Krylov. The Crow and the Fox*).

12. **Узна́ю тебя́, жизнь! Принима́ю! / И приве́тствую зво́ном щита́!** *see* О, весна́ без конца́ и без кра́ю...

13. **У́зы {це́пи} Гимене́я** (*из греческой мифологии*) Hymeneal connections, *i. e. marriage bonds* (*Hymen, a marriage song in ancient Greece, was later personified as the god of marriage*).

14. **Уйми́тесь, волне́ния стра́сти** (*из романса М. Глинки «Сомнение» — 1838, слова Н. Кукольника*) Be silent, despair of affection (*from "Doubt", a song with words by Nestor Kukolnik and music by Michael Glinka*). *Used jocularly to calm oneself or smb. else.*

15. **Украша́ют тебя́ доброде́тели, /До кото́рых други́м далеко́** (*Н. Некрасов. Современная ода — 1845*) Good fortune has blessed you with

virtues / In others not usually found (*Nikolai Nekrasov. Contemporary Ode. Trans. by Alex Miller*). *Used ironically.*

16. **Укрощéние стропти́вой** (*заглавие русского перевода комедии Шекспира — 1593—94*) The taming of the shrew (*title of a comedy by Shakespeare*). *Used allusively of the re-education of a person with a difficult character.*

17. **Ума́ холóдных наблюдéний/И сéрдца гóрестных замéт** (*А. Пушкин. Евгений Онегин, Посвящение — 1833*) The intellect's cold observations, and the heart's sorrowful remarks (*Alexander Pushkin. Eugene Onegin, Dedication. Trans. by Vladimir Nabokov*). Of reason's icy observations,/ and records of a heart in pain (*< trans. by Charles Johnston*).

18. **Умéренность есть лýчший пир** (*Г. Державин. Приглашение к обеду — 1795*) The golden mean most satisfies (*Gavriil Derzhavin. Invitation to Supper. Trans. by Peter Tempest*).

19. **Умéренность и аккурáтность** (*А. Грибоедов. Горе от ума, д. 3, явл. 3 — 1824*) *Moderation and careful diligence (*Alexander Griboedov. The Misfortune of Being Clever, act 3, sc. 3*). These are the two virtues which, according to his own words, one of the characters of the play, a slow-witted, servile clerk by the name of Molchalin possessed. The phr. was originally used to describe the Civil Service circles in pre-revolutionary Russia who carried out painstakingly whatever orders they received, never giving the matter any thought or showing any initiative. During the Russian Revolution it came to be applied to the Russian liberal bourgeoisie (and to the bourgeoisie in general) who, by steering "a middle course", laid obstacles in the way of the changes the country needed. Now the phr. is used to describe persons who are moderate in their views and habits and carry out their work conscientiously, but lack initiative and imagination.*

20. **Умерéть — уснýть** (*Шекспир. Гамлет, д. 3, явл. 1 — 1601*) To die, to sleep (*Shakespeare. Hamlet, act 3, sc. 1*).

21. **Умóм Росси́ю не поня́ть,/ Арши́ном óбщим не измéрить:/ У ней осóбенная стать—/ В Росси́ю мóжно тóлько вéрить** (*Ф. Тютчев. «Умóм Россию не понять...» — 1866*) *The mind's unable to fathom Russia, a common arshin cannot measure her: she has a stature of her own — all one can do is to believe in her (*Fedor Tyutchev. "The Mind's Unable to Fathom Russia..."*); Russia is baffling to the mind,/Not subject to the common measure/Her ways—of a peculiar kind .../One only can have

221

faith in Russia (*"Russia is Baffling to the Mind..."*. *Trans. by Avril Pyman*). *See* Аршином общим не измерить.

22. **Умри, Денис, лучше не напишешь** (*слова — видимо, безосновательно — приписываемые князю Г. А. Потёмкину, якобы сказавшему их Д. И. Фонвизину после премьеры «Недоросля»* — 1782) *You can die now, Denis, you will not write anything better (*words supposedly said by Prince Grigori A. Potemkin to Denis Fonvizin after the première of the latter's comedy "The Young Hopeful"*). *Used, often jocularly, as an expression of great praise.*

23. **Ум, честь и совесть нашей эпохи** *see* Партия — ум, честь и совесть нашей эпохи.

24. **Умыть руки** (< *Библия, Матфей*, 27, 24) Wash one's hands (< *The Bible, Matthew*, 27, 24): *disown the responsibility for, refuse to have any further connection with (originally an allusion to Pilate's washing his hands at the trial of Jesus to show that he was innocent of Jesus's blood*).

25. **Униженные и оскорблённые** (*заглавие романа Ф. Достоевского* — 1861) The insulted and the humiliated (*title of a novel by Feodor Dostoevsky. Trans. by Constance Garnett, edited by Olga Shartse). Generally used of the have-nots.*

26. **Унтер-офицерская вдова сама себя высекла** (< *Н. Гоголь. Ревизор, д. 4, явл.* 15 — 1836) The sergeant's widow flogged herself (< *Nikolai Gogol. The Government Inspector. Trans. by Constance Garnett). In the comedy the Chief of Police maintains that he has given no order that the sergeant's widow should be flogged, but that "the sergeant's widow flogged herself". Cited when a person inflicts punishment on himself (e. g. reveals inadvertently his own scheming, in his arguments shows his own inconsistency, etc.). Cf. Make a rod for oneself {for one's own back}.*

27. **Унтер Пришибеев** (*герой одноимённого рассказа А. Чехова* — 1885). *In Anton Chekhov's story "The Non-Commissioned Officer Prishibeev", the retired Prishibeev is a self-appointed "limb of the law" who thinks that he has the right to interfere in the affairs of others, to rebuke other people and push them about.*

28. **Унылая пора! очей очарованье!/ Приятна мне твоя прощальная краса—/Люблю я пышное природы увяданье,/В багрец и в золото одетые леса** (*А. Пушкин. Осень* — 1833) Oh, mournful season that delights the eyes,/ Your farewell beauty captivates my spirit./ I love the pomp

of Nature's fading dyes,/ The forests garmented in gold and purple *(Alexander Pushkin. Autumn. Trans. by Babette Deutsch);* O dear and cheerless time, you charm the eye and tender/Contentment to the heart. How wondrous to behold/ Your dying beauty is, the lush and sumptuous splendour of nature's farewell bloom; the forests clad in gold *(trans. by Irina Zheleznova).*

29. **Упа́сть на до́брую по́чву** (< *Библия, Матфей, 13, 8)* Fall into good ground (< *The Bible, Matthew, 13, 8).*

30. **У приро́ды нет плохо́й пого́ды** *(А. Петров, «Песенка о погоде» на стихи Э. Рязанова в кинофильме «Служебный роман» — 1977) lit.* *In nature there is no bad weather *(from "Song about the Weather" in the film "A Love Affair at Work", words by Eldar Riazanov and music by A. Petrov) . Used jocularly in answer to smb.'s complaint about the weather.*

31. **Ура́! мы ло́мим; гну́тся шве́ды** *(А. Пушкин. Полтава, песнь 3 —* 1829) * Hurrah! We're breaking through; the Swedes give way *(Alexander Pushkin. Poltava, Canto 3). Used jokingly to mean: we are winning, we are getting the better of our opponents.*

32. **У са́мого си́него мо́ря** *(А. Пушкин. Сказка о рыбаке и рыбке —* 1833) By the shore of the deep blue ocean *(Alexander Pushkin. The Tale of the Fisherman and the Golden Fish. Trans. by Avril Pyman).*

33. **У си́льного всегда́ бесси́льный винова́т** *(И. Крылов. Волк и Ягнёнок — 1808)* *The stronger always blames the weaker *(Ivan Krylov. The Wolf and the Lamb).*

34. **Услу́жливый дура́к опа́снее врага́** *(И. Крылов. Пустынник и Медведь — 1808)* The too officious fool is worse than any foe *(Ivan Krylov. Hermit and the Bear. Trans. by Bernard Pares).*

35. **У стен есть у́ши {Сте́ны име́ют у́ши}** *(Лопе де Вега. Валенсианские безумцы, д. 2, явл. 8; Сервантес. Дон Кихот, т. 2, гл. 48 — 1605-*15) Walls have ears *(Lope de Vega. Los locos de Valencia, act 2, sc. 8; Migu... de Cervantes. Don Quixote, vol. 2, ch. 48).*

36. **Уте́чка мозго́в** *(происхождение не установлено)* Brain dra... thor unknown): the loss of highly trained or qualified citizens thr... gration.

37. **Утра́ченные иллю́зии** *(заглавие русского перево...* Бальзака "Les illusions perdues" — 1839) Lost illusions ... Honoré de Balzac).

38. **Уча́, у́чимся** *цитируется также по-латыни:* Docendo discimus (< *Сенека. Письма, 7, 8*) ↑ *L.:* we learn by teaching (< *Seneca. Epistles, 1, 8*).

39. **Учёный ма́лый, но педа́нт** (*А. Пушкин. Евгений Онегин, гл. 1, 5 — 1833*) Well read, though of pedant cast (*Alexander Pushkin. Eugene Onegin, ch. 1, 5. Trans. by Charles Johnston*); It was conceded he had learning.../ Though of a somewhat bookish drift (*trans. by Walter Arndt*). *Used ironically.*

40. **Учи́лись бы, на ста́рших гля́дя** (*А. Грибоедов. Горе от ума, д. 2, явл. 2 — 1824*) You should learn by observing your seniors (*Alexander Griboedov. The Misfortune of Being Clever, act 2, sc. 2. Trans. by S. W. Pring*). *Used jokingly, esp. when one sets oneself up as an example.*

41. **Учи́тесь вла́ствовать собо́ю** (*А. Пушкин. Евгений Онегин, гл. 4, 16 — 1833*) Learn to control yourself (*Alexander Pushkin. Eugene Onegin, ch. 4, 16. Trans. by Vladimir Nabokov*).

42. **Учи́ться, учи́ться и учи́ться** (< *В. И. Ленин. Лучше меньше, да лучше — 1923*) To learn, to learn and to learn (< *V. I. Lenin. Better Fewer, but Better*). *Sov.*

Ф

1. **Факт, не име́ющий прецеде́нта** (*И. Ильф и Е. Петров. Золотой телёнок, гл. 19 — 1931*) *lit.* *A fact which has no precedent (*Ilya Ilf and Yevgeny Petrov. The Golden Calf, ch. 19*). *Cited jocularly as a high-flown denotation of smth. without a parallel.*

2. **Фа́кты — упря́мая вещь** (*поговорка, ставшая крылатой после* хода английского перевода романа Лесажа «История Жиль Блаза» — —35*) Facts are stubborn things (*proverb which gained wide currency* publication of "The Adventures of Gil Blas of Santillane", the E. trans- e Sage's novel "Gil Blas"*).

ста́ф (*персонаж пьес Шекспира «Генрих IV» — 1597-98 и* умушки» — 1600*) Falstaff (*character in Shakespeare's plays* nd "The Merry Wives of Windsor", a fat, cowardly, boastful wit and good humour*). *Used allusively.*

4. **Фа́мусов** *(персонаж комедии А. Грибоедова «Горе от ума» —* 1824) Famusov *(character in Alexander Griboedov's comedy "The Misfortune of Being Clever", a pompous conservative government official who is obsequious towards his superiors and tyrannical towards his subordinates). Used allusively.*

5. **Фарисе́й** *(Библия, Матфей, 5, 20; 9, 14, 34 и др.; также в других Евангелиях)* Pharisee *(The Bible, Matthew, 5, 20; 9, 14, 34 and other places; also in other Gospels). Originally applied to members of a religious sect in ancient Judea known for fanatic obedience to written laws and for pretensions to sanctity. Now used of self-righteous or hypocritical persons.*

6. **Фельдфе́беля в Вольте́ры дам** *(А. Грибоедов. Горе от ума, д. 4, явл. 5 — 1824) lit.* I'll give a sergeant to serve you as Voltaire *(Alexander Griboedov. The Misfortune of Being Clever, act. 4, sc. 5) Applied to the forcible actions of the police directed against the intelligentsia. Hist.*

7. **Феми́да** *(из греческой мифологии)* Themis *(in Greek mythology goddess of law and justice). Hence, Law and Justice personified.* Храм {алта́рь} Феми́ды The temple of Themis: *law-court.* Жрецы́ Феми́ды The priests of Themis: *judges.* Весы́ Феми́ды The scales of Themis: *justice.*

8. **Фе́никс** *see* Пти́ца Фе́никс.

9. **Фи́гаро здесь, Фи́гаро там** *(опера Россини «Севильский цирюльник» — 1816, либретто по одноимённой комедии Бомарше)* Figaro here, Figaro there *(Rossini's opera "The Barber of Seville"; libretto founded on Beaumarchais's comedy of the same title). Used jokingly of persons doing several things at the same time or, ironically, of oneself or another person who has too many things to do and so has to cope with several jobs simultaneously.*

10. **Фи́говый листо́к** *(< Библия, Бытие, 3, 7)* Fig leaf *(The Bible, Genesis, 3, 7). Used fig. of smth. intended to conceal the reality behind one's actions or motives.*

11. **Фи́зики и ли́рики** *(заглавие стихотворения Б. Слуцкого — 1959)* The physicists and the poets *(title of a poem by Boris Slutsky), i. e. scientists and artists.*

12. **Фили́ппика** *(так первоначально назывались речи Демосфена против Филиппа Македонского; так Цицерон назвал свои речи против Марка Антония)* Philippic *(originally of the orations of Demosthenes against*

Philip of Macedonia; name given by Cicero to his orations against Mark Antony). Used of speeches full of acrimonious invective.

13. **Филосо́фия — служа́нка богосло́вия** (*определение роли философии средневековыми христианскими богословами, в частности, Цезарем Баронием*) Philosophy is but a handmaid to religion (*definition of the role of philosophy by medieval Christian theologians, including Caesar Baronius; the current form derives from Francis Bacon's "Advancement of Learning", 2, 22, 14*).

14. **Филосо́фский ка́мень** (*по представлениям средневековых алхимиков, вещество, обладающее чудодейственной силой, в частности, превращающее неблагородные металлы в золото*) The philosophers' stone (*an imaginary substance which, according to medieval alchemists, would convert other metals into gold). Used ironically to denote smth. allegedly capable of solving any problem, a universal key to all problems.*

15. **Фома́ неве́рный {неве́рующий}** (< *Библия, Иоанн*, 20, 24—29) A doubting Thomas (< *The Bible, John*, 20, 24—29). *Applied to sceptics.*

16. **Форма́льно {По фо́рме} пра́вильно, а по су́ти издева́тельство** (< *В. И. Ленин. Заключительное слово по докладу о продовольственном налоге на X Всероссийской конференции РКП(б)* 27 мая 1921 г.) Formally correct, but essentially sheer mockery (< *V. I. Lenin. Tenth All-Russia Conference of the R.C.P.(B). Summing-up Speech on the Tax in Kind, May* 27, 1921).

17. **Форту́на** *see* Колесо́ Форту́ны.

18. **Францу́зик из Бордо́** (*А. Грибоедов. Горе от ума*, д. 3, явл. 22 — 1824) A Frenchy from Bordeaux (*Alexander Griboedov. The Mischief of Being Clever, act 3, sc. 22. Trans. by Bernard Pares). Used ironically of boastful, supercilious foreigners.*

19. **Фунт мя́са** (*Шекспир. Венецианский купец* — 1600) Pound of flesh (*Shakespeare. The Merchant of Venice). While in E. the phr. is used with reference to a strict and literal fulfilment of a bargain, in R. it is used of unwarrantedly severe conditions stipulated with respect to a person (or an organization) who has failed to carry out the exact terms of an agreement or other obligations. Rare.*

20. **Фу́рия** (*из римской мифологии*) Fury (*in Roman mythology, one of the three goddesses of vengeance). Applied to a passionately violent woman, or to a woman in a fit of anger.*

226

X

1. **Харч бого́в** (*И. Ильф и Е. Петров. Золотой телёнок, гл. 20 —* 1931) *lit.* The grub of the gods *(Ilya Ilf and Yevgeny Petrov. The Golden Calf, ch. 20). Used jocularly of tasty food. The humorous effect is achieved by the use of the word «харч» — a colloquial word not acceptable in dignified speech with the word «бого́в».*

2. **Химе́ра** (*из греческой мифологии*) Chimera, chimaera (*in Greek mythology a monster with a lion's head, a goat's body and a serpent's tail). Used fig. of an illusory fancy, an ill-founded conception, a wild scheme.*

3. **Хле́ба и зре́лищ!** *цитируется также по-латыни:* Panem et circenses! (*Ювенал. Сатиры, 10, 81)* ↑ *L.:* bread and circuses {the games of the circus, circus-games}. *According to Juvenal (Satires, 10, 81), the Roman mob longed for two things only — free food and entertainment. Hence the phr. has come to be used of low, narrow interests.*

4. **Хлеб (наш) насу́щный** (*Библия, Матфей, 6, 11*) Our daily bread (*The Bible, Matthew, 6, 11), i.e. the necessities of life.*

5. **Хлестако́в** (*герой комедии Н. Гоголя «Ревизор» —* 1836) Khlestakov *(the main character in Nikolai Gogol's comedy "The Government Inspector", a brazen-faced liar and braggart). Used allusively.*

6. **Ходы́нка** (*название катастрофы, произошедшей в день коронации Николая II 18 мая 1896 года на Ходынском поле на окраине Москвы: в результате давки и свалки погибло множество народа*) Khodynka *(name of a tragic event which took place on the Khodynka Common on the outskirts of Moscow where on 18 May 1896, the coronation day of Tsar Nicholas II, a large crowd gathered to celebrate the occasion, and many people received injuries or were crushed to death). Used of violent pressure caused by a large crowd.*

7. **Ходя́чая энциклопе́дия** (*Э. Т. А. Гофман. Выбор невесты —* 1820) A walking encyclopaedia {dictionary}; a living dictionary *(Ernst Theodor Amadeus Hoffmann. Brautwahl; in E. the phr. "a walking dictionary" was used much earlier by George Chapman, Tears of Peace, I, 266). Applied to a person who is full of information.*

8. **Хожде́ние по му́кам** (*из христианских верований; выражение стало особенно популярным после выхода трилогии А. Толстого —*

1920—41 — *под этим названием)* Going through purgatory *(from a Christian legend, according to which the souls of the dead sinners had to walk the road of sorrow in hell for 40 days, with the devils subjecting them to all sorts of tortures; the phr. came into popular use with the publication of Alexei Tolstoy's trilogy translated into E. as "Ordeal" and "Road to Calvary").*

9. **Холо́дная война́** *(автор выражения не установлен; впервые употреблено в печати Уолтером Липпманом в ноябре 1947 г.)* Cold war *(author unknown; the phr. was first used in the Press by Walter Lippman in Nov. 1947), an intense, ruthless struggle for the upper hand by the use of economic or political pressure, hostile propaganda and other means short of actual fighting.*

10. **Хоро́ших и ра́зных** *see* Бо́льше поэ́тов, хоро́ших и ра́зных.

11. **Хоро́шо смеётся тот, кто смеётся после́дним** *(Дж. Ванбру. Сельский дом, д. 2, сц. 5 — 1703)* He laughs best that laughs last *(Sir John Vanbrugh. The Country House, act 2, sc. 5; ? originally a Fr. proverb).*

12. **Хоте́лось, как лу́чше [Мы хоте́ли, как лу́чше], а вы́шло {получи́лось}, как всегда́** *(В. Черномырдин в телевизионном интервью, связанном с обменом денежных купюр — август* 1993) *We wanted to do as best, but it turned out bad as usual; we had the best of intentions, but the result was no better than usual; we did our best, but it turned out as bad as usual (Victor Chernomyrdin in a television interview dealing with the exchange of bank-notes).*

13. **Хоть ви́дит о́ко, да зуб неймёт** *see* Ви́дит о́ко, да зуб неймёт.

14. **Хоть ты и в но́вой ко́же,/ Да се́рдце у тебя́ всё то же** *(И. Крылов. Крестьянин и Змея — 1818)* "Although your skin is new, your heart remains the same", *said the peasant to the snake which tried to persuade him that it had greatly altered since it changed its skin and that now it wished to live in peace and friendship with its neighbours (Ivan Krylov. The Peasant and the Snake).*

15. **Храм {алта́рь} Феми́ды** *see* Феми́да.

16. **Храни́ть {бере́чь} как зени́цу о́ка** *(Библия, Второзаконие, 32, 10; Псалтырь, 16, 8)* Keep as the apple of an {the} eye *(The Bible, Deuteronomy, 32, 10; Psalm, 16, 8), i. e. keep as smth. extremely dear or extremely sensitive.*

17. **Хрестомати́йный гля́нец** *(В. Маяковский. Юбилейное —* 1924) Anthologian lacquer *(Vladimir Mayakovsky. Jubilee. Trans. by Herbert*

228

Marshall). The phr. is used of writing which embellishes reality, esp. of biographies.

18. **Хрома́ть на о́бе но́ги** (< *Библия, 3 Книга царств, 18, 21*) Be lame in both legs, *i. e.: a) have considerable gaps in one's knowledge; b) proceed badly, with stoppages; c) be in a poor state. The corresponding line in the E. version of the Bible, 1 Kings, 18, 21, reads: "halt between two opinions".*

19. **Хруста́льная мечта́ моего́ де́тства** (*И. Ильф и Е. Петров. Золотой телёнок, гл. 2 — 1931*) *lit.* The crystal dream of my childhood *(Ilya Ilf and Yevgeny Petrov. The Golden Calf, ch. 2). Cited jocularly to mean: my life's ambition.*

20. **Худы́е пе́сни соловью́/В когтя́х у ко́шки** (*И. Крылов. Кошка и Соловей — 1824*) A nightingale's best songs fall flat,/ Caught in the sharp claws of a cat *(Ivan Krylov. The Cat and the Nightingale. Trans. by Henry Harrison). Used fig.*

Ц

1. **Царе́вна Несмея́на** (*героиня одноимённой русской народной сказки*) Princess {Tsarevna} Nesmeyana *in the Russian traditional tale of the same title ("The Princess Who Never Smiled". Trans. by Norbert Guterman) never laughed or smiled, as if nothing ever brought her any joy. The name is applied to demure, modest young girls; also may be jokingly addressed to one who is in a serious mood.*

2. **Царь-го́лод** (< *Н. Некрасов. Железная дорога — 1865; заглавие драмы Леонида Андреева — 1908*) Tsar hunger (< *Nikolai Nekrasov. The Railway. Trans. by Juliet M. Soskice; title of a drama by Leonid Andreev).*

3. **Целому́дренный {прекра́сный} Ио́сиф** *see* Ио́сиф прекра́сный {целому́дренный}.

4. **Цель опра́вдывает сре́дства** (*выражение, известное как лозунг иезуитов*) The end justifies the means *(known as a slogan of the Jesuits).*

5. **Це́рбер** (*из греческо-римской мифологии*) Cerberus. *In classical mythology, Cerberus was the many-headed dog guarding the entrance to Hades. The name is applied to a fierce, vigilant guardian, door-keeper, etc.; also used of a vicious dog.*

6. **Цех задо́рный/Люде́й, о ко́их не сужу́,/Зате́м, что к ним принадлежу́** (*А. Пушкин. Евгений Онегин, гл.* 1, 33 — 1833) The cocky guild/ Which I myself won't praise or blame/ Since I'm a member of the same *{Alexander Pushkin. Eugene Onegin, ch. 1, 33. Trans. by Charles Johnston).*

7. **Цирце́я** (*Гомер. Одиссея, песнь* 10, 210—574) Circe *(name of the beautiful sorceress in Homer's Odyssey,* 10, 210—574, *who turned the companions of Ulysses into swine by a magic beverage). Applied to dangerously beautiful women, seductive and perfidious.*

Ч

1. **Чайльд Гаро́льд** *(герой поэмы Байрона «Паломничество Чайльд Гарольда»* — 1812—18) Childe Harold, *hero of George Gordon Byron's "Childe Harold's Pilgrimage", an extreme individualist tired of the world.*

2. **Ча́ша перепо́лнена {перепо́лнилась}** (< *Библия, Псалтырь,* 22, 5) My cup is full (< *The Book of Common Prayer,* 23, 5); My cup overflows *(Scottish Metrical Psalm,* 23, 1): *I cannot bear this any longer.* Cf. This is the last straw {drop}.

3. **Чего моя́ (ле́вая) нога́, захо́чет** (*А. Островский. Грех да беда на кого не живёт, д.* 2, *явл.* 2 — 1863) *lit.* What my (left) foot wants (< *Alexander Ostrovsky. Sin and Sorrow are Common to All, act* 2, *sc.* 2. *Trans. by George Rapall Noyes), i. e. whatever might come into my head, any of my whims, however unreasonable or absurd.*

4. **Чего́ тебе́ на́добно, ста́рче?** (*А. Пушкин. Сказка о рыбаке и рыбке* — 1833) What is it, old man, are you wanting? *(Alexander Pushkin. The Tale of the Fisherman and the Goldfish. Trans. by Luis Zelikoff). Used jokingly instead of "What do you want!"*

5. **Челове́ка ищу́** (*Диоген*) *I am looking for a real human being (Diogenes).*

6. **Челове́к в футля́ре** (*заглавие рассказа А. Чехова* — 1898) The man who lives in a shell *(title of a story by Anton Chekhov, < trans. by Ivy Litvinov), i. e. a man who is afraid of anything new or unusual, who is very timid and irresolute. See* Как бы чего́ не вы́шло.

7. Человек есть мера всех вещей (*Протагор*) Man is the measure of all things *(Protagoras).*

8. Человек — животное общественное (< *Аристотель. Политика,* 1, 2, 9) Man is by nature a political animal *(Aristotle. Politics,* 1, 2, 9).

9. Человек одной книги *цитируется также по-латыни:* Homo unius libri *(Квинтилиан. Об образовании оратора)* ↑ *L.:* a man of one book *(Quintilian. De Institutione Oratoria): a) an author known for only one of his books; b) a person who has one favourite book or author; fig. an uncritical reader; c) one whose knowledge is limited but thorough.*

10. Человек он был *(Шекспир. Гамлет, д.* 1, *явл.* 2 — 1601; *Шекспир. Юлий Цезарь, д.* 5, *явл.* 5 — 1599) He was a man *(Shakespeare. Hamlet, act* 1, *sc.* 2); This was a man *(Shakespeare. Julius Caesar, act* 5, *sc.* 5), *i. e. he was a real man.*

11. Человек предполагает, а Бог располагает *(Фома Кемпийский. О подражании Христу,* 1, 19, 2) Man proposes but God disposes *(Thomas á Kempis. Imitatio Christi,* 1, 19, 2): *unforeseen circumstances may prevent the realization of one's plans or desires.*

12. Человек рассеянный (с улицы Бассейной) *(С. Маршак. Вот какой рассеянный* — 1930) *The absent-minded man from Basseinaya Street *(Samuil Marshak. The Absent-Minded Man). Used jokingly of extremely absent-minded persons.*

13. Человек рождается свободным, а между тем всюду он в оковах *(Ж.-Ж. Руссо. Об общественном договоре, гл.* 1 — 1762) Man is [was] born free, and everywhere he is in chains *(Jean-Jacques Rousseau. Du contract social, ch.* 1). *The first part of the quotation is often cited separately.*

14. Человек рождён для счастья, как птица для полёта *(В. Короленко. Парадокс* — 1894) *Man is born for happiness, like a bird for flight *(Vladimir Korolenko. A Paradox).*

15. Человеку свойственно ошибаться *цитируется также по-латыни:* Errare humanum est *(у ряда античных авторов; данная формулировка принадлежит Иерониму Блаженному)* ↑ *L.:* to err is human *(occurs in the works of classical writers; the R. wording derives from Hieronymus; the E. wording comes from "An Essay on Criticism",* 1, 525, *by Alexander Pope:* To err is human, to forgive, divine).

16. Человек человеку волк *цитируется также по-латыни:* Homo homini lupus est *(Плавт. Ослы* 2, 4, 88; *нередко приписывается Бэкону*

231

или Гоббсу) ↑ *L.:* man is a wolf to a man *(Plautus. Asinaria, 2, 4*, 88; *used by Francis Bacon and Thomas Hobbes and hence often attributed to them).*

17. **Челове́к — э́то звучи́т го́рдо** *(< М. Горький. На дне, д. 4 — 1902)* Ma-an! That has a proud sound! *(< Maxim Gorky. Down and Out, act 4. Trans. by G. R. Noyes and G. Kaun).*

18. **Челове́ческая коме́дия** *(заглавие русского перевода цикла романов О. Бальзака "La comédie humaine" — 1842—48)* The human comedy *(title of a series of related novels by Honoré de Balzac): human life as it really is, with all its tragic and comic aspects.*

19. **Челове́ческий ге́ний победи́л** *(И. Ильф и Е. Петров. Двенадцать стульев, гл. 8 — 1928)* *Human genius has triumphed *(Ilya Ilf and Yevgeny Petrov. The Twelve Chairs, ch. 8). Used jocularly when one has managed to do some tricky job (make, adjust or repair some device, etc.).*

20. **Челове́ческий докуме́нт** *(Э. Гонкур.* Предисловие к книге *«Несколько созданий нашего времени» — 1876)* *A human document *(Edmond de Goncourt. Foreword to "Quelques creatures de ce temps"). Used of letters, diaries, memoirs and other records furnishing reliable information about a person's life.*

21. **Чем бо́льше переме́н, тем бо́льше все остаётся по-пре́жнему** *цитируется также по-французски:* Plus ça change, plus c'est la même chose *(Альфонс Карр в сатирическом журнале "Les Guepes" — январь* 1849; *позднее он выпустил 2 тома своих статей, первый из которых назвал "Plus ça change...", а второй "Plus c'est la même chose..." —* 1975)* ↑ *Fr.* the more that changes, the more it is the same thing *(Alphonse Karr. Les Guepses — Jan.* 1849; *later he published two volumes of his articles, the first entitled "Plus ça change..." and the second "Plus c'est la même chose..." —* 1975): *no changes alter the basic nature of things.*

22. **Чем ку́мушек счита́ть труди́ться,/Не лу́чше ль на себя́, кума́, обороти́ться?** *(И. Крылов. Зеркало и Обезьяна — 1816). In Ivan Krylov's fable "The Mirror and the Monkey", a monkey catching sight of herself in a mirror and not realizing that she sees her own image in it says to the bear that among her friends are quite a few as ugly and as ungainly. To this the bear remarks:* *"Why trouble to count your friends? Look at yourself instead!" In Henry Harrison's trans. these lines read:* "Thy counting will but trouble earn,/'Twere better, gossip, on thyself thy look to turn!", *i.e. before starting to find fault with other people, examine yourself critically.*

23. **Чем ме́ньше же́нщину мы лю́бим,/ Тем бо́льше [ле́гче] нра́вимся мы ей** (*А. Пушкин. Евгений Онегин, гл. 4, 7 — 1833*) With womankind, the less we love them,/ The easier they become to charm (*Alexander Pushkin. Eugene Onegin, ch. 4, 7. Trans. by Charles Johnston*).

24. **Чем ночь темне́й, тем я́рче звёзды** (*А. Майков. «Не говори, что нет спасенья». «Из Аполлодора Гностика» — 1878*) *The darker is the night, the brighter are the stars (*Apollon Maikov. "Say Not There is No Escape". From Apollodorus Gnosticus; Apollodorus Gnosticus is a personage invented by Maikov). Used fig. as an expression of optimism in times of trouble.*

25. **Чему́ смеётесь? Над собо́й смеётесь!** (*Н . Гоголь . Ревизор, д. 5, явл. 8 — 1836*) What are you laughing at ? You' re laughing at yourselves! (*Nikolai Gogol . The Government Inspector , act 5 , s. 8 . Trans . by D. G. Campbell*) .

26. **Через мой тру́п** (*у ряда немецких писателей, в частности, у И. Г. Гердера в стихотворении "Der Gastfreund"*) Only over my dead body (*used by a number of German writers including Johann Gottfried Herder in his poem "Der Gastfreund"): in no circumstances will I allow this to happen.*

27. **Че́рез те́рнии к звёздам** *цитируется также по-латыни:* Per aspera {*иногда* ardua} ad astra (< *Сенека. Неистовый Геркулес, 437*) Per ardua ad astra, L.: by steep and toilsome ways to the stars (< *Seneca. Hercules furens, 437; British Air Force motto). In R. used to mean: through toil to victory; achieving one's aim, realizing one's cherished dream by overcoming all the difficulties.*

28. **Чёрная со́тня. Черносо́тенец** (*в 1905 г. название боевых дружин монархических организаций,*) The Black Hundred. One of the Black Hundred, Blackhundreder (*after 1905 name of monarchist fighting squads; the squads also took part in the massacre of the Russian Jews). Now used allusively to denote double-dyed nationalists.*

29. **Честь безу́мцу, кото́рый наве́ет/ Челове́честву сон золото́й** (*П.- Ж. Беранже. Безумцы — 1833. Пер. В. Курочкина*) *Honoured be the madman who would evoke/ humanity's golden dream (*Pierre Jean de Béranger. Les Fous*).

30. **Четвёртая власть** (*Томас Карлейль. Герои, культ героев и героическое в истории. — 1841, где выражение приписывается Эдмонду Бёрку 1727—97*) The fourth estate (*attributed by Thomas Carlyle in "On*

heroes, hero-worship and the heroic in history" to *Edmund Burke, but it does not appear in Burke's published works). Used of the press.*

31. **Число́м побо́лее, цено́ю подеше́вле** (*А. Грибоедов. Горе от ума, д.* 1, *явл.* 7 — 1824) As numerous and as cheap as possible *(Alexander Griboedov. Gore ot Ouma, act* 1, *sc.* 7. *Trans by Nicholas Benardaky). Used ironically.*

32. **Чи́чиков** (*герои поэмы «Мертвые души» Н . Гоголя* — 1842) Chichikov , *the main character in Nikolai Gogol's "Dead Souls" , a flattering swindler whose pleasing appearance and manner produce the impression of respectability .*

33. **Чти отца́ твоего́ и ма́терь твою́** (*из церковно-славянского текста Библии, Исход,* 20, 12) Honour thy father and thy mother *(The Bible, Exodus,* 20, 12).

34. **Чтоб име́ть дете́й, кому́ ума́ недостава́ло?** (*А. Грибоедов. Горе от ума, д.* 3, *явл.* 3 — 1824) *One does not need much brain to have children *(Alexander Griboedov. The Misfortune of Being Clever, act* 3, *sc.* 3); But just for having children,/ What idiot but has wits enough? *(The Mischief of Being Clever. Trans. by Bernard Pares).*

35. **Чтоб не дразни́ть гусе́й [< Чтоб гусе́й не раздразни́ть]** (*И. Крылов. Гуси* — 1811) *Not to tease the geese *(Ivan Krylov. Geese), i. e. refrain from doing smth. in order to avoid an undesirable reaction, hurting smb.'s feelings, offending smb., etc.*

36. **Что́бы слова́м бы́ло те́сно,/ Мы́слям — просто́рно** *see* Пра́вилу сле́дуй упо́рно...

37. **Что́бы те́ло и душа́/ Бы́ли мо́лоды** (*«Спортивный марш» из кинофильма «Вратарь»; слова В. Лебедева-Кумача, музыка И. Дунаевского* — 1936) *To keep the body and the spirit young *("March for Athletes" from the film "Goalkeeper"; words by Vasily Lebedev-Kumach, music by Isaak Dunaevsky). Cf.* Mens sana in corpora sano, *L.*

38. **Что в и́мени тебе́ моём?** (*романс Н. Римского-Корсакова на слова А. Пушкина «Что в имени тебе моем?»* — 1830) What means my name to you? *(Alexander Pushkin "What means my name to you? 'Twill die...", trans. by Irina Zhelesnova; set to music by Nicholas Rimsky-Korsakov) .*

39. **Что де́лать?** (*заглавие романа Н. Чернышевского* — 1863; *заглавие книги В. Ленина* — 1902) What is to be done? *(title of Nikolai Chernyshevsky's novel; title of Vladimir Lenin's book). Often occurs in the phr.:* кто виноват и что делать who is to blame and what is to be done.

40. **Что день гряду́щий мне гото́вит?** (*А. Пушкин. Евгений Онегин, гл. 6, 21 — 1833*) The day to come, what is it bearing? (*Alexander Pushkin. Eugene Onegin, ch. 6, 21. Trans. by Babette Deutsch*).

41. **Что ему́ кни́га после́дняя ска́жет,/ То на душе́ его́ све́рху и ля́жет** (*Н. Некрасов. Саша, гл. 4 — 1856*) *His soul succumbs to every book he reads (*Nikolai Nekrasov. Sasha, ch. 4*). *Used with reference to persons who accept information (e. g. an author's opinions) without exercising any critical judgement.*

42. **Что есть и́стина?** (*Библия, Иоанн, 18, 38*) What is truth? (*The Bible, John, 18, 38*). *A formula expressing scepticism.*

43. **Что за коми́ссия, созда́тель,/ Быть взро́слой до́чери отцо́м!** (*А. Грибоедов. Горе от ума, д. 1, явл. 10 — 1824*) Heavens! What a torment to be the father of a grown-up daughter! (*A. Griboedov. Gore ot Ouma, act 1, sc. 10. Trans. by Nicholas Benardaky);* Oh, what a heavy charge, Creator, to be a grown-up girl's papa! (*The Mischief of Being Clever. Trans. by Bernard Pares*).

44. **Что име́ем, не храни́м; потеря́вши, пла́чем** (*Козьма Прутков. Мысли и афоризмы — 1854*) *We do not take care of what we have, but we weep when we have lost it (*Kozma Prutkov. Thoughts and Aphorisms*). *Cf.* We never know the value of water till the well is dry.

45. **Что и тре́бовалось доказа́ть** *цитируется также латинский перевод:* Quod erat demonstrandum (*Евклид*) ↑, QED, *L. trans. from the Greek:* which was to be proved (*Euclid*).

46. **Что мне она́! — не жена́, не любо́вница/ И не родна́я мне дочь!** (*Я. Полонский. «Что мне она! — не жена, не любовница...» — 1878*) What's she to me—not a wife, nor a mistress,/ Nor any daughter of mine! (*Yakov Polonsky. "What's She to Me — Not a Wife, Nor a Mistress...". Trans. by Dorian Rottenberg): this person has nothing to do with me, is in no way connected with me. Used with reference to persons of either sex.*

47. **Что на́ша жизнь? — Игра́!** (*опера П. И. Чайковского «Пиковая дама», акт 3, карт. 7; либретто М. И. Чайковского — 1890 — по одноимённой повести А. Пушкина*) *What is our life? — A game! (*Peter Tchaikovsky's opera "Queen of Spades", act 3, sc. 7; libretto by Modest Tchaikovsky, based on Alexander Pushkin's story of the same title*).

48. **Что он Геку́бе, что она́ ему́?** (*Шекспир. Гамлет, д. 2, сц. 2 — 1601*) What's Hecuba to him or he to Hecuba..? (*Shakespeare. Hamlet,*

act 2, sc. 2). The quotation is used to mean: this person is not connected with him in any way and is, therefore, indifferent to him. The pronoun он *may be replaced by* ты, вы, я.

49. Что пройдёт, то бу́дет ми́ло (*А. Пушкин. «Если жизнь тебя обманет»* — 1825) * What's in the past takes on enchantment *(Alexander Pushkin. "If Life Deceives You"), i. e. the past is often seen through rose-coloured spectacles; we tend to idealize the past.*

50. Что сла́ва? — Я́ркая запла́та/На ве́тхом ру́бище певца́ (*А. Пушкин. Разговор книгопродавца с поэтом* — 1825) * What is Fame? — Only a bright patch on a bard's tattered rags *(Alexander Pushkin. Conversation of a Bookdealer with a Poet).*

51. Что ста́нет говори́ть/ Княги́ня Ма́рья Алексе́вна? (*А. Грибоедов. Горе от ума, д.* 4, *явл.* 15 — 1824) Heavens! What will the Princess Maria Alexeivna say to all this? *(Alexander Griboedov. Gore ot Ouma, act 4, sc. 15. Trans. by Nicholas Benardaky), i. e. what will people say of all this? Often used when smb. has broken a convention of propriety. Cf.* What will Mrs. Grundy say? *(Thomas Morton. Speed the Plough, 1, 1 — 1798).*

52. Что схо́дит с рук вора́м, за то вори́шек бьют (*И. Крылов. Воронёнок* — 1811) *"What a real thief will get away with will bring a pilferer to grief" *is the moral of Ivan Krylov's fable "The Young Raven", in which a young raven, tempted by the example of an eagle whom he saw catching a little lamb for his dinner, swoops down on a large sheep and, unable to free his talons from its long and tangled wool, is caught by one of the shepherds.*

53. Что тако́е хорошо́ и что тако́е пло́хо (*название стихотворения В. Маяковского* — 1925) What is good and what is bad *(title of a poem for children by Vladimir Mayakovsky. Trans. by P. Breslin).*

54. Что уго́дно для души́ (*из старинной детской считалки*) *Whatever one's heart might desire *(from an old R. children's counting rhyme).*

55. Чу́вство глубо́кого удовлетворе́ния (*газетное клише, вошедшее в употребление в конце* 1930-х *годов*) *A feeling of profound satisfaction *(a newspaper cliché which came into use in the late 1930s). Used ironically, usually of the reaction of the population to (unpopular) decisions or actions of those in power.*

56. Чудаки́ украша́ют мир (*М. Горький. Рассказ о безответной любви* — 1923) *Eccentrics adorn life, *i.e. make life more interesting (Maxim Gorky. Tale of an Unrequited Love).*

57. **Чу́дище о́бло, озо́рно, огро́мно, стозе́вно и ла́яй** (< *В. Тре-диаковский. Телемахида — 1766; слова употреблены А. Радищевым как эпиграф к «Путешествию из Пете́рбурга в Москву» — 1790*) *The monster is huge, corpulent, mean, hundred-jawed and barking (< *Vasily Trediakovsky. Telemakhida; words used by Alexander Radishchev as an epigraph to his "Journey from Petersburg to Moscow"). Used by Radishchev as a fig. description of Russian autocracy. In mod. R. applied jokingly to smth. terrifying or preposterously huge and clumsy* (о́бло = *mod.* ту́чно; озо́рно = *mod.* на́гло, па́костливо; ла́яй = *mod.* ла́ющее).

58. **Чума́ на о́ба ва́ши до́ма!** (*Шекспир. Ромео и Джульетта, д. 3, явл. 2 — 1592*) A plague o' both your houses! (*Shakespeare. Romeo and Juliet, act 3, sc. 2). Used to mean: you both have acted wrongly; both of you deserve condemnation.*

59. **Чуть поме́дленнее, ко́ни, чуть поме́дленнее** (*В. Высоцкий. Кони привередливые — 1972*) *Slow down a bit, horses, just a bit (*Vladimir Vysotsky. Restive Horses). A jocular advice to take thing easy, not to hurry.*

III

1. **Шаг вперёд, два шага́ наза́д** (*заглавие книги В. И. Ленина — 1904*) One step forward, two steps back (*title of a book by V. I. Lenin) Used of policy or any other kind of activity when a certain progress made in it is followed by a return to a much earlier stage of development.*

2. **Ша́пка Монома́ха** *see* Ох, тяжела́ ты, ша́пка Монома́ха!

3. **Ша́риков** (*Михаил Булгаков. Собачье сердце — 1925*) Sharikov (*name of a character in Mikhail Bulgakov's satirical tale "The Dog's Heart", a primitive, egotistic and impudent individual). Used allusively.*

4. **Швейк** (*главный герой романа Я. Гашека «Похождения бравого солдата Швейка» — 1921—23*) Schweik (*hero of Yaroslav Hašek's novel "The Good Soldier Schweik"). Used to denote a person who obediently carries out his superiors' orders, but usually does this in such a way as to make them look ridiculous.*

5. **Шёл в ко́мнату, попа́л в другу́ю** (*А. Грибоедов. Горе от ума, д. 1, явл. 4 — 1824*) He {I} was going into one room and by mistake entered

another *(Alexander Griboedov. Gore ot Ouma, act 1, sc. 4. Trans. by Nicholas Benardaky). Used when the result of one's actions, efforts, etc. turns out to be different from what one expected.*

6. **Шемя́кин суд** *(из старинной русской сатирической повести)* *The case tried by Shemyaka *(derives from an old Russian satirical tale). Used of an unjust trial.*

7. **Шёпот, ро́бкое дыха́нье,/ Тре́ли соловья́** *(А. Фет. «Шёпот, робкое дыханье...» —1850)* Nightingales, a sigh, a whisper *(Afanasy Fet. "Nightingales, a Sigh, a Whisper". Trans. by Peter Tempest). May be used ironically.*

8. **Ше́рлок Холмс** *(герой рассказов А. Конан Дойла)* Sherlock Holmes *(hero of Arthur Conan Doyle's detective stories). The name is applied ironically and good-naturedly to sleuths or to persons who show highly developed powers of observation and deduction.*

9. **Шерша́вым языко́м плака́та** *(В. Маяковский. Во весь голос —* 1930) With the rough tongue of posters *(Vladimir Mayakovsky. Aloud and Straight. Trans. by Dorian Rottenberg).*

10. **Шеста́я держа́ва** *(? Э. де Жирарден о прессе) lit.* *The sixth state *(? Emile de Girardin of the Press, as opposed to the states of the so-called European concert — Russia, England, France, Germany and Austria-Hungary)* = The fourth estate. *The phr. originated in England (constitutionally, the three estates of the realm are the lords spiritual, the lords temporal and the commons) and was attributed by Thomas Carlyle in his "Hero as Man of Letters" to Burke, but it does not appear in Burke's published works. Rare.*

11. **Шехереза́да** *(в «Тысяче и одной ночи» жена персидского шаха, рассказывающая все сказки, содержащиеся в этом сборнике)* Scheherazade *(in "The Arabian Nights", the wife of a Persian sultan who relates to him all the tales contained in this collection). Used of smth. fabulous or extremely unusual. See also* Ты́сяча и одна́ ночь.

12. **Шипе́нье пе́нистых бока́лов/И пу́нша пла́мень голубо́й** *(А. Пушкин. Медный всадник, Вступление —* 1833) The hiss and sparkle of champagne/ And punch-bowls blue with flame *(Alexander Pushkin. The Bronze Horseman, Introduction. Based on translations by Irina Zheleznova and Eugene M. Kayden).*

13. **Широка́ страна́ моя́ родна́я** *(В. Лебедев-Кумач. Песня о Родине; исполнена впервые в кинофильме «Цирк», музыка И. Дунаевского —*

1936; *мелодия этой строки использовалась как позывные московского радио)* * Wide is my native land (*Vasily Lebedev-Kumach. My Native Land; set to music by Isaak Dunayevsky; performed for the first time in the film "Circus"; the melody to this line was used as the signature tune for Moscow radio).*

14. **Шко́ла злосло́вия** (*заглавие русского перевода комедии Р. Шеридана* — 1780) The school for scandal *(title of a comedy by Richard Sheridan): an assemblage of scandal-mongers.*

15. **Штурмова́ть не́бо** *(из греческой мифологии; употреблено К. Марксом в значении «разрушать освящённые веками установления» в письме Кугельману 12 апреля 1871 г.)* Storm the heaven (*from Greek mythology; in its modern sense, i. e. "to destroy old institutions, outdated beliefs, etc.", first used by Karl Marx — Marx to Ludwig Kugelmann in Hanover, April 12, 1871.) Now used mainly in academic circles of theoretical or experimental work which implies a review of the existing basic theories or concepts.*

16. **Шуми́м, бра́тец, шуми́м** (*А. Грибоедов. Горе от ума, д. 4, явл. 4 —* 1824) We make a noise, my boy, we make a noise *(Alexander Griboedov. The Mischief of Being Clever. < Trans. by Bernard Pares). The quotation is applied ironically to persons who are noisily discussing smth., or to those who passionately advocate smth., without, however, making any definite suggestions.*

Э

1. **Э́врика!** (*Архимед)* Eureka! *(Archimedes). According to Vitruvius Pollio (De Architectura, 9, 215) the exclamation was uttered by Archimedes when he discovered the means of determining the proportion of base metal in Hiero's crown. Used as an exclamation of exultation at a discovery.*

2. **Эде́м** (*обозначение рая в Библии, Бытие, 2, 8)* Eden *(The Bible, Genesis, 2, 8). Used fig.*

3. **Эзо́пов {эзо́повский} язы́к** (< *М. Салтыков-Щедрин. Круглый год, Первое августа,* 1879 *и др.)* * Aesopian language, *i. e. language full of allegories and allusions. The Greek fabulist Aesop was a slave and had to allegorize his tales, presenting them in the form of fables. The phr. "Aesopian language" was popularized by Mikhail Saltykov-Shchedrin (< All the Year*

Round, the First of August, 1879 and other works), who used it to describe the "slavish", highly allegorical manner adopted by many writers in tsarist Russia to get their works passed by the censors.

4. **Эй, у́хнем!** (*русская бурлацкая песня «Эй, ухнем!»*) Yo, heave ho! *(the first line of the refrain in "Song of the Volga Boatmen", a Russian folk song of the boatmen who toiled along the tow-path of the Volga, drawing the barges behind them). The phr. is used as a form of a command coordinating the efforts of a group of people engaged in some heavy physical work (e. g. preparing to move or lift smth. heavy, etc.). May also be used in an extended sense, usu. jokingly.*

5. **Эк, куда́ метну́л!** (*Н. Гоголь. Ревизор, д. 2, явл. 8 — 1836*) *Where has he got carried away to! *(Nikolai Gogol. The Government Inspector, act 2, sc. 8). Used ironically to mean: just hear what high subjects he presumes to talk about.*

6. **Эликси́р жи́зни** (*по представлениям средневековых алхимиков, напиток, сохраняющий вечную молодость, дающий бессмертие*) Elixir of life *(the supposed potion of alchemists that would keep a person young and prolong life indefinitely). The name is now applied to any effective remedy for disease. In R. it is also used in the fig. sense of anything which gives one strength, energy, puts heart into one, etc.*

7. **Эллочка-людое́дка {Людое́дка Эллочка]** (*И. Ильф и Е. Петров. Двенадцать стульев, гл. 22 — 1928*). *One of the characters in Ilya Ilf's and Yevgeny Petrov's novel "The Twelve Chairs" (ch. 22) named Ellochka (diminutive of Ella) Shchukina has a vocabulary of about 30 words, consisting mainly of fashionable jargon and interjections, which nonetheless is sufficient for her needs: Ellochka is as primitive as a cannibal. Hence her nickname:* Ellochka the Cannibal. *The name is applied to persons whose limited, crude vocabulary abounds in slang.*

8. **Эльдора́до** (*сказочная страна, изобилующая золотом и сокровищами, т. е. золотое дно*) El Dorado, Eldorado *(a fictitious country abounding in gold and other wealth): any place of abundance or bliss, a "paradise", as in* настоя́щее Эльдора́до для охо́тников.

9. **Энциклопе́дия ру́сской жи́зни** (*В. Белинский. Сочинения Александра Пушкина. Статья 9 — 1845*) Encyclopedia of Russian life (*Vissarion Belinsky. The Works of Alexander Pushkin. Article 9). Originally used with reference to Alexander Pushkin's famous narrative poem "Eugene*

Onegin". Now may also be applied to other works of fiction which present a wide panorama of Russian life.

10. «Э!» — **сказа́ли мы с Петро́м Ива́новичем** (*Н. Гоголь. Ревизор, д.* 1, *явл.* 3 — 1836) "Ah!" we cried, Piotr Ivanovich and I (*Nikolai Gogol. The Inspector General, act 1, sc. 3. Trans. by Constance Garnett, revised by Leonard J. Kent*). *Used to mean: but at this point we began to suspect that smth. was wrong here.*

11. **Эскула́п** (*бог врачевания в греческой мифологии*) Aesculapius (*in Greek mythology, god of medicine and of healing*). *Used jokingly or slightingly with reference to physicians.*

12. **Эта́пы большо́го пути́** (*М. Светлов. Каховка* — 1935 — *популярная песня, музыка И. Дунаевского*) lit. Stages in the great journey (of life) (*Mikhail Svetlov. Song about Kakhovka; set to music by Isaak Dunayevsky*). *Used with reference to important landmarks in the life of a person or society.*

13. **Э́то бы́ло давно́... Я не по́мню, когда́ э́то бы́ло** (*слова из стихотворения без названия С. Сафонова* — 1895) *It happened years ago... I do not remember when (from S. Safonov's poem without a title).*

14. **Э́того не мо́жет быть, потому́ что э́того не мо́жет быть никогда́** (*А. Чехов. Письмо к учёному соседу* — 1880) *That can't be so, because it can never be so (Anton Chekhov. A Letter to a Learned Neighbour). Used with reference to a person who flatly rejects the possibility of smth., without offering any proof or cogent arguments in support of his standpoint.*

15. **Э́то есть наш после́дний/ И реши́тельный бой** (*Э. Потье. Интернационал* — 1871 — *в русском переводе А. Коца*) *This is our final and decisive battle (Eugène Pottier. The Internationale). The corresponding lines in the E. version of "The Internationale" are:* Proletarians rally/ For this final big fight.

16. **Э́то не Ри́о-де-Жане́йро (, э́то гора́здо ху́же)** (*И. Ильф и Е. Петров. Золотой телёнок, гл.* 1 —1931) *This is not Rio de Janeiro (, this is much worse) (Ilya Ilf and Yevgeny Petrov. The Golden Calf, ch. 1). Used jocularly to mean: it leaves much to be desired, this is not my idea of perfection (Ostap Bender, the main character of the novel, sees Rio de Janeiro as an embodiment of paradise on earth).*

17. **Э́тот безу́мный, безу́мный, безу́мный мир** (*название фильма. С. Крамера* — 1963 — *в русском переводе*) It's a mad, mad, mad world

241

*(title of a film by Stanley Kramer—*1963). *Used to describe some aspects of modern life. May also be used in an extended sense.*

18. **Это ху́же, чем преступле́ние, э́то — оши́бка** *цитируется также по-французски:* C'est plus {pire} qu'un crime, c'est une faute *(высказывание, приписываемое ряду лиц, в т. ч. Буле де ла Мёрту, Талейрану и Фуше, по поводу казни герцога Энгиенского по приказу Наполеона)* It is worse than a crime, it is a blunder, ↑ Fr. *(attributed to various persons, including Boulay de la Meurthe, Talleyrand and Fouché; said on hearing of the execution of the Duc d'Enghien).*

19. **Э́то элемента́рно, Ва́тсон** *(часто повторяющееся выражение Шерлока Холмса в телевизионном фильме «Приключения Шерлока Холмса и доктора Ватсона» — 1979—83 — по произведениям А. К. Дойля)* *That's elementary, Watson *(words often repeated by Sherlock Holmes in the Soviet television film "The Adventures of Sherlock Holmes and Doctor Watson", based on Sir Arthur Conan Doyle's novels where the phr. occurs in the form: "Elementary, Watson"). Used jocularly.*

20. **Эх,/ к тако́му пла́тью бы/ да ещё бы.../ го́лову** *(В. Маяковский. Красавицы. Раздумье на открытии Grand Opéra — 1929)* *What a good thing it would be if she had a good head to go with that dress! *(Vladimir Mayakovsky. The Beauties. Thoughts at the Opening of the Grand Opéra). Applied ironically to empty-headed, but good-looking and fashionably dressed young girls or women.*

Ю

1. **Юдо́ль печа́ли {пла́ча}** *(< церковно-славянский текст Библии, Псалтырь, 83, 7)* The vale of tears {misery} *(The Book of Common Prayer, 84, 6), i. e. the world with its sorrows and suffering.*

2. **Ю́ноша бле́дный со взо́ром горя́щим** *(В. Брюсов. Юному поэту —* 1896) A pale young man with burning eyes *(Valery Bryusov. To the Young Poet). Used jokingly.*

3. **Ю́ный град,/ Полно́щных стран краса́ и ди́во,/ Из тьмы лесо́в, из то́пи блат/ Вознёсся пы́шно, горде́ливо** *(А. Пушкин. Медный всадник, Вступление —* 1833) From marshy bogs and polar night/ Arose

in grandeur and in might/ The fairest city of the North *(Alexander Push-kin. The Bronze Horseman, Prologue. Trans. by Eugene M. Kayden)*. Used of St. Petersburg. *The first two lines are often quoted separately.*

4. **Юпи́тер, ты се́рдишься, — зна́чит, ты не прав** *(происхождение не установлено)* *You are angry, Jupiter; that means that you are in the wrong *(author unknown)*. Used half-jocularly.*

Я

1. **Я́блоко Нью́то́на** *see* Нью́то́ново я́блоко.

2. **Я́блоко раздо́ра** *(выражение, восходящее к греческой мифологии; в переносном значении впервые употреблено Юстином)* Apple of discord *(from the golden apple inscribed "for the fairest", which, according to Greek mythology, was thrown by Eris, the goddess of discord, into the assembly of gods, and claimed by Aphrodite, Pallas and Hera; first used in the fig. sense by Marcus Junianus Justinus)*. Used of any cause of envy and contention.

3. **Я б хоте́л забы́ться и засну́ть** *see* Уж не жду от жи́зни ничего́ я...

4. **Я был рожде́н для жи́зни ми́рной,/Для дереве́нской тишины́** *(А. Пушкин. Евгений Онегин, гл. 1, 55 — 1833)* I was born for the peaceful life,/ for country quiet *(Alexander Pushkin. Eugene Onegin, ch. 1, 55. Trans. by Vladimir Nabokov)*.

5. **Я вам пишу́...** *see* Я к вам пишу́...

6. **Я вас люби́л: любо́вь ещё, быть мо́жет,/В душе́ мое́й уга́сла не совсе́м** *(А. Пушкин. "Я вас любил..." — 1829)* I loved you, and a trace of that love's passion/ Unquenched within my soul may yet remain *(Alexander Pushkin. "I Loved You...". Trans. by R. H. Morrison)*; I loved you once, nor can this heart be quiet:/ For it would seem that love still lingers there *(trans. by Babette Deutsch)*; I loved you; and perhaps in love's dead embers,/ Not quite extinguished, some few sparks remain *(trans. by Walter Morison)*.

7. **Я вас люби́л так и́скренно, так не́жно,/ Как дай вам бог люби́мой быть други́м** *(А. Пушкин. «Я вас любил...» — 1829)* I loved you, o so fondly, so sincerely—/ God grant to you another's love the same *(Alexander Pushkin. "I Loved You...". Trans. by R. H. Morrison)*; A love as deep as

this, as true, as tender,/ God grant another may yet offer you *(trans. by Babette Deutsch);* With all my heart I loved you, all my being—/ God grant another love you half so well *(trans. by Walter Morison).*

8. **Я вас люблю́ (к чему́ лука́вить?),/ Но я друго́му отдана́;/ Я бу́ду век ему́ верна́** *(А. Пушкин. Евгений Онегин, гл. 8, 47 — 1833)* I love you (what's the use to hide behind deceit or double-dealing?)/ But I've become another's wife — and I'll be true to him, for life *(Alexander Pushkin. Eugene Onegin, ch. 8, 47. Trans. by Charles Johnston).*

9. **Я вас люблю́ любо́вью бра́та/ И, мо́жет быть, ещё сильне́й [нежне́й]** *(А. Пушкин. Евгений Онегин, гл. 4, 16 — 1833)* I love you with a brother's love/ (And maybe still more tenderly) *(Alexander Pushkin. Eugene Onegin, ch. 4, 16. Trans. by Vladimir Nabokov);* I feel a brotherly affection,/ Or, something tenderer still, for you *(trans. by Charles Johnston).*

10. **Я взгляну́л окре́ст меня́ — душа́ моя́ страда́ниями челове́чества уязвле́нна ста́ла** *(А. Радищев. Путешествие из Петербурга в Москву [Посвящение] — 1790)* *I looked around — and my soul was stung by mankind's suffering *(Alexander Radishchev. Journey from Petersburg to Moscow. [Dedication]).*

11. **Я во́лком бы/ вы́грыз/ бюрократи́зм** *(В. Маяковский. Стихи о советском паспорте — 1929)* I'd rip out/ bureaucracy's guts,/ I would *(Vladimir Mayakovsky. My Soviet Passport. Trans. by Dorian Rottenberg).*

12. **Я глу́постей не чтец,/ А пу́ще образцо́вых** *(А. Грибоедов. Горе от ума, д. 3, явл. 3 — 1824)* I am not a reader of superlative nonsense *(Alexander Griboedov. Gore ot Ouma, act 3, sc. 3. Trans. by Nicholas Benardaky).*

13. **Я́го** *(персонаж трагедии Шекспира «Отелло, венецианский мавр» — 1604)* Iago *(character in Shakespeare's tragedy "Othello, the Moor of Venice"), a villainous slanderer. Rare.*

14. **Я друго́й тако́й страны́ не зна́ю,/ Где так во́льно ды́шит челове́к** *(В. Лебедев-Кумач. Песня о Родине — 1936)* *I know no other land/ Where a man breathes so freely *(Vasili Lebedev-Kumach. My Native Land, a song). Sov.*

15. **Я жить хочу́, чтоб мы́слить и страда́ть** *(А. Пушкин. Элегия — 1830)* To live, to think, and suffer on, I yearn *(Alexander Pushkin. Elegy. Trans. by R. Morrison).*

16. **Я звал тебя́, но ты не огляну́лась,/ Я слёзы лил, но ты не снизошла́** *(А. Блок. «О доблестях, о подвигах, о славе» — 1908)* *I called,

but you did not look back,/ I wept, but you deigned not to notice *(Alexander Blok. "Of Valour, of Heroic Deeds and Glory"). Used jokingly.*

17. **Я зна́ю—/ го́род бу́дет, / я зна́ю—/ са́ду цвесть** (*В. Маяковский. Рассказ Хренова о Кузнецкстрое и о людях Кузнецка — 1929)* That garden/ shall be blooming,/ that city must/ arise. *(Vladimir Mayakovsky. A Story of Kuznetskstroy and Its Builders. Trans. by Dorian Rottenberg).*

18. **Я зна́ю Русь, и Русь меня́ зна́ет** (*Н. Полевой. Клятва при Гробе Господнем. Русская быль — 1832)* *I know Russia, and Russia knows me *(Nikolai Polevoi. The Vow by the Lord's Tomb. A True Story). First used rather immodestly of himself by Nikolai Polevoi. Now these words are applied to prominent Russian writers, artists, actors, etc., as in* Он име́ет по́лное пра́во сказа́ть, что...

19. **Я зна́ю то́лько то, что ничего́ не зна́ю** (*слова Сократа, цитируемые Платоном в «Апологии Сократа», 6, 21d)* All I know is that I know nothing *(aphorism of Socrates quoted by Plato in "Apologia", 6, 21d).*

20. **Язы́к дан челове́ку для того́, что́бы скрыва́ть свои́ мы́сли** (*приписывается Талейрану)* *Language has been given to man to conceal his thoughts *(attributed to Talleyrand).*

21. **Язы́к (мой) прили́п [прильну́л] {прильпе́ *церк.-слав.}* к горта́ни (мое́й)** (*Библия, Псалтырь, 21, 16)* My tongue cleaveth to my jaws *(The Bible, Psalms, 22, 15), i. e. words fail me, I am speechless.*

22. **Язы́к родны́х оси́н** (*И. Тургенев. Эпиграмма на Н. Кетчера — 1851, опубл. 1884)* *The language of our native aspen-trees *(Ivan Turgenev. Epigram on Nikolai Ketcher). Originally used of the ponderous and clumsy language of Russian translators; now applied jocularly to R. as one's native language.*

23. **Я ищу́ свобо́ды и поко́я!/ Я б хоте́л забы́ться и засну́ть** *see* Уж не жду от жи́зни ничего́ я...

24. **Я к вам пишу́ — чего́ же бо́ле?/ Что я могу́ ещё сказа́ть?** (*А. Пушкин. Евгений Онегин, гл. 3, 31 — 1833)* I write to you — what would one more?/ What else is there that I could say? *(Alexander Pushkin. Eugene Onegin, ch. 3, 31. Trans. by Vladimir Nabokov).*

25. **Я́ко тать в нощи́** (*из церковно-славянского текста Библии, 2-е Петра, 3, 10, 1-е Петра, 5, 2)* As a thief in the night *(The Bible, II Peter, 3, 10, I Peter, 5, 2): a) secretly, imperceptibly; b) suddenly, without warning.*

26. **Я ль бу́ду в роково́е вре́мя/ Позо́рить граждани́на сан..?** (*К. Рылеев. Гражданин* — 1824—25) Shall I at this most fateful hour/ The rank of citizen disgrace? (*Kondraty Ryleyev. The Citizen. Trans. by Alex Miller*).

27. **Ямщи́к, не гони́ лошаде́й** (*начало рефрена романса Я. Фельдмана на стихи Н. А. Риттер* — *1920-е гг.*) *Do not drive the horses too hard, coachman (*the first line of the refrain in Yakov Feldman's song; word's by N. Ritter*). *A jocular way of saying: do not hurry; do not put too much zeal into your activity. The word* ямщи́к *is often omitted. Cf.* hold your horses.

28 **Я мы́слю, — сле́довательно {зна́чит}, существу́ю** *цитируется также по-французски:* Je pense, donc je suis *и по-латыни:* Cogito, ergo sum (*Р. Декарт. Рассуждение о методе* — 1637) ↑ *L.:* I think, therefore I am (*René Descartes. Le discours de la méthode*).

29. **Я не разделя́ю ва́ших взгля́дов, но я гото́в умере́ть за ва́ше пра́во их вы́сказать** (*приписывается Вольтеру в книге «Друзья Вольтера» С. А. Таллентира* — 1906) I disapprove of what you say, but I will defend to the death your right to say it (*attributed to Voltaire in S. A. Tallentyre's "The Friends of Voltaire"*).

30. **Я обвиня́ю** *цитируется также по-французски:* J'accuse (*этими словами начинается ряд глав в книге Сен-Симона «Новое христианство»* — 1825; *слова стали крылатыми, когда Э. Золя озаглавил ими своё открытое письмо президенту Фору в связи с делом Дрейфуса*—1898) J'accuse, *Fr.:* I accuse (*with these words Claude Henri Saint-Simon begins several chapters in "The New Christianity"; the phr. came into popular use with the publication of Emile Zola's open letter to President Faure, written in connection with the Dreyfus case and titled "J'accuse"; the letter was published in "L'Aurore", 13 Jan.* 1898).

31. **Я па́мятник себе́ воздви́г нерукотво́рный (,/ К нему́ не зарастёт наро́дная тропа́)** (*А. Пушкин. Памятник* — 1836; < *Гораций*) A monument I've raised not built with hands (,/ And common folk shall keep the path well trodden) (*Alexander Pushkin. Exegi Monumentum. Trans. by Avril Pyman;* < *Horace*); Unto myself I reared a monument not built [builded]/ By hands; (a track thereto the people's feet will tread) (*My Monument. Trans. by Babette Deutsch*).

32. **Я/ пла́нов на́ших/люблю́ громадьё,/разма́ха/шаги́ саже́ньи./ Я ра́дуюсь/ма́ршу,/кото́рым идём/в рабо́ту/и в сраже́нья** (*В.*

Маяковский. Хорошо! — 1927) *I like/ the vastness/ of our plans/ moving/ with two-metre strides./ I'm pleased/ with the way/ marching we go/ to work/ and to battle (Vladimir Mayakovsky. Fine!). Sov.*

33. **Я по́мню чу́дное мгнове́нье** (*А. Пушкин. К **** — 1825) A wondrous moment I remember (*Alexander Pushkin. To A. P. Kern. Trans. by Walter Morison*).

34. **Я пригласи́л вас, господа́, с тем, что́бы сообщи́ть вам пренепри́ятное изве́стие** (*Н. Гоголь. Ревизор, д.* 1, *явл.* 1 — 1836) I have called you together, gentlemen, to tell you a most unpleasant piece of news (*Nikolai Gogol. The Government Inspector, act* 1, *sc.* 1. *Trans. by Constance Garnett*). *Quoted with grim humour.*

35. **Я пришёл к тебе́ с приве́том/ Рассказа́ть, что со́лнце вста́ло (,/ Что оно́ горя́чим све́том/ По листа́м затрепета́ло)** (*А. Фет. «Я пришёл к тебе с приветом...»* — 1843) I have come to bid you welcome/ And to say the sun has risen (/ With its rays the green wood flecking,/ Making leaves to glow and glisten) (*Afanasy Fet. "I Have Come to Bid You Welcome...". Trans. by Peter Tempest*). *Used jocularly.*

36. **Я ра́дуюсь/ ма́ршу,/ кото́рым идём/ в рабо́ту/ и в сраже́нья** *see* Я пла́нов на́ших люблю́ громадье́...

37. **Я́рмарка тщесла́вия** (*Джон Бэньян. Путешествие пилигрима* — 1678—84; *заглавие романа Теккерея* — 1848) Vanity fair (*from the fair at the town of Vanity in John Bunyan's "Pilgrim's Progress"; Thackeray adopted the name for the title of his novel satirizing the weaknesses and follies of human nature*). *Used of the world, or any place or society where all is frivolity and empty ostentation.*

38. **Я так оши́бся, (я) так нака́зан** *see* Как я оши́бся, как нака́зан.

39. **Я тебя́ породи́л, я тебя́ и убью́** (*Н. Гоголь. Тарас Бульба, гл.* 9 — 1835) I begot you. I will kill you! (*Nikolai Gogol. Taras Bulba, ch.* 9. *Trans. by Constance Garnett, revised by Leonard J. Kent*). *Used with grim humour when one destroys one's unsatisfactory work, revokes one's decision, etc.*

40. **Я хоте́л бы/ жить/ и умере́ть в Пари́же,/ е́сли б не́ было/ тако́й земли́ —/ Москва́** (*В. Маяковский. Прощание* — 1925) I would want/ to live/ and die in Paris/ if there had not been/ such a place as —/ Moscow (*Vladimir Mayakovsky. Farewell. < Trans. by Herbert Marshall*).

41. **Я хочу́, чтоб к штыку́ приравня́ли перо́** (*В. Маяковский. Домой!* — 1925) I want the pen/ to equal a gun (*Vladimir Mayakovsky. Homewards! < Trans. by Herbert Marshall*): *poetry should be looked upon as a weapon.*

42. Я человек, и ничто человеческое мне не чуждо *цитируется также по-латыни:* Homo sum, humani ni(hi)l a me alienum puto (*Теренций. Самоистязатель, 1, 1, 25*) ↑ *L.:* I am a man, I count nothing human alien to me (*Terence. Heautontimorumenos, 1, 1, 25*).

43. Я человек с крупными запросами... Я — зеркальным шкафом интересуюсь (*В. Маяковский. Клоп, картина 1 — 1928—29*) *I'm a man with considerable needs... I'm interested in a wardrobe with a mirror (Vladimir Mayakovsky. The Bedbug, sc. 1). Used jocularly or ironically of persons who like to acquire expensive things or of those who are primarily consumers of goods.*

44. Ящик Пандоры (*Гесиод. Труды и дни, 54—105*) Pandora's Box (*Hesiod. Works and Days, 54—105, where he says that Pandora was the first mortal woman, made for Zeus so that he might through her punish mankind for the theft of fire by Prometheus. She was given a box containing all the ills of human life which flew forth when the box was opened). Used allusively of any source of misfortunes, disasters, troubles.*

АЛФАВИТНЫЙ УКАЗАТЕЛЬ
General Index

Забытый — Н — 115, Н — 130

Забыть — Б — 90, Д — 8, О — 35

Забыться — У — 9, Я — 3, Я — 23

Зависеть — С — 30

Загадка — С — 148

Задача — М — 104

Задор — У — 3

Задорный — Ц — 6

Зажечь — В — 17, Н — 5

Закаляться — К — 16

Заклеймённый — В — 163

Заключаться — Б — 64

Закон — Б — 40, Д — 73, Н — 58, Н — 79, Т — 59

Закоулок — Н — 67

Зала — П — 76

Заложить — З — 27

Замена — П — 126

Замета — У — 17

Заметить — С — 112

Замечать — В — 46, С — 146

Замирать — К — 85

Замок — С — 136

Занавес — Ж — 3

Запад — Н — 133

Западный — Н — 11

Запасный — М — 103

Запировать — В — 159, И — 19

Заплата — Ч — 50

Запрос — Я — 43

Запустение — М — 28

Зарасти — Н — 56, Я — 31

Заря — В — 117, Н — 12, Н — 13

Заседание — П — 140

Заслуживать — К — 5

Заснуть — З — 2, У — 9, Я — 3, Я — 23

Застывший — А — 37

Засыпать (сыпать) — И — 68

Затрепетать — Я — 35

Заумь — З — 21

Захотеть — Ч — 3

Заяц — Н — 142

Звание — Л — 56

Званый — М — 61

Звать — Г — 29, Р — 29, Я — 16

Звезда — В — 17, О — 46, О — 61, Т — 35, Ч — 24, Ч — 27

Звенящий — К — 54, М — 20

Зверь — С — 32

Звон — Г — 29, У — 12

Звук — З — 15, М — 86, М — 107

Звучать — Ч — 17

Звучащий — К — 54, М — 20

Зги — К — 137

Здоровый — З — 28

Здравствовать — Д — 9, К — 94

Здравый — В — 42

Зеленеть — Т — 28

Земли — Н — 14

Земля — В — 23, Д — 9, Д — 37, З — 17, З — 20, К — 133, М — 23,

М — 66, М — 67, Н — 27, Н — 85, Н — 128, О — 1, П — 37, П — 117, П — 159, Р — 1, Р — 30, С — 91, Т — 10, Я — 40

Зеница — Х — 16

Зеркальный — Я — 43

Зерно — Ж — 6, Н — 3

Зима — Б — 45, В — 171, Г — 16, Н — 135

Злато — В — 144

Златой — К — 135, О — 2, С — 141

Зло — В — 54, Д — 52, И — 25, И — 40, К — 89, Н — 59, Н — 76, Н — 89, П — 102

Злоба — Д — 53

Злодейство — Г — 17

Злой — А — 44, П — 119

Злонравие — В — 111

Злословие — Ш — 14

Злоупотреблять — Д — 61

Змий — Б — 75

Знак — М — 81

Знакомый — Б — 3

Знаменитость — О — 19

Знаменитый — О — 19

Знамя — И — 48

Знаток — С — 145

Знать — А — 13, В — 178, Е — 10, К — 1, Л — 44, Н — 58, П — 59, П — 90, П — 156, Я — 14, Я — 17, Я — 18, Я — 19

Значит — В — 17, В —

151, Ю — 4, Я — 28
Значительно — В — 187
Зной — О — 78
Зоб — О — 68
Золото — У — 28
Золотой — О — 2, С — 141, Ч — 29
Зрелище — Х — 3
Зрение — К — 99, С — 127
Зримо — В — 33
Зуб — В — 47, О — 25, П — 86, Х — 13, Х — 16
Зубной — Е — 3
Зубовный — С — 52

Иван Никифорович — И — 2
Игольный — Л — 8
Игра — П — 140, Ч — 47
Играть — С — 138
Идеалист — К — 44
Идея — Б — 30, З — 3
Идиллия — А — 34
Идиот — С — 7
Идти — Б — 7, В — 169, Д — 70, Е — 11, Л — 24, Н — 139, П — 150, П — 160, Я — 32, Я — 36
Иерихонский — Т — 48
Изба — К — 87
Избавленье — Н — 114
Избавиться — Е — 8
Избранный — М — 61
Избрать — Б — 41, И — 25

Изведать — Н — 82
Известие — Я — 34
Известный — А — 4
Изводить — П — 109
Издевательство — Ф — 16
Излишний — К — 79
Измена — С — 24
Изменение — Р — 47
Изменяться — В — 158
Измерить — А — 38, У — 21
Измученный — Н — 121
Износить — Б — 7
Изобилие — Р — 26
Изоляция — Б — 46
Изречённый — М — 109
Изячный — Д — 5
Иллюзия — У — 37
Именины — М — 4
Иметь — В — 67, К — 5, К — 65, Н — 61, С — 121, Т — 38, У — 35, Ф — 1, Ч — 34, Ч — 44
Имеющий — Ф — 1
Императив — К — 48
Имут — М — 31
Имя — С — 17, Т — 35, Ч — 38
Инкогнито — Т — 31
Иной — В — 91
Интеллигент — М — 116
Интересоваться — Я — 43
Иосиф — Ц — 3
Ирокезский — Н — 58
Искать — К — 125, К — 126, П — 60, У — 5,

У — 9, Ч — 5, Я — 23
Исключение — Н — 103
Искра — И — 26
Искренно — Я — 7
Искуситель — З — 37
Искусник — А — 39
Искусство — Ж — 16, И — 27, И — 56, П — 71, У — 4
Искушать — Н — 62
Искушение — В — 115
Исполненный — Т — 59
Исправлять — С — 76
Истина — Г — 38, П — 36, Т — 64, Ч — 42
История — О — 10, П — 43, Р — 18
Исцелиться — В — 123
Исчезнуть — О — 30
Иуда — И — 66, П — 104
Иудей — Н — 101

Йорик — Б — 14
Йота — Н — 118

Кабардинец — Б — 34
Каёмка — Н — 2
Каёмочка — Н — 2
Каждый — В — 156, К — 26, Л — 24, П — 160
Казаться — Л — 44, О — 32, С — 78
Казнь — Е — 2, Н — 64
Календарь — В — 135
Календы — Д — 57
Камелия — Д — 12

258

49, Н — 14, Н — 43,
Н — 77, О — 69, П —
31, П — 105, П —
162, С — 94, Т — 9,
Т — 49, У — 11, Ч —
56, Э — 17

Мирный — М — 103,
Я — 4

Мирской — С — 105

Младенец — И — 22

Младой — Г — 12

Мнение, Мненье — З —
22, И — 5, М — 52,
О — 9

Мнить — К — 4

Много — В — 69, В —
99, К — 17, К — 82,
М — 86, П — 54

Многоглаголание — В —
98

Многое — Е — 19, О —
76

Многолюдный — Б — 69

Многопудье — М — 57

Многострадальный —
И — 46

Мобилизованный — Р —
17

Могиканин — П — 88

Могильщик — П — 143

Могучий — В — 22, Т —
57

Мода — Л — 2, О — 52

Можно — Б — 97, В —
82, Н — 87, У — 21

Мозг — П — 148, У —
36

Молва — С — 126

Молитва — М — 107,

О — 77

Молодёжь — З — 41

Молодец — П — 158,
С — 41

Молодой — Б — 44, Б —
86, В — 60, Д — 24,
М — 101, Н — 44, О —
32, Р — 36, С — 23,
Ч — 37

Молодость — Г — 59,
Е — 10

Молоко — П — 157

Молот — М — 21, М —
101

Молоткастый — С — 25

Молчание, Молчанье —
З — 6, С — 145

Молчать — К — 68, Н —
72

Мономах — О — 82,
Ш — 2

Монте-Кристо — Н —
74

Море — К — 41, Н — 5,
Р — 9, Т — 53, У —
32

Мореплаватель — Т —
33

Мороз — Б — 45, Г — 16

Морфей — В — 76

Москва — В — 68, Е —
5, О — 66, Я — 40

Моська — А — 13

Мочь — Е — 10, К —
124, К — 127, Л — 36,
М — 1, М — 104, Н —
58, Н — 71, Н — 72,
П — 111, Р — 32, С —
113, Т — 59, Э — 14,

Я — 24

Мраморный — М — 57

Мрачный — Е — 21

Мудрец — Е — 19

Мудрость — В — 99

Мудрствовать — Н — 73

Мудрый — Б — 75

Муж — Б — 7, Н — 16

Мужать — Б — 86

Мужик — Р — 30

Мужчина — В — 35

Муза — К — 68, С — 66

Музыка — А — 37, П —
76

Музыкант — А — 6

Мýка — М — 93, Н —
99, О — 31, Т — 13,
Х — 8

Мутный — Л — 28

Муха — Д — 27, И — 28,
О — 78

Мучительно — С — 3

Мушкетёр — Т — 45

Мыслить — К — 124,
Я — 15, Я — 28

Мысль — В — 174, Г —
27, З — 10, К — 12,
Л — 7, П — 115, Р —
15, Ч — 36, Я — 20

Мыть — И — 68, Р — 38

Мышь — Г — 48

Мясо — П — 167, Ф —
19

Мятежный — А — 26

Наблюдать — С — 151

Наблюдение — У — 17

Навеки — Т — 59

106, С — 56, Т — 8,
Я — 5, Я — 24
Пистолет — А — 44
Письмо — О — 62
Питать — Н — 31
Пить — М — 73, П — 79
Пища — П — 25, С — 29
Плакат — Ш — 9
Плакать — Б — 53, Н —
89, П — 161, Ч — 47
Пламенный — О — 21
Пламень — О — 36,
Ш — 12
Пламя — И — 26
План — Я — 32
Планета — В — 118,
Д — 47
Платон — М — 66
Платье — Э — 20
Плач — Ю — 1
Плащ — Р — 43
Плевелы — О — 57
Племя — З — 29, К —
11
Пленительный — Т —
35
Плечо — П — 48, Р — 7
Плод — В — 111, З — 16
Плотник — Т — 33
Плоть — Д — 80, К — 97
Плохо — Ч — 53
Плохой — В — 178, У —
30
Плутовка — С — 82
Плюс — К — 80
Победа — Б — 47, Г —
63, П — 32
Победить — П — 135,
Т — 58, Ч — 19

Победиши — С — 34
Побеждать — Л — 51,
Н — 28
Побеждённый — Г — 51
Побоище — М — 7
Поболее — Ч — 31
Побороться — Б — 72
Повапленный — Г — 61
Повар — Г — 41
Поверить — Е — 7
Повернуть — Н — 82
Повесить — Б — 76
Повесть — Н — 102
Повешенный — В — 15
Повиноваться — Т — 59
Повоевать — М — 100
Поворотиться — А — 27
Повторять — И — 51
Повторяться — И — 62,
И — 63
Погаснуть — К — 25
Погибель — Т — 6
Погибнуть — В — 45,
К — 133, П — 162
Погода — В — 171, У —
30
Погодить — Н — 142
Погружённый — П —
63
Погубить — К — 70
Подавать — Н — 31, С —
113
Подальше — Н — 67
Подарить — П — 91
Подарок — М — 58
Подать — А — 28, И —
57
Подвиг — В — 116, Г —
23

Поддаться — Е — 8
Подешевле — Ч — 31
Подковать — Б — 49
Подлый — Б — 83
Подмётка — Н — 32
Поднять — К — 24
Подняться — О — 42
Подобие — П — 80
Подобный — П — 146,
С — 99, Т — 59
Подозрение — Ж — 7
Подруга — З — 11
Подтверждать — И —
54
Пожаловать — Б — 88
Пожалуй — Н — 34
Пожелание — Б — 37,
Б — 39
Пожелать — К — 27
Поживать — Ж — 21
Пожинать — К — 132
Пожирать — Р — 21
Позабыть — К — 69
Позволить — П — 56
Поздно — Л — 38
Поздоровиться — Н —
83
Позиция — Б — 6
Познаваться — Д — 76
Познание — В — 54, В —
99
Позорить — Я — 26
Пойти — Б — 31, И —
32, И — 51, П — 137,
П — 152, Т — 56
Показать — О — 37
Покатый — М — 67
Покидать — К — 119
Поклоняться — П — 65,

С — 88

Покой — А — 26, И — 4, У — 9, Я — 23

Поколение — П — 98

Поколенье — П — 24

Покоренье — В — 125

Покорный — Л — 41

Покуда — Л — 42

Покушать — В — 122

Пол — П — 122, С — 55

Полезный — С — 87

Полёт — Ч — 14

Ползать — Р — 32

Политика — В — 91

Политически — Д — 24

Полишинель — С — 21

Полк — Н — 35

Полка — О — 71

Поллукс — К — 47

Полнота — С — 99

Полночь — У — 10

Полнощный — Ю — 3

Полный — И — 49, Н — 1, О — 61, Т — 23

Половина — М — 87

Положить — Р — 8

Полтава — Б — 91

Полтавский — И — 7

Полцарства — К — 86

Полынь — Т — 24

Польза — К — 84

Полюбить — О — 31

Полячка — Д — 54

Помедленнее — Ч — 59

Помереть — В — 187

Помещик — С — 116

Помнить — Э — 13, Я — 33

Помощь — Д — 29

Помужествовать — Б — 72

Помянуть — О — 77

Понедельник — Д — 58

Понемногу — Д — 8, К — 96, М — 98

Понимать — К — 3

Понтий — П — 95

Понюхать — П — 137

Понятие — Г — 20

Понять — В — 151, О — 76, У — 21

Поодиночке — В — 89

Поп — Н — 49

Попасть — Б — 20, Ш — 5

Попасться — А — 47

Попахать — З — 31

Пописать — З — 31

Поплясать — Т — 56

По-пустому — Н — 90

По-прежнему — Ч — 21

Пора — Б — 86, Б — 87, Ж — 1, П — 82, П — 83, У — 28

Порадеть — Н — 143

Породить — Я — 39

Порох — Д — 34, Е — 18

Пороховница — Е — 18

Портной — У — 4

Поручик — В — 169

Порыв — М — 72, П — 64, С — 140

Порядочный — О — 17

По-своему — В — 156

Посвятить — М — 72, П — 64

Поседелый — Д — 85

Посещать — Б — 43

Поскакать — Т — 11

Последний — Е — 26, О — 52, Х — 14, Ч — 41, Э — 15

Посмирней — К — 130

Посмотреть — И — 16

Поспорить — Б — 72

Посрамить — Н — 85

Постепенно — Б — 44

Пот — В — 119, И — 50

Потерять — В — 152, Р — 35, Ч — 47

Потеха — Д — 31

Поток — О — 55

Потоп — В — 145, П — 89

Потрясение — В — 6

Потрясти — Д — 36

Похвала — В — 107, Н — 83

Похлёбка — З — 23, П — 139

Поход — К — 111, М — 5

Походя — Р — 23

Похожий — В — 156

Поцелуй — И — 66

Почва — У — 29

Почёт — М — 76

Починить — Н — 111

Почитать — М — 106

Почить — Т — 59

Пошуметь — П — 93

Поэзия — С — 89

Поэт — Б — 58, З — 40, И — 6, Н — 46, П — 63

Правда — В — 188, О — 17, П — 114

Савл — С — 118
Сад — Н — 8, Я — 17
Садиться — А — 6, М —
67, Н — 94
Сажений — Я — 32
Самаритянин — М — 41
Самарянин — М — 41
Самобранка — С — 46
Самовластье — Т — 35
Сан — Я — 26
Сапог — Б — 11, Н — 54,
С — 137
Сапожник — Б — 11
Саратов — В — 13
Свежесть — О — 29, О —
47
Свежий — Б — 87, К —
30
Сверху — Ч — 41
Свершить — С — 140
Свершиться — П — 162
Свет — Б — 42, В — 108,
Д — 1, Е — 19, Л —
34, Н — 90, Н — 102,
Н — 131, П — 60,
П — 63, С — 22, С —
54, Я — 35
Светик — С — 100
Светильник — К — 25
Светлый — П — 23
Свечка — Д — 21
Свивать — П — 156
Свин — В — 185
Свинёнок — В — 185
Свинья — Н — 70, О —
17
Свисток — Б — 73, Д —
10
Свобода — Л — 24, О —

24, П — 64, У — 9,
Я — 23
Свободный — В — 22,
Д — 70, Ч — 13
Свойственно — Ч — 15
Свыше — П — 126
Связь — О — 7
Святой — З — 22, О —
44, С — 16, С — 29
Священный — П — 63
Сдаваться — Г — 9
Сдвинуть — Д — 9
Сделать — В — 187, Д — 2,
К — 24, К — 27, М — 1,
М — 108, С — 40
Сделаться — Н — 100
Северный — Н — 135
Седьмой — Н — 25
Семейство — С — 44
Семёрка — В — 24
Семь — К — 64
Семья — В — 156, К —
69, Ч — 54
Сено — В — 93, С — 83
Сень — М — 112
Сердиться — Ю — 4
Сердце — В — 183, Г —
30, И — 37, К — 25,
К — 55, М — 4, М —
86, О — 39, П — 1,
П — 12, П — 64, У —
17, Х — 14
Серебряный — Н — 92
Середина — З — 42
Сермяжный — В — 188
Серпастый — М — 77
Серый — Н — 19, Н —
66, С — 26
Сестра — К — 107

Сесть — М — 67, Н —
94
Сеятель — Р — 30
Сеять — Ж — 22, К —
132
Сжигать — П — 65, С —
88
Сидеть — Б — 6
Сизифов — С — 31
Сила — Б — 86, В — 16,
З — 39, Т — 29, Т —
59
Сильнее — Б — 92
Сильно — В — 184, Н —
99, П — 163, С — 69,
Я — 9
Сильный — А — 13, О —
39, У — 33
Синий — У — 32
Синица — Н — 5
Сияние — В — 160
Сиянье — О — 30
Сказанье — Е — 26
Сказать — В — 144, К —
131, И — 45, Н —
112, О — 17, С — 39,
С — 62, Т — 37, Ч —
41, Э — 10, Я — 24
Сказка — М — 108, Н —
112, С — 51
Сказочка — В — 113
Сказываться — С — 51
Скакать — О — 73
Склонный — С — 24
Скорбный — Н — 88
Скорбь — В — 99, М —
50, П — 58
Скоро — Н — 92, С —
51

Скрывать — М — 82,
Я — 20
Скрыться — Д — 7
Скучно — И — 54
Скучный — В — 140, И —
55, И — 57, Т — 7
Слабый — М — 12
Слава — Г — 26, Н — 5,
С — 58, Т — 9, Ч —
50
Славный — Б — 52
Сладкий — И — 13, М —
107
Сладко — Н — 13
Сладость — М — 39
След — О — 75
Следовательно — Я —
28
Следовать — Е — 9, П —
115
Слёзы — Б — 15, К —
114, Н — 43, Н — 75,
С — 79, Я — 16
Слепой — Л — 52
Слизь — М — 57
Слиться — М — 85
Слободка — В — 103
Словесный — П — 109
Слово — В — 72, Ж —
12, К — 23, К — 118,
Н — 18, Н — 99, О —
39, П — 109, П —
115, Т — 37, Ч — 36
Сложить — Л — 51
Сломать — Л — 10
Слон — А — 13, Д — 27,
Е — 13, И — 28, Р —
37
Слоновый — Б — 9

Служанка — Ф — 13
Служить — М — 111
Случайно — С — 105
Случайный — С — 94
Случаться — О — 42
Слушать — А — 1
Слышать — И — 38, Н —
16
Смелость — С — 72
Смерть — В — 148, П —
146, Р — 28, С — 69
Смесь — К — 11
Сметь — В — 67
Смех — Г — 46, М — 36,
Н — 43, С — 5
Смешаться — В — 155
Смешение — С — 75
Смешивать — А — 39
Смешно — В — 162, М —
59, С — 78
Смешной — О — 54
Смеяться — Н — 7, Х —
11, Ч — 25
Смоковница — Б — 32
Смолоду — Б — 42
Смотреть — К — 20
Смутный — Б — 86
Смущать — Г — 29
Смысл — Д — 46
Смыть — И — 6
Снег — В — 171
Снизойти — Я — 16
Сниться — Е — 19, И —
4, П — 67
Собака — А — 8, Ж — 11
Собирать — В — 141
Соблюсти — К — 40
Собраться — М — 5
Собственный — М —

66, М — 67, Н — 26,
Н — 114, Р — 21, С —
109, С — 119, С — 128
Совершенство — Н —
22
Совершить — Т — 59
Совесть — Д — 6, П —
7, У — 23
Совет — С — 113
Советский — К — 80,
М — 77, С — 25
Современность — С — 6
Совсем — Я — 6
Согласие — К — 67, М —
81
Соглашение — Д — 39
Согреть — З — 36
Соединиться — К — 69
Соединяться — П — 144
Сожаленье — К — 121
Создатель — Ч — 43
Создать — Т — 59
Сознание — Б — 93, П —
101
Созреть — Б — 44
Сойтись — О — 36
Сокращать — Н — 29
Сокровище — О — 53
Солгать — Е — 7
Солдат — Б — 63, Н —
60, П — 39
Солёный — И — 58
Солнце — Д — 7, И —
51, М — 34, М — 85,
Н — 125, С — 10,
Я — 35
Соловей — Х — 20, Ш —
7
Соль — А — 42

ИНОЯЗЫЧНЫЕ ЦИТАТЫ
FOREIGN INDEX

Epistula non erubescit — Б — 77
Eppur(e) si muove — А — 5
Errare humanum est — Ч — 15
Être plus royaliste que le roi — Б — 95
Et tu, Brute? — И — 64
Exceptio confirmat {probat} regulam — И — 54

Festina lente — П — 92
Fiat justitia et pereat mundus — П — 162
Fiat lux! — Д — 1

Gutta cavat lapidem — К — 42

Habent sua fata libelli — К — 65
Hannibal ad {ante} portas — Г — 7
Homo homini lupus est — Ч — 16
Homo sum, humani ni(hi)l a me alienum puto — Я — 42
Homo unius libri — Ч — 9

Igne {igni} et ferro, ferro et igne {igni} — О — 15
Ignorantia non est argumentum — Н — 57
Il faut cultiver son {notre} jardin — Н — 8
Il n'y a (pas) que le premier pas qui coûte — Т — 50
In hoc (signo) vinces — С — 34
In vino veritas — И — 60

J'accuse — Я — 30
Je pense, donc je suis — Я — 28
Jeunesse dorée — 3 — 41

La donna è mobile — С — 24
La garde meurt et ne se rend pas — Г — 9

L'appétit vient en mangeant — А — 30
L'art pour l'art — И — 56
Lasciate ogni speranza voi ch'entrate — О — 48
Le génie n'est qu'une grande aptitude à la patience — Г — 19
Le mieux est l'ennemi du bien — Л — 37
Le roi est mort! Vive le roi! — К — 94
Le roi règne et ne gouverne pas — К — 95
Les beaux esprits se rencontrent — В — 20
Le secret d'ennuyer est celui de tout dire — И — 55
Les extrêmes se touchent — К — 103
Le style est l'homme même — С — 122
L'état c'est moi — Г — 57
Le {Un} roseau pensant — М — 110
Liberté, egalité, fraternité — С — 14
Licentia poëtica — П — 110
L'union fait la force — В — 16

Malum necessarium — Н — 59
Mens sana in corpore sano — 3 — 28
My house is my castle — М — 71

Natura abhorret vacuum — П — 132
Naturam expellas furca, tamen usque recurret — Г — 47
Nil {nihil} admirari — Н — 123
Noblesse oblige — П — 77
Non olet (pecunia) — Д — 33
Non ut edam vivo, sed ut vivam edo — Е — 22
¡No pasarán! — Н — 137
Nosce te ipsum — П — 57
Nulla dies sine linea — Н — 113

282

СПИСОК АВТОРОВ

Бальзак Оноре де (1799 — 1850), французский писатель — Б — 4, Г — 36, У — 37, Ч — 18

Баратынский Евгений Абрамович (1800 — 44), русский поэт — Л — 18, Н — 62

Бароний Цезарь (1538 — 1607), итальянский историк католической церкви — Ф — 13

Батюшков Константин Николаевич (1787 — 1855), русский поэт — О — 39

Бах Иоганн Себастьян (1685 — 1750), немецкий композитор — С — 131

Безыменский Александр Ильич (1898 — 1973), советский поэт — В — 117, М — 75

Белинский Виссарион Григорьевич (1811 — 48), русский критик — Э — 9

Бенцони Джером (16 в.), итальянский историк — К — 75

Беранже Пьер Жан (1780 — 1857), французский поэт — В — 18, Ч — 29

Берггольц Ольга Фёдоровна (1910 — 75), советская писательница — Н — 115

Бёрнс Роберт (1759 — 96), шотландский поэт — П — 124

Бертен, мадемуазель (18 в.), модистка — Н — 130

Бетман-Гольвег Теобальд (1856 — 1921), германский рейхсканцлер и прусский министр-президент — К — 62

Биант (6 в. до н. э.), древнегреческий философ — В — 147

Библия — Б — 75, В — 26, В — 131, Н — 101, П — 33, Т — 33

Биго-Корнюэль Анн-Мари (1605 — 94), французская аристократка — Д — 48

Биконсфилд Бенджамин (Дизраэли) (1804 — 81), английский политический деятель — П — 105

Бисмарк Отто фон Шёнхаузен (1815 — 98), германский политический деятель — Б — 94, Ж — 4, Л — 29, П — 71

Блаженный Августин *см.* Августин

Блок Александр Александрович (1880 — 1921), русский поэт — И — 4, Р — 20, С — 94, Я — 16

Богданович Ипполит Фёдорович (1743 — 1803), русский поэт — В — 79

Бодмер Иоганн Якоб (1698 — 1783), швейцарский критик — К — 61

Бойль Роберт (1627 — 91), английский физик и химик — П — 122

Бомарше Пьер Огюстен (1732 — 99), французский драматург — Б — 24, К — 60, Ф — 9

Бонифаций VIII (1235 — 1303), римский папа — М — 81

Борджиа Чезаре (1475 — 1507), итальянский правитель — И — 34

Борн Георг (наст. фамилия Фюльборн, 1837 — 1902) — немецкий писатель — Т — 4

Бородин Александр Порфирьевич (1833 — 87), русский композитор и химик — Н — 121

Бруно Джордано (1548 — 1600), итальянский философ — Е — 12

Брюсов Валерий Яковлевич (1873 — 1924), русский советский поэт — Ю — 2

Буало Никола́ (1636 — 1711), французский поэт — О — 8, П — 92

Булгаков Михаил Афанасьевич (1891 — 1940), русский советский писатель — Н — 111, О — 47, Р — 40, Ш — 3

Буле де ла Мёрт Антуан Жак Клод Жозеф (1761 — 1840), французский юрист — Э — 18

Буридан Жан (ок. 1300 — ок. 1358), французский философ — Б — 80

Быков Ролан(д) Анатольевич (1929 — 98), российский актёр и режиссёр — Н — 139

Бэкон Фрэнсис (1561 — 1626), английский философ — Е — 11, З — 39, К — 60

Бэньян Джон (1628 — 88), английский писатель — Я — 37

Бюлов Бернхард (1849 — 1929), германский политический деятель — М — 34

Бюффон Жорж Луи Леклерк (1707 — 88), французский естествоиспытатель — Г — 19, С — 122

Бюхман Георг (1822 — 84), немецкий филолог — К — 118

Ванбру Джон (1664 — 1726), английский писатель — Х — 11

Васнецов Виктор Михайлович (1848 — 1926), русский живописец — В — 50

Вергилий Марон Публий (70 — 19 до н. э.), римский поэт — А — 34, В — 126, Т — 47

Верещагин Василий Васильевич (1842 — 1904), русский живописец — Н — 36

Верньо Пьер (1753 — 93), французский политик — Р — 21

Веспасиан (9 — 79), римский император — Д — 33

Визбор Юрий Иосифович (1934 — 84), русский поэт, актёр, сценарист — В — 118

Виланд Кристофер Мартин (1733 — 1813), немецкий писатель — З — 8

Вильгельм II (1859 — 1941), германский император — Б — 70, М — 34

Вильсон Томас Вудро (1856 — 1924), президент США — В — 101

Винер Норберт (1894 — 1964), американский учёный — О — 7

Вергилий (70 — 19 до н. э.), римский поэт — Л — 51

Вителлий (15 — 59), римский император — Т — 54

Вишневский Всеволод Витальевич (1900 — 51), советский писатель — О — 40

Владимир Святославич (? — 1015), великий князь киевский с 980 г. — В — 32

Вольтер (наст. имя — Мари Франсуа Аруэ, 1694 — 1778), французский писатель и философ — В — 20, В — 140, В — 143, Е — 9, И — 55, Л — 37,

М — 19, Н — 8, Я — 29

Высоцкий Владимир Семёнович (1938 — 80), русский поэт, актёр и бард — В — 84, Е — 24, Ж — 19, Л — 36, Н — 9, Ч — 59

Вяземский Пётр Андреевич (1792 — 1878), русский поэт — И — 18, К — 52

Гайдай Леонид Иович (1923 — 93), российский кинорежиссёр — Н — 9

Галилей Галилео (1564 — 1642), итальянский учёный — А — 5

Гамзатов Расул Гамзатович (р. 1923), дагестанский поэт — Е — 14

Гаршин Всеволод Михайлович (1855 — 88), русский писатель — Л — 59

Гашек Ярослав (1883 — 1923), чешский писатель — В — 175, В — 178, Ш — 4

Гегель Георг Вильгельм Фридрих (1770 — 1831), немецкий философ — Д — 48, О — 70

Генрих Наваррский (1553 — 1610), французский король — П — 5

Гераклит Эфесский (ок. 540 — ок. 480 до н. э.), древнегреческий философ — В — 158

Гердер Иоганн Готфрид (1744 — 1803), немецкий философ, писатель — Ч — 26

Герман Павел Давидович (1894 — 1952), русский советский поэт — М — 108

Герцен Александр Иванович (1812 — 70), русский писатель и философ — А — 16

Гесиод (8 — 7 вв. до н. э.), древнегреческий поэт — З — 43, Т — 52, Я — 44

Гёте Иоганн Вольфганг (1749 — 1832), немецкий писатель, философ и учёный — А — 37, В — 5, В — 36, В — 71, Д — 81, З — 5, К — 104, Л — 24, М — 36, О — 50, Р — 31, Т — 28

Гиляровский Владимир Алексеевич (1853 — 1935), русский писатель — В — 132

Гинденбург Пауль фон (1847 — 1934), германский политический деятель — В — 92

Гиппократ (ок. 460 — ок. 370 до н. э.), древнегреческий врач — Ж — 16

Гладстон Уильям Юарт (1809 — 98), английский политический деятель — В — 130, Р — 34

Гоббс Томас (1588 — 1679), английский философ — В — 90, Г — 55

Говорухин Станислав Сергеевич (р. 1936), русский кинорежиссёр — Р — 35

Гоголь Николай Васильевич (1809 — 52), русский писатель — А — 14, А — 17, А — 27, А — 28, А — 46, Б — 59, В — 69, В — 184, Г — 3, Д — 4, Д — 11, Д — 35, Е — 18, Ж — 12, И — 1, И — 2, И — 30, И — 31, К — 23, К — 59, К — 91, К — 131, К — 135, Л — 7, М — 4, М — 8, М — 11, М — 30, М — 112, М — 114, Н — 43, Н — 47, Н — 68, Н — 86, Н — 105, Н — 134, О — 17, О — 29, О — 73, О — 75, П — 21, П — 40, П — 56, П — 81, П — 106, П —

137, П — 154, Р — 8, С — 12, С — 54, С — 84, С — 102, С — 108, С — 116, С — 123, Т — 37, Т — 42, У — 3, У — 26, Х — 5, Ч — 25, Ч — 32, Э — 5, Э — 10, Я — 34, Я — 39

Гойя Франсиско Хозе де (1746 — 1828), испанский живописец и гравёр — С — 92

Гольдбергер Людвиг Макс (1848 — 1913), немецкий журналист — С — 129

Гольдони Карло (1707 — 93), итальянский драматург — С — 64

Гомер (8 в. до н. э.?), древнегреческий поэт — Г — 46, Д — 16, К — 118, М — 27, О — 18, С — 5, С — 79, Т — 47, Ц — 7

Гонкур Эдмонд де (1822 — 96), французский писатель — Ч — 20

Гончаров Иван Александрович (1812 — 91), русский писатель — О — 3, О — 10, П — 118

Гораций (Квинт Гораций Флакк, 65 — 8 до н. э.), римский поэт — Г — 38, Г — 47, Г — 48, З — 42, Л — 26, Н — 123, О — 11, П — 46, П — 110, С — 87, С — 143

Горбачёв Михаил Сергеевич (р. 1936), генеральный секретарь ЦК КПСС (1985 — 91), председатель Президиума ВС СССР (1989 — 90), президент СССР (1990 — 91) — П — 152

Горбунов Иван Фёдорович (1831 — 95), русский писатель, актёр — К — 6, Н — 78

Горький Максим (наст. имя — Алексей Максимович Пешков, 1868 — 1936), русский советский писатель — Б — 25, Б — 78, Б — 84, В — 52, Г — 52, Д — 3, Д — 37, К — 99, М — 70, П — 117, П — 163, Р — 32, С — 11, С — 47, С — 130, Ч — 17, Ч — 56

Гофман Эрнст Теодор Амадей (1776 — 1822), немецкий писатель — Х — 7

Гошен Джордж Джоаким (1831 — 1907), английский государственный деятель — Б — 46

Грибоедов Александр Сергеевич (1795 — 1829), русский писатель — А — 4, А — 39, А — 40, А — 44, Б — 3, Б — 42, Б — 88, В — 13, В — 40, В — 59, В — 67, В — 125, В — 135, Г — 25, Г — 50, Д — 44, Д — 64, Е — 5, Е — 20, З — 3, З — 22, И — 13, К — 113, М — 42, М — 45, М — 80, М — 111, Н — 67, Н — 83, Н — 143, О — 84, П — 48, П — 54, П — 60, П — 90, П — 93, П — 103, Р — 14, С — 8, С — 43, С — 56, С — 62, С — 67, С — 75, С — 151, С — 152, С — 155, У — 19, У — 40, Ф — 4, Ф — 6, Ф — 18, Ч — 31, Ч — 34, Ч — 43, Ч — 51, Ш — 5, Ш — 16, Я — 12

Грин Александр (наст. имя Александр Степанович Гриневский, 1880 — 1932), русский советский писатель — А — 22

Грин Грэм (р. 1904), английский писатель — Н — 38

Грэнвилл Джордж Л. Г. (1815 — 91), английский политик — С — 147

Гуго Герман (1588 — 1639), бельгийский иезуит — Б — 3

Гумилёв Николай Степанович (1886 — 1921), русский поэт — М — 90

Гус Ян (1371 — 1415), чешский реформатор и учёный — О — 44

Гюго Виктор (1802 — 85), французский писатель — К — 51, Т — 53

Даллес Джон Фостер (1888 — 1959), государственный деятель США — П — 73

Данте Алигьери (1265 — 1321), итальянский поэт — О — 34, О — 48

Дантон Жорж Жак (1759 — 94), французский политический деятель — С — 72

Дарвин Чарлз Роберт (1809 — 82), английский учёный — Б — 61, Е — 17

Декарт Рене (1596 — 1650), французский философ и учёный — Я — 28

Державин Гаврила Романович (1743 — 1816), русский поэт — Г — 13, Г — 29, Г — 63, Ж — 10, И — 13, И — 58, О — 46, У — 18

Детуш (наст. имя — Филипп Нерико, 1680 — 1754), французский драматург — 3 — 10

Дефо Даниель (ок. 1660 — 1731), английский писатель — Р — 24

Деффан де ла Ланд, дю (1697 — 1780), французская писательница — Т — 50

Джеймс Уильям (1842 — 1910), американский философ и психолог — П — 101

Джонсон Сэмюэл (1709 — 84), английский писатель и лексикограф — Б — 38

Дизраэли Бенджамин (1804 — 81), премьер-министр Великобритании (1868 и 1874 — 80) — С — 2

Диоген Лаэртий (1-я половина III в.), древнегреческий писатель — Г — 58

Диоген Синопский (412 — 323 до н. э.), древнегреческий философ-циник — Г — 58

Дмитриев Иван Иванович (1760 — 1837), русский поэт — М — 105

Д'Обинье Теодор Агриппа (1552 — 1630), французский поэт и историк — Г — 56

Добролюбов Николай Александрович (1836 — 61), русский критик и публицист — Л — 34, Т — 26

Доде Альфонс (1840 — 97), французский писатель — Т — 16

Дойл Артур Конан (1859 — 1930), английский писатель — Ш — 8, Э — 19

Достоевский Фёдор Михайлович (1821 — 81), русский писатель — А — 11, К — 43, М — 96, Н — 75, С — 73, У — 25

Драйден Джон (1631 — 1700), английский писатель — Б — 68

Дюма-отец Александр (1802 — 70), французский писатель — И — 69, О — 16, Т — 45

Дюма-сын Александр (1824 — 95), французский писатель — Д — 12, П — 78

Дюмурье Шарль Франсуа (1739 — 1823), французский генерал — О — 35

Евклид (3 в. до н. э.), древнегреческий математик — Ч — 45

Екатерина II (1729 — 96), российская императрица — П — 42

Есенин Сергей Александрович (1895 — 1925), русский советский поэт — Б — 65, В — 153, Л — 20

Жан Поль (наст. имя — Иоганн Пауль Фридрих Рихтер, 1763 — 1825), немецкий писатель — М — 50

Жаров Александр Алексеевич (р. 1904), советский поэт — Г — 4

Жирарден Эмиль де (1806 — 81), французский журналист — Ш — 10

Жолио-Кюри Фредерик (1900 — 58), французский учёный и общественный деятель — П — 113

Жуковский Василий Андреевич (1783 — 1852), русский поэт — М — 44, Н — 48

Замойский Ян (1542 — 1605), польский государственный деятель — К — 95

Заходер Борис Владимирович (1918 — 2000), русский поэт — В — 48

Зейме Иоганн Готфрид (1763 — 1810), немецкий публицист и поэт — С — 129

Золя Эмиль (1840 — 1902), французский писатель — Я — 30

Зряхов Николай (отчество и годы жизни не установлены), русский писатель — Б — 34

Ибаррури Долорес (р. 1895), деятель испанского и международного коммунистического движения — Л — 39

Ибрагимов Николай Мисаилович (1778 — 1818), русский поэт — С — 80

Ибсен Хенрик (1828 — 1906), норвежский драматург — В — 142, Л — 48, С — 124

Иероним Блаженный (ок. 340 — 420), богослов, переводчик Библии на латынь — Ч — 15

Ильф Илья (наст. имя — Илья Арнольдович Файнзильберг, 1897 — 1937) и Петров Евгений (наст. имя — Евгений Петрович Катаев, 1903 — 42), советские писатели, соавторы — А — 24, Б — 19, Б — 30, В — 14, В — 63, В — 103, В — 176, В — 188, Г — 27, Г — 43, Д — 24, Д — 29, Е — 3, З — 40, К — 27, К — 56, К — 78, К — 112, М — 65, М — 95, М — 113, Н — 2, Н — 4, Н — 52, Н — 74, Н — 107, О — 51, П — 27, П — 28, П — 72, П — 100, П — 128, П — 140, Р — 25, С — 7, С — 58, С — 153, Ф — 1, Х — 1, Х — 19, Ч — 19, Э — 7, Э — 16

Ирвинг Вашингтон (1783 — 1859), американский писатель — В — 146

Исаковский Михаил Васильевич (1900 — 73), советский поэт — Д — 56

Искандер Фазиль Абдулович (р. 1929), русский писатель — И — 44

Калигула (12 — 41), римский император — И — 34
Камбронн Пьер Жак Этьен (1770 — 1842), французский генерал — Г — 9
Кант Иммануил (1724 — 1804), немецкий философ — В — 39, К — 48
Карамзин Николай Михайлович (1766 — 1826), русский писатель, историк — Г — 47, Н — 127, С — 78
Карлейль Томас (1795 — 1881), английский историк, биограф и эссеист-философ — Ч — 30
Карр Альфонс (1808 — 90), французский журналист и писатель — Ч — 21
Катон Старший (234 — 149 до н. э.), римский писатель, государственный деятель — К — 2, К — 45
Квинтилиан Марк Фабий (ок. 35 — ок. 96), римский оратор — Е — 22, Ч — 9
Кеннеди Эдвард (р. 1932), избран в Сенат США в 1962 г., переизбирался в 1964, 1970, 1976, 1982, 1988 и 1994 гг. — З — 25
Киплинг Джозеф Редьярд (1865 — 1936), английский писатель — Б — 67, З — 2, К — 100, Н — 133, С — 125
Клавдий Аппий (4 в. до н. э.), римский консул (в 307 г.) — Н — 165
Клаузевиц Карл (1780 — 1831), немецкий военный теоретик и историк — В — 91
Клингер Фридрих Максимилиан (1752 — 1831), немецкий писатель — Б — 82
Кок Эдвард (1552 — 1634), английский юрист — М — 71
Колумб Христофор (1451 — 1506), мореплаватель — М — 51, Н — 131
Кольцов Алексей Васильевич (1809 — 42), русский поэт — Н — 12, Р — 7
Конан Дойл Артур *см.* Дойл Артур Конан
Коппола Франсис Форд (р. 1939), американский кинорежиссёр — К — 109
Короленко Владимир Галактионович (1853 — 1921), русский писатель — Ч — 14
Костер Шарль де (1827 — 79), бельгийский писатель — П — 12
Кржижановский Глеб Максимилианович (1872 — 1959), русский учёный, автор революционной песни «Варшавянка» — В — 51
Кромвель Оливер (1599 — 1658), английский политический и государственный деятель — Д — 34
Кручёных Алексей Елисеевич (1886 — 1968), русский советский поэт — З — 21
Крылов Иван Андреевич (1769 — 1844), русский баснописец — А — 1, А — 3, А — 6, А — 8, А — 13, А — 15, Б — 11, Б — 20, В — 47, В — 102, В — 110, Д — 32, Ж — 6, З — 24, З — 30, И — 20, И — 24, И — 32, И — 39, И — 49, И — 71, И — 73, К — 24, К — 67, К — 130, Л — 4, Л — 40, М — 12, М — 13, М — 18, Н — 3, Н — 5, Н — 37, Н — 50, Н — 90, Н — 120, О — 42, О — 60, О — 68, О — 81, П — 69, П — 79, Р — 41, Р — 48, С — 13, С — 32, С — 63, С — 82, С — 100, Т — 46, Т — 56, У — 8, У — 11, У — 33, У — 34,

Х — 14, Х — 20, Ч — 22, Ч — 35, Ч — 52

Кузен Виктор (1792 — 1867), французский философ — И — 56

Кукольник Нестор Васильевич (1809 — 69), русский писатель, драматург — У — 14

Купер Джеймс Фенимор (1789 — 1851), американский писатель — В — 177, П — 88, Т — 49

Куприн Александр Иванович (1870 — 1938), русский писатель — В —169

Кюстин Астольф де (1790 — 1857), французский писатель — Т — 65

Лабрюйер Жан де (1645 — 96), французский писатель — К — 103

Ларошфуко Франсуа де (1613 — 80), французский писатель — В — 139, С — 113

Ласкин Борис Савельевич (1904 — 93), русский писатель и драматург — Н — 138

Лафонтен Жан де (1621 — 95), французский писатель — Т — 19

Лебедев-Кумач Василий Иванович (1898 — 1949), советский поэт — К — 126, М — 76, О — 66, Ч — 37, Ш — 13, Я — 14

Леви Пьер Марк Гастон де (1764 — 1830), французский писатель — П — 77

Ленин Владимир Ильич (наст. фамилия — Ульянов, 1870 — 1924), организатор КПСС, создатель Советского государства — К — 80, М — 49, П — 7, П — 151, Р — 19, С — 107, У — 42, Ф — 16, Ш — 1

Ленский Дмитрий Тимофеевич (наст. фамилия — Воробьёв, 1805 — 60), русский драматург — И — 27

Леонкавалло Руджиеро (1858 — 1919), итальянский композитор — С — 71

Лермонтов Михаил Юрьевич (1814 — 41), русский поэт — А — 9, А — 26, Б — 23, Б — 85, В — 65, В — 81, В — 150, В — 162, Г — 24, Д — 2, З — 15, И — 6, И — 16, И — 42, И — 57, Л — 45, М — 55, Н — 17, Н — 45, Н — 46, Н — 80, Н — 141, О — 21, П — 24, П — 26, П — 47, П — 119, С — 77, Т — 7, Т — 36, У — 5, У — 9

Лесаж Ален Рене (1668 — 1747), французский писатель — Ф — 2

Лесков Николай Семёнович (1831 — 95), русский писатель — Б — 49

Лессинг Готхольд Эфраим (1729 — 81), немецкий драматург и теоретик искусства — К — 61

Ливии Тит (59 до н. э. — 17 н. э.), римский историк — Г — 51, Л — 38

Лигачёв Егор Кузьмич (р. 1920), русский политик — Б — 60

Лили Джон (1553 или 1554 — 1606), английский писатель — Б — 64, П — 114

Литвинов Максим Максимович (1876 — 1951), советский дипломат — М — 48

Логау Фридрих фон (1604 — 55), немецкий поэт — В — 100

Ломоносов Михаил Васильевич (1711 — 65), русский учёный и поэт — В — 10, К — 76, М — 66, Н — 31, О — 61

Лопе де Вега (полное имя — Лопе Феликс де Вега Карпьо, 1562 — 1635), испанский драматург — У — 35

Лотарь I (795 — 855), франкский император — В — 124

Лукиан (ок. 120 — ок. 190), древнегреческий писатель — И — 28, П — 110

Лукреций (99 — 55 до н. э.), римский поэт и философ — Н — 126

Людовик XI (1423 — 83), французский король — Р — 6

Людовик XIV (1638 — 1715), французский король — Г — 57

Людовик XV (1710 — 74), французский король — П — 89

Людовик XVIII (1755 — 1824), французский король — Т — 39

Майков Аполлон Николаевич (1821 — 97), русский поэт — Ч — 24

Макаров Александр Александрович (1857—1919), русский государственный деятель — Т — 5

Макиавелли Никколо (1469 — 1527), итальянский политический мыслитель, писатель — Р — 6

Максимов Василий Максимович (1844 — 1911), русский живописец — В — 134

Маркс Карл (1818 — 83), основоположник научного коммунизма — Б — 95, В — 70, И — 63, П — 43, Р — 18, Р — 22, Р — 27, Т — 29, Ш — 15

Маркс Карл (1818—83) и Энгельс Фридрих (1820—95), основоположники научного коммунизма — Б — 79, П — 127, П — 143, П — 144, П — 145

Марло Кристофер (1564 — 93), английский драматург — Л — 53

Маршак Самуил Яковлевич (1887 — 1964), советский поэт — Ч — 12

Маяковский Владимир Владимирович (1893 — 1930), русский советский поэт — Б — 58, В — 17, В — 33, В — 78, В — 112, В — 127, В — 185, Г — 10, Д — 5, Д — 47, Е — 6, Ж — 17, З — 31, И — 11, И — 17, И — 48, И — 52, К — 15, К — 20, К — 116, Л — 11, Л — 14, Л — 47, М — 26, М — 57, М — 67, М — 77, М — 88, М — 94, М — 99, Н — 26, Н — 82, О — 13, П — 108, П — 109, П — 141, Р — 17, Р — 23, С — 10, С — 109, С — 119, С — 132, Т — 21, Х — 17, Ч — 53, Ш — 9, Э — 20, Я — 11, Я — 17, Я — 32, Я — 40, Я — 41, Я — 43

Мей Лев Александрович (1822 — 62), русский поэт и драматург — Н — 106

Менандр (ок. 343 — ок. 291 до н. э.), древнегреческий поэт — комедиограф — В — 128, Н — 59

Местр Жозеф де (1753 — 1821), французский дипломат, писатель — К — 5

Метерлинк Морис (1862 — 1949), бельгийский драматург, поэт — С — 37

Меттерних Клеменс (1773 — 1859), австрийский государственный деятель — Г — 20

Мильн Ален Александр (1882 — 1956), английский писатель — В — 48

Мильтон Джон (1608 — 74), английский поэт — П — 2, П — 99

Михалков Сергей Владимирович (р. 1913), советский писатель — Д — 86

Мичурин Иван Владимирович (1855 — 1935), советский биолог — М — 104

Молчанов Иван Никандрович (р. 1903), советский писатель — Т — 38

Мольер (наст. имя Жан Батист Поклен, 1622 — 73), французский драматург — Г — 8, Д — 59, М — 40, М — 60, Р — 2, С — 133, Т — 17, Т — 61

Монтескьё Шарль Луи (1689 — 1755), французский философ — Б — 81

Мотыль Владимир Яковлевич (р. 1927), русский кинорежиссёр — В — 106, З — 9

Мюллер Генрих (1631 — 75), немецкий теолог и писатель — С — 9

Мюссе Альфред де (1810 — 57), французский поэт — М — 73, С — 70

Мятлев Иван Петрович (1796 — 1844), русский поэт — К — 30

Набоков Владимир Владимирович (1899—1977), русский и англоязычный писатель — Н — 117

Надсон Семён Яковлевич (1862 — 87), русский поэт — К — 17, Н — 99

Наполеон I Бонапарт (1769 — 1821), французский император — О — 54

Некрасов Николай Алексеевич (1821 — 77/78), русский поэт — Б — 5, Б — 18, В — 66, В — 97, В — 114, В — 160, В — 180, Ж — 1, И — 51, К — 14, К — 25, К — 83, К — 87, Л — 42, Л — 56, М — 91, Н — 136, П — 75, П — 91, П — 111, П — 115, П — 160, Р — 30, Р — 45, С — 20, С — 140, Т — 51, Т — 57, Т — 59, У — 15, Ц — 2, Ч — 41

Ницше Фридрих (1844 — 1900), немецкий философ — Б — 28, П — 16, П — 102, С — 9

Ножкин Михаил Иванович (р. 1927), русский поэт — Е — 25, П — 87

Нокс Филандер Чейз (1853 — 1921), американский юрист и политический деятель — Д — 63

Овидий Публий Назон (43 до н. э. — ок. 18 н. э), римский поэт — З — 43, К — 42, П — 62

Одоевский Александр Иванович (1802 — 39), русский поэт — И — 26

Окуджава Булат Шалвович (1924 — 97), русский поэт, писатель и бард — Б — 31, В — 80, Д — 8

Олег (? — 912), древнерусский князь. Правил с 879 г. в Новгороде, с 882 г. в Киеве — М — 15

Олеша Юрий Карлович (1899 — 1960), советский писатель — Н — 113

Оруэлл Джордж (наст. имя Эрик Блер; 1903 — 50), английский писатель — В — 141, Н — 21

Осборн Джон (р. 1929), английский драматург — О — 14, С — 23

Островский Александр Николаевич (1823 — 86), русский драматург — Б — 16, К — 55, Ч — 3

Островский Николай Алексеевич (1904 — 36), советский писатель — К — 16, С — 3

Пана де (1762 — 1834), французский адмирал — О — 35

Паркинсон Сирил Норткот (р. 1909), английский писатель — З — 13

Паскаль Блез (1623 — 62), французский философ, учёный и писатель — К — 103, М — 34, М — 110

Пастернак Борис Леонидович (1890 — 1960), русский поэт и писатель — К — 22

Перро Шарль (1628 — 1703), французский писатель — З — 45, С — 36, С — 103

Пётр I (1672 — 1725), русский царь — П — 146

Петров Евгений *см.* Ильф Илья и Петров Евгений

Писарев Дмитрий Иванович (1840 — 68), русский критик и публицист — М — 13

Пифагор (6 в. до н. э.), древнегреческий философ и учёный — Д — 74, М — 92

Плавт Тит Макций (ок. 251 — ок. 184 до н. э.), римский комедиограф — Б — 12, Л — 52, Ч — 16

Платон (428 или 427 — 348 или 347 до н. э.), древнегреческий философ —Л — 50, П — 35, Р — 38

Плещеев Алексей Николаевич (1825 — 93), русский поэт — В — 116, Д — 10

Плиний Старший (23 или 24 — 79), римский писатель, учёный — В — 120, И — 60, Н — 113

Плутарх (ок. 45 — ок. 127), древнегреческий писатель и историк — Б — 26, Л — 33, С — 95

Погосский Александр Фомич (1816 — 74), русский писатель — П — 39

Полевой Николай Алексеевич (1796 — 1846), русский писатель, журналист, историк — Я — 18

Полонский Яков Петрович (1819 — 98), русский поэт — Ч — 46

Помпадур Жанна Антуанетта Пуассон, маркиза де (1721 — 64), фаворитка французского короля Людовика XV — П — 89

Помяловский Николай Герасимович (1835 — 63), русский писатель — В — 31, В — 154, К — 57

Порецкий Александр Устинович (1819 — 79), русский поэт — А — 47

Потёмкин Григорий Александрович (1739 — 91), русский государственный и военный деятель — У — 22

Потье Эжен (1816 — 87), французский поэт — В — 19, В — 163, К — 122, Н — 114, Э — 15

Прозоровский Борис Алексеевич (библ. данные на установлены), русский поэт — Р — 9

Протагор (ок. 480 — ок. 410 до н. э.), древнегреческий философ — Ч — 7

Прудон Пьер Жозеф (1809 — 65), французский социалист — С — 85

Прутков Козьма (псевдоним А. К. Толстого и братьев Алексея М., Вл. М. и Александра М. Жемчужниковых) — Б — 6, Б — 10, Г — 11, Г — 54, Е — 7, Е — 13, Е — 15, З — 19, Н — 58, Н — 116, О — 76, С — 81, С — 99, Т — 24, У — 4, Ч — 44

Пуришкевич Владимир Митрофанович (1870 — 1920), русский реакционный политический деятель — М — 43

Пушкин Александр Сергеевич (1799 — 1837), русский поэт и писатель — А — 41, Б — 15, Б — 44, Б — 45, Б — 47, Б — 52, Б — 56, Б — 57, Б — 66, Б — 69, Б — 86, Б — 87, Б — 97, В — 43, В — 44, В — 56, В — 82, В — 107, В — 136, В — 144, В — 159, В — 171, В — 179, В — 183, Г — 12, Г — 17, Г — 18, Г — 30, Д — 6, Д — 7, Д — 25, Д — 50, Д — 52, Д — 54, Д — 70, Д — 71, Д — 75, Д — 79, Д — 82, Д — 83, Д — 85, Е — 4, Е — 21, Е — 23, Е — 26, Ж — 8, З — 11, З — 27, З — 29, И — 5, И — 7, И — 36, И — 43, И — 45, И — 50, И — 68, К — 11, К — 12, К — 18, К — 19, К — 28, К — 29, К — 31, К — 32, К — 34, К — 69, К — 85, К — 96, К — 106, К — 124, К — 136, Л — 2, Л — 13, Л — 16, Л — 32, Л — 41, Л — 46, М — 3, М — 25, М — 38, М — 39, М — 56, М — 59, М — 72, М — 85, М — 86, М — 98, М — 102, М — 106, М — 107, Н — 1, Н — 15, Н — 16, Н — 22, Н — 29, Н — 30, Н — 34, Н — 49, Н — 56, Н — 64, Н — 71, Н — 73, Н — 87, Н — 88, Н — 92, Н — 94, Н — 135, Н — 144, О — 11, О — 23, О — 24, О — 32, О — 36, О — 52, О — 64, О — 71, О — 78, О — 80, О — 82, О — 83, П — 18, П — 22, П — 23, П — 25, П — 30, П — 44, П — 52, П — 63, П — 64, П — 76, П — 82, П — 83, П — 84, П — 126, П — 153, П — 156, Р — 3, С — 41, С — 49, С — 50, С — 53, С — 66, С — 96, С — 112, С — 137, С — 144, С — 145, С — 149, Т — 6, Т — 8, Т — 11, Т — 12, Т — 23, Т — 27, Т — 33, Т — 35, Т — 55, Т — 64, У — 7, У — 17, У — 28, У — 31, У — 32, У — 39, У — 41, Ц — 6, Ч — 4, Ч — 23, Ч — 38, Ч — 40, Ч — 49, Ч — 50, Ш — 12, Ю — 3, Я — 4, Я — 6, Я — 7, Я — 8, Я — 9, Я — 15, Я — 24, Я — 31, Я — 33

Пьюзо Марио (р. 1920), американский писатель — К — 109

Рабле Франсуа (1494 — 1553), французский писатель — А — 30, П — 4

Радищев Александр Николаевич (1749 — 1802), русский революционный мыслитель, писатель — Я — 10

Распе Рудольф Эрих (1737 — 94), немецкий писатель — М — 115

Рейган Рональд (р. 1911), президент США (1980 — 88) — И — 40

Ремарк Эрих Мария (1898 — 1970), немецкий писатель — Н — 11

Ремигий (ум. 533), франкский епископ — С — 88

Рид Джон (1887 — 1920), американский писатель, журналист — Д — 36

Ритер Н. А. (библ. данные не установлены), русский поэт — Я — 27

Ричардсон Сэмюэл (1689 — 1761), английский писатель — Л — 25

Рождественский Роберт Иванович (1932 — 94), русский поэт —М — 69

Роллан Ромен (1866 — 1944), французский писатель — Н — 10

Рок Ник см. Шамфор

Ростоцкий Станислав Иосифович (1922 — 2001), российский кинорежиссёр — Д — 58

Руже де Лиль Клод Жозеф (1760 — 1836), французский поэт и композитор — О — 69

Рузвельт Теодор (1858 — 1919), президент США — П — 70

Руссо Жан-Жак (1712 — 78), французский писатель и философ О — 9, Ч — 13

Руставели Шота (12 в.), грузинский поэт — К — 4

Рылеев Кондратий Фёдорович (1795 — 1826), русский поэт — К — 137, Я — 26

Саллюстий (86 — ок. 35 до н. э.), римский историк — В — 16

Салтыков-Щедрин Михаил Евграфович (наст, фамилия — Салтыков, псевдоним — Н. Щедрин, 1826 — 89), русский писатель — Г — 34, Г — 35, И — 67, К — 7, К — 40, К — 44, М — 116, Н — 55, Н — 84, П — 11, П — 123, С — 30, У — 6, Э — 3

Сальванди Нарцисс Ашиль (1795 — 1856), французский дипломат — Т — 14

Сантёль Жан де (1630 — 97), новолатинский поэт — С — 76

Сафонов С. (библ. данные не установлены), русский поэт — Э — 13

Светлов Михаил Аркадьевич (1903 — 64), советский поэт — М — 103, Э — 12

Светоний Гай Транквилл (ок. 70 — ок.. 140), римский историк и писатель — Д — 33, М — 32, П — 92

Свифт Джонатан (1667 — 1745), английский писатель — Г — 64

Святослав I (? — 972), киевский князь — И — 12, М — 31, Н — 85

Север Александр (205 — 235), римский император — Н — 51

Сенека Луций Анней (ок. 4 до н. э. — 65 н. э.), римский философ и писатель — Ж — 15, Н — 103, П — 110, У — 38, Ч — 27

Сенкевич Генрик (1846 — 1916), польский писатель — К — 38

Сен-Симон Клод Анри де Рувруа (1760 — 1825), французский философ,

Твен Марк (наст. имя — Сэмюэл Клеменс, 1835 — 1910), американский писатель — П — 149, С — 2, С — 69

Теккерей Уильям Мейкпис (1811 — 63), английский писатель — Б — 2, Я — 37

Теренциан Мавр (3 в.), римский грамматик — К — 65

Теренций Публий (ок. 195 — 159 до н. э.), римский комедиограф — С — 40, С — 48, С — 141, Я — 42

Тертуллиан Квинт Септимий Флоренс (ок. 160 — после 220), христианский теолог — В — 30

Тибулл Альбий (ок. 50 — 19 до н.э.), римский поэт — В — 37

Тисс Франк (1890 — 1977), немецкий писатель — В — 75

Тоидзе Ираклий Моисеевич (р. 1902), грузинский советский живописец — Р — 29

Толстой Алексей Константинович (1817 — 75), русский писатель — Л — 44, С — 105, Т — 34

Толстой Алексей Николаевич (1882/83 — 1945), русский советский писатель — Х — 8

Толстой Лев Николаевич (1828 — 1910), русский писатель — Б — 90, В — 58, В — 155, В — 156, Д — 77, Ж — 13, Н — 72, Н — 89, О — 38, П — 38

Тредиаковский Василий Кириллович (1703 — 68), русский поэт — Ч — 57

Трепов Дмитрий Фёдорович (1855 — 1906), русский государственный деятель — П — 8

Труа Жан де (15 в.), французский автор — С — 45

Туманский Фёдор Антонович (1802 — 53), русский поэт — О — 30

Тургенев Иван Сергеевич (1818 — 83), русский писатель — В — 22, В — 23, В — 80, Д — 21, Д — 22, Д — 49, К — 30, Л — 22, М — 100, О — 22, О — 74, П — 133, Я — 22

Тьер Адольф (1797 — 1877), французский государственный деятель, историк — К — 95

Тютчев Фёдор Иванович (1803 — 73), русский поэт — А — 38, Л — 43, М — 82, М — 109, Н — 18, У — 21

Уайльд Оскар (1854 — 1900), английский писатель — Е — 8

Уайт Уильям Аллен (1868 — 1944), американский журналист — М — 68

Уордмэн Эрвин (1865 — 1923), американский журналист — Ж — 5

Уоррен Роберт Пенн (1905 — 89), американский пистель — В — 168

Успенский Глеб Иванович (1843 — 1902), русский писатель — Т — 20

Уэллс Герберт Джордж (1866 — 1946), английский писатель — М — 17

Фадеев Александр Александрович (1901 — 56), советский писатель — М — 75

Фалес (ок. 625 — ок. 547 до н. э.), древнегреческий философ — П — 57

Фаллада Ганс (наст. имя Рудольф Дитцен, 1893 — 1947), немецкий писатель — В — 95

Фаринаций Проспер (1544 — 1613), итальянский юрист — С — 93

Федр (ок. 15 до н. э. — ок. 70 н. э.), римский баснописец — П — 110

Фердинанд I (1503 — 64), германский король и император Священной Римской империи — П — 162

Фет Афанасий Афанасьевич (наст. фамилия Шеншин, 1820 — 92), русский поэт — Н — 13, Р — 47, Ш — 7, Я — 35

Филипп II (ок. 382 — 336 до н. э.), царь Македонии — Р — 6

Филипс Уэнделл (1811 — 84), американский политический деятель — В — 9

Флавий Ренат Вегеций (5 в.), римский военный писатель — Е — 16

Флеминг Ян Ланкастер (1908 — 64), английский писатель — Д — 38

Флобер Гюстав (1821 — 80), французский писатель — В — 105

Фома Кемпийский (1380 — 1471), нидерландский монах — Ч — 11

Фонвизин Денис Иванович (1744 или 1745 — 92), русский писатель — В — 111, В — 121, М — 54, Н — 109, У — 1

Фостер Джордж Юлес (1847 — 1931), канадский политический деятель — Б — 46

Франклин Бенджамин (1706 — 90), американский государственный деятель, учёный — В — 129

Франциск I (1494 — 1547), французский король — В — 152

Фукидид (ок. 460 — 400 до н. э.), древнегреческий историк — И — 62

Фуллер Томас (1608 — 1661), английский писатель — Н — 128

Фурье Шарль (1772 — 1837), французский социалист-утопист — П — 116

Фучик Юлиус (1903 — 43), журналист, национальный герой ЧССР — Л — 57

Фуше Жозеф (1759 — 1820), французский государственный деятель — Э — 18

Харди Томас (1840 — 1928), английский писатель — В — 12

Хейвуд Джон (ок. 1497 — ок. 1580), английский драматург — М — 19

Хемницер Иван Иванович (1745 — 84), русский поэт — В — 28

Хилон (ум. ок. 556 до н. э.), древнегреческий мудрец — О — 28

Холлз Джозеф (1574 — 1656), английский писатель — С — 128

Христиан VIII (1786 — 1848), датский король — О — 62

Цвейг Стефан (1881 — 1942), австрийский писатель — З — 26

Цезарь Гай Юлий (102 или 100 — 44 до н. э.), римский полководец и государственный деятель — Ж — 7, Ж — 23, Л — 35, П — 136

Цицерон Марк Туллий (106 — 43 до н. э.), римский политический деятель, оратор, писатель — А — 42, Б — 40, Б — 77, В — 186, Г — 7, Г — 41, Д — 61, Д — 76, И — 25, К — 84, К — 88, О — 12, П — 57, П — 110, П — 125, Ф — 12

Чайковский Модест Ильич (1850 — 1916), русский драматург, либреттист, литературный критик — К — 127, Л — 27, П — 161, У — 10, Ч — 47

Черномырдин Виктор Степанович (р. 1938), председатель правительства России (1992 — 98) — Х — 12

Чернышевский Николай Гаврилович (1828 — 89), русский революционер-демократ, учёный, писатель, литературный критик — И — 61, П — 121, Р — 11, Ч — 39

Черчилль Уинстон Леонард Спенсер (1874 — 1965), английский государственный деятель — Ж — 3

Чехов Антон Павлович (1860 — 1904), русский писатель — В — 11, В — 68, В — 93, В — 122, В — 174, Д — 19, Д — 84, К — 13, К — 107, Л — 31, М — 62, Н — 6, Н — 39, О — 37, П — 55, С — 156, У — 27, Ч — 6, Э — 14

Чуковский Корней Иванович (наст. имя — Николай Васильевич Корнейчуков, 1882 — 1969), русский советский писатель — Д — 62, О — 63, О — 79

Шамфор Никола Себастьен Рок (1741 — 94), французский писатель — М — 53

Шекспир Уильям (1564 — 1616), английский драматург и поэт — Б — 7, Б — 14, Б — 96, В — 35, Г — 6, Е — 19, И — 33, И — 64, К — 86, К — 92, К — 119, Л — 9, Л — 10, М — 63, М — 74, М — 83, Н — 33, Н — 102, О — 16, О — 31, О — 58, О — 77, П — 138, П — 167, Р — 12, Р — 33, С — 61, У — 16, У — 20, Ф — 3, Ф — 19, Ч — 10, Ч — 48, Ч — 58, Я — 13

Шеллинг Фридрих Вильгельм (1775 — 1854), немецкий философ — А — 37

Шенье Мари Жозеф (1764 — 1811), французский поэт и драматург — Б — 48

Шеридан Ричард Бринсли (1751 — 1816), английский драматург — Ш — 14

Шиллер Фридрих (1759 — 1805), немецкий поэт и драматург — Д — 20, Д — 46, К — 55, Л — 49, М — 1, О — 4

Шкловский Виктор Борисович (р. 1893), русский советский писатель, литературовед — Г — 5

Шкулёв Филипп Степанович (1868 — 1930), русский советский поэт — М — 101

Шпильгаген Фридрих (1829 — 1911), немецкий писатель — З — 5, М — 21

Штауб Герман (1856 — 1904), немецкий юрист — К — 79

Эзоп (6 в. до н. э.), древнегреческий баснописец — Г — 48, Д — 28, З — 36, К — 88, О — 20, П — 41, С — 83

Эйльдерман Генрих (20 в.), немецкий учитель, поэт — М — 75

Эктон Джон Э. Э. Д., 1-й барон (1834 — 1902), английский историк и

INDEX OF AUTHORS

Bacon, Sir Francis (1561 — 1626). English philosopher — E — 11, 3 — 39, K — 60

Balzac, Honoré de (1799 — 1850). French novelist — Б — 4, Г — 36, У — 37, Ч — 18

Baratynsky, Yevgeny (1800 — 44). Russian poet — Л — 18, Н — 62

Baronius, Caesar (1538 — 1607). Italian Catholic Church historian — Ф — 13

Batyushkov, Konstantin (1787 — 1855). Russian poet — О — 39

Beaconsfield, Lord (B. D.) (1804 — 81). British statesman — П — 105

Beaumarchais, Pierre Augustin Caron de (1732 — 99). French playwright — Б — 24, K — 60, Ф — 9

Belinsky, Vissarion (1811 — 48). Russian critic — Э — 9

Benzoni, Jerome (16th cent.). Italian historian — K — 75

Béranger, Pierre Jean de (1780 — 1857). French poet — В — 18, Ч — 29

Bergholtz, Olga (1910 — 75). Soviet poet — Н — 115

Bertin, M-lle (18th cent.). Marie-Antoinette's dressmaker — Н — 130

Bethmann-Hollweg , Theobald von (1856 — 1921). German imperial chancellor and Prussian presiding minister — K — 62

Bezymensky, Alexander (1898 — 1973). Soviet poet — В — 117, М — 75

Bias (6th cent. B. C.). Greek philosopher — В — 147

Bible — Б — 75, В — 26, В — 131, Н — 101, П — 33, Т — 33

Bigot Cornuel, Anne-Marie (1605 — 94). Member of the French nobility — Д — 48

Bismarck, Otto Eduard Leopold von Schönhausen, Prince (1815 — 98). German statesman — Б — 94, Ж — 4, Л — 29, П — 71

Blok, Alexander (1880 — 1921). Russian poet — И — 4, Р — 20, С — 94, Я — 16

Bodmer, Johann Jakob (1698 — 1783). Swiss critic — K — 61

Bogdanovich, Ippolit (1743 — 1803). Russian poet — В — 79

Boileau-Despréaux, Nicolas (1636 — 1711). French poet — О — 8, П — 92

Boniface VIII (1235 — 1303). Pope — М — 81

Borgia, Cesare (1475 — 1507). Italian ruler — И — 34

Born, George (assumed name of G. Fullborn, 1837 — 1902). German writer — Т — 4

Borodin, Alexander (1833 — 87). Russian composer and chemist — Н — 121

Boulay de la Meurthe, Antoine Jacque Claude Joseph (1761 — 1840). French lawyer — Э — 18

Boyle, Robert (1627 — 91). English natural philosopher and chemist — П — 122

Bruno, Giordano (1548 — 1600). Italian philosopher — E — 12

Bryusov, Valery (1873 — 1924). Soviet, Russian poet — Ю — 2

Buchmann, Georg (1822 — 84). German philologist — K — 118

Buffon, Georges Louis Leclerc, Comte de (1707 — 88). French naturalist — Г — 19, С — 122

Bulgakov, Mikhail (1891 — 1940). Soviet, Russian writer — Н — 111, О — 47, Р — 40, Ш — 3

Bülow, Bernhard von (1849 — 1929). German politician — М — 34

Bunyan, John (1628 — 88). English writer — Я — 37

Buridan, Jean (c. 1300 — c. 1358). French philosopher — Б — 80

Burns, Robert (1759 — 96). Scotland's national poet — П — 124

Bykov, Rolan(d) (1929 — 98). Russian actor and filmdirector — Н — 139

Byron, George Gordon Noel (1788 — 1824). British poet — О —19, Ч —1

Caesar, Gaius Julius (102 or 100 — 44 B. C.). Roman warrior and statesman — Ж —
  7, Ж — 23, Л — 35, П — 136

Caligula (A. D. 12 — 41). Roman emperor — И — 34

Cambronne, Pierre Jacque Etienne (1770 — 1842). French general — Г — 9

Carlyle, Thomas (1795 — 1881). British historian, biographer and essayist-phi-
  losopher — Ч — 30

Catherine II (1729 — 96). Empress of Russia — П — 42

Cato the Elder, Marcus Porcius (234 — 149 B. C). Roman writer and statesman —
  К — 2, К — 45

Cervantes Saavedra, Miguel de (1547 — 1616). Spanish writer — В — 15, Д — 67,
  П — 36, Р — 34, Р — 46, С — 4, С — 39, С — 104, У — 35

Chamfort, Nicolas Sebastien Roch (1741 — 94). French writer — М — 53

Chekhov, Anton (1860 — 1904). Russian writer — В — 11, В — 68, В — 93, В —
  122, В — 174, Д — 19, Д — 84, К — 13, К — 107, Л — 31, М — 62, Н — 6, Н —
  39, О — 37, П — 55, С — 156, У — 27, Ч — 6, Э — 14

Chénier, Marie Joseph (1764 — 1811). French poet and dramatist — Б — 48

Chernomyrdin, Victor (b. 1938). Chairman of the Russian Cabinet of Ministers
  (1992 — 98) — Х — 12

Chernyshevsky, Nikolai (1828 — 89). Russian revolutionary democrat, scientist,
  writer and critic — И — 61, П — 121, Р — 11, Ч — 39

Chilon (died c. 556 B. C.). Greek sage — О — 29

Christian VIII (1786 — 1848). King of Denmark — О — 62

Chukovsky, Korney (assumed name of Nikolai Vasilyevich Korneychukov, 1882
  — 1969). Soviet, Russian writer — Д — 62, О — 63, О — 79

Churchill, Sir Winston Leonard Spencer (1874 — 1965). British statesman — Ж — 3

Cicero, Marcus Tullius (106 — 43 B. C.). Roman politician, orator and writer — А —
  42, Б — 40, Б — 77, В — 186, Г — 7, Г — 41, Д — 61, Д — 76, И — 25, К —
  84, К — 88, О — 12, П — 57, П — 110, П — 125, Ф — 12

Claudius, Appius (4th cent. B. C.). Roman general and statesman — В — 165

Clausewitz, Karl von (1780 — 1831). Prussian military writer and historian — В — 91

Coke, Sir Edward (1552 — 1634). English lawyer — М — 71

Columbus, Christopher (c. 1451 — 1506). Genoese navigator — М — 51, Н — 131

Conan Doyle, Arthur *see* Doyle, Sir Arthur Conan.

Cooper, James Fenimore (1789 — 1851). American novelist — В — 177, П — 88, Т — 49

Coppola, Francis Ford (b. 1939). American filmdirector — К — 109

Coster, Charles de (1827 — 79). Belgian writer — П — 12

Cousin, Victor (1792 — 1867). French philosopher — И — 56

Cromwell, Oliver (1599 — 1658). English politician and statesman — Д — 34

Custine, Astolphe de (1790 — 1857). French writer — Т — 65

Dante Alighieri (1265 — 1321). Italian poet — О — 34, О — 48

Danton, Georges Jacques (1759 — 94). French politician — С — 72

Darwin, Charles Robert (1809 — 82). British scientist — Б — 61, Е — 17

D'Aubigné, Théodore Agrippa (1550 — 1630). French poet and historian — Г — 56

Daudet, Alphonse (1840 — 97). French novelist — Т — 16

Deffand de la Lande, du (1697 — 1780). French writer — Т — 50

Defoe, Daniel (c. 1660 — 1731). English writer — Р — 24

Derzhavin, Gavriil (1743 — 1816). Russian poet — Г — 13, Г — 29, Г — 63, Ж — 10, И — 13, И — 58, О — 46, У — 18

Descartes, René (1596 — 1650). French philosopher and scientist — Я — 28

Destouches (assumed name of Philippe Nericot, 1680 — 1754). French dramatist — Э — 10

Diogenes Laertius (3rd cent.). Greek writer — Г — 58

Diogenes the Cynyc (c. 412 — 323 B. C.). Greek philosopher — Г — 58

Disraeli, Benjamin (1804 — 81). British politician — С — 2

Dmitriev, Ivan (1760 — 1837). Russian poet — М — 105

Dobroliubov, Nikolai (1836 — 61). Russian critic and journalist — Л — 34, Т — 26

Dostoevsky, Feodor (1821 — 81). Russian writer — А — 11, К — 43, М — 96, Н — 75, С — 73, У — 25

Doyle, Sir Arthur Conan (1859 — 1930). British writer — Ш — 8, Э — 19

Dryden, John (1631 — 1700). English writer — Б — 68

Dulles, John Foster (1888 — 1959). American statesman — П — 73

Dumas fils. Alexandre (1824 — 95). French writer — Д — 12, П — 78

Dumas père, Alexandre (1802 — 70). French novelist — И — 69, О — 16, Т — 45

Dumouriez, Charles François (1739 — 1823). French general — О — 35

Eildermann, Heinrich (20th cent.). German teacher and poet — М — 75

Engels, Frederick (Friedrich) (1820 — 95). One of the founders of scientific communism. *See also* Marx K. and Engels F. — П — 43

Ennius, Quintus (239 — 169 B.C.). Roman poet — Д — 76

Epicharmos (2nd half of 6th cent. — 1st half of 5th cent. B. C.). Greek dramatist
   — Р — 38
Esenin *see* Yesenin
Estienne, Henry (1531 — 98). French philologist — Е — 10
Etienne, Charles Guillome (1778 — 1845). French dramatist — М — 52
Euclid (3rd cent. B. C.). Greek mathematician — Ч — 45

Fadeev, Alexander (1901 — 56). Soviet writer — М — 75
Fallada, Hans (assumed name of Rudolf Ditzen, 1893 — 1947). German writer — В — 95
Farinaccio, Prospeno (1544 — 1613). Italian lawyer — С — 93
Ferdinand I (1503 — 64). German king and Holy Roman emperor — П — 162
Fet, Afanasy (assumed name of A. A. Shenshin, 1820 — 92). Russian poet — Н —
   13, Р — 47, Ш — 7, Я — 35
Flaubert, Gustave (1821 — 80). French writer — В — 105
Flavius, Vegetius Renatus (5th cent. A. D.). Roman military writer — Е — 16
Fleming, Ian Lancaster (1908 — 64). English writer — Д — 38
Fonvizin, Denis (1744 or 1745 — 92). Russian writer — В — 141, В — 121, М —
   54, Н — 109, У — 1
Foster, George Eulas (1847 — 1931). Canadian politician — Б — 46
Fouché, Joseph (1759 — 1820). French statesman — Э — 18
Fourier, Charles (1772 — 1837). French socialist-utopist — П — 116
Francis I (1494 — 1547). King of France — В — 152
Franklin, Benjamin (1706 — 90). American statesman and scientist — В — 129
Fučik, Julius (1903 — 43). Journalist and national hero of Czechoslovakia — Л — 57
Fuller, Thomas (1608 — 61). English writer — Н — 128

Galileo, Galilei (1564 — 1642). Italian scientist — А — 5
Gamzatov, Rasul (b. 1923). Daghestan poet — Е — 14
Garshin, Vsevolod (1855 — 88). Russian writer — Л — 59
Gherman, Pavel (1894 — 1952). Soviet, Russian poet — М — 108
Giliarovsky, Vladimir (1853 — 1935). Russian writer — В — 132
Girardin, Émile de (1806 — 81). French journalist — Ш — 10
Gladstone, William Ewart (1809 — 98). British statesman — В — 130, Р — 37
Goethe, Johann Wolfgang von (1749 — 1832). German writer, philosopher and
   scientist — А — 37, В — 5, В — 36, В — 71, Д — 81, З — 5, К — 104, Л — 24,
   М — 36, О — 50, Р — 31, Т — 28
Gogol, Nikolai (1809 — 52). Russian writer — А — 14, А — 17, А — 27, А —
   28, А — 46, Б — 59, В — 69, В — 184, Г — 3, Д — 4, Д — 11, Д — 35, Е —
   18, Ж — 12, И — 1, И — 2, И — 30, И — 31, К — 23, К — 59, К — 91, К —

131, К — 135, Л — 7, М — 4, М — 8, М — 11, М — 30, М — 112, М — 114, Н — 43, Н — 47, Н — 68, Н — 86, Н — 105, Н — 134, О — 17, О — 29, О — 73, О — 75, П — 21, П — 40, П — 56, П — 81, П — 106, П — 137, П — 154, Р — 8, С — 12, С — 54, С — 84, С — 102, С — 108, С — 116, С — 123, Т — 37, Т — 42, У — 3, У — 26, Х — 5, Ч — 25, Ч — 32, Э — 5, Э — 10, Я — 34, Я — 39

Goldberger, Ludwig Max (1848 — 1913). German journalist — С — 129

Goldoni, Carlo (1707 — 93). Italian playwright — С — 64

Goncharov, Ivan (1812 — 91). Russian writer — О — 3, О — 10, П — 118

Goncourt, Edmond Louis Antoine Huot de (1822 — 96). French novelist — Ч — 20

Gorbachev, Mikhail (b. 1936). Russian politician — П — 152

Gorbunov, Ivan (1831 — 95). Russian writer and actor — К — 6, Н — 78

Gorky, Maxim (assumed name of Alexei Maximovich Peshkov, 1868 — 1936). Soviet, Russian writer — Б — 25, Б — 78, Б — 84, В — 52, Г — 52, Д — 3, Д — 37, К — 99, М — 70, П — 117, П — 163, Р — 32, С — 11, С — 47, С — 130, Ч — 17, Ч — 56

Goschen, George Joachim (1831 — 1907). British statesman — Б — 46

Govorukhin, Stanislav (b. 1936). Russian filmdirector — Р — 35

Goya, Francisco José de (1746 — 1828). Spanish painter and etcher — С — 92

Granville, George Jewson Gower, 2nd Farl (1815 — 91). Foreign Secretary in W. E. Gladston's Cabinet — С — 147

Green, Alexander (assumed name of Alexander Stepanovich Grinevsky, 1880 — 1932). Soviet, Russian writer — А — 22

Greene, Graham (b. 1904). English writer — Н — 38

Griboedov, Alexander (1795 — 1829). Russian dramatist — А — 4, А — 39, А — 40, А — 44, Б — 3, Б — 42, Б — 88, В — 13, В — 40, В — 59, В — 67, В — 125, В — 135, Г — 25, Г — 50, Д — 44, Д — 64, Е — 5, Е — 20, З — 3, З — 22, И — 13, К — 113, М — 42, М — 45, М — 80, М — 111, Н — 67, Н — 83, Н — 143, О — 84, П — 48, П — 54, П — 60, П — 90, П — 93, П — 103, Р — 14, С — 8, С — 43, С — 56, С — 62, С — 67, С — 75, С — 151, С — 152, С — 155, У — 19, У — 40, Ф — 4, Ф — 6, Ф — 18, Ч — 31, Ч — 34, Ч — 43, Ч — 51, Ш — 5, Ш — 16, Я — 12

Gumiliov, Nikolai (1886 — 1921). Russian poet — М — 90

Guydy, Leonid (1923 — 93). Russian filmdirector — Н — 9

Halls, Joseph (1574 — 1656). English writer — С — 128

Hardy, Thomas (1840 — 1928). British writer — В — 12

Hašek, Jaroslav (1883 — 1923). Czech writer — В — 175, В — 178, Ш — 4

Hegel, Georg Wilhelm Friedrich (1770 — 1831). German philosopher — Д — 48, О — 70

Henry of Navarre (1553 — 1610). King of France — П — 5

Heraclitus (c. 540 — 480 B.C.). Greek philosopher — В — 158

Herder, Johann Gottfried von (1744 — 1803). German philosopher and writer —
  Ч — 26

Herzen, Alexander (1812 — 70). Russian writer and philosopher — А — 16

Hesiod (8th — 7th cent. B. C.). Greek poet — 3 — 43, Т — 52, Я — 44

Heywood, John (c. 1497 — c. 1580). English dramatist — М — 19

Hieronymus, Saint (c. 340 — 420). Theologian, translator of the Bible into Latin
  — Ч — 15

Hindenburg, Paul von (1847 — 1934). German politician — В — 92

Hippocrates (c. 460 — c. 370 B.C.). Greek physician — Ж — 16

Hobbes, Thomas (1588 — 1679). English philosopher — В — 90, Г — 55

Hoffman, Ernst Theodor Amadeus (1776 — 1822). German writer — Х —7

Homer (8th cent. B. C. ?). Greek poet (reputed author of the Iliad and the Odyssey) — Г — 46, Д — 16, К — 118, М — 27, О — 18, С — 5, С — 79, Т — 47,
  Ц — 7

Horace (full name Quintus Horatius Flaccus, 65 — 8 B. C.). Classic Roman poet
  — Г — 38, Г — 47, Г — 48, 3 — 42, Л — 26, Н — 123, О — 1l, П — 46, П —
  110, С — 87, С — 143

Hugo, Hermann (1588 — 1639). Belgian Jesuit — Б — 37

Hugo, Victor Marie (1802 — 85). French writer — К — 51, Т — 53

Hus, Jan (Huss, John) (1371 — 1415). Czech reformer and scientist — О — 44

Ibarruri, Dolores (b. 1895). Leader of Spanish and international communist movement — Л — 39

Ibragimov, Nikolai (1778 — 1818). Russian poet — С — 80

Ibsen, Henrik (1828 — 1906). Norwegian playwright — В — 142, Л — 48, С — 124

Ilf, Ilya (assumed name of Ilya Fainzilberg, 1897 — 1937) and Petrov, Yevgeny
  (assumed name of Yevgeny Kataev, 1903 — 42). Soviet writers, co-authors — А
  — 24, Б — 19, Б — 30, В — 14, В — 63, В — 103, В — 176, В — 188, Г — 27,
  Г — 43, Д — 24, Д — 29, Е — 3, 3 — 40, К — 27, К — 56, К — 78, К — 112,
  М — 65, М — 95, М — 113, Н — 2, Н — 4, Н — 52, Н — 74, Н — 107, О —
  51, П — 27, П — 28, П — 72, П — 100, П — 128, П — 140, Р — 25, С — 7, С
  — 58, С — 153, Ф — 1, Х — 1, Х — 19, Ч — 19, Э — 7, Э — 16

Irving, Washington (1783 — 1859). American author — В — 146

Isakovsky, Mikhail (1900 — 73). Soviet poet — Д — 56

Iskander, Fasil (b. 1929). Russian writer — И — 44

James, William (1842 — 1910). American philosopher and psychologist — П — 101

Jean Paul (assumed name of Johann Paul Friedrich Richter, 1763 — 1825). German writer — М — 50

Johnson, Samuel (1709 — 84). British writer and lexicographer — Б — 38

Joliot-Curie, Frédéric (1900 — 58). French scientist and public figure — П — 113

Julian the Apostate (331 — 363). Roman emperor — В — 138, Т — 58

Juvenal (full name Decimus Junius Juvenalis, c. A. D. 60 — c. 127). Roman satirical poet — Б — 27, З — 28, П — 57, Х — 3

Kant, Immanuel (1724 — 1804). German philosopher — В — 39, К — 48

Karamsin, Nikolai (1766 — 1826). Russian writer and historian — Г — 47, Н — 127, С — 78

Karr, Jean-Baptiste-Alphonse (1808 — 90). French journalist and novelist — Ч — 21

Kennedy, Edward (b. 1932). American politician — З — 25

Khemnitzer, Ivan (1745 — 84). Russian poet — В — 28

Kipling, Rudyard (1865 — 1936). British poet and writer of fiction — Б — 67, З — 12, К — 100, Н — 133, С — 125

Klinger, Friedrich Maximilian (1752 — 1831). German writer — Б — 82

Knox, Philander Chase (1853 — 1921). American lawyer and political leader — Д — 63

Koltsov, Alexei (1809 — 42). Russian poet — Н — 12, Р — 7

Korolenko, Vladimir (1853 — 1921). Russian writer — Ч — 14

Kruchenykh, Alexei (1886 — 1968). Soviet, Russian poet — З — 21

Krylov, Ivan (1769 — 1844). Russian fable-writer — А — 1, А — 3, А — 6, А — 8, А — 13, А — 15, Б — 11, Б — 20, В — 47, В — 102, В — 110, Д — 32, Ж — 6, З — 24, З — 30, И — 20, И — 24, И — 32, И — 39, И — 49, И — 71, И — 73, К — 24, К — 26, К — 67, К — 130, Л — 4, Л — 40, М — 12, М — 13, М — 18, Н — 3, Н — 5, Н — 37, Н — 50, Н — 90, Н — 120, О — 42, О — 60, О — 68, О — 81, П — 69, П — 79, Р — 41, Р — 48, С — 13, С — 32, С — 63, С — 82, С — 100, Т — 46, Т — 56, У — 8, У — 11, У — 33, У — 34, Х — 14, Х — 20, Ч — 22, Ч — 35, Ч — 52

Krzhizhanovsky, Gleb (1872 — 1959). Russian scientist, author of the revolutionary song "Varshavianka" — В — 51

Kukolnik, Nestor (1809 — 69). Russian writer and dramatist — У — 14

Kuprin, Alexander (1870 — 1938). Russian writer — В — 169

La Bruyère, Jean de (1645 — 96). French writer — К — 103

La Fontaine, Jean de (1621 — 95). French writer — Т — 19

La Rochefoucauld, François, Duc de (1613 — 80). French author — В — 139, С — 113

Laskin, Boris (1904 — 93). Russian writer and dramatist — Н — 138

Lebedev-Kumach, Vasily (1898 — 1949). Soviet poet — К — 126, М — 76, О — 66, Ч — 37, Ш — 13, Я — 14

Lenin, Vladimir (assumed name of V. I. Ulyanov, 1870 — 1924). Founder of the Communist Party of the Soviet Union and of the Soviet state — К — 80, М — 49, П — 7, П — 151, Р — 19, С — 107, У — 42, Ф — 16, Ш — 1

Lensky, Dmitry (assumed name of D. T. Vorobyov, 1805 — 60). Russian dramatist — И — 27

Leoncavallo Riggiero (1858 — 1919). Italian composer — С — 71

Lermontov, Mikhail (1814 — 41). Russian poet — А — 9, А — 26, Б — 23, Б — 85, В — 65, В — 81, В — 150, В — 162, Г — 24, Д — 2, З — 15, И — 6, И — 16, И — 42, И — 57, Л — 45, М — 55, Н — 17, Н — 45, Н — 46, Н — 80, Н — 141, О — 21, П — 24, П — 26, П — 47, П — 119, С — 77, Т — 7, Т — 36, У — 5, У — 9

Le Sage, Alan René (1668 — 1747). French writer — Ф — 2

Leskov, Nikolai (1831 — 95). Russian writer — Б — 49

Lessing, Gotthold Ephraim (1729 — 81). German critic and dramatist — К — 61

Lévis, Pierre Marc Gaston de (1764 — 1830). French writer — П — 77

Ligachev, Yegor (b. 1920). Russian politician — Б — 60

Litvinov, Maxim (1876 — 1951). Soviet diplomatist — М — 48

Livy (full name, Titus Livius, 59 B. C. — A. D. 17). Roman historian — Г — 51, Л — 38

Logau, Friedrich von (1604 — 55). German poet — В — 100

Lomonosov, Mikhail (1711 — 65). Russian scientist and poet — В — 10, К — 76, М — 66, Н — 31, О — 61

Lope de Vega (full name Lope Felix de Vega Carpio, 1562 — 1635). Spanish playwright — У — 35

Lothair I (795 — 855). Emperor of the Franks — В — 124

Louis XI (1423 — 83). King of France — Р — 6

Louis XIV (1638 — 1715). King of France — Г — 57

Louis XV (1710 — 74). King of France — П — 89

Louis XVIII (1755 — 1824). King of France — Т — 39

Lucian (c. 120 — c. 190). Greek writer — И — 28, П — 110

Lucretius, Carus Titus (99 — 55). Roman poet and philosopher — М — 126

Lyly, John (1553 or 1554 — 1606). English writer — Б — 64, П — 114

Machiavelli, Niccolò di Bernardo Dei (1469 — 1527). Italian writer and politician — Р — 6

Maeterlinck, Maurice, Count (1862 — 1949). Belgian playwright and poet — С — 37

Maikov, Apollon (1821 — 97). Russian poet — Ч — 24

Maistre, Joseph de (1753 — 1821). French diplomatist and writer — К — 5

Makarov, Alexander (1857 — 1919). Russian statesman — Т — 5

Maksimov, Vasily (1844 — 1911). Russian painter — В — 134

Marlowe, Christopher (1564 — 93). English poet and dramatist — Л — 53

Marshak, Samuil (1887 — 1964). Soviet poet — Ч — 12

Marx, Karl (1818 — 83) and Engels, Frederick (Friedrich) (1820 — 95). Founders of scientific communism — Б — 79, П — 127, П — 143, П — 144, П — 145

Marx, Karl (1818 — 83). Founder of scientific communism — Б — 93, В — 70, И — 63, П — 43, Р — 18, Р — 22, Р — 27, Т — 29, Ш — 15

Mayakovsky, Vladimir (1893 — 1930). Soviet, Russian poet — Б — 58, В — 17, В — 33, В — 78, В — 112, В — 127, В — 185, Г — 10, Д — 5, Д — 47, Е — 6, Ж — 17, 3 — 31, И — 11, И — 17, И — 48, И — 52, К — 15, К — 20, К — 116, Л — 11, Л — 14, Л — 47, М — 26, М — 57, М — 67, М — 77, М — 88, М — 94, М — 99, Н — 26, Н — 82, О — 13, П — 108, П — 109, П — 141, Р — 17, Р — 23, С — 10, С — 109, С — 119, С — 132, Т — 21, Х — 17, Ч — 53, Ш — 9, Э — 20, Я — 11, Я — 17, Я — 32, Я — 40, Я — 41, Я — 43

Menandros (Menander) (c. 343 — c. 291 B. C.). Greek comic poet and playwright — В — 128, Н — 59

Metternich, Clemens Wenzel Lothar, Prince (1773 — 1859). Austrian statesman — Г — 20

Mey, Lev (1822 — 62). Russian poet and playwright — Н — 106

Michurin, Ivan (1855 — 1935). Soviet biologist — М — 104

Mikhalkov, Sergei (b. 1913). Soviet writer — Д — 86

Milne, Alan Alexander (1882 — 1956). English writer — В — 48

Milton, John (1608 — 74). English poet — П — 2, П — 99

Molchanov, Ivan (b. 1903). Soviet writer — Т — 38

Molière (assumed name of Jean Baptiste Poquelin, 1622 — 73). French playwright — Г — 8, Д — 59, М — 40, М — 60, Р — 2, С — 133, Т — 17, Т — 61

Montesquieu, Charles Louis de Secondat, Baron de (1689 — 1755). French writer — Б — 81

Motyl, Vladimir (b. 1927). Russian filmdirector — В — 106, 3 — 9

Müller, Heinrich (1631 — 75). German theologian and writer — С — 9

Musset, Alfred de (1810 — 57). French poet — М — 73, С — 70

Myatlev, Ivan (1796 — 1844). Russian poet — К — 30

Nabokov, Vladimir (1899 — 1977). Russian writer; begin to write in English when he came to the US in 1940 — Н — 117

Nadson, Semion (1862 — 87). Russian poet — К — 17, Н — 99

Saltykov-Shchedrin, Mikhail (real name Saltykov, pseudonym N. Shchedrin, 1826 —
86). Russian writer — Г — 34, Г — 35, И — 67, К — 7, К — 40, К — 44, М — 116,
Н — 55, Н — 84, П — 11, П — 123, С — 30, У — 6, Э — 3

Salvandy, Narcisse Achile (1795 — 1856). French diplomat — Т — 14

Santeul, Jean de (1630 — 97). New Latin writer — С — 76

Schelling, Friedrich Wilhelm Joseph von (1775 — 1854). German philosopher —
А — 37

Schiller, Johann Christoph Friedrich von (1759 — 1805). German poet and playwright — Д — 20, Д — 46, К — 55, Л — 49, М — 1, О — 4

Seneca, Lucius Annaeus (c. 4 B. C. — A. D. 65). Roman philosopher and dramatist — Ж — 15, Н — 103, П — 110, У — 38, Ч — 27

Severus, Alexander (205 — 235). Roman Emperor — Н — 51

Shakespeare, William (1564 — 1616). English poet and playwright — Б — 7, Б —
14, Б — 96, В — 35, Г — 6, Е — 19, И — 33, И — 64, К — 86, К — 92, К —
119, Л — 9, Л — 10, М — 63, М — 74, М — 83, Н — 33, Н — 102, О — 16,
О — 31, О — 58, О — 77, П — 138, П — 167, Р — 12, Р — 33, С — 61, У —
16, У — 20, Ф — 3, Ф — 19, Ч — 10, Ч — 48, Ч — 58, Я — 13

Sheridan, Richard Brinsley Butler (1751 — 1816). English playwright — Ш — 14

Shklovsky, Victor (b. 1893). Soviet, Russian writer and literary critic — Г — 5

Shkulev, Filipp (1868 — 1930). Soviet, Russian poet — М — 101

Sidney, Sir Philip (1554 — 86). English poet — М — 87

Sienkiewicz, Henryk (1846 — 1916). Polish writer — К — 38

Simonides of Keos (c. 556 — c. 469 B.C.). Greek poet — А — 37

Simonov, Konstantin (Kyrill) (1915 — 79). Soviet poet — Ж — 2

Sleptsov, Vasily (1836 — 78). Russian writer — Т — 15

Slutsky, Boris (b. 1919). Soviet writer — Ф — 11

Snow, Sir Charles Percy (1905 — 80). English writer — К — 90

Socrates (c. 470 — 399 B. C). Greek philosopher — И — 25, Я — 19

Solomon (10th cent. B. C.). King of Israel — П — 20

Solon (between 640 and 635 — c. 559 B. C.). Greek lawgiver — Н — 79

Solovyov, Leonid (1906 — 62). Soviet writer — В — 87

Solzhenitsin, Alexander (b. 1918). Russian writer — А — 36, Ж — 20

Spielhagen, Friedrich (1829 — 1911). German writer — З — 5, М — 21

Spinoza, Benedict de (Baruch) (1632 — 77). Dutch philosopher — Н — 57, С —
127

Staël, Anne Louise Germaine, Baronne de (1766 — 1817). French writer — В —
151

Stanislavsky, Konstantin (assumed name of K. S. Alekseev, 1863 — 1938). Pro-
ducer and theatre theoretician — Т — 22

Staub, Hermann (1856 — 1904), German lawyer — К — 79

Stein, Gertrude (1874 — 1946). American writer — П — 98

Steinbeck, John Ernst (1902 — 68). American writer — Г — 62

Stevenson, Robert Louis (1850 —94). British writer — Д — 40, О — 53

Stolypin Piotr (1862 — 1911). Chairman of the Cabinet of the Russian Empire (1906 — 11) — В — 6

Sukhovo-Kobylin, Alexander (1817 — 1903). Russian playwright — М — 2

Suvorov, Alexander (1729 or 1730 — 1800). Russian field-marshal — Г — 31, К — 3, Н — 28, Н — 110, П — 158

Svetlov, Mikhail (1903 — 64). Soviet poet — М — 103, Э — 12

Suetonius, Gaius Tranquillus (c. 70 — c. 140). Roman historian and writer — Д — 33, М — 32, П — 92

Sviatoslav I (b. ? — 972). Prince of Kiev — И — 12, М — 31, Н — 85

Swift, Jonathan (1667 — 1745). British writer — Г — 64

Swinburne, Henry (c. 1560 — 1623). English lawyer — Л — 10

Tacitus, Cornelius (c. 58 — c. 117). Roman historian — Б — 17, Б — 48, М — 32

Talleyrand-Périgord, Charles Maurice de (1754 — 1838). French statesman and diplomat — Н — 33, О — 35, Э — 18, Я — 20

Tchaikovsky, Modest (1850 — 1916). Russian dramatist, librettist and literary critic — К — 127, Л — 27, П — 161, У — 10, Ч — 47

Terence (full name Publius Terentius Afer, c. 195 — 159 B. C.). Roman comic dramatist — С — 40, С — 48, С — 141, Я — 42

Terentianus Maurus (3rd cent. B.C.). Roman grammarian — К — 65

Tertullian (full name Quintus Septimus Tertullianus, c. 160 — after 220). Christian theologian — В — 30

Thackeray, William Makepeace (1811 — 63). British writer — Б — 2, Я — 37

Thales (c. 625 — c. 547 B. C.). Greek philosopher — П — 57

Thiers, Adolphe (1797 — 1877). French statesman, historian — К — 95

Thieβ, Frank (1890 — 1977). German writer — В — 75

Thomas à Kempis (1380 — 1471). Dutch monk — Ч — 11

Thucydides (c. 460 — c. 400 B.C.). Greek historian — И — 62

Tibullus, Albius (c. 50 — 19 B. C). Roman poet — В — 37

Toïdze, Irakly (b. 1902). Soviet, Georgian painter — Р — 29

Tolstoy, Alexei K. (1817 — 75). Russian writer — Л — 44, С — 105, Т — 34

Tolstoy, Alexei N. (1883 — 1945). Soviet, Russian writer — Х — 8

Tolstoy, Leo N. (1828 — 1910). Russian writer — Б — 90, В — 58, В — 155, В — 156, Д — 77, Ж — 13, Н — 72, Н — 89, О — 38, П — 38

Trediakovsky, Vasily (1703 — 68). Russian poet — Ч — 57

Trepov, Dmitry (1855 — 1906). Russian statesman — П — 8

Troyes, Jean de (15th. cent.). French author — C — 45

Tumansky, Fedor (1802 — 53). Russian poet — O — 30

Turgenev, Ivan (1818 — 83). Russian writer — B — 22, B — 23, B — 80, Д — 21,
Д — 22, Д — 49, К — 30, Л — 22, M — 100, O — 22, O — 74, П — 133, Я — 22

Tvardovsky, Alexander (1910 — 71). Soviet poet — B — 8

Twain, Mark (assumed name of Samuel Langhorne Clemens, 1835 — 1910).
American writer — П — 149, C — 2, C — 69

Tyutchev, Fedor (1803 — 73). Russian poet — A — 38, Л — 43, M — 82, M — 109,
Н — 18, У — 21

Uspensky, Gleb (1843 — 1902). Russian writer — T — 20

Vanbrugh, Sir John (1664 — 1726). English playwright — X — 11

Vasnetsov, Victor (1848 — 1926). Russian painter — B — 50

Vereshchagin, Vasily (1842 — 1904). Russian painter — H — 36

Verguiaud, Pierre (1753 — 93). French politicial — P — 21

Vespasian (A. D. 9 — 79). Roman emperor — Д — 33

Viazemsky, Piotr (1792 — 1878). Russian poet — И — 18, К — 52

Virgil (full name Publius Vergilius Maro, 70 — 19 B. C.). Roman poet — A — 34,
B — 115, T — 46

Vishnevsky, Vsevolod (1900 — 51). Soviet playwright — O — 40

Vitellius, Aulus (A. D. 15 — 59). Roman emperor — T — 54

Vizbor, Yury (1934 — 84). Russian poet, actor, scriptwriter — B — 118

Vladimir Sviatoslavich (?— 1015). Grand Prince of Kiev from 980 — B — 32

Voltaire (assumed name of François Marie Arouet, 1694 — 1778). French writer
and philosopher — B — 20, B — 140, B — 143, E — 9, И — 55, Л — 37, M — 19,
Н — 8, Я — 29

Vysotsky, Vladimir (1938 — 80). Russian poet, actor and bard — B — 84, E — 24,
Ж — 19, Л — 36, Н — 9, Ч — 59

Wardman Erwin (1865 — 1923). American journalist — Ж — 5

Warren Robert Penn (1905 — 89). American writer — B — 168

Wells, Herbert George (1866 — 1946). British writer — M — 17

White, William Allen (1868 — 1944). American journalist — M — 68

Wiener, Norbert (1894 — 1964). American scientist — O — 7

Wilde Oscar (1854 — 1900). English writer — E — 8

William II (1859 — 1941). German emperor — Б — 70, M — 34

Wilson, (Thomas) Woodrow(1856 — 1924). President of the U.S.A. — B — 101

Справочное издание

Ирина Алексеевна Уолш
Валерий Павлович Берков

РУССКО-АНГЛИЙСКИЙ
СЛОВАРЬ КРЫЛАТЫХ СЛОВ

Редакторы *И. А. Крупская, Е. И. Лазарева*
Технический редактор *Э. С. Соболевская*
Компьютерная верстка *Д. С. Парсаданяна*

ООО «Издательство АСТ»
368560, Республика Дагестан,
Каякентский район, сел. Новокаякент, ул. Новая, д. 20

ООО «Издательство Астрель»
143900, Московская область, г. Балашиха, проспект Ленина, д. 81

Наши электронные адреса:
www. ast.ru
E-mail: astpub@aha.ru

При участии ООО «Харвест». Лицензия ЛВ № 32 от 10.01.2001.
220013, РБ г. Минск, ул. Кульман, д. 1, корп. 3, эт. 4, к. 42

Республиканское унитарное предприятие
«Минская фабрика цветной печати».
220024, Минск, ул. Корженевского, 20.